IMF History foundation and evolution

戦後IMF史

創生と変容

Masanao Ito　Yoshio Asai
伊藤正直・浅井良夫 編

名古屋大学出版会

戦後 IMF 史

目　　次

略語一覧　vi

序　章　IMFと戦後国際金融秩序　……………………………………　1

   1　ブレトンウッズ体制とブレトンウッズ秩序──本書の視角　1
   2　固定相場制時代のIMFのシステムとその運営　7
   3　国際機関・国民経済・市場──本書の概要　10

第Ⅰ部　IMFの成立と発展

第1章　IMFの成立　……………………………………………………　16
──ブレトンウッズ会議までの議論と英米交渉

   はじめに──問題の所在　16
   1　基本的対抗軸はどこにあったのか　19
   2　ケインズ案・ホワイト案の形成過程　27
   おわりに　39

第2章　IMFの初期政策形成　…………………………………………　41
──NACの現場

   はじめに──ブレトンウッズ機関とNAC　41
   1　IMF開業期のガバナンスと英米金融協定の破綻　43
   2　欧州復興計画の進展とIMF　51
   3　冷戦のグローバル化と柔軟路線への転換　57
   おわりに　64

第3章　制度化の進展と国際環境　……………………………………　66
──1950年代のIMF

   はじめに　66
   1　1950年代前半における制度化の進展　66
   2　ヤコブソンの就任と制度化の達成　72
   3　1960年代初めのIMF最盛期における矛盾　82
   おわりに　88

第4章　**IMFの自由化政策路線** ……………………………… 90
　　　　　——対英政策の分析

　　はじめに　90
　　1　政策路線の形成　92
　　2　1950年代前半の対英政策　99
　　3　1950年代後半の対英政策　105
　　4　為替自由化の進展と国際通貨システムの変容　108
　　おわりに　112

第5章　**西欧通貨の交換性回復と国際流動性調達** ……………… 114
　　　　　——IMFとキー・カレンシー

　　はじめに　114
　　1　「共同アプローチ」——ポンドの交換性回復　116
　　2　ランドール対外経済政策委員会答申　118
　　3　IMFによる交換性回復支援　122
　　4　FRBのBA市場振興策　125
　　5　スエズ危機と流動性　130
　　おわりに　134

第6章　**1960年代の国際流動性問題** …………………………… 136
　　　　　——IMF理事会における議論

　　はじめに　136
　　1　国際通貨改革論争と国際流動性問題　138
　　2　IMF理事会議事録における国際流動性問題の展開　143
　　おわりに——議事録分析の成果と含意　158

　　　　　第II部　IMFと国民経済

第7章　**IMFとフランス** ………………………………………… 162
　　　　　——ブレトンウッズ秩序の多元性

　　はじめに——問題の所在　162

　　　　　1　ブレトンウッズ協定とフランス——クオータとIMF平価の設定　164
　　　　　2　フラン切下げ——フランスの独自路線とIMF・NAC　170
　　　　　3　IMFの対仏14条コンサルテーション——対立と妥協の争点　174
　　　　　おわりに　185

第8章　IMFとドイツ　……………………………………………188
　　　　　——通貨危機と為替相場政策

　　　　　はじめに　188
　　　　　1　IMF加盟当初のドイツ　191
　　　　　2　IMFとマルク切上げ　196
　　　　　3　IMFとマルクの交換性回復　203
　　　　　おわりに　208

第9章　IMFとイタリア　……………………………………………211
　　　　　——貿易自由化と交換性回復への途

　　　　　はじめに　211
　　　　　1　イタリアのIMF加盟　211
　　　　　2　1947年の通貨安定化　213
　　　　　3　イタリアの変動相場制をめぐるIMFとの論争　216
　　　　　4　公的準備の再建と貿易自由化への途　221
　　　　　5　IMFコンサルテーションとイタリアの政策運営　223
　　　　　おわりに　232

第10章　IMFとカナダ　……………………………………………235
　　　　　——変動相場制から固定相場制へ

　　　　　はじめに　235
　　　　　1　カナダの為替レートと為替制度　236
　　　　　2　1950年の変動相場制移行の要因　238
　　　　　3　IMFの反応　241
　　　　　4　成長率低下と失業率悪化　246
　　　　　5　カナダの固定相場制復帰　249

おわりに 252

第 11 章　日本の IMF 加盟と戦前期外債処理問題 …………254
　　　　——ニューヨーク外債会議と日米・日英関係

はじめに 254
1　日本の IMF 加盟と外資導入構想　255
2　戦前期外債の未払い問題と平和条約締結後の対応　260
3　ニューヨーク外債処理会議における議論——通貨選択約款問題を中心に
　　 266
おわりに 277

終　章　IMF の変容をどう理解するか …………………279
　　　　——ブレトンウッズ体制崩壊の捉え方

1　検討の結果みえてきたもの　279
2　IMF の役割とは　282
3　ブレトンウッズ体制はなぜ崩壊したのか　283

付　録　289
参考文献　293
あとがき　309
図表一覧　313
索　引　315
英文目次　323

略語一覧

BA	Banker's Acceptance（銀行引受手形）
BIS	Bank for International Settlements（国際決済銀行）
BOE	Bank of England（イングランド銀行）
ECA	Economic Cooperation Administration（経済協力局）
ECOSOC	Economic and Social Council（国連経済社会理事会）
EMA	European Monetary Agreement（欧州通貨協定）
EPU	European Payments Union（欧州決済同盟）
ERP	European Recovery Program（欧州復興計画）
EXIM	Export-Import Bank of Washington（ワシントン輸出入銀行）
FOMC	Federal Open Market Committee（連邦公開市場委員会）
FRB	Board of Governors of Federal Reserve System（連邦準備制度理事会）
FRBNY	Federal Reserve Bank of New York（ニューヨーク連邦準備銀行）
GAB	General Agreement to Borrow（一般借入協定）
GATT	General Agreement on Tariffs and Trade（関税及び貿易に関する一般協定）
G10	Group of Ten（先進10カ国蔵相・中央銀行総裁会議）
IBRD	International Bank for Reconstruction and Development（国際復興開発銀行），World Bank（世界銀行）
IDA	International Development Association（国際開発協会〔第二世銀〕）
IMF	International Monetary Fund（国際通貨基金）
ITO	International Trade Organization（国際貿易機構）
MSA	Mutual Security Act（相互安全保障法）
MSA	Mutual Security Agency（相互安全保障庁）
NAC	National Advisory Council on International Monetary and Financial Problems（国際通貨金融問題に関する国家諮問委員会）
NSC	National Security Council（国家安全保障会議）
OECD	Organization for Economic Cooperation and Development（経済協力開発機構）
OEEC	Organization for European Economic Cooperation（欧州経済協力機構）
SDR	Special Drawing Wrights（特別引出権）
UNCTAD	United Nations Conference on Trade and Development（国際連合貿易開発会議）
WP3	OECD Economic Policy Committee Working Party Three（OECD経済政策委員会第3作業部会）

序　章
IMF と戦後国際金融秩序

浅 井 良 夫

1　ブレトンウッズ体制とブレトンウッズ秩序——本書の視角

　国際通貨基金（以下，IMF）と国際復興開発銀行（以下，世界銀行）を両輪とする第二次大戦後の国際金融秩序（ブレトンウッズ体制)[1]は，成文化されたルールに基づいて国際機関によって運営された点において，第一次大戦前の金本位制や両大戦間期の再建金本位制とは決定的に異なる。

　国際金本位制は，一種の国際公共財であるとも言えるが，主権国家間の国際協定によって人為的に作り出されたものではなかった。また，欧米の主な国民国家にとっては，国際金本位制が形成された 19 世紀後半は，国内通貨制度が確立して国民経済が完成した時期でもある。国内通貨制度の樹立と国際金本位制の形成は並行して進んだ[2]。最近の研究が明らかにしたように，国際金本位制は，実物としての金よりも，信用制度の発展に基盤を置いていた[3]。「19 世

---

1) ブレトンウッズ会議（連合国国際通貨金融会議，The International Monetary and Financial Conference of the United and Associated Nations）は 1944 年 7 月 1〜22 日に，アメリカ合衆国ニューハンプシャー州ブレトンウッズにおいて開催され，44 カ国が参加した。この会議において，最終議定書および国際通貨基金協定，国際復興開発銀行協定が承認された。両協定は，1945 年 12 月 27 日に発効し，46 年 3 月の両機関の創立総会（サヴァンナ会議）を経て，世界銀行は 46 年 6 月 25 日，IMF は 47 年 3 月 1 日に業務を開始した。
2) Helleiner [2003].
3) 藤瀬・吉岡編 [1988]；金井 [2004]。

紀は金本位の世紀というよりは，信用貨幣本位制が出現し，成長した世紀であり，金および銀が貨幣として安楽往生死した世紀」であった[4]。日本においても，幕末・明治初期の居留地貿易はメキシカン・ダラー等の銀貨によって決済されたが，その後，横浜正金銀行が設立されて為替による決済に代わり，1897年に日本の通貨制度は国際金本位制にリンクした。これと並行して，日本銀行が設立され（1882年），兌換銀行券条例が制定（1884年）されて，国内通貨制度が樹立された。

ロンドンのシティーを結節点とする国際金本位制は，独立した国民国家の通貨の上に成り立つインターナショナルなシステムであった[5]。金本位制の「暗黙のルール」に各国が従ったとされるが，各国が貿易決済・海外資本調達のために国際決済システムへのアクセスを確保しようとする行為を「ルールの遵守」と表現しているに過ぎない。金本位制時代には，何よりも各国通貨の独立が重んじられ，通貨・為替に関する国際協調が意識的かつ継続的に追求されることはなかった[6]。

両大戦間期には通貨・為替に関する国際協調の動きが生じたが，萌芽的な形態を出なかった。協調的為替安定への積極的な取り組みと評価される1936年の三国通貨協定ですら，協調と言えるほどの内実は持っていなかった[7]。

第二次大戦末期にブレトンウッズ会議で制定された国際通貨制度は，ジェームズの表現を借りるならば，20世紀半ばに出現した重要な「イノベーション」であった[8]。それは，多数の国家によって構成される制度化されたマルチラテラルなシステムである。国民経済の自律性を最大限に尊重する原則を維持しつつも，一方では，為替政策，マクロ政策の側面から国民経済を制約するルールを含んだシステムである。

本書は，1944年のブレトンウッズ協定の成立から60年代末までの国際金融秩序の成立と展開を，主としてIMFを対象に，歴史実証的に検討すること を

---

4) Triffin [1968]（邦訳，p. 29).
5) Helleiner [2003], pp. 38-40.
6) Flandreau [1997].
7) 山本 [1988]，第4章．
8) James [1996], p. 9.

目的とする。とりわけ，IMF の開業（1947 年）から，1960 年代初めに IMF の機能が全面的に発揮されるようになるまでの時期に重点を置く。

過去の研究史との関連において，本書を簡単に位置づけておきたい。

ブレトンウッズ通貨体制に関する通説の代表として，ボードの論文を取り上げよう[9]。この論文は，予定されたブレトンウッズ協定の機能が本格的に動き出すまでに 12 年もかかり，しかも全盛期は 1959～67 年の 10 年間弱に過ぎなかった点に着目し，「ブレトンウッズ体制はなぜかくも安定的であると同時に短期間しか持続しなかったのか」と問う。ボードは，金為替本位制とアジャスタブル・ペッグ（調整可能な固定相場制）を組み合わせたブレトンウッズ協定にシステム設計上の難点があったと指摘し，アメリカ 1 国の力に依存してシステムの維持が図られた結果，1960 年代後半にアメリカが物価安定政策を放棄したことを契機に崩壊に至ったと述べた。このようにボードは，ブレトンウッズ体制の本質を「調整可能な固定相場制」に求めている。

日本の代表的な戦後国際金融システムの研究も，視角は異なるが，同様の結論に達している。日本の国際金融論・国際金融史研究は，ブレトンウッズ体制崩壊後もドルが基軸通貨として圧倒的な強さを発揮し続けていることに注目し，「ドル本位制」の存立根拠を明らかにしようとした。これらの研究では，ブレトンウッズ体制は，19 世紀の金本位制から 1970 年代以降の「ドル本位制」に至る国際決済システムの変容の一階梯として位置づけられる。そして，ブレトンウッズ体制は，「IMF 機構とそれを機能させる事実上の中心国アメリカとの関係」に矛盾が存在したために不安定であり，短期間で崩壊したとされた[10]。

「調整可能な固定相場制」にブレトンウッズ体制の本質を求め，その脆弱性を指摘する解釈に対して，最近，国際政治学者のアンドリューズは，「ブレトンウッズ秩序」という新たな概念を提起した。国際通貨システムであるブレトンウッズ・システムと，国際経済秩序であるブレトンウッズ秩序を区別し，ブレトンウッズ・システム（＝「調整可能な固定相場制」）は崩壊したが，ブレト

---

9) Bordo [1993]．
10) 深町編 [1993], p. 13。

ンウッズ秩序は現在まで発展を続けていると主張する[11]。アンドリューズは，ブレトンウッズ会議によって出現したシステムを，「国内経済政策と国際貿易の発展」の2つの目標を同時に追求する国際経済秩序と捉え，国際通貨システムとしてのブレトンウッズ体制が崩壊した後も，ブレトンウッズ秩序の目標は維持され，多角的な貿易システムは着実に拡大しつつあると述べている。

アンドリューズの議論は，国際政治学者に強い影響力を持つラギーの「埋め込まれた自由主義」論に依拠している[12]。ラギーは，第二次大戦後の自由主義は経済ナショナリズムと多角的経済自由主義との妥協の産物であり，19世紀の自由主義とは本質的に異なると見る。戦間期の再建金本位制が崩壊した原因は，ヘゲモニー国が存在しなかったことにあるのではなく，国家が市場と社会とを媒介する役割を果たせなかったことにあったと指摘する。1941年の大西洋憲章において，多角主義（＝自由貿易主義）の実現という対外的な目標と，国内の経済成長および社会保障の追求という国内的目標の双方が接合されて，ブレトンウッズ協定や関税及び貿易に関する一般協定（GATT）に結実した。1971年の金ドル交換停止以後，アメリカのヘゲモニーは後退したとしても，多角的な自由貿易は一層拡大している。変動相場制への移行も，国内マクロ政策と国際通貨システムとの間の摩擦を回避するための措置であり，ブレトンウッズの枠組み自体を否定するものではなかった。このようにラギーは述べている。

ラギーやアンドリューズの議論は，第二次大戦後の自由貿易の発展を保証してきた多角的システムの強靭さを強調する点に特徴がある。一般に国際政治学者や経済学者には，保護主義的な動きが現れるたびに，両大戦間期のような保護主義が再び台頭し，世界経済が分断されるという危機感を示す傾向がある。これに対して，ラギーやアンドリューズは1980年代以降に保護主義的傾向は現れたものの，自由主義を否定する力を持ちえなかったことを指摘し，今後も保護主義が優勢になる懸念は少ないという楽観的な展望を示す。

マルチラテラリズムが国際的な規範として定着しており，ブレトンウッズ協

---

11) Andrews [2008].
12) Ruggie [1982].

定の制度化されたマルチラテラリズムは形を変えつつも，現在まで持続していることは間違いない。そうした点で，ブレトンウッズ体制の成立は国際政治・経済に不可逆的な変化を刻した画期であった。

ポラニーの『大転換』から発想を得た，ラギーの「埋め込まれた自由主義」は，ポラニーが指摘した市場と社会との亀裂をふさぐ役割を持っている。そうであるならば，1980年代以降のケインズ政策批判の台頭と福祉国家の後退は，「埋め込まれた自由主義」ないし「ブレトンウッズ秩序」を掘り崩すことになるのではないか。この点に関するラギーとアンドリューズの意見は異なる。ラギーは，国際経済秩序の重大な危機は，保護主義の台頭よりもむしろ，国内の社会契約の後退にあると主張し，新たな社会契約を創出することが必要であると説く[13]。これに対してアンドリューズは，「埋め込まれた自由主義」の崩壊という主張は誇張であるとする[14]。本書は，1960年代までを対象とするので，この論点に立ち入ることはできない[15]。

本書も，ラギーやアンドリューズの議論を踏まえ，国際通貨システムを国際公共財として捉える。国際公共財という視点は，古くはキンドルバーガーによって提起され，日本では最近の佐々木隆生の研究が存在する[16]。しかし，公共財としての国際通貨システムの深化の過程を本格的に分析した歴史研究はまだ乏しい。

本書では，固定相場制時代のIMFを分析対象とし，特に以下の4点に留意する。

第1は，IMFのルールの形成過程の政治力学的な分析である。IMFや世銀のような，設計されたシステムの場合には，設計の仕様によって特定の国の有利・不利が生じ，場合によっては特定の国の排除にもつながる。固定相場制時代のIMFは，国際収支黒字国を有利に，赤字国を不利に扱い，社会主義国を

---

13) Ruggie [1996]（邦訳，pp. 209, 241, 269-270）．
14) Andrews [2008], pp. 231-234.
15) 対外関係と国内政策を統一的に把握した歴史研究は少ないが，権上 [2013] は，両者の関係が1970年代以降に変化し，新たな段階に移行したことを実証的に解明しようとした注目すべき研究である。
16) Kindleberger [1986]；佐々木 [2010]。

排除するように設計されていた。しかし，詳細なルールが最初から存在したわけではなく，加盟国の利害の対立と調整を通じて，IMF融資や14条コンサルテーション等の具体的ルールが定められた。本書は，IMFの制度的な枠組みが形成された1950年代を主たる分析対象とする。1950年以前には，国際収支黒字国は実質的にアメリカ1国であったが，60年頃になるとアメリカの国際収支（総合収支）の赤字が顕在化した。こうした状況の大きな変化の中で，システムやルールの見直しがどのように論議され，実施されたのかも併せて検討する。

第2に，IMFの役割を他の機関・協定を含めた国際通貨・金融システム全体の中に位置づける。これまで，第二次大戦後の国際通貨システムをIMFのみで論じる傾向があった。ジェームズの著書は戦後通貨システムの優れた通史であるが，IMF準正史という性格のゆえに，一貫してIMFが主役として描かれている[17]。しかし，国際金融の世界でIMFは，創立から今日まで同じ比重を占めていたわけではない。IMFは設立当初のマーシャル・プランの時期には脇役の役割すら果たせず，また1960年代後半以降には先進10カ国蔵相・中央銀行総裁会議（G10）に主導権を奪われることになった。IMF中心史観に対しては，国際決済銀行（BIS）の立場からそれを相対化する試みも最近なされており[18]，矢後和彦はIMFとBISの2つの原理を対照させて考察している[19]。本書の直接的な対象はIMFであるが，IMF中心史観やIMF単線史観を取るのではなく，複眼的な視角に立つ。

第3に，機関としてのIMFの自律性である。IMFにおいて，今日までアメリカは重要事項に関する拒否権を確保し続けている。そのために，IMFはアメリカの意のままに動く道具と見なされがちである。たしかにIMFは，アメリカの意向と正面から対立する決定を行うことは困難であり，この見方にも正当性はある。しかし，IMFには独自の利害や論理が存在し，専務理事を頂点とするスタッフがそうした利害・論理を体現している。アメリカは必ずしも一

---

17) James [1996].
18) Borio, Toniolo and Clement [2008].
19) 矢後 [2011]。

枚岩ではなく，国務省と財務省との間にも，また財務省内にも対立は存在するので，アメリカが拒否権を持っていても，IMF が自律性を発揮する余地はある。他方で，アメリカ政府にとっての国際金融のチャンネルは IMF だけではなく，いくつかの国際機関・国際会議を使い分けている。本書では，IMF の独自の理解・理念の形成や，アメリカやその他の加盟国と IMF との相克についても分析を深めたい。

第 4 に，市場との関連である。IMF の相手は各国政府（為替当局）であり，市場との直接的な接点は存在しない。それにもかかわらず，IMF は市場を無視しては存在しえなかった。1940〜50 年代に IMF が英ポンドに対して過大な配慮を行ったのは，ブレトンウッズ会議の際にイギリスが枢軸国の占領・支配下に組み込まれていない唯一のヨーロッパの主要な連合国であったという国際政治状況にも由来するが，基本的にはポンドが国際決済通貨としてドルと並ぶ比重を占めていたためである。また，IMF がその理念に反して地域決済システムである欧州決済同盟（EPU）を容認したのも，貿易取引の実態との妥協と見ることもできよう。さらに IMF は，その限られた資金の限界を超えて国際流動性問題に対処するために，国際短資市場の利用も検討した。このように，市場から距離を置いて設立されたはずの IMF が，結果的に市場と密接に関わっていく側面を明らかにすることは，本書のもう 1 つの重要な課題である。

2 　固定相場制時代の IMF のシステムとその運営

IMF の組織や運営に関する文献は，これまでにも数多く存在するので[20]，本書の理解を助けるために必要な最低限の情報だけを以下に記しておく。

加盟国数と割当額　　IMF の原加盟国（ブレトンウッズ会議に参加した連合国 44 カ国中，1946 年末までに協定を批准した国）は 39 カ国であった。原加盟国以

---

20) 本書が対象とする時期については，IMF の正史である Horsefield [1969]; de Vries and Horsefield, ed. [1969]; Horsefield, ed. [1969]; de Vries [1976] がまず参照されなければならない。また，Humphreys [1999] も便利である。邦語文献では，堀江 [1962]; 滝沢 [1975] が有益である。

外の国は，加盟申請を行い，総務会（Board of Governors）の議決によって加盟が承認される。加盟国数は，1950年49カ国，60年68カ国，70年117カ国である。出資金（割当額＝クオータ）は当初，110億ドルと設定された。割当額は5年ごとに見直されることになっており，全面的な見直しは1959年（50％増資），65年（25％増資），70年（25％増資）になされた。割当額が最大の国は一貫してアメリカである（割当額合計に占めるアメリカの比重は，1950年34％，60年28％，71年23％）。加盟国は，割当額の25％は金または米ドルで，残りの75％は自国通貨で払い込むことになっている。

　組　織　　最高意思決定機関は総務会であり，総務には通常，財務大臣または中央銀行総裁が就任する。定例の総務会（通称 IMF 総会）は，世銀総会と同時に年1回開催される。日常的な業務は，理事によって運営される。理事の定員は12名以上と定められ，そのうち5名は割当額上位5カ国から任命され，残りはそれ以外の国の互選により選出される。理事会の議長を務める専務理事（任期5年）は，理事会によって選任されるが，慣例としてヨーロッパから専務理事が選ばれてきた。初代カミーユ・ギュット（ベルギー人，1946～51年），2代目イヴァール・ルース（スウェーデン人，51～56年），3代目ペール・ヤコブソン（スウェーデン人，56～63年），4代目ピエール＝ポール・シュヴァイツァー（フランス人，63～73年）と続く。

　機　能　　固定相場制時代の IMF の機能には，①為替レートの設定，②短期的な資金融通，③為替制限撤廃（為替自由化）の3つの柱があった。

　①為替レートの設定：加盟国は，加盟後に最初の平価を決定する（initial per value）。平価決定の延期は認められるが，平価を決定しないと IMF から資金を借り入れることはできない。各国は，いったん定めた平価について，上下1％の範囲内に維持する義務を負う。基礎的不均衡が生じた場合には，平価の変更ができる。ただし，基礎的不均衡の定義は明確ではなかった。平価の変更は，加盟国側からのみ提議でき，IMF は提議できない。提議された平価変更が10％以内であれば，IMF は無条件に変更を認める。

　②短期的な資金融通：加盟国は，一時的な国際収支不均衡に陥った場合，IMF から短期資金を借り入れることができる。IMF では，借入と呼ばず，引

出（drawings）と言う（本書では両方の表現を区別しないで用いる）。借入限度額は，各国のクオータに応じて決まる。次に記すIMFの融資システムは，最初から存在したわけではなく，1960年頃までに時間をかけて整備された。

　加盟国の借入限度額は割当額の125％である。最初の25％（金または米ドル出資分相当額）までをゴールド・トランシュと呼び，無条件で借り入れることができる。ゴールド・トランシュを超える割当額の100％はクレジット・トランシュと呼ばれ，この部分については借入の際に何らかの条件が付く。クレジット・トランシュは，割当額の25％ずつ4段階に分けられ，借入額が増大するにつれて，厳しい条件が課される。借入条件のことをコンディショナリティと呼び，コンディショナリティは通常，借入国がIMFに提出する趣意書（letter of intent）に明記される。

　③経常取引に関わる為替制限の撤廃（為替自由化）：多角的な貿易決済の実現のために，IMFは加盟国に対して為替制限の撤廃を義務づけている（IMF協定第8条）。しかし，第二次大戦期からその直後の時期には，戦争による混乱と，ドル不足のために多くの国は為替管理を実施していた。そこで，IMF協定には「過渡期条項」が設けられ，IMF開業から5年間（1952年4月まで）は為替制限撤廃の猶予期間とされた（第14条）。経常取引に関する為替制限を行っていない国を「8条国」，為替制限を維持している国を「14条国」と呼び，「過渡期」を過ぎても為替制限を残している国との間で，IMFが毎年協議を行い，早期の撤廃を促すことが定められていた（14条コンサルテーション）。なお，IMFが義務づけているのは経常取引に関わる為替制限だけであり，資本取引については，加盟各国は任意に為替制限を実施できる。経常取引に関する為替制限の撤廃と並んでIMF協定第8条が求めているのは，差別的通貨取り決めないし複数為替制度の廃止と，外貨保有残高の交換可能性の回復である。ただし，IMFが特定通貨を稀少通貨と宣言した場合には，差別的為替制限は認められることになっている（しかし稀少通貨条項が発動されたことはない）。通貨の交換性の回復は，経常取引に関わる為替制限の撤廃に先立って実施された。イギリス等の西欧主要国は1958年12月に通貨が交換性を回復し，61年に8条国に移行した。日本は1960年に円の交換性を回復し，64年4月

に 8 条国に移行した。

IMF と世界銀行および GATT　IMF に加盟を認められた国は，自動的に世銀加盟も認められる。本書が対象とする時期においては，IMF と世銀の活動分野は明確に分かれており，貿易制限について権限を持つ GATT（1948 年条約発効）は，為替制限について権限を有する IMF と，貿易の自由化に向けて協調して活動した。国際収支上の理由によって輸入制限を行っている国は，原則毎年 GATT と協議することになっていた。IMF と GATT による二重のチェックが行われたわけである（ただし，IMF のみに加盟している国も少なくなかった）。国際収支上の理由により輸入制限を行う場合，国際収支上の困難が存在するかどうかを判定する権限は IMF に属しており，貿易・為替自由化の面では IMF の判断が優先された[21]。加盟国は，IMF8 条国に移行する際には，同時に GATT11 条国（第 11 条は数量制限の一般的廃止を定めた条項）に移行する。ケネディ・ラウンド（1964～67 年）以前には GATT の活動は活発でなく，IMF は GATT よりも優位に立って，貿易自由化をリードした。

3　国際機関・国民経済・市場——本書の概要

本書は，第 I 部「IMF の成立と発展」と，第 II 部「IMF と国民経済」の 2 部で構成されている。

第 I 部においては，ブレトンウッズ協定の起源から 1971 年のブレトンウッズ体制の崩壊までの時期を，時系列に沿って論じる。特に 1947 年の IMF の業務開始から 60 年代初めまでの時期に重点を置く。これまでに多くの研究が存在する IMF 設立期については，第 1 章で研究史の整理と新たな論点の提示を行う。1960 年半ば以降のブレトンウッズ体制の崩壊過程は，第 6 章と終章で扱うにとどめる。

第 1 章では，ブレトンウッズ協定の成立を扱い，イギリスとアメリカの国内で行われた錯綜した議論を整理する座標軸を示す。ケインズ案 vs ホワイト

---

21) 内田・堀 [1959]。

案の対抗で語られてきたブレトンウッズ協定の誕生が，実際には，はるかに複雑であることが近年明らかになった。同章は，多角主義 vs 双務主義，銀行原理 vs 基金原理，自由通商優位 vs 自由為替優位などの複数の対抗軸を設定すれば，IMF の成立過程がより明瞭に理解できることを示す。

第 2 章では，アメリカの対外通貨金融政策の最高決定機関である国際通貨金融問題に関する国家諮問委員会（NAC）の議論の分析を通じて，初期 IMF においてアメリカが一方的に大きな影響力を発揮したわけではなく，IMF 理事会における議論の紆余曲折の中で，アメリカがいくつかの重要な点で妥協を余儀なくされたことを明らかにする。具体的には，早期にポンドの交換性を回復させることにより「過渡期」を短縮しようとする 1947 年のアメリカ主導の試みは挫折し，地域的な決済システム EPU をアメリカが容認するに至ったこと，また，為替自由化についても，IMF スタンドバイ信用を用いた漸次的な緩和路線へとアメリカが転換した過程を明らかにする。

第 3 章は，IMF の制度が 1950 年代後半のヤコブソン専務理事の時代に完成の域に達したことを示す。ブレトンウッズ会議の時に存在したアメリカ東部金融界との対立の解消，事務局主導体制の確立，米欧の間の不調和の解消など，ヤコブソンは IMF の強化に大きな役割を果たした。アイゼンハワー政権と経済思想の面で近かったことが，ヤコブソンが主導力を発揮しえた理由の 1 つであった。しかし 1960 年代に，ケネディ政権に代わってから政策思想に変化が生じ，また先進国間で国際流動性の増強のための協調が進むにつれ，IMF は先進国グループ（G10）に主導権を奪われるようになった。

第二次大戦まで基軸通貨であり，第二次大戦後も決済通貨として広く用いられ続けた英ポンドへの対処は，国際通貨システム全体に関わる問題であった。第 4 章では，IMF のコンサルテーションを中心に，1960 年代初頭までの IMF の対ポンド政策を検討する。IMF がまだ休眠状態にあったとされるギュット，ルースの 2 代の専務理事の時期に IMF スタッフが，融資の活性化と為替自由化の推進策を準備したこと，その際にイギリスへの IMF 融資とポンドの交換性回復の 2 つの問題が，密接に結びつけられて検討されていたことを明らかにする。

第5章では，IMFやワシントン輸出入銀行（EXIM）など外からの流動性支援を受けてポンドの交換性回復が可能となった事実に着目し，その過程で国際金融市場の活用が注目されるに至った経緯を明らかにする。1950年代には，ポンドの流動性支援として，IMF資金のほかに，ニューヨーク連邦準備銀行（FRBNY）やEXIMのようなアメリカの機関の資金の利用や，銀行引受手形（BA）市場育成による国際短期資金の活用などの方策も議論された。こうしたIMF以外による国際流動性補強策は，1958年末の西欧通貨の交換性回復後に，改めてユーロダラー市場，スワップ網という形で登場し，大きな役割を果たすようになった。

　第6章は，1960年代の国際流動性の補強問題を，IMF特別引出権（SDR）の創設に焦点を当てて論じる。SDR創設プロセスにおいて，途上国の主張が鍵となっていたことを明らかにする。G10にイニシアティブを奪われまいとするIMF事務局が途上国の立場に配慮した結果，G10の当初の目論見は阻まれ，SDR構想は修正を余儀なくされることになった。

　第II部「IMFと国民経済」では，のちにG7を構成するIMFの主要加盟国について，西欧主要国が通貨の交換性回復（1958年）を経て8条国に移行する（1961年）までの時期に焦点を当て，各国の通貨・為替当局とIMFとの関係を検討する。「戦後の過渡期」（＝経常取引に関わる為替規制の維持）は，なぜブレトンウッズ協定締結時に想定していなかったほど長期に及んだのか，なぜ変動相場制や複数為替相場制などのIMF規約に反する制度が容認されたのかなど，IMFの運営の実態解明を通じて，固定相場制時代のIMFに新たな光を当てることが第II部の課題である。

　フランスを対象とする第7章においては，柔軟な為替相場の導入や，拡張的な財政金融政策を推進するフランス政府とIMFとの対立に焦点を当てる。一次史料を通じて明らかになってきたのは，従来指摘されてきたフランスとIMFとの間の激しい対立ではなく，両者の妥協と協調であった。ここでは，通説的な戦後フランス経済史理解とは異なるフランス像を提示することになる。

　第8章で論じるドイツは，IMF加盟（1952年）の時点ですでに国際収支の

黒字国になっており，加盟後も今日までIMFから資金を借り入れたことはない。同章では，1950年代後半にIMFがマルク切上げに消極的であり，切上げよりも資本輸出や国内の信用拡大による貿易黒字の削減，国際収支均衡といった政策を支持したことを明らかにする。IMFと並んで重要な意味を持った国際機関，欧州経済協力機構（OEEC）も為替政策への関与を避けたために，結局ドイツは1国だけの独自の判断で，1961年のマルク切上げを実施することになった。

イタリアを対象とする第9章では，8条国移行（1961年）までのイタリアの貿易・為替自由化の歩みを検証する。イタリアは過去に枢軸国であったが，早期のIMF加盟を認められ（1946年），経済安定化政策を推進し，貿易の拡大を図った。しかし，一直線に自由化に突き進んだわけではなく，二重為替レート制を1960年まで維持し，対ドル圏貿易に一貫して強い制限を課すなど，独自の政策も持っていた。

第10章は，先進国の中で唯一，長期間（1950～62年）にわたって変動相場制を採用したカナダの事例を扱う。アメリカと国境を接し，恒常的にアメリカ資本が流入するので，資本規制は困難であり，そうした事情が，カナダの為替政策を規定した。なぜIMFは，1950年にIMF協定違反となる変動相場制の採用をカナダに対して認めたのか，またなぜ62年には一転して変動相場制を批判し，カナダを固定レートに復帰させたのかを明らかにする。

第11章では，日本の戦前外債処理問題を検討する。日本にとって戦前対外債務の返済は，国際金融・資本市場に復帰するための不可欠の条件であった。外資導入を推進するために吉田内閣は，早期の外債処理を目指し，英米との交渉を開始した。本章では，ポンド債券のドル支払いの可否をめぐるアメリカとイギリスとの角逐というこれまで注目されることがなかった側面に光を当て，外債処理問題を新たな視角から論じる。

以上，各章の概要を紹介してきたが，本書ではこれまでほとんど利用されてこなかった一次史料を活用している。各章で共通して用いたのはIMFアーカイブズが保存する膨大な一次史料である。各章では，それ以外に各国の政府，中央銀行等の一次史料を利用した。これまでに刊行されているIMF，世銀，

BISなどの国際金融機関史は，機関が自ら編纂した正史（official history）にほぼ限られる。国際金融機関史研究が未開拓である一因は，一次史料が非公開であったことにあるが，経済史研究が一国史的なアプローチに偏っていた点も無視できない。最近では，国際機関の史料公開が急速に進み，歴史的研究の基礎的条件が整ってきた。今日のグローバル経済化のもとで，国際金融機関史研究が，新たな研究分野としてますます注目されなければならないだろう。

第 I 部
IMF の成立と発展

第1章
IMFの成立
―― ブレトンウッズ会議までの議論と英米交渉

伊 藤 正 直

はじめに――問題の所在

　リーマン・ショックとほぼ同時期，2008年9月に発表されたIMFの一調査によれば，1970年から2007年までの38年間に，208カ国で通貨危機が，124カ国で銀行危機が，63カ国で国家債務危機が発生している[1]。金融危機は，1970年代以降，先進国，新興工業国，開発途上国を問わず，アジア，ヨーロッパ，南北アメリカ，アフリカなど地域を問わず発生してきた。そうした中で，ワシントン・コンセンサスやそれに基づくIMFコンディショナリティの役割が，改めて検討の対象となり，最盛期（great moderation）を迎えたとされる近年のIMFに対する位置づけも見直しが始まった。

　2009年のロンドンG20で，当時の英首相ブラウンは，「旧来のワシントン・コンセンサスは終わった」と演説した。多くの論者は，ワシントン・コンセンサスは，1970年代にケインズ主義の退場に代わって登場し，80年代に拡がり，90年代に最盛期を迎え，2000年代に入って終焉を迎えた，あるいは2008, 09年のグローバル金融危機まで生き延びたと主張している。国際機関それ自体，あるいは国際機関の提起する政策への信認をどのようにして回復するのかが問い直されていると言ってもよい。

---

1) IMF WP08/224, Systemic Banking Crises : A New Database.

その際，比較基準としてしばしば言及されているのが，「調整可能な固定相場制（adjustable peg system）」としての IMF 体制の時代，いわゆるブレトンウッズ体制の時代である。リーマン・ショック後の G20 で議論されている事柄，例えば，新しい準備通貨・媒介通貨の創設の是非，資本移動規制のあり方，資金不足国への資金提供の方策，市中金融機関の監督と規制等は，ブレトンウッズ体制の成立期に議論されていたことそのものであるから，比較基準として成立期が登場することは何ら不思議ではない。

ブレトンウッズ体制の成立に関しては，これまできわめて多くの事柄が語られてきた。なかでも長く基準となったのは，ハロッド（Harrod [1951]）とガードナー（Gardner [1956]）の見方であった。「優れたケインズ案 vs 劣ったホワイト案」と言われていたにもかかわらず，銀行原理に基づき信用創造機能と多角的決済機構を持つケインズ案が，拠出原理に基づき信用創造機能も決済機構もともに持たないホワイト案に敗北したのは，アメリカの圧倒的経済力と戦時英米金融関係（債務国，財政破綻，経常収支赤字＝累積ポンド）によるものであったという評価である。

しかし，1970 年代に入ると，このようなケインズ「神話」の相対化が始まった。口火を切ったのは，バローで，批判は，ケインズ案の歴史的制約性への着目とアメリカ案の再検討の両面から進行した（Balogh [1976]）。先進諸国に共通して発生したスタグフレーションとその原因がケインズ政策にあるとするマネタリズムや合理的期待説からのケインズ経済学批判がその背景にあったことは言うまでもないが，『ケインズ全集』の刊行進展や英米両国での一次史料公開という資料面での前進がこれを後押しした。

前者の，ケインズ案の歴史的制約性への着目について，バンドミールは，ケインズ案とナチス「双務的清算協定」との連続性を強調し（van Dormael [1978]），マイクセルは，為替集中制を前提とする多角的決済構想の過渡性を主張した（Mikesell [1994]）。また，国際金本位制時代との詳細な比較検討を行ったモグリッジは，ルールによる規制論者（国際金融面と国内経済政策面の不整合）としてのケインズ，弾力性ペシミストとしてのケインズを抽出し（Moggridge [1986]），スキデルスキーもイギリスの権益擁護者としてのケインズ像

を抽出した（Skidelsky［2001］）。ピーデンは，これとは逆に，ケインズの「理想主義」がイギリス大蔵省やイングランド銀行と様々な局面で衝突を繰り返したことを，大蔵省の一次史料などから明らかにした（Peden［2004］）。最近では，米倉のように，ケインズの IMF 協定理解の欠如という見方も登場している（米倉［2006］）。

　また，後者の，アメリカ案の見直しについては，ハロッドによる，ケインズ理論の信奉者としてのホワイトという「神話像」から（Harrod［1951］），オリバーによる，ホワイト案は米州銀行案の派生物に過ぎないという見方（Oliver［1975］），ブラックによる，モーゲンソー財務長官，バーンスタイン財務省主席エコノミスト（IMF 初代研究局長）と深く対立するホワイト像の検出などが行われた（Black［1991］）。さらに，ヘインズとケラーによる，ホワイトがソ連のスパイであったという見方も現れた[2]（Haynes and Klehr［1999］）。これらに対し，ボートンは，ホワイトはモーゲンソーに信頼され続けていただけでなく，その革新的で弾力的でかつ未来志向的な経済思想により IMF のデザインに決定的役割を果たしたという対極的な見方を提示した（Boughton［2006］）。さらにスタイルも，ホワイトの数多くの未公刊資料を博捜する中から，愛国者でありアメリカの権益の擁護者，その立場からの戦後秩序の構想者としてのホワイト像を検出した（Steil［2013］）。

　このように IMF 体制の創設過程をめぐる議論は，現在でも，基本的なところで収束を見ていない。その主たる理由は，連合国の戦後構想がどのような形で IMF という機構に帰着していったのか，そこでの連合国の基本的な対抗関係がどこにあったのか，また，その対抗関係は協定にどのように反映されているのか，といった点が，現在でも十分に解明されていないことによると考えら

---

2) ホワイトがソ連に資料や情報を提供したことは，今日では旧ソ連側資料からも明らかとなっているが，そのこととホワイトがスパイであったかどうかは別問題であろう。ボートンは，ホワイトはモーゲンソーに信頼され続けており，ソ連に融和的と見られるのは国際通貨体制の安定のためにはソ連加盟が必要と判断していたためだ，と主張し（Boughton［2006］），スタイルも，ホワイトは誰に命令されたのでもなく自らの意志でそれを行ったのであり，地下活動に加わったことはなかったと，いわゆるスパイ説を否定している（Steil［2013］, p. 36）。

れる。本章は，主としてブレトンウッズの合意以前の時期のケインズ案とホワイト案の形成過程を対象として，そこに現れた様々な対抗関係を検出することにより，この点について再検討を行おうとするものである。

1 基本的対抗軸はどこにあったのか

1) 連合国の戦後構想

よく知られているように，連合国の戦後構想は，1941年8月の大西洋憲章と翌42年2月の英米相互援助協定において登場した。この戦後構想は，一言でいえば，「自由・無差別・多角主義」と「拡大均衡（拡張主義による経済復興・完全雇用）」の2つを連合国間での国際協調や国際協力によって実現しようというものであった。しかし，この「自由・無差別・多角主義」をどう理解するか，「自由・無差別・多角主義」と「拡大均衡」の関係づけをどう行うかについては，連合国間においても，アメリカ国内やイギリス国内においても，必ずしも一致した理解が存在したわけではなかった。

例えば，大西洋憲章を主導したアメリカ国内においても，国務省は，「ハルの原理」と当時いわれた自由通商を多角的決済よりも重視する「自由貿易主義」の立場であったのに対し，財務省は，「国際通貨問題」に最重点を置き，ドルを国際通貨として機能させることができる何らかのシステムを創出することを重視していた。そして，固定相場を維持するために必要な短期の為替安定資金を供給する制度的枠組みを作り，それを長期の通貨安定ローンを提供する国際投資銀行案と結びつけていた[3]。ただし，この財務省案に対し，アメリカ市中銀行は，市中銀行によるドル融資こそが戦後安定にとって不可欠であると，財務省の戦後構想には批判的であった。これらの国内対抗と，形成されてくるホワイト案との関係が問題となるだろう。

また，1942年2月の英米相互援助協定第7条で定義された戦後再建構想からイギリスの戦後再編構想を見るならば，そこでは，債権国の復興援助，関税

---

3) 本間[1991]，第1章。

引下げ，拡張主義的経済政策の採用に加え，債務国が国際収支不均衡を調整する保護手段を講じることを認めさせる形での「国際協力」を想定していたと判断することができる。イギリスの側では，多角主義と双務主義の両立てが図られているのである。ここでも，同じく，このようなイギリスの利害と，作成され推敲されていくケインズ案との関係が問題となる。

2) ケインズ案とホワイト案の開示

大西洋憲章から英米相互援助協定までは半年ほどの期間があり，この間に，戦後国際通貨システムに関するケインズ案の第1稿から第4稿，ホワイト案の第1稿が作成されている。そして，英米相互援助協定の締結後，1942年の3月，4月にホワイト案第2稿，第3稿が作成され，8月にはこのホワイト案へのコメントとともに，ケインズ案の第5稿，第6稿が作成される。10月にホワイトが訪英し，ロンドンでケインズとホワイトの非公式会談が持たれ，11月にケインズ案第7稿が作成され，これを前提とした米側の検討を受けて，1943年4月，米国務省による国際為替安定基金案（Preliminary Draft Outline of Proposal for a United and Associated Nations Stabilization Fund），イギリス政府の国際清算同盟案（Proposals by British Experts for an International Clearing Union）が相次いで発表される。このそれぞれが，通例，ホワイト案，ケインズ案と呼ばれるものにほかならない。

後述するが，こうした形でホワイト案，ケインズ案がまとまるまでに，アメリカ政府内，イギリス政府内では，それぞれの自国案について，いくつかの内部批判がなされていた。ホワイト案については，ニューヨーク連邦準備銀行（FRBNY）副総裁ウィリアムズによるキー・カレンシー・アプローチからの批判があり，これを米金融界は強力に支持していた。また，ケインズ案についても，ケインズ案第1稿の作成以後，イングランド銀行（BOE）は外国局トムソンを筆頭に，一貫して，ポンドの国際的地位を確保しつつポンド残高問題を処理していくためには，「計画化された双務主義」だけが実行可能なアプローチであるという批判を繰り返し行った。両案は，それぞれ，こうした内部批判を限定的にではあれ取り込んだものとなっているが，1943年4月のケインズ案，

表1-1 ケインズ案とホワイト案

ケインズ案	ホワイト案
1. 国際機関である国際清算同盟を設置し，各国はこの同盟に勘定を開設し，それぞれの対外収支を多角清算の方法で決済する 2. 1国が清算同盟に貸勘定を持つとき，他国は借勘定を持つので，同盟は資金を必要としない 3. 加盟国は，それぞれ過去3年平均の輸出入額を基準に割当額（クオータ）が定められ，借方残高が一定額（割当の25%）に課徴金を課す 4. 金の一定量により表示されるバンコール（Bancor）という通貨単位を設け，各国は自国通貨をこれにリンクする。各加盟国中央銀行は清算同盟にバンコール勘定を開設し，この勘定を通じて相互に収支決済，信用供与を行う 5. バンコールの価値は原則固定，ただし，一定の条件に適合したら，切上げ，切下げ容認 6. 金でバンコールを購入することはできるが，バンコールで金は購入できない	1. 加盟国から一定の基準で金または各国通貨を出資させて，為替安定基金を設置する 2. 各国別に，金保有額・国民所得などを基準に割当額を定め，この割当額に沿って，票決権，支払い便宜を享受する 3. 各加盟国は，一定条件に従って，金または自国通貨を対価に，加盟国通貨を購入できる 4. 10米ドル等価のユニタス（Unitas）という通貨単位を設け，加盟国の通貨価値をこれで表示する 5. 加盟国は経常取引に関する制限の速やかな撤廃，基金保有の自国通貨の自由交換性の保証，他国の資本移動管理への協力，2国間清算取引，複数通貨措置の新設禁止などの義務を負う

ホワイト案の概要を示すと，表1-1のようになる。

この時点での，両案の相違点を箇条書きすれば，以下のようになる。まず，第1に，設立される組織の基本的性格である。ケインズ案では，借り越しを認める多角的決済機構が想定されているのに対し，ホワイト案では，拠出原理による限定的信用供与が想定されている。第2に，そこで使用される通貨は，ケインズ案ではバンコールとされ金は通貨性を持たないのに対し，ホワイト案では，金または各国通貨がドルとリンクされ，ドル等価のユニタスが使用されることになっている。第3は，資金の割当額である。ケインズ案ではイギリスが最大の割当国となるのに対し，ホワイト案ではアメリカが最大とされている。

第4は，為替レートである。これについては，ケインズ案では「一定の条件に適合したら，切上げ，切下げ容認」と弾力的であるのに対し，ホワイト案では金本位的な固定相場が想定されている。第5は，為替市場である。為替

市場については，ケインズ案では中央銀行集中主義で公的交換性を前提としているのに対し，ホワイト案では市場原理主義で市場交換性を前提としている。また，そこで使用されるとされているバンコールは国際通貨であるのに対し，ユニタスは単なる計算単位とされている。

　第6は，過渡期の期間である。ケインズ案では5年が，ホワイト案では3年が想定されている。ケインズ案の方が長いとはいえ，いずれも短期間で過渡措置は終了するものとされている。第7は，資本移動規制である。ケインズ案では強い資本移動規制が必要とされているのに対し，ホワイト案ではこの点は曖昧なままである。第8は，経常収支不均衡の調整問題である。ケインズ案では，債権国にも債務国と同様に調整の責任を負わせるべき，というシンメトリーが主張されているのに対し，ホワイト案では，経常収支不均衡の調整はもっぱら赤字国が負担すべきものとされている。

　両案が公表された時点では，ケインズは，自分の案の優越性について，きわめて楽観的であった。「かれら〔ヨーロッパ連合国──引用者，以下同〕のすべては例外なしに清算同盟案を選好するだけでなく，それを強く選好するとみるのが公平であり，わたくしとしてはそれに健全な，基本的な理由があるとみなす次第です。結局，安定基金は，現在の形式では，小国にとっては，非常に魅力あるものには見えないいくつかの理由があるのです」（1943年4月16日，『ケインズ全集』第25巻[4]，p. 260），「わずか1, 2の重要ではない例外国を除いて，全世界は，かりにどちらかを選択しようとするならば，実際には安定基金の全般的な案より，清算同盟を選好することは明らかです」（1943年6月9日，『全集』25巻，p. 313）。

　しかし，このケインズの楽観論は，スターリング・ブロックの主要国，カナダ，インド，南アフリカなどのイギリスからの離反や，ホワイト等による連合国および準連合国への精力的な2国間会議による働きかけによって崩れていった。1943年6月末，ケインズは「清算同盟と安定基金の結合」という文書を作成した。その主内容は以下の通りである（1943年6月29日，『全集』25

---

　4)『ケインズ全集』第25巻　戦後世界の形成：清算同盟──1940～44年の諸活動』村野孝訳，東洋経済新報社，1992年（以下，『全集』25巻）。

巻, pp. 344-351, ただし, 訳文は原文にあたって修正している箇所がある)。

I

われわれは, ホワイトの基本的な条件の内容を承認する。すなわち,
(i) われわれは拠出原理に同意する。
(ii) われわれは責任額の限定に同意する。
(iii) われわれはいかなる加盟国も, その意思に反して, 自国通貨の金価値の変更を要求されないとする意見に同意する。

われわれはまた, 割当額と票決権に関するアメリカ方式および安定基金の全般的な形態を承認する。われわれは, 同案の条件の1つとして, ポンドとドルの最初の為替相場を, 1ポンドにつき4ドルとすることに同意する用意がある。

II

われわれ自身の基本的な条件は次のとおりである。
(i) 基金は, 諸通貨を入れまぜたマネー・バッグ(財布)を用いてではなく, ユニタスだけで取引すべきである。加盟国が保有するユニタスは, その基金への拠出金と引換えに取得されるべきであり, また金では償還されないものとすべきであろう。
(ii) 金の拠出に関しては, 安定基金の原提案, すなわち割当額の12.5%は受諾してもよいであろう。もしこれが修正されるならば, 基金計画にあまりに明白な金本位制の外観を与えないようにしなければならず, またさらに, その準備が相対的に不足している加盟国から金を枯渇させ, 拡張政策の実施の可能性を不当に制限してはならないものとする。
(iii) 拠出金の残りの額は, 譲渡性のない政府証券の形をとるべきである。
(iv) 加盟国の通貨価値の変更には弾力性をもたせるための, またこの点に関して, 主権を保持するための規定を設けるように再考すべきである。
(v) 安定基金案の改訂版に対する最も重要な反対は, 債権国はそれになんらかの現実の圧力が加わる前に, 従前と同様, 高額の金を吸収し続けられることである。(以下, 略)

資料 1-1 「国際通貨基金の設立に関する専門家共同声明」（1944 年 4 月 22 日）抄録

I　国際通貨基金の目的および政策
（以下，略）

II　基金への拠出

1　加盟国はすべての連合国および準連合国が基金に拠出するときは，合計約 80 億ドル（世界全体では 100 億ドル相当額）に達する金額を金ないしは合意した各国の自国資金（割当額）を拠出する。
（以下，略）

III　基金との取引

1　加盟国の基金との取引は，それぞれの財務省（大蔵省），中央銀行，安定基金もしくは他の政府財政諸機関のみを通じて実施する。加盟国通貨の基金勘定は，加盟国中央銀行におく。
2　加盟国は以下に掲げる条件にしたがい，基金から他の加盟国通貨を買い入れる権限を有する。
（以下，略）
3　基金勘定の運用は，一加盟国に当該加盟国の発意により，自国通貨もしくは金との交換により，他の加盟国通貨を供給する目的に限定される。
（以下，略）

IV　加盟国の通貨の平価

1　加盟国の通貨の平価は，加盟を承認されたとき，基金と合意し，金で表示する。基金と加盟国との間のすべての取引は，基金に取引を申請する加盟国が固定の課金を支払い，平価をもって実施するものとし，また加盟国の通貨間のすべての取引は，協定された平価の百分率以内の相場をもって行うものとする。
（以下，略）

V　資本取引

1　加盟国は，高額かつ持続する資本の海外流出に対処するために，基金資金を利用してはならず，また基金はその資金のかかる使用を防止するため，加盟国に流出を管理するよう要求することができる。
（以下，略）

VI　不足通貨の割当

1　加盟国通貨に対する需要が，近く基金の当該通貨保有額を枯渇させることが基金に明らかになったときは，基金は加盟国にその旨通告し，当該不足通貨の公平な割当方法を提議するものとする。一通貨が以上のように不足を宣言されるときは，基金は不足の原因を明らかにし，また不足を終息させる方法を示す勧告を含む報告書を発行しなければならない。
2　基金の不足通貨の配分決定は，基金との協議の後，当該加盟国にその影響下におかれた通貨の自由な替取引を，一時的に規制するよう運用されなければならない。また当該加盟国は，当該通貨の需要の制限の方法に関し，また限定された供給額を，その国民に割り当てるに当っては，完全な権限を有する。
（以下，略）

出所）『全集』25 巻，pp. 528-534。

「ドル外交に全面的に屈伏しない」(1943年7月19日,『全集』25巻,p. 356)と言いながらも,1943年7月の時点では,ケインズは,アメリカに対する条件闘争に追い込まれていたのであった。結局,翌1944年4月の「専門家共同声明」は,資料1-1のようにほぼホワイト案に沿ったものに収束した。

3) 基本的対抗軸の析出

戦後の国際通貨構想についての2つの提案それぞれには,戦後国際通貨体制の理念,機構,政策をめぐる様々の錯綜する対抗軸が重なり合って存在していた。

対抗軸の第1は,戦後の国際通商関係,国際金融関係を構築する理念をめぐる問題である。これは「多角主義 (multilateral)」対「双務主義 (bilateral, unilateral)」の対抗,あるいは「ユニバーサル・アプローチ」対「キー・カレンシー・アプローチ」の対抗として検出することができる。一見すると,「多角主義」と「ユニバーサル・アプローチ」が照応し,「双務主義」と「キー・カレンシー・アプローチ」が照応するかのようだが,事柄はそれほど単純ではない。

IMF協定調印1年後に成立する英米金融協定や,1948年からのマーシャル・プランは明らかに双務主義的なものであった。英米金融協定を「反共イデオロギー」に基づく「多角主義」からの逸脱と説くガードナーの通説は,この照応関係を前提にしている。しかし,英米金融協定はIMFを補完するものであるという見方も可能である。別の視点に立てば,この2つの対抗軸をケインズ対ホワイトとして切り取るのか,ケインズ=ホワイト対ウィリアムズで切り取るのかという問題とも言える。普遍主義者であると同時にイギリスの権益擁護者でもあるケインズは,イギリス国内に,さらに厳格な「双務主義」を主張するイングランド銀行という反対者を抱え込んでいた。ケインズよりもさらに根底的な普遍主義者であるとともにアメリカの利益の擁護者でもあるホワイトも,アメリカ国内に,自由な資本移動と自らの対外融資の自由を求める市中銀行やFRBNYという反対者を抱え込んでいた。

対抗軸の第2は,作り出される機構の制度や性格をめぐる問題である。こ

こでの焦点は,「銀行原理」対「基金原理」,「公的交換性」対「市場交換性」という周知の議論にあった。第二次大戦終了後のイギリスが,債務国,財政破綻,経常収支赤字＝累積ポンドという困難に直面したことは客観的事実であったから,構築される国際通貨システムは,累積ポンド問題を処理しうるものでなくてはならなかった。ブレトンウッズにおいて,累積ポンド問題それ自体を直接の課題とすることは回避されたものの,この問題は,スターリング諸地域の保有ポンドのドル転換という回路を通しての稀少通貨条項と不可分の関係を持っていたから,この対抗関係は戦後イギリス経済の推移を実体的に規定するものとならざるをえなかった。

実際に,1944年7月のIMF協定調印後,8条解釈をめぐって「ケインズ＝ロバートソン論争」,続いて英米間論争が展開されたが,そこではIMF協定第8条2項と4項の関係について,2項の「市場交換性」と4項の「公的交換性」のどちらが優位に立つかが焦点となり,「ケインズの敗北」に帰結したと言われている。元々は,2項と4項の順番が英側と米側で異なっており（英案では4項が先),ケインズは交換性を中央銀行間の義務と理解し,これに対し,ロバートソンは民間に対する義務と理解していた。言い換えると,ケインズは,中央銀行間の多角的決済を基礎に交換性を位置づけ,このことによって民間資本移動を規制できると考えていたのである。

英米金融協定の締結の中で,英側は,1年でポンドの交換性回復を約束させられ,1947年7月18日に交換性を回復する。しかし,この回復はわずか1カ月しかもたず,8月20日には交換性停止に追い込まれ,公開性回復は惨憺たる失敗に終わった。先に見た英米金融協定の位置づけの問題がここでも登場する。また,このことは,成立したIMFが,「戦後過渡期の機構」として位置づけられていたのか,それとも戦後復興期を経過してその後もなお機能する「平時の機構」として位置づけられていたのかという問題も併せて提起する。

対抗軸の第3は,成立した機構を維持し,運営していくための政策選択をめぐる問題である。1つは,「自由通商優位」対「自由為替優位」の対抗,言い換えれば実体経済を軸に通貨体制を構想するのか,それとも貨幣経済の自律性を前提として通貨体制を構想するのかという対抗である。「拡大均衡（拡張

主義による経済復興・完全雇用)」を実現することを目的とするなら，英側にとっては「自由通商」優位は決して望ましいものではない。

このことは，同時に「赤字国責任論」対「黒字国責任論」という対抗を引き起こす。この対抗は，1971 年のニクソン・ショックに際しても，また 85 年のプラザ合意の際にも，繰り返し登場した。そのいずれの場合も，アメリカは黒字国責任論を展開したが，この時期には全く逆に「赤字国責任論」を強く主張していたのであった。

IMF の成立以前に存在していた対抗軸は，以上のようであった。IMF の理念，機構，政策選択をめぐって錯綜する形で対抗軸が存在していたのである。そのどれが基本的な対抗軸となっていたのか，また，対抗軸間の関係がどうであったのかが，改めて問われる必要がある[5]。

2 ケインズ案・ホワイト案の形成過程

1) ケインズ案の形成過程

これまでは，ブレトンウッズ協定締結後，1945 年 10 月以降の英米金融交渉の過程で，ケインズと英大蔵省および BOE との間で亀裂が生じてくるという理解が一般的であった。1941 年 9 月の戦後国際通貨構想に関するケインズ案第 1 稿から 42 年 12 月のケインズ案第 7 稿までの過程で，ケインズ案に関しては様々な論評が，英大蔵省をはじめとする政府内各部局，BOE，オックスフォード・エコノミストらによってなされてきたことは，すでに一定程度明らかにされている。そして，それらとの議論を経て多くの部分で改訂されたケインズ案が，1943 年 4 月英政府白書の「国際清算同盟案」として，アメリカ政府に伝達され，対米交渉のほぼ全局面において，ケインズは，交渉の中心人物

---

5) この課題設定は，さらに，トルーマン・ドクトリン（封じ込め戦略）は，IMF や世界銀行の機能のあり方に影響を与えたか（「国際復興開発銀行（世界銀行），英米金融協定，マーシャル・プラン」と IMF)，あるいは，IMF や世界銀行は，アングロ・アメリカン的新自由主義の原点か（アングロ・アメリカン的新自由主義＝「完全競争市場の実現こそ自由主義の核心的課題」＋「資本移動の自由こそ中軸的課題」)，という系論を引き出す。

として活躍を続けてきたため，イギリス内部でのケインズ案をめぐる対立は，政府案公表の時点で一応解消したと理解されてきたからである。

　しかし，イギリス内部でのケインズ案をめぐる議論をもう少し細かくトレースするならば，ケインズの構想する基本的枠組みとその実際の機能とのズレをめぐって，英政府やBOEから一貫して批判が続いていたことを知ることができる。その背景には，イギリスの「現実」をめぐる認識の対立があったことは勿論であるが，これに加えて，ケインズ自身における「理想主義」と「現実主義」の処理の仕方があったようである。ケインズは，自らの戦後国際通貨構想を「私のユートピア」と呼んでおり，ケインズ案の改訂の過程が，議論を経ての自発的「改善」なのか，あるいは批判への「妥協」なのかはなお明らかとなっていない。

　ケインズ案に対する大蔵省やBOEの反応を，1941年9月の第1稿から42年1月の第4稿までの時点をとって，まず見ることにしよう。9月の第1稿は，「戦後の通貨政策」と「国際通貨同盟の提案」の2つのメモである[6]。前者は，国際収支の不均衡を是正する手段として国際金本位制は不適切であり，資本移動の規制を通して債権国がその是正に主たる役割を果たさなければならない，というものであり，後者は，国際清算銀行を新たに設立し，あらゆる国際取引を，各国中央銀行が国際清算銀行に開設する自己勘定を通して中央銀行間で清算する仕組みを作ろう，というものであった。

　この提案に対して，大蔵省やBOEは直ちに批判的論評を行ったが，この批判に応えてケインズは，1941年11月「国際通貨同盟の提案」という第2稿を提出した[7]。この第2稿は，「国際清算銀行の設立を通じ，銀行業の基本原則を一般化する」，そして，「債務国および債権国ポジションの規模と所在を自動的に記録し，ポジションの再調整を図る」，これを「拘束のない多角的清算として行う」というものであった。この第2稿によって，BOEとケインズとの相違が根本的なものであることが明らかになった。元々BOEは，ポンド残高問題を処理するためには現行の双務的支払い協定を前提とせざるをえず，さらに

---

6)『全集』25巻，pp. 21-44。
7)『全集』25巻，pp. 42-71。

国際貿易に関する様々な規制＝計画の体系によって経常収支不均衡の是正を図るべきだと考えていた。ケインズの提案は，こうした方策の利用を最初から放棄していた。それは，ケインズが，その利用は，彼の考える「多角主義」ないし「普遍主義」原則に反すると判断したからである。

こうした批判に対して，ケインズは，第2稿の主要論点を詳細に展開した第3稿を12月に作成し，まず，BOEノーマン総裁に送付した[8]。ケインズ案は「スターリング地域を危機に陥れる」というBOEの懸念に対して説得を試みるためであった。第3稿は，引き続き各省の討議にかけられたが，大蔵省ホプキンズは，これに対して「批判的考察」を詳しく展開した[9]。このホプキンズの「批判的考察」の一定部分をケインズは受け入れ，1942年1月，「国際清算同盟」の設立を提案する第4稿が作成されたのである。

ケインズ第1稿から第4稿への最も厳しい批判者はBOEであった[10]。一連のケインズ案に対してBOEは一貫して批判を続け，その批判はブレトンウッズ会議終了後まで続いた。

例えば，トムソンは，ケインズ案は双務的貿易協議に対するセカンドベストに過ぎない，ケインズ案の危険は，貿易が自由無差別となると，通貨政策はそれ自体で戦後の為替問題を解決すると貿易庁やアメリカ人が信じてしまうと批判した[11]。ボルトンは，①ケインズ第1稿がユートピアなどではなく，明瞭な

---

8) 『全集』25巻，pp. 75-100。12月19日付のノーマン宛書信の全文は，pp. 99-108。
9) ホプキンズ「批判的考察」（Sir Richard Hopkins, "Critical observations on the Clearing Bank Plan"）の全文は，Peden [2004], pp. 247-260 にある。
10) BOEによるケインズ案批判の一連の文書は，BOE ADM14, L. P. Thompson-McCausland's Papers (1941-1965)（以下，L. P. T. P. と略記）に収められている。トムソン（後にトムソン＝マッコーズランド）は，1939年10月入行。1941年総裁顧問助手，49年総裁顧問，65年9月退任。在任中は，主として対外金融を担当。1941年ケインズとともにワシントンに出張，戦時借入に尽力し，43年に再度ブレトンウッズ会議に出席。1947年夏のジュネーヴ会議，12月のハバナ会議（関税及び貿易に関する一般協定〔GATT〕設立に関する会議）のイギリス代表委員会メンバーとなる。1960年代初頭のIMF改革をめぐる議論で主導的役割を果たした。なお，同上資料に登場するL. P. T. はL. P. Thompson, G. L. F. B. は，G. L. F. Bolton（ワシントン会議BOE代表），C. F. C. はC. F. Cobbold（イングランド銀行理事）。
11) BOE ADM14, L. P. T. P. Keynes' Memoranda (1 & 2), L. P. T., September 22, 1941.

欠陥と限界を含んでいること，②これが公表され，ケインズがBOEの理事になれば，彼のユートピアがBOEのプロジェクトだと判断されてしまうこと，③アメリカではこの案が無批判に受け入れられるであろうこと，④これが公表されたらその不健全性のゆえに後に反対せざるをえなくなること，と強い批判を行っている[12]。さらに，コッボルドは，「ケインズのアプローチと我々BOEのそれとの相違は，ケインズが究極のゴールを描こうとしているのに対し，我々は直ちにとるべき最初のステップ，我々が初期エラーに落ち込むことを避け，正しい方向に進むことを期待されている責任を強調していることである」と批判した[13]。

　BOEにとって最重要の課題は，第二次大戦後に顕在化するであろう封鎖ポンド，累積ポンドの処理問題をいかに現実的に解決するかにあった。債務国，財政破綻，経常収支赤字という状況は，戦後イギリス経済を根本から規定していたから，回避して状況を改善することは不可能であった。この問題が再燃してくるのは，ブレトンウッズ協定が調印され，英米金融協定の交渉が不可避となる1944年以降，アメリカからの援助受け入れが緊急の課題となってからであった。BOEは，アメリカの対英援助に関する1944年1月のケインズ第1覚書以降，一貫してケインズ案に反対し，英大蔵省もケインズを強く批判するようになった。債務国，財政破綻，経常収支赤字というイギリス経済の現状を正面にすえた場合，ケインズ案は，当初から，英大蔵省やBOE，とりわけBOEにとっては，セカンドベストの案だったのである。

　これに対し，この段階でのケインズは，明らかに，古典的金本位制や1920年代の再建金本位制の限界を，新しい国際的信用創造機関の創出によって突破しようとするユニバーサリスト，理想主義者としての立場に立っていた。ホプキンスの「批判的考察」に対する応答でも，ケインズは，ホプキンスがあまりにアメリカの特別の地位を強調し過ぎていること，短期的には，経常黒字国

---

12) BOE ADM14, L. P. T. P. On Mr. Keynes' Utopia (to C. F. C.), G. L. F. B., October 30, 1941.
13) BOE ADM14, L. P. T. P. Post-War Policy (Bank's Memo and JMK) and memo, C. F. C., November 24, 1941.

は，その黒字余剰を，貸出か金の購入か清算銀行への預入（貸方ポジション増）で処理することになるので，経常黒字国はその責任を果たすことが要請されること，為替が安定していることが戦後の安定を達成する上で重要な要素であり，清算銀行案はそれを前提にした為替相場に関しては最大限柔軟な案となっていることなどを強調していた（1942年1月22日，『全集』25巻, pp. 112-116）。ここにもユニバーサリストとしてのケインズの姿を検出することができる。

国際清算同盟の設立を提示したケインズ案第4稿以降の局面は，1942年7月のホワイト案のケインズへの送付と，翌8月のケインズ案第5稿の作成，およびホワイト案についてのケインズの返信，10月のモーゲンソー，ホワイトとの会談，11月の自治領代表との会談といった形で，英米間のそれぞれの素案の摺り合わせと内部調整という局面に入る。そこで次に，ホワイト案の形成過程を見ることにしよう。

2）ホワイト案の形成過程

ホワイト案の最初の草稿が執筆されたのは，1941年12月のことであった。当時，ホワイトは財務省財政金融局長の地位にあり，財務長官のモーゲンソーの指示により，まず5ページ程度のメモを作り[14]，これが12月30日「連合国間通貨・銀行行動計画案（Inter-Allied Monetary and Banking Action）」になった（ホワイト案第1稿）[15]。このプランに基づいて，基金と銀行についてのかなり立ち入った議論が1942年1月に財務省を軸に進められ，42年3月には「国際安定基金設立計画」（ホワイト案第2稿）が作成された。

この第2稿で，ホワイトは，第二次大戦終了直後に，アメリカが直面する国際的な問題を3つにまとめている。第1は，外国為替の崩壊と，通貨・信用システムの崩壊を防ぐこと，第2は，外国貿易の復興を確実なものにすること，第3は，世界の再建・救済・経済復興に必要な大量の資本を供給すること。そして，この3つに対応できる資源と力と機構を備えた機関を創設す

---

14) Black [1991], pp. 35-38.
15) van Dormael [1978], pp. 42-44 ; Mikesell [1994], p. 6.

ることが必要だと述べている。これが，後のIMF，世界銀行，国際貿易機構（ITO）につながっていく[16]。

この第2稿は，若干の修正を経て4月には「連合国安定基金および復興開発銀行に関する財務省の提案」（ホワイト案第3稿）としてまとめられた。ホワイト案第3稿の概要を，出資額，為替相場，資金供与の3点から見ておくと以下のようである[17]。まず，出資額については，加盟国は少なくとも総額50億ドル相当を出資する。各国の出資比率は，金保有，金生産，国民所得，外国貿易，対外投資，対外債務に応じて決められ，出資金は金・自国通貨・政府証券で拠出される。こうして計算された出資額は，総額52億ドルのうち，米32億ドル弱，英6億ドル強であった。次に，為替相場については，加盟国間の為替相場は固定化され，基礎的不均衡があったときのみ加盟国の5分の4の賛成で変更できる。資金供与については，加盟国は，自国通貨を対価として，基金が保有する他の加盟国通貨を購入することができる。以上が，当初のホワイト案のポイントであった。

ホワイト案第3稿は，①事実上，ドルがシステムの唯一のコア通貨となるべきこと，②為替レートは「固定であるが（基礎的不均衡の場合は）調整可能」であるべきこと，③基金は加盟国の経常赤字支払い不足分の供給をその割当に応じて行うべきこと，を提起しており，その前提として，④国際通商は金為替本位制として運営されるべきであり，⑤基金が加盟国の金ないし外国為替の中央保管機関となる，とした。なお，この第3稿において，すでに，「赤字国による基金資産の使用に紐をつけること」が③で明瞭に示されており，基金を通じて，米の資金が無限定に赤字国に流れ出していくことへの限定が付けられていることに留意すべきであろう。

こうしたホワイト案のバック・グラウンドは，どこに求められるであろうか。ボートンによれば[18]，第1は，システムにおける金の役割についてである。ホワイトは，1942年の非公表論文[19]で金為替本位制を分析し，厳格な金

---

16) Harry Dexter White Papers, Box 6, Folder 6, United Nations Stabilization Fund.
17) 岩本［1999］, pp. 251-253。
18) Boughton［2006］, pp. 7-14。

本位制と完全な管理通貨制の革新的な中間の道（innovative middle road）としての金為替本位制が，調整可能な固定相場制として最も適当であると述べていた。ケインズと比較すると，ホワイトは明白に古典的金本位制や1920年代の金為替本位制の自動調整機能への信頼を保持しており，これがホワイト案に反映されている。

第2は，多角的合意の必要性と地金銀の役割についてである。1933年のロンドン通貨経済会議，36年の三国通貨協定，37年の中南米対米債務デフォルトの分析などを通じ，ホワイトは，金融問題に関する2国間協議（bilateral negotiation on financial policy）は，ほとんど意味を持たないという認識に達した。

実際，1935年に，英大蔵省とポンド切下げ問題を協議することを主題としてホワイトが初めてロンドンに派遣された際に，ホワイトは英大蔵省との2国間協議の無意味さを実感し，ロンドン旅行の数カ月後に，ポンド急落の米経済へのショック最小化の方策の検討を開始した。その結論は，アメリカができる限り多くの国と密接な貿易関係を構築すること，そしてそれらの国々が自国通貨をドルとペッグすること，というものであった。また，1930年代末にキューバやメキシコが対米債務支払いの困難に直面したとき，ホワイトは，これらの国への米政府による銀供給という形での金融援助，さらには南北アメリカ銀保有銀行というプランを立案した。国際決済における地金銀の役割への着目がホワイト案に反映されている。

第3は，1934年1月に設置された米為替安定基金（Exchange Stabilization Fund: ESF）の役割についてである[20]。ホワイトは1930年代半ばに，ESFをドルの金価値を安定させるものから，他通貨に対するドル価値を安定させるものに転換することを提言した。すなわち，ESFをアメリカの国際金融の利益のためにより広く利用することを提言したのであり，財務省がこれを受け入れることにより，メキシコ，ブラジル他中南米諸国への金融市場調整にESFが

---

19) Harry Dexter White Papers, Box 1, Folder 9, The Future of Gold, 1942.
20) Bordo and Schwartz [2001] は，ESFの拡張的利用が，1942年のホワイト案に示唆を与えたと述べている。

使われるようになった。この経験から，ホワイトは，ESF は自動的に信用を拡張すべきではなく，「借入国が経常収支問題を是正するという政策転換を約束した場合にのみ」貸出を行うべきである，と考えるに至った。1950 年代以降 90 年代まで続く IMF コンディショナリティの原型がここにある。ホワイトのこの提案は，ケインズの反対によって引っ込められたが，「赤字国による基金資産の使用に紐をつける」方針は，ESF の経験から導き出されたのであった。

第 4 は，資本移動規制についてである。ケインズもホワイトも資本移動規制の必要を認めていたことはよく知られている。もっともケインズの資本移動規制が，良い資本移動と投機的・攪乱的資本移動を明瞭に区別し，後者の規制を国際協力により厳格に行うことを提示していたのに対し，ホワイトのそれは微妙であった。1935 年のアメリカへの金流入やその 3 年後のフラン危機が，ホワイトに資本移動規制の必要性を認識させたことは間違いない。しかし，ホワイトにとっては，この資本移動規制はどちらかと言えば必要悪であり，「最悪の選択の中でのベスト (the best of the bad choices)」[21]という位置づけであった。ケインズとは異なって，実物的資本移動と投機的資本移動の境界が不鮮明になっているという認識をホワイトは持っていたためと，ボートンは推測している。

ホワイト案に対しては，アメリカ国内から多くの批判が現れた。批判は，1943 年 4 月の両国政府案の公表以降その数を増すが，ここでは，FRBNY 副総裁ウィリアムズによる批判を見ておこう[22]。ウィリアムズによるホワイト批判の要点は，およそ次のようであった。①国際機関，例えば超国際銀行の設立は債務国に国際融資の決定権を与えることになる，②アメリカが最大の負担を負うので均衡予算の原則に反する，③アメリカがクレジットの条件を決めることができない，④外国為替の安定によっては国際金融上の諸困難は根本的に解決されない，⑤国際機関による普遍的な為替安定策は非現実的アプローチであ

---

21) Harry Dexter White Papers, Box 3, Folder 7, Memorandum from White to Morgenthau, April 30, 1938.
22) 本間 [1991], pp. 92-95。

り，双務協定によって2国間で執行されるべきである。

ここではイギリスにおけるケインズとBOEの関係と相似的に，ホワイトとウィリアムズの関係を同定することができる。ホワイトは，ユニバーサリストとしてウィリアムズに対峙していたのであり，ウィリアムズは，アメリカ銀行界の利害と戦後復興におけるアメリカ側の主導権の確保を主たる目的としていたのである[23]。

3）両案の摺り合わせとホワイト案への収束

1942年4月のホワイト案第3稿の成稿後，国務省に対する財務省の攻勢が精力的に進められた。1942年5月25日，7月2日と，国務省・財務省打ち合わせが持たれ，そこでモーゲンソーは，連合国の財務大臣に対して，金融専門家をワシントンに派遣し，アメリカの戦後国際通貨構想について議論する場を設定したいと主張した。国務省はこの提案には慎重だったが，イギリス，中国，ソ連，そしてその他の主要連合国と非公式の会合を持つことが了承された[24]。こうしてホワイト案は，1942年7月イギリスに送られることになったのである。

7月にホワイト案を受け取って以降，ケインズは，ホワイト案の検討に入った。1942年8月の「覚書」で，ケインズは，ケインズ案とホワイト案は外見上は似ているように見えるかもしれないが「その基礎となっている原理が基本的に異なっている」として，ホワイト案は，金本位制の翻案の域をほとんど出ておらず，そのため，国際通貨の量は必要に応じて調節されず，すでに大量の金準備を擁する国の政策に依存するようになるという批判を加えた。他方，ホワイト案には，いくつかの「有用かつ示唆に富む提案が含まれている」として，封鎖ポンドの解除の問題，資本移動制限の問題，一次生産物の価格安定の問題，貿易障壁の漸次的撤廃の問題などを検討している。そして，この検討の

---

23) 論争は，1944年7月のブレトンウッズ協定調印後再燃し，1年後に協定が批准されるまで，協定「修正」論争として再燃する。そこで，ウィリアムズは，ブレトンウッズは，「理想主義」と「現実主義」のバランスを喪失しているとしてホワイトを正面きって批判するようになるが，この検討は本章の範囲を超える。

24) Steil [2013], pp. 156-157.

上に立って，1942年8月28日に，ケインズ第6稿が，フィリップスによってホワイトに送付された。

この間，1942年10月には，モーゲンソーとホワイトがロンドンを非公式に訪問し，ケインズと会談を持つなど，ホワイト案とケインズ案の摺り合わせが進んだ。しかし，翌1943年2月18日（第8稿），3月1日（第9稿）に作成されたホワイト案を受け取って，ケインズは大きなショックを受けた[25]。そこには，これまで存在しなかった「稀少通貨条項」が提示されていたからである。特定の通貨（具体的にはドルとなる）が不足していると認定された国はその不足する通貨国に対し，輸入制限などにより取引制限できるという規定である。この条項を，アメリカによるイギリスへの譲歩あるいは善意と見るハロッドに対し，ケインズはこれに懐疑的で，「わたくしは，国務省がかれら自身の解決策として，稀少通貨国からの割当という提案を出すとは全く想像できません。貴殿は，国務省がハリー・ホワイトのこの文書をどの程度まで受け入れたかに関する証拠が，やや希薄であったことを記憶されている筈です。わたくしは，強い関心がこの選択肢に向けられた瞬間，それは撤回されるであろうと予測します」（1943年3月4日，『全集』25巻，p. 248。ただし，訳文は修正した）と返信している。

第1節第2項に述べたように，このホワイト案は，1943年4月にアメリカ国務省の国際為替安定基金案として公表される。同時に，ケインズ案もイギリス政府の国際清算同盟案として公表される。すでに見たように，公表後しばらくは，ケインズは，自分の案の比較優位にかなりの自信を持ち，スターリング圏諸国だけでなく，大陸ヨーロッパ諸国も，清算銀行案を選択するだろうと考えていた。しかし，この自信は，その後短期間のうちに崩れていくことになる。アメリカの積極的な説得工作の進行により，周辺国だけでなく，自治領やスターリング圏の中枢国もイギリスから離反したことが明らかとなっていったからである。

1943年7月24日付のホワイトからケインズへの書信は，この事情を次のよ

---

25) Steil [2013], p. 171.

うに明瞭に述べている。「われわれは戦後の通貨問題の2国間会談のスケジュールをほぼ完全に消化しました。われわれは全部で25カ国余の代表と討議し，また20カ国の代表出席の集団討議を，数回の会期にわたって実施しました。2国間会談の中で，基金草案の諸規定の大部分が討議にかけられ，また清算同盟草案の中の一層重要な諸規定も，ほとんどすべての機会をとらえて考究されました。(中略) アメリカ提案が，議事日程の出発点になったのですが。われわれの，イギリス・グループとの2国間協議の中で，両提案の目立った特徴は，余すところなく討議され，比較されたとわたくしは考えます」(1943年7月24日，『全集』25巻，p. 376)。

1943年9月21日から10月9日にかけて長く続いた米英2国間の公式協議いわゆるワシントン会議では，基金利用の確実性，ユニタスの貨幣化，借入割当額，アメリカの貸付承認限度額，金拠出額，為替相場の変更，不足通貨の配分などが議論の対象となったが，基金を事実上銀行化しようとする，言い換えれば，基金草案に清算同盟案の実質をできる限り組み込もうとするケインズの努力は成果をあげることができなかった。また，このワシントン会議を経る中で，ケインズとイングランド銀行との間の亀裂も広がっていった。この亀裂について，大蔵次官補であったイーディは，安定基金の資本に依拠して為替管理を実施し，封鎖ポンドを管理することは可能だというケインズの見解に対し，「イングランド銀行はこれを嘲笑」しており，「経済状態の良し悪しに沿って，ポンド残高保有国と共同でイギリスの国内取り決めを作成しなければならず，安定基金の規定から追加的な権限などを得られるどころか，3年のうちに多角的清算に移行する義務を負わされ，〔イギリスは〕窮地に陥ることになる」とケインズの見方を真っ向から批判していたという (1943年12月16日，『全集』25巻，p. 448。ただし，訳文は修正した)。イギリス本国の戦時内閣は，ワシントン会議でこの問題を先延ばしするように指令していたから，この対立は会議で表面化することはなかったが，それまでのホワイト案，ケインズ案では，検討の対象となっていた累積ポンド処理の問題は，この会議以降，協定の検討からは外れてしまったのであった。

1944年に入ると，ケインズとBOEの対立は一層先鋭化した。この状況を，

総理大臣補佐官であったチャーウェル卿は次のように述べている。「大蔵省内に対立する2つの派が存在しているのに困惑されています。その一方は、ケインズ卿を長としており、大蔵省内のほとんどや、戦時内閣経済部、それに商務省の官僚に支持されています。他の派は、イングランド銀行の後援を受けており、シャハト的野心をもつエコノミストのサー・ヒューバート・ヘンダーソンや、さまざまな文官勤務を経験した後、つい最近、大蔵省入りしたばかりのサー・ウィルフリッド・イーディーらで構成されています」(1944年2月9日、『全集』25巻, pp. 461-462)。

1944年2月23日付の大蔵大臣宛書信で、ケインズは、「通貨の側面には——必要な変更を加えて、多くの同じことが他の論題にも適用されますが——三者択一の政策が存在しています。(中略) (1)スターリング通貨ブロック。(2)国際計画として提示されている英米ブロック。(3)ドル外交。われわれはその選択を、(1)と(2)の間のどちらかとしています。アメリカ人らは(2)と(3)の間のどちらかとしています。かれらは一時的な便法として以外は、(1)を認めないでしょう。(中略) 実際のところ、われわれには援助を受けずに(1)を支持するに充分な強さはありません。したがって、(2)は(3)を避ける唯一の方法です。合衆国財務省および国務省は真に公平な立場でわが国に(2)を提案しています。かれらは(3)を好んではいません。しかし——もしわが国が(1)に賛成して、(2)を放棄するものとかれらが信じるときは——かれらは進んで(3)の選択に戻るでしょう——なぜならば、政治的にも銀行家との関係でも、それが最も抵抗の少ない線だからです」、「イングランド銀行は以上の現実を少しも直視していません。わが国の戦後の国内政策は、一層多くのアメリカの援助なしには実施不可能であるという事実を同行は認めようとはしないのです。もしわが国が見栄を張って、独立した店を出そうと着手した場合、アメリカは多くの、あるいはほとんどの友好国に、わが国を見捨てるよう誘導するに充分な力をもっていることを認めようとしないのです。さらに、イングランド銀行は次の事実も認めようとしないのです。それは、巨額の債務を負い、また乏しい準備しかないことは、独力ではイングランド銀行に古い時代の国際的銀行業を復活させる最善の資格を与えるものなどではないということです」(1944年2月23日、『全集』25巻,

pp. 465-467)。

　1944年のこの段階では，ケインズは，明白に，現実の英米力関係を前提として，いかにイギリスないしロンドン金融市場の権益と権限を保持するのかという立場に移行していたのである。そして，それは，ホワイトも全く同様であった。

おわりに

　以上，1941年8月の大西洋憲章締結から44年4月あたりまでの時期を対象に，ケインズ案，ホワイト案それぞれの練り直しの過程を見てきた。1941年秋以降，ケインズ案，ホワイト案の原型がまず提示され，43年4月の両案公表までに至る約1年半は，その修正は，いずれも基本的には国内の反応への対応の過程として進行した。ここでは，ケインズもホワイトも，国内の批判者に対しては，ユニバーサリスト，多角主義者として登場している。ただし，そこでのユニバーサリズムは，ケインズの場合は，新しい国際金融組織を創出し，その組織が国際金融システムを統括するという公共的な組織による理想主義だったのに対し，ホワイトの場合は金為替本位制という市場の規律づけにあくまで信頼を置くという違いを内包していた。しかし，こうした両者の立場は，1943年4月の米英両案公表以降の米英それぞれによる連合国，準連合国の取り込み合戦の開始によって，大きく変質することになる。1944年7月の協定調印まで，米英両国間の直接の綱引きや各国の取り込みの進行の中で，ケインズもホワイトも自国の利害の代弁者とならざるをえない局面が登場するのである。そこでは，戦後国際金融秩序の形成に対し，米英はそれぞれどの程度の負担を負い，どの程度の権限を有するのか，戦後イギリス経済の再建と復興はどのような条件の下で可能か，米英以外の諸国の利害はどのように反映されるのか，といった問題が，正面の課題となる。当初のユニバーサリズムや理想主義は後景に退き，「銀行原理」対「基金原理」，「公的交換性」対「市場交換性」といった対抗軸が，原理的な位置から政策選択との整合性として前景に踊りだしてくるのである。

本章の意図は，従来からIMF成立期を検討する際に，バロー以後のケインズ神話解体後も主たる基準とされてきた「ユニバーサル・アプローチ」対「キー・カレンシー・アプローチ」という座標軸が果たしてどの程度有効かを検証するところにあった。「多角主義」対「双務主義」，「公的交換性」対「市場交換性」，「赤字国責任論」対「黒字国責任論」，「戦後過渡期の機構」対「平時の機構」という座標軸導入の必要性を強調したのもその故であった。しかし，この複合的座標軸の全体像を明らかにするためには，本章で検討した時期に続く局面，協定の調印から英米両国で協定が批准される1945年末までと，英米金融協定が調印・批准され，その後IMFが業務を開始，ポンド交換性回復の失敗に至る1947年8月まで，というさらに2つの大きな画期をトレースする必要がある。次の課題である。

第 2 章
IMF の初期政策形成
—— NAC の現場

須 藤　功

はじめに——ブレトンウッズ機関と NAC

「IMF の最大の問題は，世界中どこでも政治家や企業家は，議会の見方とは違って，IMF がアメリカ財務省の愛玩犬として活動していると見ていることだ。ジャカルタで尋ねてもモスクワでも反応は同じ。IMF は振り返って主人の指図を受けることがない限り決して危険を冒そうとはしない」(Sanger [1998])。こうしたアメリカ財務省とブレトンウッズ諸機関 (IMF・世界銀行) が一体となって推し進める市場原理主義的な政策スタンス (いわゆるワシントン・コンセンサス) は，アメリカの「ネオリベラリズム」に即したものと見なされている (Williamson [1990])。他方で，これら国際金融機関は市場と国民国家との間の「結節点にあって両者を見通す位置」に立っていたとの評価がある。つまり，アメリカといえどもブレトンウッズ機関を完全に支配することは困難で，IMF は一定の独立性を確保できたとの見方である (矢後 [2010]；本書第 4 章)。

　ブレトンウッズ機関を支配できたとしても，それはアメリカの意図通りに機能して，所期の目的を達成できたことを意味しない。ケーシーは，アメリカが対ソ封じ込めや金融的多角主義を構築する手段として IMF を活用できたと評価するが (Casey [2001])，アメリカは IMF 構想 (詳しくは本書第 1 章) を早期に実現しようと英米金融協定を締結して，なお基軸通貨の一角を占めるポン

ド・スターリングの交換性回復を図るが，早々に失敗して限界を露呈した (Bordo and Eichengreen, ed. [1993], p. 47)。さらに第1次平価設定の困難やフロート制採用国の夥しい出現など，創設期にIMFが多くの困難に絶えず直面したことも軽視できない。

アメリカがIMFをどのように位置づけ，機能させようとしてきたのか，どのような困難に逢着し，どのように対処したのか。本章はこうした問題関心から，IMFの創設期（1945～52年）[1]に遡ってその政策形成を検討する。アメリカは自国の政策目標を達成するため一般的には，IMFの総務会や理事会などでの「発言」と「投票」によって影響力を行使する[2]。発言が影響力を持つのは，IMFの政策決定を左右できる議決（票決）権をアメリカが確保していたからにほかならない。実際，加盟国はIMFに何らかの要請をしようとするとき，頻繁に専務理事を介して内々にアメリカ理事に問い合わせ，アメリカ理事が賛成ならば加盟国は正規の手続きを始めた。だが，こうした慣行は1952年には衰退し始め，56年には完全に消失したとされる（de Vries and Horsefield, ed. [1969], p. 11)。

アメリカ政府・議会の意向を受けてIMFや世界銀行のアメリカ代表理事に指示する政策調整の役割を担ったのが，国際通貨金融問題に関する国家諮問会議（NAC）であった。NACは，アメリカがブレトンウッズ協定を批准するに際して制定したブレトンウッズ協定法に基づき1945年7月末に設置され，65年に改組されるまでアメリカの対外通貨金融政策の事実上の最高決定機関として機能した[3]。NACは関係省庁のトップ，すなわち財務長官，連邦準備制度理事会（FRB）議長，国務長官，商務長官，ワシントン輸出入銀行（EXIM）総裁，マーシャル援助の実施以降は経済協力局（ECA）長官を加えて構成され，財務長官が議長（FRB議長が代理）を務めた。IMFと世銀のアメリカ理事も

---

1) IMF協定第14条に従えば，開業から5年間（1947年3月～52年2月末）は「過渡期」として位置づけられる。本章は国際通貨金融問題に関する国家諮問会議（NAC）とIMFの関係とその変化に着目し，NACが設置された1945年7月から，政権がトルーマンからアイゼンハワーへ実質的に移行する52年末までを対象にする。
2) Weiss [2013] によれば，アメリカは安全保障や人権などについてもIMFの政策決定にリンクさせ，その影響力を行使している。

NACやスタッフ委員会に出席して意見を述べることはできたが，投票権を持たず，NACが過半数で票決した政策方針（Action）に従わねばならなかった。さらに，票決権の基準となるクオータ（割当額）の変更などの重要案件について投票する場合，アメリカ理事はNACの承認を必要とした。

以下，第1節では開業準備期から過渡期短縮の切り札として締結した英米金融協定の破綻までの時期に焦点を当て，IMFのガバナンスを検討する。続く第2節では，マーシャル援助の開始から欧州決済同盟（EPU）の創設に至る時期について，機能不全の危機に直面したIMFをアメリカの政策から探る。EPU創設と前後して勃発した朝鮮戦争は相互安全保障法の成立に帰結し，NACはIMFの政策を安全保障にリンクさせる方向に舵を切ることになる。そこで第3節では，IMFの休眠期とも言われる1950年代前半にNACはIMFにどのような役割を与えようとしたのかを検討する。そして，最後に本章における検討をまとめることにしたい。

1　IMF開業期のガバナンスと英米金融協定の破綻

1）ガバナンスの構築

　IMFは管理・運営業務の開始に先立って，協定条文に基づく細部のルール整備を急がねばならなかった。IMFおよび世界銀行の規約（By-laws）が採択されたのは1946年3月16日，サヴァンナの設立総会の総務会においてであり，IMFの規程（Rules and Regulations）が採択されたのは同年9月25日，ワシントンにおける第1回年次総会開催中の理事会においてであった。規約案の策定作業はアメリカで，NAC専門委員会（Technical Committee）のもと，1945年9月前後には始まっていた。同委員会は12〜15ヵ国の専門家を加え

---

3) 各行政機関による政策調整がうまく機能していないとの認識から議会は，1965年にNACの法定委員会としての機能を撤廃し，その責任と権限とを大統領に移行した。ジョンソン大統領は翌年，IMFアメリカ代表を指揮する権限を財務省に委嘱し，現在に至っている。改組後のNACはアメリカの国際金融諸機関への参画に関わる政策問題について，他省庁が財務省に助言できる唯一のフォーラムの役割を担っている（Weiss [2013], pp. 14-15）。

て討議した[4]。NAC は 1946 年 2 月 27 日の会議でこれを承認し,アメリカが招集する第 1 回総務会（＝サヴァンナ会議）の議題案とともに加盟諸国に送付された。

　NAC は創設期の IMF 運営に関わる様々な問題に影響力を行使することができた。その背景には,アメリカが圧倒的なクオータ＝票決権（1948 年 4 月末で 30.6%）を確保することで総務会における重要事項の変更に対する拒否権を握ったことがある[5]。また 12 名以上で構成する理事会は,最大のクオータを有するアメリカ,イギリス,中国,フランス,インドの 5 カ国が「任命理事」のポストを確保した。アメリカの影響力が強いアメリカ大陸諸国には 2 名の理事選出権が与えられた（第 12 条 3 項）。さらに理事会は,総務会に委任された範囲内で「規程」の採択,過半数の票決権で専務理事の選出と解任の決定,また「IMF の一般的業務を運営する責任」を負った（第 12 条 3 項）[6]。

　サヴァンナの総務会での規約案の修正は軽微なものであったが,審議過程ではイギリスなど主要国の圧力は大きかった[7]。第 1 に,IMF 本部の設置場所をめぐってはケインズがフランスやインドの支援を得て,経済・金融の中心で国際連合社会経済理事会との連携に利便性のあるニューヨークを主張したのに対して,アメリカはカナダやメキシコなどとともに,民間の経済・金融・商業利害から自由で,各国政府代表の情報交換にも便利なワシントンを主張した

---

4) IMF Archives, Bretton Woods Conference Collection/Ansel F. Luxford Papers/（以下,略）NAC Technical Committee, "Suggested By-laws and Rules and Regulations," Document No. 9, September 27, 1945 ; NARA RG56, 1945-70, "Suggested By-laws of the International Monetary Fund," Document No. 75, February 25, 1946 ; NARA RG56, 1945-70（以下,略）, NAC, Meeting No. 9, January 22, 1946, p. 5 ; No. 14, February 2, 1946, p. 6.

5) 協定に従い,IMF のすべての決定は過半数で票決されるが（第 12 条 5 項）,クオータの変更および協定の変更については総票決権数の 80%（第 3 条 2 項）,IMF からの他国通貨買入れ＝融資手数料については 75%（第 5 条 8 項）の多数を必要とする。また,総票決権数の 25% で総務会の招集権を持つ（第 12 条 2 項）。

6) ただし,ブレトンウッズ会議の報告書をまとめた FRB のゴルスキによれば,国際機関における露骨な票決権の確保は大国の指図とか金持ちの不快な施しと疑われるので,小国の善意と自発的協力を獲得することの重要性を指摘している（Gorski [1945], p. 19）。

7) NAC, Meeting No. 9, January 22, 1946 ; No. 14, February 2, 1946 ; 本間 [1991]。

(IMF [1946], pp. 29-30)[8]。これには恐らく，FRB議長エクルズの意向が強く働いていた。エクルズは，1920年代にウォール街の商業銀行が証券子会社を通じて証券引受業務を拡げて失敗した事実を引き合いに出し，これらの金融機関に世界銀行債の引き受け・販売業務の許可を与えることに難色を示していたからである[9]。さらに，NACにとってIMF理事会がすぐ側で行われることも重要であった。

サヴァンナ会議では理事会の役割と責任をめぐっても，英米間で激しい議論の応酬があった。イギリスは，加盟国のIMF資金の引出（＝融資）はクオータ規模に応じて自動的に行われるべきであると見なしたから，理事職は非常勤程度でよいと主張した。しかし，アメリカ側は加盟国への融資を吟味するなど，IMFの日常業務を監視する常勤の有能で，アメリカ理事に指導される理事が不可欠であるとした（Casey [2001], pp. 186-187）。実際，理事会は週末などを除く毎日，午前中に開かれ，NACは必要に応じて午後に開催された。

理事会の職務と責任は専務理事のそれと密接に関係した。NACはIMFの専務理事職を次のように位置づけた。総裁・副総裁に政策形成の権限が集中する「世界銀行とは違って，最高経営責任者に広範な権限を委任することは適切でない。IMFの場合，これは専務理事に対する過剰な権限付与を意味し，加盟国代表が討議し，通貨分野における国際的な協調行動に合意形成の場を提供するというIMFの本質的な機能を浸食することになる」[10]。またサヴァンナ会議の1カ月ほど前，FRB議長エクルズはヴィンソン財務長官宛の書簡で次のように伝えている。すなわち，IMFと世銀の両機関の成功の多くは最高経営責任者に選出される人物にかかっている。また，専務理事の選任権を総務会では

---

8) ニューヨークの銀行家らもケインズのニューヨーク案を支持していた（Casey [2001], pp. 185-186 ; Horsefield [1969], pp. 129-130)。
9) NAC Technical Committee, "Compilation of Alternatives Suggestions for By-laws of the International Monetary Fund," Document No. 7, September 17, 1945 ; NAC, Meeting No. 14, February 27, 1946, p. 5.
10) Marriner S. Eccles Document Collection, Board of Governors of the Federal Reserve System, "Comments Concerning Certain Policy Matter relating to the International Fund and Bank," August 4, 1947, Knapp to Eccles ; U. S. NAC [1950], p. 667.

なく，理事会に与えるべきである。

その重要性を認めていたにもかかわらず，最終的にアメリカ政府は専務理事をアメリカの外に見出した。それは世銀の資金調達にはアメリカ銀行業界の信認が必要と判断して，総裁をアメリカ市民に割り当てた結果，IMF の同職もアメリカ人が占めることは現実的でないとの判断が働いたとの見方がある一方 (Horsefield [1969], p. 135)，1946 年 2 月 20 日のサヴァンナ会議メモまでは，財務省はホワイトが IMF 専務理事ポストに適任であると見ていた。しかし，FBI によるスパイ容疑での調査報告書が出たことで，ヴィンソン財務長官は IMF 専務理事職をアメリカ市民から外す決断をしたと指摘される[11]。いずれにしても，ホワイトはアメリカ代表理事として，時には事実上の専務理事「代理」として創設期の IMF 運営の基礎を築くことになった。

2) 加盟・クオータ・平価の決定――開業を控えて

開業前の IMF に関して NAC が審議した主な事案は，①新規加盟とそのクオータ，既加盟国のクオータ変更，②第 1 次平価の設定とその変更，そして③為替規制であった。これら諸問題は相互に密接に関連したが，NAC は IMF の問題を専ら対外援助の文脈の中で議論した。加盟承認後に過度に IMF 融資に依存することが最大の懸念材料であった[12]。新規加盟の問題はクオータの配分問題にリンクした。IMF 全体の出資金規模を 110 億ドルとし，原加盟国に 88 億ドル（80%）を，その後に加盟する諸国に残りの 22 億ドル（20%）を割り当てることになっていた。クオータの配分額はまた，IMF からの融資限度額の基準や重要事項を決定する票決権（＝発言権）の基準となったにもかかわらず，公表された明確な算定基準はなかった。原加盟国のクオータを決定するにあたって使われた，アメリカ財務省の算定式がその後も非公式に用いられた。算定式には戦前の国民所得や金・ドル保有，貿易額などが用いられた

---

11) NAC 事務局長コーのヴィンソン財務長官宛書簡に依拠している（Casey [2001], p. 188）。また，Boughton [1998], pp. 39-41 も参照。

12) NAC, Staff Meeting No. 21, May 6, 1946 ; No. 29, June 27, 1946 ; NAC, Meeting No. 33, July 9, 1946 ; No. 37, September 3, 1946.

が[13]，最終的にはアメリカの政治的配慮が働いた。

クオータの決定や変更が政治に影響された典型的事例は，フランスのケースであった。詳細は本書第 7 章に譲るが，NAC スタッフ委員会ではフランスのクオータが中国のそれを上回ることに議論が集中した。議長グラッサーが中国の 5.5 億ドルを上回ることの是非について問題を提起し，IMF 理事ラスリンガーも疑念を表明した。NAC の議論でも 5 大国，とりわけインド，中国，フランスの間のクオータの「階層性」を維持することが重視され，フランスのクオータは最終的に 5.25 億ドルで決着した[14]。

加盟とクオータが決まり，自国通貨で IMF から他国通貨を購入する，すなわち融資を受けるには為替平価（＝第 1 次平価）の設定が必要となる。IMF は 1945 年 10 月末の為替レートを加盟国に報告させ，これを基準に第 1 次平価を決定しようとした。加盟国は自国通貨の平価をできるだけ高く設定することが有利となるが，高すぎると（特に対米）輸出貿易に不利に働くことになる。国際収支の不均衡が持続すれば，やがてその変更を余儀なくされる。第 1 次平価の決定後は，平価変更幅が 10% 以内であれば自由に変更できるが，それ以上の変更には IMF との協議が必要となる。

第 1 次平価の申請から決定の過程で，アメリカ側は「守秘義務規程」を外して加盟国の申請内容に関する情報提供を IMF 事務局に求めた。申請された平価について IMF と加盟国は 90 日の交渉期間が設けられるが，ホワイトは加盟国の為替平価変更の提案が秘密裏に特定の理事とスタッフだけになされ，IMF 資金の不適切な融資を懸念する NAC と事前協議ができなくなることを心配した[15]。アメリカは，守秘義務規程が専務理事と理事会との関係に，すなわち IMF のガバナンスにとって決定的に重要な問題と見なした。ホワイトは

---

13) この算定式は，(1940 年の国民所得の 2%＋1943 年の金および米ドル保有額の 5%＋1934〜38 年の最大輸出額の 10%＋同平均輸入額の 10%)×(1/1934〜38 年における平均輸出額を国民所得で除した係数) である（堀江 [1962], p. 126）。
14) NAC, Meeting No. 39, September 17, 1946, pp. 5-7 ; No. 40, September 26, 1946, pp. 5-6.
15) Marriner S. Eccles Document Collection, Knapp, J. Burke, Letter to Mr. Chairman, September 6, 1946.

NACで,「アメリカの地位に対する正面からの攻撃」であると主張し,理事国政府がこの問題のすべてに関与できるのか,あるいは管理部門による統制に漸次的に移行するのかと問題を提起したのである[16]。

結局のところ,守秘義務規程は変更されなかった。NACでこの問題が再び浮上したのは,1947年末にポーランドがズロチの暫定為替レートの切下げ（1ドル＝100ズロチ→400ズロチ）が議題に上ったときであった。エクルズFRB議長が,以前はこの種の問題はまずスタッフ委員会に諮り,その後にNACの議題に取り上げてきたと発言し,IMF理事オーバビーは守秘義務規程のためにできなかったと釈明した。このとき財務省国際金融局長サザードは,NACスタッフ委員会で審議する時間は必要だが,NACが常に個別の為替レートに結論を出さねばならないと考える必要はないと発言し,エクルズも,NACは「アメリカ理事が所与の条件の下で行動する目的,基準,規準」を審議すればよいとコメントした[17]。こうしてIMF運営に関わる個別の日常的な問題については,以降,NACの議題に上ることが少なくなった。

第1次平価の決定やその後の変更にアメリカは票決権や指導力を用いたにしても,しばしば困難に直面した。カナダはIMFと協議することなく変動為替相場制に移行し,フランスやラテンアメリカ諸国など,多くの加盟国は多様な為替管理手法を用いた。フランスの平価決定に際してNACスタッフ委員会は,「アメリカ理事が問題解決に投票力を使うと示唆することなしに,IMF専務理事が問題を周到に議論するよう」アメリカ理事に指示した[18]。IMF協定第14条の過渡期規定が,IMFの介入権限を曖昧にしていたからである。このためラテンアメリカ諸国などが提出した平価を承認することに代わる唯一の代替案は,決定の先延ばしであった。NACは1946年12月5日,イギリスなど27加盟国の第1次平価を一括承認したが,このうちの8カ国については為替取り扱い（＝融資）を延期または制限すること,経済・財政状態の基礎的悪循環の修正に向けてIMFと速やかに協議すること,またIMF理事会には裁量でこ

---

16) NAC, Meeting No. 40, September 26, 1946.
17) NAC, Meeting No. 78, December 12, 1947.
18) NAC, Staff Meeting No. 48, November 7, 1946.

のリストに追加することを認めた[19]。結局，IMF は 32 カ国の第 1 次平価を発表し，このうちフランスや中国など 8 カ国については為替取り扱いを延期した[20]。こうして多くの加盟国が第 1 次平価すら決められず，決めたとしても IMF 融資を受けられない状況で開業せざるをえなかった。

3）英米金融協定の破綻――キー・カレンシー・アプローチのゆくえ

為替制限が加盟国全体に拡がる中，アメリカが期待を寄せた英米金融協定によるポンド・スターリングの交換性回復の実施もまた危機的状況にあった。米英両国は 1945 年 12 月 6 日，「イギリスによるアメリカからの財貨・サービスの購入を促進し，戦後過渡期のイギリスの経常収支赤字対策を援助し，イギリスの適正な金・ドル準備の維持を支援し，そしてイギリスの多角的貿易についての責務を支援するため」，37.5 億ドルの対英借款（1951 年末までの融資枠，年利 2％，50 年の分割返済）を供与する協定を締結した。この協定は「イギリスが，スターリング地域に及ぶ為替取り決めを含め，輸入および為替管理を緩和すること，広くはアメリカやその他諸国が多角的貿易の拡大という共通の目的に向かって進むことを可能にする」もので[21]，戦後世界経済復興のいわゆる「キー・カレンシー・アプローチ」として知られる[22]。別言すれば，国際通貨ポンドの交換性回復を 1947 年 7 月 15 日に実施して，ブレトンウッズ協定が想定した過渡期を一挙に短縮しようとした。だが，交換性回復は 1 カ月ほどで破綻する。原因は借款金額がイギリスの想定するドル不足（50 億ドル）を大きく下回ったこと，協定発効前の 1947 年 6 月までに借款全体の 43.5％（16.3 億ドル）が対米貿易赤字の支払いに利用済みであったこと，交換性回復は経常取

---

19) NAC, Meeting No. 46, December 5, 1946.
20) IMF PR/46/4, December 19, 1946.
21) U. S. Department of State [1945], p. 905.
22) キー・カレンシー・アプローチはニューヨーク連邦準備銀行（FRBNY）副総裁ウィリアムズが提起したものとしてよく知られるが，当時から現代まで多様な理解がある。英米金融協定に体現されたキー・カレンシー・アプローチはウィリアムズのアプローチとは異なる。詳しくは，米倉 [2005-06]；Gorski [1945]；本書第 1 章および第 6 章を参照されたい。

引に限定されていたにもかかわらず,実際には資本取引によってドル流出が加速したことなどにあった(金井［2010］；上川［2009］；前田［1977］)。

しかし,英米金融協定の締結時とは違って,その後のアメリカ側の消極的姿勢が強調されてきた[23]。NAC の議論を追ってみると,初期にはイギリスが封鎖ポンドのスターリング地域内での利用を盛り込んだ諸協定の締結に神経を尖らせていたことがわかる。また 1947 年 2 月,NAC スタッフ委員会は,同協定諸条項の遵守を監視する常置委員会を設置し,4 月には NAC が政策方針として,7 月 15 日以降に累積ポンド残高から開放される比率と方法について定期的に情報提供を求め,さらにイギリスが累積ポンド残高の一時的な清算を提案してきた場合,それを精査した上で承認することを決定していた[24]。アメリカ側はスターリング地域における累積ポンドの開放比率の決定については主導権をイギリス側に認め,しかも累積ポンドの恒久的な開放の困難も想定していたのである。

7 月 3 日,急遽イギリス政府は一部諸国について,15 日に迫ったポンド交換性回復の延期をアメリカ政府に要請した。これを受けて NAC は,中国については延期要請を拒否するが,スイスを含むその他諸国の延期要請については前向きに検討すると決断した[25]。にもかかわらず,ポンド交換性回復は予定通り実施され,そして 8 月 20 日,ポンド交換性は停止された。ところが,実は前述の延期要請交渉の結果,イギリスは 7 月 15 日の交換性回復をフランスなど 14 カ国について,2 カ月の間延期していたのであった[26]。英米交渉で,

---

23) ガードナーによれば,この間アメリカ側はイギリスが上手く運ぶものとただ見守っていた(Gardner［1963］〔邦訳,下,pp. 427, 519〕)。
24) NAC, Staff Meeting No. 62, February 14, 1947 ; No. 68, April 2, 1947 ; NAC, Meeting No. 60, April 17, 1947.
25) ケーシーは,この機会に NAC はイギリスに協定通りの実施を強く求めたと理解する(Casey［2001］, p. 204)。
26) 14 カ国とは,フランス,デンマーク,オーストリア,ブルガリア,ギリシャ,ハンガリー,ポーランド,ルーマニア,トルコ,ユーゴスラヴィア,ソ連,中国,シャム,パラグアイであった。Marriner S. Eccles Document Collection, J. Burke Knapp to Eccles, "Outcome of negotiations with the British concerning the resumption of convertibility for sterling," July 22, 1947.

イーディは，先のポンドへの「取り付け」はイギリス政府に他の選択肢を許さなかったと述べ，さらに2カ月間の「息継ぎ」でポンドの交換性が回復できるのはごく少数の国でしかないとの結論を出していたのであった[27]。

ポンド交換性回復は，NAC が 1947 年 4 月の段階で困難を認識していたように，現実のものとなった。アメリカはこれを契機に対外通貨政策を大きく転換することになる。1 つはフランス，イタリア，カナダなど主要国による変動相場制（本書第 7, 9, 10 章）の容認であり，1 つは IMF のサブシステム（EPU）を介した通貨交換性回復への方向転換であった。

2　欧州復興計画の進展と IMF

1) ヨーロッパ間決済の「中央銀行」？

英米金融協定の破綻は，アメリカの産業界・金融界の利害を背景に基軸通貨の交換性回復を先行して実現する，いわゆるキー・カレンシー・アプローチの限界を意味した。1947 年春，NAC がポンド交換性回復に不安を持ち始めた頃，トルーマン政権はヨーロッパの経済的危機を回避するための大規模で中期的な欧州復興計画（ERP，マーシャル・プラン）の立案を開始した。こうした動きは NAC の，従ってまた IMF の政策に重要な影響を及ぼすことになった。

第 1 は，ERP 計画実施前になされた政策の変更である。IMF 資金は国際的な経常取引に起因する一時的な外国為替不足に応じるためのものであったはずだが，異常な事態のもとでの広範な通貨需要から，実質的には協定に反する「救済」や「復興」の要素を含むようになった（U. S. NAC [1948], pp. 806-807）。加盟国への融資に厳格な態度をとってきた IMF は，1947 年 5 月にはフランス（2,500 万ドル）とオランダ（600 万ドル＋150 万ポンド）への，6 月には 2 回目のフランス（2,500 万ドル）への融資を認めるなど，一転してヨーロッパ諸国への融資を緩和した（IMF [1947], p. 62）。

ところが，ERP 計画が開始されると，再び IMF は ERP 参加国への融資を

---

27) Marriner S. Eccles Document Collection, J. Burke Knapp, Memorandum to Files, August 29, 1947.

認めない方針(いわゆる「ERP 決定」)に転換した(第 2 の政策変更)[28]。NAC スタッフ委員会では財務省や国務省,商務省などの反対意見にもかかわらず,IMF 資金の利用によって為替規制を除去することは現状では難しいとする IMF アメリカ代表側(オーバビーやサザード)の見解が通り,IMF 資金の保護を図りながら為替管理の撤廃に力を傾注することで決着した[29]。その後,この方針は 1948 年 5 月 5 日開催の NAC で承認され,ERP 参加国への融資を制限する IMF 主導の政策は実効性を持つことになった[30]。

第 3 の,そして ERP 計画による最も重要な NAC(=IMF)政策への影響は,1950 年 7 月 1 日の EPU の創設であった。1948 年から 50 年まで総額 110 億ドル強の ERP 援助を受け取ることになった欧州経済協力機構(OEEC)諸国は,援助資金の一部をヨーロッパ間貿易決済の再建に活用しようとした。この目的を達成するため OEEC 諸国は国際決済銀行(BIS)を代理機関とする EPU を結成し,ドル決済資金を節約しようとした。一方で,未決済残高の累積に歯止めをかけるために限度額を設定し,赤字額が予め供与された援助額(クオータ)を超えた場合はその一定割合(20〜80%)を金・ドルで支払い,反対に黒字額については金・ドルで受け取る。EPU に対する累積債務の割合が増えるにしたがって金・ドル決済比率を段階的に高めることで,参加各国に域内貿易の均衡と通貨交換性の漸進を図ろうとした(須藤[2008];鈴木[1962])。

地域的決済機構としての EPU は,加盟国が EPU 基金への原拠出を行わず,5 億ドルの ERP 援助基金とアメリカの拒否権によって規定された点が IMF と決定的に異なる。援助額 3.5 億ドルの大部分は,EPU に対して構造的な赤字国に予め贈与・借款として供与され,クオータよりも先に利用される。すなわち,域内の構造的債権国と想定される諸国にアメリカが条件付援助を供与し,これら諸国はそれを EPU に贈与する。そして EPU は,これを構造的債務国に贈与するという形をとった。残る 1.5 億ドルは EPU の特別な困難に備えて,アメリカの ERP 実施機関である経済協力局(ECA)に保管された。

---

28) IMF SM/48/206, Rev. 2, April 5, 1948.
29) NAC, Staff Meeting No. 122, April 22, 1948.
30) NAC では特段の発言はなかった。NAC, Meeting No. 94, May 5, 1948.

1948年10月,欧州域内決済機構の設立が現実味を帯び始めると,この機構とIMFとの関係,イギリスおよびポンド・スターリング地域との関係,そしてこのリージョナルな貿易決済機構に組み込まれる諸通貨間のクロス・レート問題が浮上した。まず,ECAはヨーロッパ間決済においてIMFが中央銀行の役割を果たすことを期待した。しかし,IMF側はむしろ為替管理地域を拡大するとして拒絶反応を示した。NACでも大部分の閣僚が反対した[31]。次に,欧州域内決済機構の参加諸国内,とりわけイギリスとその他諸国との間に異なる利害関係はあるものの,ECAはイギリスとスターリング圏を「1つのユニット」として組み入れようとしていた。しかし,ERPの範囲を超えているとの懸念や,「ロンドンにおけるスターリング取引の管理を継続させ,ドル決済のブレーキ」となるなどの批判から[32],NACは結局,スターリング地域とドイツ米英占領地区(バイゾーン)の問題を棚上げにして欧州域内決済機構の概略とERP資金の利用を承認した。第3に,IMFは開業当初からラテンアメリカ諸国などによる自由為替市場を含む複数為替レート (multiple currency practices) の採用を認めざるをえなかったが,1947年末のフランスによるフロート制採用の提案を契機に,EPU参加諸国間のクロス為替レート問題に直面した。

IMFとNACは,EPU加盟諸国にクロス・レートを確立することを通じて為替管理の緩和とフロートの排除とを実現しようとした。IMF事務局のバーンスタインとトリフィンは,1948年1月,「クロス・レート問題の経済的側面」と題するメモを用意した[33]。そこで彼らは,不換通貨諸国間では秩序あるクロス・レートの確立が不可欠であること,不換通貨諸国が自由為替市場を設置すればクロス・レートは秩序を失い,ドルの自由市場を設置する国が増えれば平価も崩壊するとして,同じ問題を抱える諸国の協調的行動が不可欠であると力説した。その上で,フロート制はフランスの通貨当局がフランの安定的で

---

31) NAC, Staff Meeting No. 139, July 8, 1948, pp. 2-10 ; NAC, Meeting No. 96, June 3, 1948, pp. 8-9.
32) NAC, Staff Meeting No. 141, July 22, 1948, pp. 2-6.
33) IMF SM/48/169, January 20, 1948.

固定的な平価を確定する過程では利点はあるが,「ヨーロッパにおける為替レートの安定的で秩序あるパターンの確立に逆行する」と結論づけた[34]。

2) 為替調整とクロス・レートの確立

過大評価されているポンドの切下げを中心とする為替調整が提起されると,ECAはこの問題を広くヨーロッパ次元で早急に解決するべきものと見なした。アメリカは為替調整に取り組むにあたって,平価切下げ問題に関する米英加3国間交渉の場を用意した。米英加3国間交渉で交わされた覚書で,英加両国はポンドの切下げ,コスト削減,インフレ抑制,輸出再興のための計画を表明し,アメリカはイギリスおよびスターリング地域からの輸入拡大と英米金融協定第9条(対米貿易に対する差別的数量制限の禁止)の延期に合意した。こうして9月13日に開会したIMF年次総会で,イギリスの平価切下げが決定された。9月18日,クリプス蔵相はポンド・スターリング平価の30.5％の切下げを発表し,月末までの間にヨーロッパ諸国もまたほぼ同率の再調整を行った[35]。またフランスは,米ドルについてはすべて自由市場レートを,その他の諸通貨については公定クロス・レートを適用する為替システムに統合することをIMFに申し出て,承認された[36]。

ポンド切下げを軸とするERP参加諸国の為替調整とフランス為替システムの統合は,これら地域内決済におけるクロス・レートを実現した。しかし,イギリスは為替管理への圧力がスターリング圏の崩壊につながることを恐れて,ヨーロッパ間決済機構への参加には当初から消極的であった[37]。したがって,EPU創設に向けて残された重要な課題は,スターリング地域を抱えるイギリスの参加をどのように確保するか,またEPUとIMFとの関係をどうするかであった。まず,イギリスの参加問題を見ておこう。1950年1月,ECAは「欧

---

34) IMF EBS/48/3, January 22, 1948. なお,為替相場安定を促進するため,加盟国通貨間の為替取引は平価の上下1％以内に維持されなければならない(協定第4条3項)。
35) OEEC諸国中7カ国が30.0〜30.6％の切下げ,ベルギー12.4％,ポルトガル13.1％,西ドイツ20.6％の切下げであった(Lees [1963], Table 11, p. 93)。
36) IMF EBM/49/479, September 19, 1949.
37) NAC, Minutes No. 153, April 5, 1950, p. 4.

州清算同盟」案をNACスタッフ会議に提示した[38]。すなわち，OEEC以外のスターリング諸国が同盟に参加することはないが，「他のスターリング諸国との決済が入り込んで，イギリスのネット・ポジションの一部となる」ものであった。これに対してIMF理事サザードはなお，食料・原料生産国からなるスターリング諸国を清算同盟に含めることはかえってリスクを増加させ，またラテンアメリカやムスリム諸国にもこれを拡散しかねないと批判した[39]。一方で，イギリスは巨額のポンド・スターリング残高が急激に支出されてイギリスに金・ドル請求が来ることを，またイングランド銀行理事ボルトンはスターリング地域の中心としての，また世界貿易の大半の銀行家としての地位を断念することを怖れており，清算同盟の設立がこの地位の重要性を大幅に損なうと見ていた[40]。

EPU設立交渉が1950年3月から本格化する中，イギリスはEPUに参加する直接・間接の利益も認めていた。第1に，スターリングをヨーロッパの多角的決済システムにリンクさせることから得られる直接的利益であり，第2に，スターリング・ブロックの解体を要求するアメリカの圧力をある程度緩和できるという間接的な利益であった (Price [1955], p. 284)。実際，その後の交渉で，イギリスはポンドのEPU内での「特別な地位」を強化することもEPUを通じて金流出なしに信用を拡大する希望も放棄せざるをえなかったが，1.5億ドルの援助に加え，EPU加盟国がポンドを準備通貨として利用し，また純債務ポジションに陥ったときにポンド残高を利用することを認めさせた[41]。こうして1950年5月17日，イギリスはEPUに全面的に参加する意向を公式に表明した。

---

38) NAC, Staff Minutes No. 213, January 5, 1950; NAC, Minutes No. 146, January 19, 1950, pp. 2-12.
39) NAC, Minutes No. 147, January 23, 1950, p. 10.
40) オランダ外相スティッカーの発言。*FRUS, 1950, Vol. III*, p. 634.
41) Hirschman [1951], pp. 51-52; Kaplan and Schleiminger [1989], pp. 73-74. なお，Einzig [1950] は「イギリスがEPU計画から被る金損失はマーシャル援助によって補塡されるが，スターリング地域の解体による損失は恒久的である」と指摘した。

3) EPUとの関係——閉ざされた窓口

既述のように,1948年秋の段階では,アメリカ財務省とFRBはIMF管理下でヨーロッパ間決済が進むことを,ECAはIMFがヨーロッパ間決済における「中央銀行」の役割を果たすことを期待していた。1949年に入ってなおEPU計画が確実となるまでは,アメリカ側はIMFを主役に据える構想を捨てていなかった。実際,1950年10月にパリで開催された駐欧アメリカ大使会議で,ECAヨーロッパ特別代表ハリマンは,BISではなくIMFをヨーロッパ間決済の責任者に仕立てることもあると発言した。つまり,ヨーロッパ諸国の対米貿易差別の撤廃と通貨交換性回復を実現させるための20億ドルの支援を議会が承認しない場合,他の手段を模索する必要がある。その1つとして,IMFのヨーロッパ支店を設置して,ヨーロッパ決済計画を引き受けさせるというものがあった[42]。

ところが,1950年初めNACは,IMFがEPUにオブザーバー参加するだけにとどまる方向へと政策の舵を切った[43]。一方,IMF専務理事ギュットは,EPUにおけるIMFの利害を十分に理解し,IMFとEPUとの間での関係を速やかに検討するようNACに要請した。これを受けてNACは,アメリカはEPUの運営に参加しないが,ERP期間中はオブザーバー参加できること,アメリカの拠出金の使用に関して拒否権を持つことを政策方針として決定した。また,ギュットの要請に対して,まずはIMFの代表が,清算同盟計画を討議しているOEEC特別委員会の会議に参加できるよう決議した。その後6月29日,NACはIMFとEPUとの関係について最終方針を決定するが[44],国内通貨および金融の安定,現実的な為替相場の採用,一定の通商政策への追随,さらにはNACによる定期的な再検討を,EPU創設の前提条件とした。

以上のNAC政策方針を受けて,IMFスタッフは1950年8月,「IMFとEPUの関係」と題する理事会宛の意見書を作成した[45]。IMFスタッフが最も

---

42) "Summary Record of a Meeting of United States Ambassadors at Paris, October 21-22," *FRUS, 1950, Vol. III*, p. 490.
43) NAC, Meeting No. 147, January 23, 1950, pp. 11-12.
44) NAC, Meeting No. 158, June 29, 1950, pp. 2-12.
45) IMF SM/50/506, June 29, 1950.

関心を寄せたのは EPU の管理機構であった。意見書によれば，2 つの機関の間に物理的な距離とスピード差があるため，最初から密接な関係を構築しておかないと，情報と意見交換の不足が重大な危機を引き起こす。そこで，IMF は第 1 に，最初から相互に関心のある問題について協力と協議が可能となるよう EPU に連絡窓口を置く必要があるとした。EPU 管理委員会は OEEC 理事会が任命する 7 名の委員で構成され，ECA がオブザーバーとして参加することは既定路線となっていたが，第 2 に，IMF も同様の資格で参加することを提案した。アメリカ理事サザードは，何らかの形で IMF が EPU との関係を持つ必要性は認めたが，最終決定にはさらに OEEC および EPU 側の情報が必要だと述べ，他の理事も同調したため，結論は延期された。ところが，EPU 側は IMF のオブザーバー参加に難色を示した。結局，IMF と EPU との良好な関係の構築が実現するのは 1952 年に入ってからのことであった[46]。

3　冷戦のグローバル化と柔軟路線への転換

1）安全保障による為替制限

　1950 年 6 月の朝鮮戦争の勃発は東西冷戦のグローバル化，諸国の再軍備化を促した。アメリカ政府は 1951 年 12 月末のマーシャル・プランの終了をにらんで，10 月には相互安全保障法（Mutual Security Act）を成立させた。同法により ECA は相互安全保障庁（Mutual Security Agency）に統合され，NAC の IMF に対する政策方針もまた転換を迫られることになった。第 1 は，アメリカ政府が 1950 年 12 月 17 日以降，大陸中国（mainland of China）および北朝鮮に対する経常的取引の支払いおよびトランスファーを制限すると決定し，IMF に通告したことである[47]。前日 16 日午後に緊急招集された IMF 理事会では，アメリカ理事サザードが協定第 8 条に明示的な規定のない「安全保障」を理由とする為替制限であると説明し，理解を求めた。議長ギュットは，個人的な考えと断りながらも，IMF は同条 3 項（差別的通貨措置の回避）の適用を免除

---

46) IMF EBM/50/599, August 16, 1950.
47) IMF EBM50/625, December 25, 1950 ; Horsefield [1969], pp. 275-276 を参照。

できるのではないかと述べ，ベルギー理事ド・セリエーも議長を支持した。しかし，事務局法律顧問が暫定的見解ながら第 8 条は本事案に適用できないと説明し，また理事の 1 人は他国も同様の行為が承認されるのかと問うた。結局，イギリス，インド，オーストリアの理事が本国と協議するまで意見を留保したことから，アメリカの意図は記録にとどめるが，結論は持ち越された。

　IMF 理事会が安全保障を理由とする為替制限に結論を出したのは，朝鮮戦争の休戦協定が締結された後のことであった[48]。理事会はまず，事務局スタッフが用意した「一般的決議」を採択した後，これに従って個別ケースの適用を判断する手続きをとった。IMF は特定の政治的・軍事的情勢による為替制限の正当性を判断する権限を備えていないとする意見が複数の理事から提起された。しかし，ベルギー理事は，大陸中国と北朝鮮に協定第 11 条（非加盟国との為替取引を制限する権利）を適用して非加盟国と見なすことができると主張し，アメリカ支持を繰り返した。また，中国と UAR（アラブ連合共和国）の理事もアメリカ支持を表明した。だが事務局法務部は，協定第 11 条は明示的に非加盟国を対象としており，大陸中国に適用することはできないと説明し，多くの理事が何らかの形で異議や疑念を表明した。

　こうした批判にもかかわらず，最終的に理事会は，フランス理事の棄権で，安全保障に関わる為替制限をする場合には，可能な限り事前に専務理事に通告すること，その後 30 日以内に反対がなければ承認されたものと見なすこと，当該為替制限を定期的に再検討するとの決議案を採択した。この「一般的決議」に則り，アメリカとキューバによる大陸中国と北朝鮮に対する，個別的な安全保障を理由とする為替制限をめぐる決議案が審議された――キューバはアメリカに協力するため，為替制限を 1951 年 7 月に IMF に通告していた。これらの決議案はフランスとインドの理事が棄権しただけで，ほとんど議論もなく採択された。

　第 2 に，再軍備化は，IMF 資金を含めアメリカの対外援助にますます政治的・軍事的色彩を与えた。朝鮮戦争は軍需と政府・民間の予防的備蓄需要を急

---

48) IMF EBM/52/51, August 14, 1952.

増させ，羊毛，銅，スズ，ゴムなどの原料価格の上昇と世界貿易の構造変化を促した。特に再軍備計画に伴う原料輸入の増加は1950年に，短期的ではあったが，アメリカの貿易赤字と17億ドルの金輸出となって現れた[49]。一方で，スターリング地域，ラテンアメリカ，その他の原料輸出国は貿易黒字，金・ドル準備の増加に転じた。

　NACはこうした状況の変化を，ブレトンウッズ構想期の目的の達成に向かって前進する好機と捉えた。世界銀行はすでに1949年6月，出資金の18%を貸し出す同意をフランスやイタリアなど10カ国から得て，さらにアメリカ資本市場で世界銀行債を発行して資金調達する環境を整備していた[50]。IMFについても，NACは1950年の報告書で，戦後復興の困難に防衛負担が重なることを憂慮し，加盟国によるIMF資金の利用の厳格性を緩和すると決定した。また翌年の報告書では，西ヨーロッパ援助を基本的に相互防衛の必要性から決定すること，そして贈与援助は，相互防衛に十分に貢献している国については，想定外の準備が蓄積されたからといって自動的に援助の削減を求めないとした[51]。さらに，1952年の特別報告書ではIMF・世界銀行の新規加盟についても，「様々な理由で加盟資格を承認しない国や必要な承認手続きを完了しない国を除いて，加盟資格は鉄のカーテンの外側にあるすべての国々に与えられねばならない」との政策方針を示した[52]。

2) 旧敵国の加盟——西ドイツと日本

　旧敵国ドイツや日本のIMF加盟もこうした政策変更の延長線上に位置づけられた。西ドイツ首相アデナウアーは1951年2月，正式にIMF加盟を申請した。申請を受けてIMF理事会はメンバーシップ委員会を任命し，5月には

---

49) U. S. NAC [1951], p. 547.
50) 1949年6月の法改正（Public Law 142, 81st Cong.）で，世界銀行債発行に対する課税免除，証券取引委員会（Securities and Exchange Commission）に対する報告書提出の免除を実施したが，世界銀行の増資には消極的な態度を示した（U. S. NAC [1950], p. 668 ; U. S. NAC [1952a], p. 370)。
51) U. S. NAC [1952b], p. 341.
52) U. S. NAC [1952a], p. 365.

第1回会議を開催するが,その後,長期にわたる審議を余儀なくされた。分断国家西ドイツはヒトラー・ドイツの正当な継承国であるのか,ドイツ占領は1948年5月のハーグ会議(ヨーロッパ会議)に依拠しているのか,45年に米英ソ間で締結したポツダム協定はなお有効か,ベルリン西側地区はドイツ連邦政府当局の支配下にあるかなど,複雑な問題を解決する必要に迫られたからである。西ドイツのクオータの決定もこれと連動していた。IMFスタッフ委員会は,現状の西側の領土および通貨を前提に,ブレトンウッズ方式に基づいて3.25億～3.5億ドルと試算し,メンバーシップ委員会に調査報告書を提出した[53]。西ドイツの加盟資格問題は1952年1月末までに決着したが,クオータ問題は西ドイツ政府が,IMF事務局の試算が低すぎ,3.6億ドルが適正であると主張したことから[54],結論は4月に持ち越された。

日本政府がIMF加盟申請書を提出したのは,西ドイツに5カ月ほど遅れた1951年8月であった。IMFは8月末の理事会でメンバーシップ委員会を設置し,事務局は戦前の経済諸指標に基づいて3つの試算(2.629億ドル,2.256億ドル,2.211億ドル)を示した。一方,NACスタッフ委員会もこの問題を議論し[55],IMFアメリカ理事は,イギリス理事がオーストラリアのクオータ(2億ドル)に配慮して1.9億ドルを提案していると報告した。他方,財務省が陸軍省に問い合わせたところ,連合国軍最高司令官(Supreme Commander for the Allied Powers)は3.25億～3.5億ドルを呈示したと説明があり,種々検討した後,スタッフ委員会は国務省案の2.4億～2.7億ドルで交渉するようIMFアメリカ理事に指示した。

西ドイツが先例となり,メンバーシップ委員会における日本の加盟とクオータ配分は1952年1月の第2回会議で決着した。委員会では,イギリス理事スタンプが2億ドルを撤回したことから,クオータは2.5億ドルで決着した[56]。

---

53) IMF EB/CM/Germany/MTG/51/1, May 5, 1951. ハーグ会議は欧州統合主義者らが西側に限定した統合路線を打ち出し,連邦主義的な連邦議会の設立を提起した(小島 [2009])。
54) IMF EB/CM/Germany/MTG/52/2, January 31, 1952.
55) NAC, Staff Minutes No. 307, October 17, 1951.
56) IMF EB/CM/Japan/MTG/52/1, January 14, 1952.

その後，日本の加盟審査報告書は理事会に送付され，4月24日の理事会で西ドイツの加盟申請とともに承認された。日本の出資金はクオータと同額の2.5億ドル，その内25%（6,250万ドル）を下回らない額を金で，残りを日本国通貨で支払うこととされた（協定第3条3項）。西ドイツのクオータは3.3億ドルで，同額の出資金の内10%を下回らない額を金で，残りを西ドイツ通貨で支払うこととなった[57]。その後の全加盟国による票決では，チェコスロヴァキアが両国について反対票を投じた。反対理由は，サンフランシスコ平和条約により創出された状況は国連憲章，ポツダム協定等に矛盾し，また平和的関係を再構築していない日本は加盟資格を欠くというものであった。他方，西ドイツの加盟は4大国間の共通の合意と矛盾すること，西ドイツは独立国の資格を欠くなどの理由であった[58]。

　チェコスロヴァキアとIMFとの関係悪化の契機は，アメリカが安全保障を理由に大陸中国に為替制限を実施したことにあった。IMF理事会はこの問題を審議未了としていたが，チェコは1950年12月，専務理事宛に，①アメリカによる中華人民共和国に対する資産および通商関係の凍結について，IMFは事前にアメリカと協議したか，②IMFはアメリカ政府の行為に関して追加の情報提供を受けたか，また③アメリカ政府はどのような報告書を提出したか，などの質問状を提出した。ギュットは既述の理事会決議を回答したが，チェコは，アメリカによるIMF加盟国の資産凍結は協定の原則に違反すると激しく抗議した[59]。1954年末チェコは，IMF協定第8条5項に規定する国際収支や国民所得などの情報提供，さらには第14条4項に規定する為替制限の継続に関わるIMFとの協議を拒否して除名されることになるが，かつてアメリカが安全保障を理由に加盟国に対して為替制限を課したことを取り上げ，安全保障を根拠とする情報提供や協議の拒否も正当化されるとして抵抗した[60]。

---

57) IMF EBM/52/24, April 24, 1952.
58) IMF EBD/52/93, May 29, 1952. 加盟後のドイツについては，本書第8章を参照。
59) IMF EBD/51/824, January 23, 1951に収録の往復文書を参照。
60) IMF EBS/54/13, Sup. 8, July 28, 1954 ; Horsefield [1969], pp. 359-364.

3) 14条コンサルテーションの開始——スタンドバイ信用と引き換えに

　IMF協定第14条は戦後過渡期を想定して、経常取引に関わる支払いや資金移動に対する為替制限を許容した。しかし、同条4項の規定に基づき開業から5年が経過した1952年3月以降も為替制限を継続する場合には毎年、IMFとの間での協議（コンサルテーション）が義務づけられた。過剰な資本流入に直面して資本移動規制ではなく、1950年9月末にフロートを導入したカナダが、翌年12月に為替管理を撤廃して、1952年3月には8条国に移行した（本書第10章）。しかし、経常的支払いにおける為替管理の特権を放棄した加盟国はアメリカやカナダ、メキシコなどわずか7カ国に過ぎず、EPU参加国を含めIMF加盟国の大部分が為替割当てや複数為替レートなどの為替制限を継続した。

　過渡期後のIMF政策を方向づけたのは、1952年7月に事務局が理事会に提出したベルギー＝ルクセンブルクとのコンサルテーション報告書であった。ベルギーとのコンサルテーションは、同時に進められていた同国とのスタンドバイ信用枠の取り決めと密接にリンクしていたこと、しかもベルギーに対する融資とコンサルテーションは、EPUとIMFとの緊密な連携を構築するための試金石となったからである。IMF理事会はすでに6月、スタンドバイ取り決め（信用枠供与期間6カ月、上限金額5,000万ドル、更新可能、1953年から1,000万ドル単位の分割返済）を初めてベルギーに承認した。背景にはベルギーがEPUに対して相当額の信用を供与したが、EPUから受け取ったドルは、同国のドル赤字全体を補塡するには不十分であったことへの配慮があった。さらに審議の中でアメリカ理事サザードは、スタンドバイ取り決めは他の加盟国にも提供できると示唆していた。

　IMF事務局が理事会に提出したベルギーとのコンサルテーション報告書は、①現時点で為替規制の撤廃に関する提案をしないこと、②自由市場を含むEPUの複数為替制度については、現状では一時的に承認せざるをえないこと、③EPU諸国からの経常的受取の一部ブロックは、別の手段（IMF融資を示唆）で代替することを勧告した[61]。しかし、IMF理事会の前日に開かれたNACスタッフ委員会はIMF事務局案を激しく批判した[62]。すなわち、IMF事務局の

勧告はベルギー情勢の不確実性を考慮して為替規制の緩和を提案していないが、そうした不確実性は為替規制の継続を正当化するに十分な切迫性はない。またベルギー情勢に関するIMFの分析は不適切で，IMF事務局案には反対せざるをえない。そこで，この問題をIMF理事会で票決にかける前に，アメリカ理事に指示して適切な支持を集めることになった。

翌7月15日のIMF理事会は，事務局の勧告案をめぐってまっぷたつに割れた。NACの政策方針に従いアメリカ理事サザードは事務局案に反対し，修正を求めた。カナダ，メキシコ，ブラジルの理事はサザードを支持したが，ベルギーやイギリスの理事は事務局案を支持して，両者は激しく対立した。議論は翌16日，8月13日と繰り返されたが妥協点は見つからず，結局，8月16日にサザードが修正を求める決議案を提出して，票決を求めた[63]。決議案は，①ベルギー＝ルクセンブルクは，協定第14条4項に基づき過渡期の取り決めを継続することについてIMFと協議すること，②IMFはベルギー＝ルクセンブルクの強固な国際収支および準備金ポジションに留意し，IMFは同国に対してドル輸入に影響を及ぼす現行の為替規制の水準を再検討すること，③IMFはEPU諸国との取引で発生する収益のブロックについて協議するというものであった。議論の中で，イギリス理事スタンプは「ドル不足を手当てするためにベルギーが規制を行うことは，世界的なドル不足を踏まえれば正当なことである」と事務局案を擁護した。一方，メキシコやブラジルの理事らは，「IMFは複数為替慣行にははなはだ厳格だが，ベルギーが採用しているような管理統制やその関連手法にはほとんど何らの対策も講じてこなかった」と鬱積した不満をぶつけた[64]。

アメリカによる多数派工作は実を結び，イタリア，ベルギー，インド，イギリス，オランダが反対したものの，決議案は採択された。しかし，ここで注目するべきは投票行為の前に行われた理事らの発言である。イギリス理事スタン

---

61) IMF SM/52/39, July 11, 1952, pp. 9-10.
62) NAC, Staff Meeting No. 350, July 14, 1952.
63) IMF EBM/52/53, August 15, 1952.
64) IMF EBM/52/40, July 15, 1952, pp. 1-2 ; EBM/52/41, July 16, 1952, p. 2. この論争はHorsefield [1969], pp. 313-315 でも紹介されている。

プは,この決議はEPUに対する敵意と理解されると強調したが,当事国ベルギーのド・セリエーは,意外な発言をした。この決定がEPUに対するIMFの態度の試金石として受け取られるべきではなく,ベルギーはIMFとEPUとの争点になることは望んでいない。ベルギーはスタンドバイ信用の開設段階で,EPUとの関係についての見解を表明する適切な機会があったし,このIMFの決定はOEECによって好意的にコメントされたと。その後,スタンドバイ信用はIMF融資の重要な手段として整備されるとともに(本書第6章も参照),IMFとEPUとの関係も修復されることになった。IMF理事会でド・セリエーが言及したように,OEEC理事会はすでに1952年7月,ベルギーに対するスタンドバイ信用の供与を歓迎するとともに,IMFとの協力関係の構築を表明していた。実際,IMFパリ事務所はEPU理事会の会合に頻繁に招待されることになった[65]。こうしてIMFの創設期は「最盛期」へと移行する(本書第3〜4章に続く)。

おわりに

　創設期IMFの政策を,アメリカの政策調整委員会NACにおける議論と突き合わせながら両者の関係とその変遷を検討してきた。創設当初は,事務局を含めたIMF全体をアメリカが管理しようとしたし,実際にそうした責任も能力もあった。しかし,専務理事をアメリカ人以外から選出したことも重なり,事務局機構が整備され,他国理事も責任を分担するようになると,管理・運営の実務面でのアメリカの役割と責任は縮小することになった。さらに,「キー・カレンシー・アプローチ」に依拠し,巨額援助と引き換えに迫ったポンド・スターリングの交換性回復も失敗し,複数為替相場を導入し平価の設定すらままならない多数の加盟国の実情に直面すると,IMFのサブシステムと見なしたEPUの創設すら容認した。EPUはIMFの機能不全を曝け出す側面を持ったが,一方でEPU創設に伴うクロス・レート問題の出現を利用して,

---

65) de Vries and Horsefield, ed. [1969], p. 330.

IMF は EPU 参加諸国のフロート制など為替規制の緩和を実現しようとした。

　アメリカは独断的に IMF を支配して政策を実施したわけでも，実行できたわけでもなかった。加盟国，特に英仏など主要国の利害に細心の配慮を払ったのみならず，主要国以外にも複数為替制度，特に自由市場を用いたフロート制を黙認するなど柔軟な政策路線を許容せざるをえなかった。また，「ERP 決定」で見られたように，NAC では IMF アメリカ理事が IMF 資金の保護の主張を譲らず，その後の EPU と IMF との関係を悪化させる場面もあった。しかし，1952 年 3 月に過渡期が終了するにあたって，IMF は為替規制を継続する加盟国との間で 14 条コンサルテーションを開始するが，為替規制を実態に即して容認しようとする IMF 事務局や EPU 諸国をアメリカは力づくではねつける一方，スタンドバイ信用を加盟国一般に拡大することを条件に，為替制限の緩和・撤廃に向けた姿勢を堅持したのである。EPU 諸国が通貨交換性を回復するにつれて，IMF は国際金融機関としての固有の機能を持ち始めるが，「創設期」の IMF はまさに，為替管理の緩和・撤廃に向けてアメリカとともにその困難に立ち向かっていた時代であった。

第3章
制度化の進展と国際環境
――1950年代のIMF

浅 井 良 夫

はじめに

　本章では，1950年代後半に完成の域に達したIMFの制度化を，同時代の国際環境の中に位置づける。1958年末に，西欧諸国の通貨が交換性を回復し，長きに及んだIMFの「戦後の過渡的状態」は終わりを告げ，IMFは最盛期を迎えることになった。1956年末から63年5月まで，IMFを率いたのは国際決済銀行（BIS）出身の専務理事ヤコブソンであった。IMFが，かつては仇敵のごとく見なしていたBISから専務理事を迎えたことは，創立以来の約10年間にIMFが蒙った変化がいかに大きかったかを物語っている。
　しかし固定相場制時代のIMFの最盛期も，長くは続かなかった。1968年の金二重価格制の廃止によって最盛期は終わりを告げるが，それ以前に，陰りは早くも60年代初めから生じていた。設立時に予定されていたIMFの機能がフルに発揮されるようになった途端に，IMFは新たな問題に直面することになったのである。

1　1950年代前半における制度化の進展

1) コンディショナリティの形成
　連合国44カ国が一堂に会して行われた約1カ月の会議でIMF協定と世界銀

行協定が合意に至ったというブレトンウッズの奇跡は，英米間の綿密な事前協議なくしては実現しえなかった。しかし，英米協議においては，少なからぬ部分が意図的に曖昧なまま残された。

　国際収支黒字国であるアメリカと，「ドル不足」に悩むそれ以外の大部分の国々では，IMF に期待する役割が大きく異なった。アメリカが期待したのは，IMF が各国の為替自由化を促すことにより，自国の貿易が拡大することであった。それに対して，深刻な「ドル不足」に直面していたアメリカ以外の加盟諸国の大部分は，ドル資金の補給のための手段としての役割を IMF に期待した。短期的国際収支不均衡是正のための資金を融資する IMF の機能は，アメリカにとっては二義的な重要性しか持たなかった。むしろアメリカは，IMF からの各国のドル資金引出が，アメリカの財政負担につながることを懸念したのである[1]。

　ブレトンウッズ会議では，IMF 加盟国が認められた限度まで無条件に資金を引き出せるべきとするイギリスの主張と，条件を付けるべきだというアメリカの主張が対立し，結局，協定には融資の条件は明確には規定されなかった。そのため，ブレトンウッズ協定を批准する際に，IMF を通じたドル融資の際限のない拡大を懸念する議会の一部や，オルドリッチらの銀行家から強い反対を受けた。財務長官モーゲンソーは妥協を模索し，その結果設けられたのが，閣僚レベルの国際通貨金融問題に関する国家諮問委員会（NAC）である[2]。IMF・世銀のアメリカ理事は NAC の監督下に置かれて，IMF・世銀の主要な決定事項は事前に NAC の承認を得ることが義務づけられ，また，NAC は議会に半年ごとに IMF・世銀の活動を報告することとなった。

　IMF の発足後も，「ドル不足」の国々とアメリカとの間に，IMF 資金引出をめぐる基本的な利害対立が存在する状況下で，加盟国が資金を自由に引き出すことができるか否かについて，IMF 理事会での論争は 1952 年まで延々と続き，IMF の融資活動は停滞した（「自動性論争」）。この間，マーシャル援助の

---

1) IMF 協定批准の際に米政府は，議会において，「信用の供給は二義的なもの」だと言明した（堀江［1962］, p. 116）。
2) Lavelle [2011], pp. 46-58 ; Casey [2001], Chap. 3.

開始に当たり，アメリカ理事の提案により IMF は，1948 年 4 月，マーシャル援助を受ける国には，援助期間（1948～52 年）は原則として融資を行わないとする決定を行った[3]。援助によって「ドル不足」は解消するので IMF 資金は不要になるというのがその理由であったが，アメリカにとっては，国際機関を通じた援助よりも，直接影響力を行使できる 2 国間援助（マーシャル援助はアメリカと西欧各国との 2 国間援助）の方が使い勝手はよかった。

しかし，マーシャル援助の終了の時期が迫り，他方で，1951 年の相互安全保障法（MSA）によりアメリカの対外援助が原則として軍事目的に限定されると，アメリカは IMF の融資の利用価値を再認識するに至った。1952 年に専務理事に就任したルースの下で，アメリカと他の加盟国と意見調整が進められ，融資方法の骨格が定まった。融資の条件として借入国に対して適切な政策の実施を求めること（コンディショナリティ）が承認され，「自動性論争」に決着がついた[4]。

2）事務局の独立性とアメリカの影響力

初期の IMF では，理事会と事務局は渾然一体であり，両者の機能は明瞭には区分されていなかった。事務局の権限を明確にし，独立性を高めることは，IMF が自己の組織を守るためにも必要であったが，アメリカにとっても，IMF において主導権を確立するために不可欠の事柄であった。そのため，アメリカと IMF 事務局は，事務局の独立性を強める方向で一致協力することになった。

最大の出資国であるアメリカは 30％の投票権を持ち，他の有力な国と組むか，拒否権を行使すれば，自らの意思を貫徹することは可能であった。しかし，アメリカが最大のクオータ（割当額）保持を誇示すれば，摩擦を引き起こすだけなので，理事会における全会一致の原則をアメリカは尊重した。そのために，アメリカは投票権の行使以外の方法によって IMF の決定に影響を与え

---

3) Horsefield [1969], pp. 218-220.
4) その後，1956 年にフェージング（コンディショナリティが履行されるのを見極めつつ，段階的に融資を認めるシステム）が，1958 年にパフォーマンス・クライテリア（コンディショナリティの数値目標）が設けられた。

る方策を講じる必要があった。

　その方策とは事務局人事の掌握である。まず第1は，IMFの運営の最高責任者である専務理事（Managing Director）に，アメリカの意向に沿う人物を据えることであった。世銀総裁はアメリカから，IMF専務理事はヨーロッパから選出するというルールは創設時に始まった暗黙のルールである。しかし，それはIMF専務理事の選任をヨーロッパ諸国に委ねることを意味したわけではなく，人選過程でアメリカは常にイニシアティブを発揮した[5]。第2に，1949年に新設された副専務理事（Deputy Managing Director）のポスト（1名）を，アメリカの指定席として確保し，米財務省の出身者を充てた[6]。さらに，IMF事務局の上級職スタッフに多くのアメリカ人が採用されたことも，アメリカにとっては有利な環境を作った[7]。

　事務局の独立性強化の眼目は，理事の権限行使に歯止めをかけることにあった。アメリカ以外のほとんどすべての国が潜在的な資金の借り手であった1950年代においては，加盟各国を代表する理事の存在は，事務局にとってやっかいな存在であった。ただ，同じ貸し手の立場に立ち，為替も全面的に自由化していたアメリカのみが，事務局と基本的に利害が一致していた。

　1950年代半ば頃までかけて，以下のような措置が講じられた。1952年に14条コンサルテーションが始まった直後には，当事国の理事がミッションを率いる場合もあった。そうした形態は改められ，ミッションは事務局スタッフだけで構成され，当事国の理事はオブザーバーの資格で参加するようになった[8]。また，理事会に提案される以前の草案段階のコンサルテーション・ペーパーや融資審査に関するスタッフ・レポートに対して，理事が意見を述べ，修

---

5) 1973年のヴィッテヴェーン選出の時から，アメリカの意向はストレートに反映されなくなった（Kahler [2001], pp. 26-49）。
6) 副専務理事は，1949～52年オーバビー，53～62年コックラン，62～74年サザード。このポストをアメリカが独占することに異論が出て，1994年にカムドシュ専務理事が副専務理事を3名に増員した（Boughton [2012], pp. 882-883）。
7) 1952年において，IMFの上級職（senior staff）43名中，米国籍18名，英国籍5名（Horsefield [1969], pp. 302-303），同じく1968年には上級職54名中，英語圏が32名（うちアメリカ人23名）であった（Woods [2003], p. 109）。
8) Southard [1979], pp. 6-7.

正を加えることはできなくなった。さらに，自分が代表する国の融資を理事が直接に理事会に申請することは禁止され，融資申請はスタッフの評価を経たのちに理事会に諮られることと定められた[9]。

IMF において，専務理事主導の体制が確立したのは，1956 年末に就任したヤコブソンの時代である。世銀の場合には，早くもマックロイ総裁（1947〜49 年在任）の時期に総裁への権限集中が実現したが，IMF においては，ギュット，ルースの 2 代の専務理事は理事会を完全には掌握できず，強い指導力を持つヤコブソンの登場を待たねばならなかった。

アメリカは事務局を通して以外にも，加盟各国との間で非公式のルートを用いて影響力を行使した。加盟国が，IMF に融資を申し込む際に，事前にアメリカに打診するのは通例であった。「1950 年代には，IMF におけるアメリカの発言力は決定的だった」とアメリカ理事のサザードは回顧している[10]。

3) 国際連合の完全雇用政策と IMF

1940 年代後半から 50 年代，国際連合は IMF や世銀よりも注目される存在であった。ダンバートン・オークス会議で 1944 年 10 月に起草された国連憲章には「社会的進歩と生活水準の向上」が目的の 1 つとして掲げられ，45 年 6 月に発足した国連は，経済問題を安全保障問題と並ぶ活動領域の柱とした。経済分野を担当した経済社会理事会（ECOSOC）は，1950 年代半ばまで，活発な活動を展開した。

国連と比べて弱小であった IMF・世銀は，国連から距離を置くことで，自律性を保とうとした。1946 年 3 月の IMF 創立総会（サヴァンナ会議）の際に，IMF・世銀は ECOSOC から連携のための協定締結の申し入れを受けた。ECOSOC は，完全雇用，経済安定，国際収支に関して国連加盟国にアドバイスする権限を ECOSOC に集中することを企図していたが，それは，IMF の権限を侵害する恐れがあった。そこで IMF は，1947 年 11 月に国連に対して専門機関としての地位を認めさせ，独立的な地位を確保した[11]。その後，IMF は，国

---

9) Southard [1979], p. 10.
10) Southard [1979], p. 10.

連に対して批判的な立場を次第に鮮明にしていくことになる。

　ECOSOC は，第二次大戦後に予想される不況に対処するためには，失業対策に関する国際協力が必要であると認識し，1949 年 8 月にこの問題を検討するための委員会（委員長：ECOSOC オーストラリア代表ウォーカー）を発足させた。この委員会は，1949 年末に「完全雇用のための国内的・国際的手段」と題する報告書を作成した[12]。報告書は，完全雇用達成のための国内的対策として，各国が失業率の数値目標を決めてマクロ経済政策を実施することを提案した。国際的対策としては，世銀に対して，先進工業国の対外投資の不足を補うことを求めた。また，IMF については，不況時に先進工業国の有効需要の不足によって生じた輸入減少に相当する金額を先進工業国が IMF に預託し，後進国が自国通貨と引き換えにその資金を利用できるようにするという案を提示した。1950 年 7 月の ECOSOC 第 11 回会議（ジュネーヴ）でこの報告書が検討された際には，IMF と世銀は激しくこれに反発した。IMF は，完全雇用よりも多角的自由貿易の方が重要な目標であり，新たな資金の導入は赤字国の国際収支改善の意欲を損なうと批判した[13]。

　キンドルバーガーは，のちにこの案を「学者のナイーブさの極み」と酷評した[14]。この計画実施に伴う多大な経済負担をアメリカが受け入れるはずはなかったので，キンドルバーガーの批判は的外れではない。しかし，この計画は政治的文脈を無視した全くの空理空論であったわけではない。報告書の中心的な執筆者であるイギリスのケインジアン，カルドアは，イギリス労働党政権のゲイツケルから信任を得ていた[15]。また，この報告書の積極的な推進者であったオーストラリアは，大恐慌時に海外からの投資の減少，輸出価格の暴落を経験しており，失業問題を国内的政策だけで解決することの限界を認識し，雇用問題に対する国際協力の実現を訴えていたのである[16]。

---

11) Horsefield [1969], pp. 145-147 ; de Vries and Horsefield, ed. [1969], pp. 215-218.
12) United Nations [1949].
13) Toye and Toye [2004], pp. 92-96.
14) また，キンドルバーガーは，「極端なケインズ主義の解決法」とも呼んでいる（Kindleberger [1955], p. 346)。
15) Thirlwall [1987], pp. 108-109.

カルドアらの案は ECOSOC で十分な支持を得ることができず，改めて委員会が組織されることとなり，1951 年に「国際経済安定のための方策」と題する新たな報告書が作成された。新たな報告書は，世銀資金には資本の増大と反景気循環的手法の導入，IMF には資金の増加と融資の弾力化（クオータの200％までの融資）を求めた。これに対して IMF は，IMF はすでに柔軟に対処しているという理由で，この要求を退けた[17]。ただし，IMF 理事会では，不況時には IMF がより柔軟に融資に応じて欲しいという意見は少なくなかった[18]。

2 ヤコブソンの就任と制度化の達成

1) ヤコブソンの専務理事就任

1956 年 12 月のヤコブソンの専務理事就任は，IMF の大きな転換点であった。ヤコブソンは，交換性回復の実現，融資活動の活発化などを通じて，IMFの最盛期をもたらした立役者である[19]。IMF の政策思想において，ヤコブソンの就任は次の 2 つの意味を持った。

第 1 に，ヤコブソンの就任は，IMF の創設に強く反対したアメリカ金融界と IMF との和解を意味した。ヤコブソンを推薦したのは米財務次官補のバージェスであった。バージェスはブレトンウッズ協定批准の際に，アメリカ銀行協会（American Bankers Association：ABA）会長としてニューヨーク金融界の立場から，IMF 協定に強く反対した人物である[20]。

IMF とニューヨーク金融界との関係は，1950 年以降，改善に向かっていた。1951 年にニューヨーク連邦準備銀行から財務省に転じて，スナイダー長官の

---

16) Turnell and Ussher [2009].
17) IMF EBM52/21, April 18, 1952.
18) Horsefield [1969], pp. 332-335.
19) 矢後 [2001] も，ヤコブソンの登場によって，「旧 IMF 体制」（金ドル交換停止以前の IMF）は確立期を迎えたと評価している（p. 126）。
20) Lavelle [2011], pp. 46-61；James [1996], p. 64. アメリカ経済界全体が IMF 創設に反対したわけではなかった。全米貿易協会の多数派（主として製造業者）はブレトンウッズ協定を支持した。強硬な反対論者はニューヨークの銀行家であり，ニューヨーク以外の銀行家の多くは協定を支持した。

もとで次官補に就任したオーバビーは，BISの復活を許容する方針を明らかにした。これは，ニューディーラーの牙城であり，ニューヨーク金融界と対立していたモーゲンソー長官時代以来の財務省からの転換を示すものであった。この変化と並行して，ルースIMF専務理事がBISとの関係改善を図ったことは，ニューヨーク銀行界のIMFへの警戒心を弱めた[21]。BISを代表するエコノミストであったヤコブソンの就任は，IMFとニューヨーク金融界との全面的な和解の顕れと言えよう。

IMFと銀行界・議会との緊張関係が緩和するにつれ，緩衝材の役割を果たしてきたNACも形骸化した。1959年以降，NAC本会議は年数回開催されるだけで，財務省がNACを経由せずにIMF・世銀理事に直接指示するようになった。NACは，その後1966年に調整機関から諮問機関に改組された[22]。

第2に，反ケインジアンであるヤコブソンのもとで，初期のIMFを特徴づけたケインズ的な思想傾向が弱められ，「IMFの経済学」とも言える独自の経済思想が形成された。ケインズ思想の排除を象徴する出来事が，1958年1月のバーンスタイン調査統計局長の辞任であり，フリードマン為替制限局長，ゴールド法律局長，ポラック調査統計局長の「三頭政治」の成立であった[23]。ポラックは，マクロ経済学の手法を用いつつ，国際的な貸し手であるIMFの立場を反映したプラグマティックな「IMFの経済学」を構築し，ポラックの開発した手法は，現在のIMFまで引き継がれている[24]。

2）IMFのBIS路線への接近

経済思想の面では，BISは国連ECOSOCの対極にあり，IMFはBISとECOSOCの中間に位置した。IMFは大西洋憲章に起源を持つ連合国の戦後秩序の産物である点において，国連とは共通項を持っていた。それに対してBISは戦前秩序の「遺物」であった。しかし，ブレトンウッズ会議以降，IMFは

---

21) Lavelle [2011], p. 75.
22) Ruttan [1996], pp. 377-378.
23) Jacobsson [1979]（邦訳，p. 253）.
24) 矢後 [2011], pp. 62-64。

BIS に次第に接近していった。

IMF が BIS の思考を受け入れていった理由の 1 つは，1950 年代の IMF の活動の中心が西欧諸国に置かれていたことにある。ヨーロッパにおいて BIS は 1930 年代以来の長い経験があり，アメリカのスタッフ中心の IMF よりも現実を正確に把握していた。また，アイゼンハワー政権（1953～61 年）のオーソドックスな経済思想は，反ケインズ主義のヤコブソンと共鳴する部分が多かった。

ブレトンウッズ会議の際にホワイトの片腕として活躍し，IMF 調査（統計）局長として大きな影響力を持ったバーンスタインとヤコブソンとの確執は，こうした大きな潮流の中に位置づけることができよう[25]。ヤコブソンとバーンスタインの思想的距離を浮き彫りにしたのが，1957 年に，バーンスタインが執筆した「長期化するインフレにおける賃金と物価のリンク」と題する IMF レポートの書き直しを求めた事件であった[26]。

バーンスタインのレポートは，1957 年 7 月，10 月の 2 回の理事会の議題に取り上げられた。具体的な政策と関わりのない一般的な内容の調査レポートが理事会の議題に取り上げられるのは異例である[27]。このレポートの基本的主張は，インフレの根本的な原因は超過需要にあり，賃金・物価のリンク制度（賃金の物価スライド制）に原因を求めるのは誤りだという点にあった。さらに，リンク制度に対して，安定化計画の一環に組み入れる場合には，インフレ抑制に積極的な役割を果たしえるとの積極的な評価も与えていた[28]。

7 月 19 日の理事会で，議長のヤコブソンが，賃金・物価のリンクは，信用

---

25) しかし，ヤコブソンの就任以前から，バーンスタインと米財務省との間には懸隔が生じ，財務省出身の米理事サザードとは意見が対立した（Black [1991], pp. 69-70）。
26) Jacobsson [1979]（邦訳，p. 277）. 本文中にはバーンスタインの名前は明記されていないが，脚注には，*IMF Staff Papers*, Vol. 6 掲載の論文（Bernstein [1958]）が示されている（原書，p. 334）。
27) ハネマン理事（ドイツ）は，理事会は緊急の問題を協議する場であるのに，なぜ，このような一般的な議論を扱った論文が議題として取り上げられるのか訝しがった（IMF EBM 57/37, July 19, 1957）。
28) IMF SM/57/57, E. M. Bernstein, "Wage-Price Links in a Prolonged Inflation," July 8, 1957.

拡張と結びつく場合にはインフレを加速化し，安定化政策の妨げになると述べて，レポートの内容を批判した。米理事サザードの提案により，原稿は修正された上で，再度，理事会に諮られることとなった[29]。

10月30日の理事会には，大幅に修正されたペーパーが提示された[30]。改訂版では，「賃金・物価のリンクはそれ自体ではインフレの抑制や通貨安定に役立たない」ことが強調され，「いかなる方式の賃金・物価のリンクも投資および生産のゆがみや，インフレの結果として起きる貿易・支払いの困難を回避させることはできない」と，賃金・物価リンクに否定的なトーンに変わっていた。ただし，賃金・物価リンクは大規模で長期的なインフレに対処する場合に限り正当化されると，限定的な範囲でその意義を認めた。理事会では，賃金・物価リンクに肯定，否定の両方の意見が出たが，最後に，キャラハン理事（オーストラリア）が，理事会が理論的な内容のスタッフ・ペーパーの可否まで議論するのはいかがなものかと発言して，討議は打ち切られた[31]。レポートは，バーンスタインの辞任後，ほぼ修正版の形でスタッフ・ペーパーとして公刊された[32]。

ヤコブソンが，賃金と物価の公的なリンクを肯定する部分を削除することに拘泥したのは，コストと物価との均衡に，ヤコブソンの経済思想の核心があったからである。ヤコブソンは，BISのチーフ・エコノミストであった時から，アメリカのニューディール政策を誤った政策だと批判していた。ヤコブソンによれば，ニューディール政策が不況克服に十分に効果を発揮しなかったのは，コストと物価の関係を無視した結果，賃金が下方硬直的となり，企業の投資意欲が損なわれたためであった[33]。

また，ヤコブソンは，ECOSOCの経済思想にも反発していた。ヤコブソン

---

29) IMF EBM57/37, July 19, 1957.
30) IMF SM/57/57, Revision 1, E. M. Bernstein, "Wage-Price Links in a Prolonged Inflation," October 24, 1957.
31) IMF EBM57/54, November 27, 1957.
32) Bernstein [1958].
33) Jacobsson [1958]（邦訳，pp. 309-318）；矢後 [2001], p. 119；矢後 [2010], pp. 183-184 も参照。

は，1953年の論文の中で，国連の完全雇用レポートを，「コストと物価との間のバランスの問題をほとんど完全に無視した実に驚くべき実例」だと批判した。ケインジアンたちが「賃金労働者に有利なように所得を再分配することに興味を寄せ」，「生産コストの増大が事業の利潤に及ぼす影響については十分注意を払わ」ないことに懸念を示した[34]。

賃金・物価リンク制はアメリカでも決して異端の発想ではなく，ヤコブソンの主張は，当時のアメリカの思想潮流に照らしても，かなり極端であった。1948年にGMとUAW（United Automobile Workers，統一自動車労働組合）との協定に物価調整（エスカレーター条項）が盛り込まれ，55年以降にこの制度はアメリカ企業の中で広く普及していった。好況のアメリカ企業にとって，長期の安定した雇用契約を締結することが有利であったからである[35]。

他方で，バーンスタインは，当時のアメリカの政策から大きく逸脱していたわけではなかった。バーンスタインは，戦後不況論を唱えたハンセンらのアメリカ・ケインジアンとは異なり，戦時期に戦後のインフレを予想し[36]，またIMFでは通貨政策を用いた需要抑制を重視した。バーンスタインが1957年までIMFに留まることができ，辞任後もアメリカの政策に影響を与える存在であり続けたのは，そうした立場の故だと思われる。

3) 南北問題とIMF

ブレトンウッズ会議には，ラテンアメリカ19カ国をはじめとする途上国も参加したが，開発は議題にのぼらなかった。開発経済学に理論的基礎を提供したと後に評価されたケインズは，自らは途上国問題に無関心であった。ケインズは，ブレトンウッズ会議の際には，途上国を「単なる場所ふさぎ」の存在と見なし，会議は「巨大なモンキーハウス」の様相を呈するだろうと皮肉った[37]。これに対して，ローズヴェルト政権は戦時期にラテンアメリカとの間に

---

34) Jacobsson [1958]（邦訳，pp. 324-325）.
35) S. Rosenberg [2003], pp. 79-81. なお，Widmaier [2008] は，ブレトンウッズ体制と所得政策の関係について論じた貴重な論文であるが，ヤコブソンには全く触れていない。
36) Black [1991], pp. 21-24.

「善隣外交」を展開し，経済開発に一定の理解を持っていた。ホワイトも，連邦準備制度理事会（FRB）在籍の頃，中南米問題に携わった経験があった。しかし，アメリカは開発を会議のテーマとして積極的に取り上げようとはしなかった[38]。

開発経済学が誕生したのは1940年代末である。1948年にチリのサンチャゴに設置された国連ラテンアメリカ経済委員会（Economic Commission for Latin America：ECLA）を拠点に興隆した構造主義開発経済学（プレビシュ＝シンガー理論）は，60年代にかけて世界的に大きな影響力を及ぼすことになる。アジア，アフリカの広範な地域がいまだ植民地であった1950年代には，主としてラテンアメリカが，国連などの場で一次産品生産国を代表する形で発言を行った。一次産品の交易条件の長期的悪化傾向を指摘したプレビシュ＝シンガー理論は，広範な途上国の要求に理論的根拠を提供した。ECLAは，IMF・世銀に対しては，景気変動等によって生じた一次産品価格の暴落に伴う国際収支悪化に対処するために，価格補償融資の創設や，融資条件の緩和（ソフト・ローンの供与），資金枠の拡大（IMF・世銀の増資，途上国のクオータの拡大）を求めた。

こうした途上国の要求に対するアメリカの基本的なスタンスは，新たな開発機関は設けず，アメリカのコントロールが及びやすいIMFと世銀の枠内で，途上国に対して支援を行うというものであった。1957年に，ECOSOCが国連経済開発特別基金（Special United Nations Fund for Economic Development：SUNFED）の即時設立を総会に求める決議を可決すると，孤立したアメリカは，世銀の別機関として国際開発協会（IDA）を設立する計画を推進することで，途上国との融和を図った（1960年設立）。

IMFとの関連では，一次産品の価格変動に対する新たな融資枠の創設が焦点となった。すでにブレトンウッズ会議の際にも，ラテンアメリカ諸国から，一次産品価格の安定のための国際的な協議を求める要請がなされていた[39]。

---

37) Moggridge, ed. [1980], pp. 42-43（邦訳，pp. 53-54）.
38) Helleiner [2006a], pp. 955-962.
39) Meier [1984], pp. 9-10.

1953年になり，国連の専門委員会はIMFに対して，景気変動に対処するための融資制度の創設を提案した。IMFは，こうした融資の一般的な必要性は認めたものの，具体的な措置は講じなかった。1958年に途上国の国際収支が悪化すると，翌年IMFは国連の要請に応えて，商品価格変動に対する補償融資についての報告書をまとめたが，一次産品生産国に対して自国の外貨準備を活用するように求めるなどの内容で，積極的な施策が欠けていた。その後，国連国際商品貿易委員会（Commision on International Commodity Trade : CICT）と米州機構（Organization of American States : OAS）に促される形で，1963年にようやくIMFに補償融資制度が設けられることになる[40]。

このように，IMFと国連とでは途上国に対する姿勢に大きな相違があったが，初期のIMFには国連に近い考え方も存在した。創設直後にIMFで為替管理に携わったトリフィンは，IMFでは特異な存在であった。トリフィンは，両大戦間期の中心国の金為替本位制度には，周辺国をデフレに陥らせる根本的な欠陥があったと指摘し，国際収支が困難に陥った国々（主として一次産品生産国）が反循環的な政策（景気刺激策）を続けられるよう支援することこそがIMFの任務であると主張した[41]。これは，戦間期に「マネー・ドクター」としてラテンアメリカに赴いたケンメラーの対外均衡重視の「処方箋」[42]とは対照的であった。またトリフィンは，為替切下げは万能ではなく，後進国による為替管理や複数レート制の採用は容認されるべきと考えた[43]。トリフィンは第二次大戦中からFRBでラテンアメリカ問題を担当した経験を持ち，アルゼンチンの開発経済学者プレビシュとも交流があった[44]。

---

40) de Vries and Horsefield, ed. [1969], pp. 417-427.
41) Triffin [1966], pp. 142-179.
42) 「マネー・ドクター」としてのケンメラーの活動については，E. Rosenberg [2003] 参照。
43) Endres [2005], pp. 102-126. 複数為替レート制は，輸出促進や輸入防遏の目的でラテンアメリカ諸国が広く採用していた。1958年にIMF加盟国58カ国中，36カ国が複数レート制を実施していた（James [1996], p. 127）。
44) プレビシュは，1948年にバーンスタインの勧めでIMF調査局に応募したが，アメリカ政府がペロン政権に配慮して採用に反対し，ブラジルも同調したため，プレビシュのIMF入りは実現しなかった（Toye and Toye [2004], p. 58）。

1959年のIMFクオータ増額も，途上国の要求への対応であった。1957年9月，IMF総会でヤコブソン専務理事は，44年以降で世界の貿易量は70%も増加しており，資金不足のためにIMFがその任務を遂行できないとすれば遺憾であると，クオータ増額の必要性に触れた[45]。1958年4月，IMFのアメリカ理事サザードは，増資を承認するようアメリカ政府に働きかけた。サザードは，1958年の景気後退により国際収支が悪化している途上国が利用できるIMF資金はわずか（第2クレジット・トランシュまで含めても約3億ドル）に過ぎないこと，イギリスからもクオータ増額の強い要請があることを挙げた[46]。議会の反対を懸念した米政府は，クオータ増額の議会への提案をためらったが[47]，8月26日，アイゼンハワー大統領は，途上国支援の目的で，IMFと世銀の増資とIDAの創設に尽力するというアンダーソン財務長官の提案を承認した[48]。10月のIMF・世銀総会でアンダーソン財務長官がIMF増資の検討開始を提案し，1959年4月の理事会決定を経て，同年9月に50%増資が決定した。

4）スエズ危機

1956年秋に起きたスエズ危機の際には，アメリカが英仏に軍事停戦の圧力をかけるための手段としてIMF融資を効果的に用い，また，危機に陥ったポンドにIMFが全面的な支援を行うなどして，IMFの存在感は高まった。

スエズ運河国有化を契機に起きたスエズ危機は，1956年10月31日に英仏軍のエジプト侵攻に発展し，アメリカと英仏との決定的な対立に至った。英仏軍の軍事侵攻に対する国際的な非難が高まる中で，11月1日に国連緊急総会

---

45) Horsefield [1969], pp. 446-447.
46) 1958年2月のアンダーソン米財務長官とローワン英大蔵次官との会談，および58年6月のマクミラン英蔵相とディロン米国務長官，アンダーソン米財務長官との会談において，イギリスは国際流動性の不足を取り上げた（*FRUS, 1958-59, Vol. IV*, pp. 27, 76-80）。
47) "Memorandum by the US Member of the Board of Executive Directors of the IMF," April 18, 1958, *FRUS, 1958-59, Vol. IV*, pp. 82-86.
48) NARA RG56, Central Files of the NAC, 1946-70, Letter from Anderson to Eisenhower, August 18, 1958, Letter from Eisenhower to Anderson, August 26, 1958.

で即時停戦と撤兵を求める決議が採択された。こうした事態の展開はポンド不信を招き，開戦後1週間で，イギリスは8,500万ドルの外貨準備を失った。ポンド危機を恐れたイギリスは，11月6日停戦声明を発表することを余儀なくされた。その後もアメリカは，イギリスが無条件撤兵を表明しない限り，IMF融資，EXIM（ワシントン輸出入銀行）融資，英米借款の返済繰り延べは認められないと，圧力をかけた。1カ月で実質4億ドルを失った結果，12月1日のイギリスの外貨準備は20億ドルを切り，さらに年末には17億8,950万ドルに落ち込むと予想された。名誉ある撤退を望んだイギリスも，ついに12月3日に無条件撤兵を宣言し，21日に英仏軍は完全撤退した[49]。

イギリスが無条件撤兵を声明するや，アメリカは一転してイギリスに全面的支援を約束した。イギリスの第2クレジット・トランシュまで（約10億ドル）のIMF借入の要望に対して，当初，消極的姿勢を示していたハンフリー米財務長官は，12月3日に，突然態度を変え，最高限度までの借入を認めた[50]。事前にアメリカの承認を得た上で[51]，6日にイギリスは，第1トランシュまでの借入と，第3クレジット・トランシュまでのスタンドバイ・クレジットの計13億ドルのIMF資金利用を正式申請し，10日のIMF理事会で承認された[52]。EXIM融資7億ドルと合わせた20億ドルは，イギリスの外貨準備の全額に相当する金額であった。イギリスが実際にIMFから引き出した金額（5億6,150万ドル）だけでも[53]，それまでで最大の1956年のフランスに対するスタンドバイ・クレジット2億6,250万ドルの倍以上の額であった。

スエズ危機の際のみならず，ブレトンウッズ体制期を通じて，イギリスに対するIMF融資は突出しており，1965年までのIMF融資の4割を占めた（表

---

49) Kunz [1991], Chap. 6.
50) 当時のIMF借入の最高限度は，第2クレジット・トランシュまで，すなわち，クオータの100％までであった。1961年に，125％までに引き上げられた。
51) 12月6日の電話によるNAC会議で承認された（NARA RG56, NAC, Minutes No. 253, December 7, 1956）。
52) IMF EBM56/59, December 10, 1956.
53) スタンドバイ・クレジットの部分は，イギリスが実際には引き出さないことが英米間で合意されていた（Boughton [2001b]）。

表 3-1 国別引出額（1947～65 年）

(単位：100 万ドル)

国 名	総 計	1947～50	1951～55	1956～60	1961～65
イギリス	4,761.5	300.0	—	561.7	3,900.0
アメリカ	960.0	—	—	—	960.0
インド	775.0	100.0	—	200.0	475.0
フランス	518.8	125.0	—	393.7	—
ブラジル	503.4	37.5	131.0	140.0	195.0
アルゼンチン	377.5	—	—	217.5	160.0
カナダ	300.0	—	—	—	300.0
日本	249.0	—	124.0	125.0	—
チリ	235.7	8.8	12.5	42.4	172.0
オーストラリア	225.0	20.0	30.0	—	175.0
イタリア	225.0	—	—	—	225.0
アラブ連合	206.2	3.0	—	64.8	138.4
ユーゴスラヴィア	186.9	9.0	—	22.9	155.0
インドネシア	172.5	—	15.0	55.0	102.4
コロンビア	168.5	—	25.0	15.0	128.5
トルコ	145.0	5.0	30.0	38.5	71.5
オランダ	144.1	75.3	—	68.8	—
イラン	121.0	—	26.3	69.7	25.0
メキシコ	112.5	22.5	22.5	22.5	45.0
その他	1,074.8	71.1	22.9	429.9	551.0
総 計	11,462.4	777.2	439.2	2,467.2	7,778.8

出所）Horsefield [1969], pp. 460-463 より作成。

3-1）。スエズ危機の際のような流動性危機に対処することは，国際金融秩序の維持の観点から正当化された[54]。ヤコブソンは「英国びいき（アングロファイル）」[55]と批判されることが多かったが，IMF のイギリス偏重は，ドルに次ぐ基軸通貨ポンドを支える必要から生じたものである。現実に，1956 年 12 月 10 日の理事会では，各国理事は口々に，準備通貨・貿易取引通貨としてのポンドの重要性と，世界の銀行としてのイギリスの役割を強調し，対英融資を支持したのである[56]。

しかし，1960 年代に入り，国際通貨としてのポンドの地位が弱まると，イギリスに対する特権的な処遇に対する反発は強まった。1960 年代までコン

---

54) Boughton [2000].
55) バーンスタインの表現（Black [1991], p. 72）。
56) IMF EBM56/59, December 10, 1956.

ディショナリティの統一的基準は設けられておらず,先進国に対して緩く,途上国に対して厳しいダブルスタンダードが存在し,さらに先進国の中でもイギリスは特別の扱いを受けていた。1958 年のスタンドバイ協定の際にフランスは,57 年と 58 年のイギリスのスタンドバイ協定にコンディショナリティが付されなかったことに異議を唱えた[57]。1967 年 11 月の対英融資の審議の際には,ブラジル理事が,イギリスに対して財政支出・マネーサプライの量的制限も,フェージングも設けられないことを問題にした[58]。これをきっかけに,1968 年にコンディショナリティの基準が設けられることになった。

3 1960 年代初めの IMF 最盛期における矛盾

1) 短資移動と資本規制

IMF 協定は,経常収支に関わる為替規制の撤廃を求めた一方で,各国に対して資本規制を行う自由を認めた(第 6 条)。ブレトンウッズ会議が資本移動の規制を正当と見なしたことをケインズは,「これまでは異端とされてきたものが,いまでは正論となった」と高く評価した[59]。とりわけ投機的な短資移動(ホットマネー)は戦間期の金為替本位制度を崩壊に追い込んだ元凶と見なされ,短資規制は固定相場制維持のために不可欠と考えられた。それだけでなく,資本規制は各国の経済政策の自律性を保証し,完全雇用を支える礎石として,第二次大戦後の経済システムにとって決定的な重要性を持ったのである。

戦後の短資移動は,ユーロカレンシー市場の台頭により,1960 年前後に復活したと言われる。だが実際には,第二次大戦直後も頻繁にホットマネーの動きは起きていた[60]。1947 年 7 月の英ポンド交換性回復の際には,1 カ月で 5 億 4,000 万ドルのドルが流出した。1948 年から 49 年にかけて,イギリス,フランス等からアメリカ,スイス等への投機的な資本移動が起きた。1949 年 9 月

---

57) Strange [1976], p. 54.
58) Dell [1981], p. 12 ; Southard [1979], p. 19 ; IMF EBM67/97, November 29, 1967.
59) Moggridge, ed. [1980], p. 17 (邦訳,p. 22).
60) Bloomfield [1954], pp. 39-67.

のイギリスのポンド切下げに追随して，ヨーロッパ諸国の通貨が一斉に切り下げられ，為替レートが調整された結果，為替投機はひとまず収まった。しかしその後も，1950年8～9月に，アメリカからカナダへ10億ドルを超える資本が流入して，カナダがフロート制移行を余儀なくされ，56年秋のスエズ危機の際には，ポンドに対する大規模な投機が発生した。

投機的資本移動を食い止められなかった最大の理由は，アメリカが資本移動を規制していなかったので，「両端での規制」（資本輸出国と輸入国との協調した規制）ができなかったことにあった[61]。資本規制が有効に機能するためには，国際的な協力体制が不可欠であるとケインズは指摘したが，アメリカは資本規制を行う意思はなかった。ただし，アメリカは各国の資本規制導入の自由まで制限したり，否定したりしようとしたわけではない。こうして1956年に，IMF理事会において，各国が資本規制を実施する権利が確認され，資本規制はブレトンウッズ・システムの一環として定着した[62]。

IMFが，投機的な資本流出に陥った加盟国を支援する制度を備えていなかったことも，加盟国のホットマネーへの対抗力を弱める原因となった。IMFは，借入の目的を短期的な国際収支赤字の補塡に限定し，資本流出に対処するための資金の利用を禁止していた[63]。1956年のポンド投機の際に行われた対英融資は，投機的資本移動への対処が目的であったが，この措置は明らかにIMF理事会の合意からは逸脱しており，例外であった[64]。

このように1950年代にもホットマネーは存在したが，60年代と異なり，ドルの信認を揺るがすようなことはなかった。1958年の西欧主要通貨の交換性回復，57年のドイツの資本規制の撤廃，50年代末以降のユーロダラー市場の

---

61) そのほかに，①経常取引と資本取引の区別は技術的に困難であり，貿易取引を装った資本逃避（リーズ・アンド・ラグズ）を排除するのは容易でないこと，②イギリスが国際金融センターの地位を維持するために，ポンドの公定レートを実質以上に高く設定し，また，厳格な為替管理の導入を避けたこと，が挙げられる。
62) Chwieroth [2010], pp. 105-120.
63) 1946年9月26日理事会合意 (de Vries and Horsefield, ed. [1969], p. 539)。
64) 資本逃避による国際収支悪化に対するIMF融資は，すでに1954年にメキシコに対して実施されていたが，ほとんど注目されなかった。

台頭によって，国際的な資本移動が活発化した。また，金流出がドルの信認を脅かし始めた。IMF 理事会は，1961 年 7 月に，資金借入目的の制限を見直し，IMF 資金を資本移動への対処に利用することを認めた。

2）IMF 一般借入協定

1958 年以降のアメリカ国際収支悪化と金の流出は，ドルの信認低下への懸念を強めた。世界経済の成長を維持するためにドルの供給を通じて国際流動性を増大させればドルの信認低下を招き，ドルの供給を制限すれば世界経済の成長を阻害するというトリフィンのジレンマ論は[65]，大きな波紋を呼んだ。そこでは新たな国際流動性を創出するための様々な案が提起されたが，その 1 つが IMF に新たな資金を創設する案であった。この案は 1962 年 1 月に IMF 一般借入協定（GAB）として実現した。

GAB のアイディアは，1958 年 10 月にバーンスタインがハーバード大学で行った講演に淵源があった[66]。世界中央銀行創設（各国外貨準備の集中）というトリフィンの大胆なプランに対して，バーンスタインは，現行の IMF の枠内での国際流動性の補強という現実的な案を提起した。すなわち，自国通貨を IMF に貸し出す協定を国際収支黒字国が IMF との間に結ぶことによって，金・ドル・英ポンド以外の国際流動性を創出しようという案である。

「ドル防衛」を政権安定の試金石と見なしたケネディは，大統領就任直後の 1961 年 2 月 6 日，金の公定価格維持を表明した。この演説のもとになったスプラウル委員会の報告（1 月）は，金の公定価格を維持するために，ドル，ポンド，金以外の国際流動性を創出する必要を説いていた[67]。

IMF は，直ちにこれに反応して行動を起こした。2 月 10 日，ヤコブソンは理事会に「IMF の将来の活動」と題するペーパーを配布し，IMF 資金を増強する方策の検討開始を提案して[68]，IMF がイニシアティブを取って国際流動性

---

65) トリフィンの論文は 1959 年 3 月と 6 月に発表され，60 年に著書にまとめられた（Triffin [1960]）。
66) Black [1991], p. 82.
67) Coombs [1976]（邦訳，pp. 31-35）。
68) IMF Archives, "Future Activities of the Fund," February 10, 1961.

の補強を行う意欲を示した。

アメリカ政府はヤコブソンの発言を歓迎したが[69]，ドルの補強策を緊急に講じる必要から，IMFとの交渉と並行して，同時に別ルートでの交渉も開始した。経済諮問委員会議長のヘラーらは，4月18〜19日に経済協力開発機構（OECD）経済政策委員会にこの件を諮り，20日から作業部会で討議が行われた。これが，のちに国際金融で大きな役割を果たすようになるOECD第3作業部会（WP3）の発端である[70]。1961年4月現在，IMFのドルおよびポンド資金はわずか4億ドルに過ぎず，それ以外の交換可能性のある通貨も15億ドル程度であった。7月にイギリスが15億ドルのスタンドバイ・クレジットを申し込んだことにより，IMFの資金繰りは苦しくなり，資金の補強が急がれた。

この間，IMFでの検討作業は進み，5月10日の理事会で，スタッフが作成したレポートが検討された[71]。これは，先進工業国からの資金借入の形でIMFが資金を補強する方法を示した案であった。5月の理事会では，フランスとオランダの理事が現時点ではIMFの追加資金は不要だと述べ，ドイツの理事が追加資金の創設によってIMFの貸出条件が緩くなることに懸念を表明するなど，大陸ヨーロッパ諸国はこの提案に消極的であった。その背後には，イギリスがIMF借入を拡大し続けることへの警戒があった[72]。9月のIMF・世銀総会（ウィーン）において，ヤコブソン専務理事がIMFの資金借入構想を提案した際には，総論に対する異議はなかったものの，提案に釘を刺す意見は出された[73]。

IMF事務局は11月初めまでに具体案の骨子を作成し[74]，ヤコブソンはその

---

69) 2月17日付のサザードの文書は，ヤコブソン案を肯定的に受け止めていた（NARA RG56, Central Files of the NAC, 1946-70, "Possible Changes in the IMF," Office Memorandum from Southard to NAC, February 17, 1961）。
70) Strange [1976], p. 108.
71) IMF Archives, "Replenishment by Borrowing : An Introductory Study," Prepared by the Legal and the Research and Statistics Departments, April 18, 1961.
72) Horsefield [1969], pp. 508-509 ; IMF EBM61/22, May 10, 1961 ; EBM61/23, May 10, 1961.
73) Horsefield [1969], pp. 509-510.

案を持って，11月17日にパリで開催されたヨーロッパ7カ国・アメリカ・カナダ9カ国の会議に臨んだ。ヤコブソンは，IMFが決定権を持つことを強く主張したが，アメリカとフランスが協調してヤコブソン提案を退けた。資金供与国の意向が強く働いた結果，当初のIMFの構想とは異なり，この資金の借入資格は出資国に限定され，資金供与の決定権は出資国が持つことになった[75]。この新制度は1962年1月5日に正式決定し，GABと名付けられた[76]。

GABの創設の過程は，「IMFの権威と将来を担ったヤコブソンにとっては悲壮な闘い」[77]であり，高名なエコノミストとしての矜持も傷ついた。アメリカ政府内ではヤコブソンの専務理事としての適格性を疑問視する声も出始めた。1962年4月，アメリカ国務省・財務省関係者の中で，次期の専務理事には，国際流動性問題への対処に関し，ヤコブソンより「柔軟で理解のある人物」が望ましいという意見が出た。さらに，準備通貨ドルを補完するためにIMFの役割が重要性を増している現在，従来の方式を変更し，IMF専務理事をアメリカから，世銀総裁をヨーロッパから出す案も議論された[78]。

3) G10体制の成立

1960年代初めには，前述のGABはじめ，ブレトンウッズ体制を補強する諸制度が新たに設けられた。中央銀行間のスワップ協定，ローザ・ボンド，金プールなどである。ケネディ政権のもとでディロン財務長官，ローザ財務次官が実施したのは，ブレトンウッズ体制の枠組みを大きく変更しない，パッチ

---

74) IMF Archives, "Borrowing-An Outline of Possible General Agreements," From Secretary to the Executive Board, November 2, 1961.
75) フランス蔵相ボーンガルトネルのアメリカ財務長官ディロン宛書簡（1961年12月15日）の形で基本的な了解がなされた（de Vries and Horsefield, ed. [1969], pp. 252-254）。
76) de Vries and Horsefield, ed. [1969], pp. 246-252.
77) 後藤達太（大蔵省為替局総務課）「IMFの主要通貨借入れ取極」『外国為替』第272号（1962年2月）。なお，この記事で後藤はGABの成立過程について鋭い観察をしている。
78) "Memorandum From the Deputy Assistant Secretary of State for International Organization Affairs (Garner) to the Assistant Secretary of State for International Organization Affairs (Cleveland)," April 16, 1962, *FRUS, 1961-63, Vol. IX*, pp. 440-441.

ワークの改革であった。金の対ドル平価の切上げ（ギルバート），外貨準備の国際化（トリフィン），変動相場制への移行（M. フリードマン）のような根本的改革は回避された。

これらのパッチワークの改革は，国際通貨をめぐる新たなアリーナ（舞台）を形成した。GAB の参加国により 1962 年に先進 10 カ国蔵相・中央銀行総裁会議（G10）が創設された。英・米・仏・独・伊・ベルギー・オランダ・スウェーデン，カナダ，日本の 10 カ国である。G10 には，対外不均衡の多角的サーベイランスの役割が与えられた。G10 加盟国はすべて，OECD の加盟国であり[79]，通貨金融問題を担当する OECD の WP3 は，事実上，G10 の下部組織の役割を果たした[80]。

さらに，国際流動性補強のための対策として中央銀行間のスワップ協定網が形成された。欧州決済同盟（EPU）ではすでに，1950 年代から中央銀行間のスワップ・システムは存在したが，62 年のポンド救済を契機に，スワップ網は先進国全体に拡大された[81]。EPU の決済を行っていた BIS がスワップの運営に当たることになり，BIS の拠点のバーゼルで先進諸国の中央銀行の協議が行われるようになった（バーゼル・クラブ）。もっとも，ブレトンウッズ体制は，政府が中心のシステムであり，この点は BIS を中心に中央銀行間のネットワークができたからといって，体制が変質したわけではなかった[82]。

このような先進国の排他的なネットワークの形成は，途上国の反発を招いた。1962 年 2 月にカイロで開催された途上国問題に関する国連会議を契機に，64 年 3〜6 月に貿易開発に関する国連会議（ジュネーヴ）が開催され，国際連合貿易開発会議（UNCTAD）が発足した。UNCTAD の議長プレビシュは，国際流動性問題と途上国の貿易ギャップとをリンクさせようと努め，のちに，UNCTAD は途上国への追加金融支援を特別引出権（SDR）創設の中で実現する構想（SDR リンク）などを提示することになる（本書第 5 章参照）[83]。

---

79) 1961 年 9 月の OECD 発足時の加盟国は欧州 18 カ国とアメリカ，カナダの 20 カ国。日本は，当初から G10 のメンバーであったが，OECD には 1964 年 4 月に加盟した。
80) James [1996], pp. 164-165；矢後 [2007], pp. 334-335。
81) James [1996], p. 160；Coombs [1976]（邦訳，pp. 87-112）。
82) Borio, Toniolo and Clement [2008], p. 51。

IMF は，1960 年代前半に西欧諸国と日本が 8 条国へ移行すると，為替自由化の目的は達成されたとして，それ以上の為替自由化の推進に熱意を示さなかった。1965 年末の 8 条国は 27 カ国，加盟国 103 カ国の約 1/4 に過ぎず[84]，この比率は 80 年代末までほとんど上昇しなかった。IMF が加盟国に 8 条国移行を積極的に促す方針に転じたのはようやく 1993 年のことである（99 年末に 8 条国は 81％に達した）[85]。こうして，IMF 加盟国の中で，先進国＝8 条国，途上国＝14 条国という色分けが出来上がった。

また，IMF は途上国への融資においても，十分な成功を収めなかった[86]。IMF は，国際収支悪化に陥った途上国に対し，財政均衡化と金融引き締めと，為替切下げのオーソドックスな政策の採用を常に促した。1956 年にスタンドバイ・クレジットにフェージングが導入されると，コンディショナリティは大きな強制力を持つようになった[87]。それにもかかわらず，途上国の国際収支の均衡回復がはかばかしく進まなかった理由としては，コンディショナリティのステレオタイプ化，国内では対処できない国際的な経済環境の変化も挙げられるが，より根本的には，1950～60 年代に IMF の「外向きの指向」政策と，途上国の輸入代替政策（＝「内向きの開発モデル」）との根深い対立に理由が求められよう[88]。

おわりに

1950 年代後半にヤコブソン専務理事は，一方で西欧主要通貨の交換性を回復させ，他方では IMF の融資を軌道に乗せ，IMF の制度化を完成させた。前 2 代の専務理事と比べて，ヤコブソンはアイゼンハワー政権から大きな信頼を勝ち得た。BIS で培った人脈を用いてヨーロッパ諸国間を調整するのに長けた

---

83) Toye and Toye [2004], pp. 209, 223-224.
84) de Vries and Horsefield, ed. [1969], p. 29.
85) Boughton [2001], pp. 120-123.
86) 例えば，ラテンアメリカ諸国についての Remmer [1986] 参照。
87) Gould [2006], pp. 50-51.
88) Bulmer-Thomas [1994]（邦訳，p. 230）．

ヤコブソンは，為替自由化政策を推進し，アメリカの期待に見事に応えるとともに，国連の路線に対抗しつつ，「IMFの経済学」を樹立した。

しかし，1960年代初めに，ドルを補強するための国際流動性補強策が検討される中で，ヤコブソンに対するアメリカの信頼にも陰りが出てきた。その原因は，IMFの存立基盤である国際環境の変化にあった。ドル不足を解消し，為替自由化も達成した先進諸国にとってはIMFの枠組みは桎梏となった。経済力を増した西欧諸国は，アメリカの発言力が強いIMFよりも，G10やWP3といった先進国間の閉鎖的グループを好んだ。OECD諸国との協調を優先するアメリカも，こうした枠組みへの関与に利益を見出した。他方，途上国，とりわけ輸入代替工業化を推進する国々は，国連の場で政治的影響力を強めていった。こうして，IMFは制度化を完了し，頂点に達すると同時に，その影響力が蝕まれてゆくことになったのである。1971年8月のアメリカの金ドル交換停止の際，シュヴァイツァー専務理事がニクソン声明のわずか30分前にアメリカから通告を受けたことは，当時のIMFの地位を象徴的に示している。

第 4 章
IMF の自由化政策路線
—— 対英政策の分析

西 川　輝

はじめに

　1961 年の西欧主要国による IMF8 条国移行は，「戦後過渡期」の終了とされる。1950 年代は主要各国が対ドル相場の安定と為替自由化を達成した時期，より直截的には戦後圧倒的な大国となったアメリカとの間の不均衡すなわちドル不足を解消していった時期であった。ドル不足からドル過剰への転換が起きる 1950 年代末以降になると，圧倒的なアメリカの経済的地位によって支えられていた国際通貨システムの安定は揺らぎ始め，時代はドル危機の 60 年代へと推移してゆく。本章の目的は，この戦後国際通貨システムの形成期における IMF の為替自由化政策の特徴について再検討することにある。

　同時代における IMF の役割については，これまで主に国際金融史の領域においてイメージが形成されてきたが，その内容は専ら否定的なものだった。例えば同分野の代表的な研究であるボードの著作は，融資額の低迷および主要国の 14 条国時代の長期化といった事実から IMF が「休眠状態」にあったとの見方を提示している[1]。

　しかしいまや通説的になっているこうした見方は，必ずしも IMF の役割について明らかにしているとは言えない。というのも，従来の研究は，IMF が

---
1) Bordo [1993].

主要国の利害を補完するものであるという認識を前提にしており，その結果，IMF側の視点にはほとんど注目してこなかったからである。

　もちろん，IMFの組織構造や沿革に立ち入ってみれば，先行研究がIMFの役割を主要国の戦略や利害に従属的なものとして描いてきたことは，それ自体，不自然なことではない。IMFは，専務理事を頂点に戴き具体的な政策立案や調査研究に携わるスタッフ部門を抱える一方，加盟国の通貨当局者によって構成される総務会および理事会を最終的な意思決定者として置いている。また周知の通り，IMFは，英米間の交渉とりわけアメリカの影響下で創設されたという生い立ちを持っている。

　このため本章は，IMF＝主要国の「部分集合」であるとの通説的な見方を全面的に否定するものではない。しかしIMFが主要国の意向に沿う機関であるとしても，IMF内部において「機能不全」という状況が果たして受動的に受け入れられていたのか，自らの役割を模索しようとする能動的な力学は働かなかったのかという疑問は残る。同時代におけるIMFの役割を検討するには，その「組織としての自律性」とりわけ完全には主要国の利害に還元されえない「スタッフ部門の能動性」を考慮する必要があると思われる。

　IMF研究としては，かなり早い段階でホースフィールドとドフリースによる正史が[2]，また最新の成果としてジェームズによる通史が存在してきたが[3]，そうした視点は，比較的，等閑視されてきた。例えばジェームズは，第3代専務理事であるヤコブソンの「主導性」を検出することで，部分的とはいえ「休眠状態のIMF」という評価を修正することに成功している。しかし結局のところ，彼の分析は，IMFの意思決定における「影響力」が主要国にあったのか，それともスタッフにあったのか，という組織運営における「主導性」の所在をめぐる二者択一の枠組みに依拠したものとなっている。そしてその限りで，主要国の「影響力」を強調する従来の研究と根本的な視角は同様であった。重要なことは，IMFが主要国の意向に沿う機関であることを前提にした上で，なおスタッフの側の問題意識や現状把握がどのようなものであったか，

---

2) Horsefield [1969]；de Vries and Horsefield, ed. [1969]；Horsefield, ed. [1969].
3) James [1996].

それらの政策路線への現れ方がどのようなものであったか，という IMF の「能動性」を分析することにある。

本章では，イギリスの為替自由化をめぐる IMF の政策展開を素材に，設定した課題への接近を試みる。イギリスは，ポンドを擁しブレトンウッズ体制が機能する上で枢要な地位を占めており，その為替自由化は同時代のホット・トピックであった。第二次大戦後，世界の金準備の約 80%，工業生産力の過半を占める大国としてアメリカが立ち現れた一方，イギリスは，巨額の戦時負債を抱え他の多くの国と同様に通貨の交換性を停止せざるをえなかった。ところが広大なスターリング地域を背景に，依然として公的準備に占める比率においてポンドはドルを上回る地位にあった。対英政策には，同時代の IMF の目的が最も如実に反映されていたと考えることができる。以上を踏まえ，本章では，対英コンサルテーションや対英融資に関連する IMF の内部資料を用いながら，国際通貨システムの帰趨をめぐる IMF の視点およびその政策路線の特徴を浮き彫りにしたい。

1　政策路線の形成

1）戦後復興期の諸問題

1944 年 7 月に開催された国際会議において，連合国 44 カ国の代表はブレトンウッズ協定に調印し，戦後国際経済に多角主義を築き上げることに合意した。このブレトンウッズ協定は，構想に携わったケインズとホワイトとの間の対抗と妥協の産物であった[4]。しかしその一方で，1930 年代の経験を繰り返すまいとの共通認識に支えられたものでもあり，次のような特徴を持っていた。

まず，競争的な為替減価・為替管理・投機的な短資移動といった通貨面の問題が戦間期の国際通貨システムの混乱と国際貿易の縮小につながったとの見方から，安定的な為替相場制度，および各国の為替自由化と多角的決済体制の樹立が志向された。もっとも短資移動は均衡破壊的なものと見なされたため，通

---

[4]　戦時中より始まった英米間の交渉過程については，本書第 1 章を参照されたい。

貨の交換性回復は経常勘定に限定された。

　また，国内的には裁量的なマクロ政策運営を通して完全雇用を追求しながら，対外的には国際収支の維持を可能とする，それによって国際貿易に膨張圧力を生じせしめるような国際通貨システムが構想された。戦後国際経済にとっての脅威はインフレではなく，黒字国アメリカにおけるデフレと失業およびその国際的波及にあると見なされたためである。

　そして以上の諸点を，新設の国際機関を通し実現することが構想された。IMFは，「加盟国に対し，内外均衡の同時追求がもたらす矛盾を緩和するための融資を提供しながら経常取引に関わる通貨の交換性回復を促す」ことを使命として誕生したのであった。

　ところが，ブレトンウッズ構想は必ずしも同時代のコンセンサスではなく，むしろ当の英米両国において強い批判にさらされていた。アメリカでは，ハーバード大学教授のウィリアムズが，構想への対案として「基軸通貨案」を提唱し，英米の2国間協力より国際機関を通した多国間協力を重視すること，戦後過渡期の問題の解決より国際通貨システムの再建を重視することの非現実性を批判した。他方イギリスも，協定の批准より「ドル不足とポンド残高の累積」の解決が喫緊という事情を抱えていた。

　実際，1947年3月のIMF業務開始から数年間で起きた出来事は，IMFによる国際通貨システムの再建に先立って，まず戦後過渡期の問題が解決されなくてはならなかった戦後の現実を物語っていた。すなわち1947年6月のマーシャル演説は，共産主義の脅威とドル不足に対応するための対欧復興支援が必要であることを謳い，8月の英米金融協定に基づくポンド交換性回復の失敗もまた，依然としてIMFが所期の機能を果たす環境にはないことを示していた。戦後のドル不足は深刻であり，主要各国ではIMFの設計者たちが想定していたデフレではなく大規模な復興需要に起因する激しいインフレが生じ，国際貿易は多角的決済体制ではなく双務協定によって規定された。

　1948年に始まったマーシャル援助（ERP）は，西欧諸国の復興に寄与すると同時に，援助の受け皿機関として発足した欧州経済協力機構（OEEC）による欧州域内の貿易決済多角化に向けた試みとも結びついた。1950年9月には，

西側世界の決済圏をドル地域と二分する機構である欧州決済同盟（EPU）が生み出された。また OEEC は，「貿易自由化コード」を採用し域内の貿易自由化を主導した。

　他方この間，IMF は，アメリカ理事の意向に沿って，マーシャル援助の被支援国すなわち西欧諸国による資金の利用を制限する決定，「ERP の決定」を行った。また IMF スタッフたちは，欧州域内決済機構の設立過程への参加を積極的に模索したが[5]，EPU の創設をめぐる協議にはオブザーバーを派遣するのみであり，実質的な関与は行わなかった。戦後復興期において，IMF はほとんど「開店休業状態」を余儀なくされたのである。

　もっとも当初より，IMF が，戦後復興の役割を果たしうるだけの積極的な機能を備えていたわけではなかった。「過渡期条項」と呼ばれる協定 14 条は，加盟国に対し，1952 年 3 月までは国際収支上の理由による為替管理の維持を認めていたし，巨額のポンド残高への配慮から，協定 8 条には「経常勘定に関わる通貨交換性回復の義務は，最近になって獲得された自国通貨に限定される」旨が明記されていた[6]。これらの点に着目する限り，戦後復興期の事態の推移とブレトンウッズ構想自体に矛盾はない。

　ところが IMF の側に視点を移したとき，こうした把握は過度の単純化と言わねばなるまい。マーシャル援助から EPU の成立に至る過程を，IMF が国際通貨システムの再建に乗り出すまでの単なる「息継ぎ期間」に過ぎないと見る「予定調和的な論理」が，果たして IMF 内部に存在したであろうか。部分的であったとはいえ，為替自由化の推進という自らの責務を OEEC が果たしてゆくことはどのように受け止められたであろうか。IMF の「組織の自律性」を念頭に置けば，これらの疑問が直ちに生じる。

---

5) 専務理事のギュットは，1948 年 11 月の理事会で演説を行い，「パリで計画されていることは，多角化すなわち通貨交換性回復である。IMF も交換性回復を目指しており，パリの動向と無関係でいられない」と述べ，OEEC を中心に進められている域内多角化に強い関心を示した。さらに彼は「国際的な通貨調整の実施主体は IMF だけである。IMF はあらゆる動きに関与し，あらゆる組織を従属させなくてはならない」と訴えた。IMF EBM48/382, European Payments Arrangement, November 12, 1948.
6) 協定 8 条の解釈については，米倉［2005］を参考にした。

結論を先取りすれば，IMF は事態の推移を傍観していたわけではなかった。初代専務理事のギュットはじめスタッフたちは，事態の推移を「IMF のプレゼンスの低下」という危機感をもって受け止めていた。彼らは，1950 年代に入ると自らが主体となって加盟国の為替自由化を推進するための手法について検討を始めた。次項では，『為替制限に関する年次報告書』の刊行，国際収支調整理論の発展，融資制度改革の 3 点に注目し，彼らの取り組みについて説明する。

2）「一国的なマクロ経済管理」の手法の確立
①『為替制限に関する年次報告書』の刊行

1950 年 3 月，IMF は『為替制限に関する年次報告書』(『為替年報』) の刊行を開始した。協定 14 条はその第 4 項で，「IMF は，業務開始から 3 年以内におよびその後毎年，経常取引に関わる為替管理の状況について報告する」旨，規定していた。報告はこの規定に基づいて刊行されたものであり，作成に携わったスタッフたちの情勢認識を知る上で有益な資料である。

第 1 次報告では，IMF の政策路線の基礎となる，戦後復興期の情勢をめぐるスタッフの分析が示された[7]。報告の中で，スタッフは，為替自由化を進める上で各国の国際収支が依然として不安定であることを指摘するとともに，インフレとドル不足をその要因として挙げた。そしてインフレについては，「インフレを回避し，その国際収支に対する悪影響を除くような緊縮政策を採用するよう加盟国に求める」と，マクロ政策運営の重要性に言及した。一方，ドル不足については「各国の国際収支を圧迫しているのは国際的な要因であり，いかなる国も単独では対応しえない（中略）このことは協調の必要性を強調するものである」と述べ，国際協調の意義に言及した。さらに「各国は，通貨分野の統合的な協調における IMF の役割を認めている。IMF は，加盟国間の協調を主導し多角決済体制の樹立に寄与したい」として，自らが為替自由化の推進主体であることを強調した。

---

7) IMF SM50/436, First Annual Report on Exchange Restrictions, February 6, 1950.

報告は，すでに戦後復興期の段階で，スタッフたちが，為替自由化の推進主体としての地位を確立すべく「インフレとドル不足に起因する国際収支不均衡」の解決に取り組まねばならない状況に置かれていたことを端的に示している。以降，IMF の政策は，「加盟国による内外均衡の同時追求を融資によって支援する」という当初設定された役割とは異なり，「一国的なマクロ経済管理」を基調に展開することになる。
　②国際収支調整理論の発展──アブソープション・アプローチ
　さてスタッフは，国際収支不均衡の是正には緊縮的マクロ政策を通したインフレの抑制が重要であると謳っていたが，国際収支の問題をマクロ政策と結びつける考え方はどのようにして生まれたのだろうか。IMF 協定は，国際収支不均衡の調整手段として，短期的な場合には IMF 融資，「基礎的不均衡」の場合には「調整可能な釘付け」制度が活用されるものと想定していた。また 1930 年代末以降，「弾力性アプローチ」が一般的な国際収支調整の考え方となっていたことから，当時，国際収支の調整をマクロ政策と関連づける方法が自明だったわけではない。そこで「アブソープション・アプローチ」について説明し，同時代における IMF の国際収支調整の考え方について明らかにする[8]。
　アブソープション・アプローチは，経常収支（CA）を，国内総生産（Y）と国内総支出（アブソープション＝消費・投資：A）の差として把握する理論である（CA＝Y－A）（$\triangle$CA＝$\triangle$Y－$\triangle$A）。この理論に基づくと，経常収支の改善は Y の拡大と A の抑制によって達せられるが，完全雇用下では国内総生産の水準を変化させることはできない。このため「経常収支を改善するには，財政金融の引き締めによってアブソープションを抑制せよ」，これがアブソープション・アプローチの政策的含意となる。
　この理論は，国際的なインフレに起因する国際収支不均衡に対応する過程で，調査局のスタッフたちによって考案されたものだった。すでに IMF の業務開始当初から，局長のバーンスタイン率いるスタッフたちは，「戦後の国際

---

8) Alexander [1952].

収支不均衡はインフレに起因している」との認識を有していた。1950年頃までに，彼らは，加盟国へのミッション等を通し「過剰な国内総支出を抑制しなければ，為替減価を行っても不均衡を是正することはできない」という，理論の基礎となる考え方を形成していった。

　例えば為替減価が行われると，切下げ国の輸出品価格は低下し同時に貿易相手国ではその財の輸入需要が増加する。切下げ国は，この輸入需要の増分を満たすことが求められるが，そのためには国内総生産を拡大するか，その財に対する国内総支出を抑制しなくてはならない。一方，完全雇用下では短期的に国内総生産を拡大することができない。このため当時のように激しいインフレ圧力が存在する場合であればなおさら，国内総支出が抑制されない限り為替減価によっても貿易収支は改善しないことになる。国際収支の調整においてマクロ政策の役割を重視する方法は，「ドル不足とインフレに起因する国際収支不均衡」という同時代の問題に対処するため，いわば歴史性を伴って形成されたものであった。

　③IMF融資制度改革

　以上のように，戦後復興期の段階で，スタッフたちは為替自由化を追求するための「方針」を形成していった。そうした「方針」を具現化するための「手段」を整えたのが，ギュットとルースの2人の専務理事による融資制度改革であった。

　IMF資金の利用については，協定5条が原則を規定していた。しかしその内容は「曖昧さ」を残しており，当初より，理事会では，融資の可否を厳格に審査すべきとするアメリカと，資金の自動的な利用を望むイギリスとの間で「自動性論争」が繰り広げられていた。そして資金の利用条件が明確に定まらないことは，必然的に加盟国の資金需要——IMFの存在意義——を低下させていた。

　融資制度改革はこうした状況を打破するために始められたものであり，その嚆矢は，ギュットの声明であった[9]。1950年11月，理事会の非公式セッショ

---

9) IMF EBD51/828, Use of the Fund's Resources-Managing Director, February 5, 1951.

ンで，彼は，加盟国に対し資金の積極的な利用を認める姿勢を示す一方，「資金は，IMFの目的に向け実効的な計画を採用する加盟国によって活用されるべきである」として，資金の利用には「条件」が付されるべきことを主張した。ここで注目すべきは，ギュットが「実効的な計画」について「それはインフレの抑制であり，現実的な為替相場の維持であり，通貨の交換性回復でありまた差別的措置の廃止である」と説明したことである。「これはIMFが主導権と活動の場を獲得し，これまで失われてきた権威を回復する契機である」との呼びかけに示されているように，彼は，資金利用の条件に「インフレの抑制と為替自由化」という目標を巧みに織り込むことで，「融資の活性化」と「為替自由化の推進主体としてのIMFの復権」という2つの目標の同時達成を追求したのであった。

1951年5月に任期を終えたギュットに代わり，改革は，第2代専務理事のルースに引き継がれた。ルースが実行したのは，「ルース・プラン」と呼ばれる計画であり，それは資金利用の短期化・活性化を促すための具体的な仕掛けを用意するものであった。

資金利用の短期化を促すため，ルースは，1951年秋の理事会で，短期の資金利用と長期の資金利用にかかる金利の格差を広げること，それまで最長10年に設定されていた買戻し期間を3年から5年へ短縮することを提案し理事たちの支持を得た。さらに，「ゴールド・トランシュ（IMFが保有する加盟国通貨の，クオータ（割当額）に対する100％までの範囲）」の資金利用については利用条件を緩和する方針を示した[10]。ギュットの声明に始まりルースの創意によって進められた改革によって，IMFは融資制度を加盟国のマクロ政策運営に介入するための手法として確立させたのである。

---

10) IMF EBM51/710, Use of Fund Resources-Charges, October 26, 1951 ; EBM51/717, Use of Fund Resources-Charges, November 19, 1951.

2　1950年代前半の対英政策

1）ポンド交換性回復を梃子とした多角的決済体制の展望
①国際政策協調を通した為替自由化の追求
　1952年3月に14条コンサルテーションが始まると，いわば「制度的な根拠」を得たスタッフたちは，加盟国の為替自由化の追求に乗り出した。以下に示す通り，この取り組みにおいて枢要な地位を占めたのがイギリスでありポンドであった。
　5月に刊行された『第3次為替年報』において，スタッフは「各国が政策面で協調すればドル不足を緩和することができる」とのかねてからの認識を示し[11]，国際政策協調を通した為替自由化に着手した。そして協調のための方策を見出すべく，彼らは各国の「為替自由化の条件」について情報収集にあたった。
　1952年度の対英コンサルテーションでスタッフたちは，「ポンド交換性回復の条件」について俎上に載せた。そしてイギリス側から，自由化を進める上でイギリスの金ドル準備は過少であるが，「次の方法によって，準備不足に対処することができる。直接的なドル供給を受けること，またはドル地域に対する輸出によって黒字を計上すること。直接的ドル供給については，IMF借入や米加借款が利用できるかもしれない」との回答を得た[12]。
　このイギリス側の要求は，初回のコンサルテーションを経て，IMFの方針の軸に据えられることになった。秋の年次総会で，ルースが，イギリスの「自由化の条件」と整合的な方針を示したのである。すなわち，「赤字国は，もはやアメリカによる復興援助への依存を望んでいない。輸出を拡大することができれば，赤字国も自力で対外支払いを行いうるはずである。しかるにアメリカ

---
11) IMF [1952a], p. 5.
12) IMF CF C/U. K./420, "Exchange Restrictions Consultations in 1952," Record of Second Meeting with U. K. Representative, June 24, 1952 ; "Record of Third Meeting with U. K. Representative," July 2, 1952.

の関税はきわめて高い」と述べ,アメリカを対象に黒字国責任論を展開するとともに,「IMF 資金は,各国がリスクを受け入れ,交換性回復に踏み切る助けになることを意図している」と発言し,為替自由化に対する金融支援の意思を表明した[13]。

ではなぜ,こうした方針が示されることになったのか。この背景を知る手掛かりは,1953 年刊行の『第 4 次為替年報』において示されている。すなわち,「1952 年度のコンサルテーションにおいて IMF は,多くの国から自由化に向けて前進しうる程度はポンドの交換性回復如何に依存しているとの表明を受けた」[14]。この記述は,初回のコンサルテーションで,多くの国がポンドの交換性回復を自国の「自由化の条件」として挙げていたことを示唆している。スタッフたちにとってポンドの交換性回復は,それ自体が最終的な目標であったというより,他国にも自由化を促す上でまず実現すべき課題だったのである。

②ポンド交換性回復をめぐる論争

ここで,ポンドの交換性回復をめぐる主要国間の論争について触れておきたい。ポンドの交換性回復については,すでに 1951 年末の時点で「ロボット (ROBOT)」,52 年秋以降は「共同アプローチ (Collective Approach)」という形で,イギリス当局によって構想されていたことが知られている[15]。当局にとってのジレンマは,ドル不足下にあって為替管理を必要としながら,交換性を停止したままではポンドの国際通貨としての地位を維持することは覚束ないとの事情を抱えていることにあった。

こうした事情から,イギリス当局の計画は「歪み」を伴う内容であった。すでに「ロボット」の時点で,経常収支の調整メカニズムとして管理フロートへの移行が盛り込まれていたが,「共同アプローチ」では,アメリカはじめ対英黒字国は,ポンドの交換性回復後もイギリスの輸入管理について許容するという条件まで計画に含まれていた。

---

13) IMF [1952b], pp. 14-18.
14) IMF [1953], pp. 16-25.
15) イギリス当局による交換性回復計画および主要国間での論争については,Kaplan and Schleiminger [1989] Chap. 9,および Schenk [1994] Chap. 5 に詳しい。

このようなイギリスの利害を全面に押し出した計画は，大陸諸国にとって容認しがたいものだった。とりわけフロートへの移行は，運営上，固定相場を基本とする EPU を破壊させかねない措置であったことから，EPU の下での漸進的な為替自由化を望む諸国によって抵抗を受けていた。さらに 1954 年 1 月には，「アメリカ対外経済政策委員会」によって，計画に対するアメリカ政府の否定的な見解も示されることになった。

③対英スタンドバイ協定計画

では IMF スタッフは，ドル地域に偏重した輸入管理——ドル差別——や，管理フロートを伴うイギリス当局の計画をどのように見ていたのか。実は 1953 年夏以降，スタッフたちは，融資を梃子として当局を「共同アプローチ」に踏み切らせるための準備を始めていた。そして 1954 年春，ごく限られたスタッフ——ルース，為替制限局幹部，調査局幹部——の間で極秘裏に「対英スタンドバイ協定」の準備が始まった。資料 4-1 は，スタンドバイ協定の締結を想定して作成された草案を要約したものである。

この資料からわかる通り，スタッフたちは，イギリスの「共同アプローチ」に付随するドル差別や管理フロートへの移行といった要素について直ちに否定しない姿勢をとっていた。計画には，ルースたちがイギリスの 8 条国移行まで視野に入れていたこと等，ポンドの交換性回復を急ぐスタッフの姿が透けて見える。一方，交換性回復が急がれた反動とも言えるが，ドル差別の廃止やフロートへの対処についてはルースとイギリス蔵相との間の極秘協議にすべてが委ねられており，事実上，有効な解決策は見出されていなかった。

さらに計画の実現をめぐっては，IMF の資金規模も障害となっていた。対英スタンドバイ協定について検討したメモの中で，調査局長のバーンスタインは，問題を次のように分析している[16]。「現在の金ドル準備だけでは，イギリスが交換性回復に踏み切ることは困難である。きわめて緊縮的な信用政策を採用しポンド残高の取り崩しを規制する何らかの取り決めを結べば，交換性回復後の資本流出はある程度抑制できるだろう。しかしそれでも，相当の資本が流

---

16) IMF RD/Department Director Edward M. Bernstein Subject Files/1, Notes on Sterling Convertibility, April 2, 1954.

資料 4-1　対英スタンドバイ協定計画の草案

・IMFと当局との間でポンド交換性回復の計画について十分な議論が行われた結果，以下のスタンドバイ協定の締結が合意された。

・目的：本協定に基づいてイギリスが利用可能な外貨は，当局がIMFに通知している通り，以下に示すような特徴を有する交換性回復計画を支持する目的で供与される。

　(a)経常取引を通してIMF加盟国が獲得したポンドを，早急にその他の通貨と交換可能にする。
　(b)状況が許し次第，速やかに，経常取引に対する残存制限を緩和する。
　(c)IMFの目的に資するような財政政策，金融政策，信用政策を採用・維持する。
　(d)〔空欄：この箇所には，ポンドの変動幅拡大に関する規定を挿入する可能性がある〕

・残存制限について：イギリス当局は，過渡期条項を援用する意思を持っておらず，協定第8条2項から4項までの義務を受け入れる準備はできている。残存する制限についてIMFは，将来，事前の相談なしにイギリス当局が為替制限を強化しないことを条件にその維持を認める。イギリス当局は，状況が許し次第，速やかに制限の緩和・廃止を進めるだろう。当局は，これらの残存制限について定期的にIMFとコンサルテーションを行う予定である。

・為替相場：イギリス当局は，協定第4条3項と4項（為替の安定に関する義務）に準ずる政策を追求する意思を有している。相場の変動を許容する必要が生じた場合，そうする前に専務理事と連絡を取り，変動幅を伝えた上で，現行平価ないし新平価のもとでポンドを安定化させるための条件について専務理事の同意を得ることになる。そして，変動が許されている期間中において，イギリス当局は専務理事と緊密な連絡を取り，相場の変動に関するすべての情報について伝えなくてはならない。

出所）IMF CF C/United Kingdom/1760, Stand-by arrangement with U.K—Draft, May 26, 1954.
注）ただし寄付・贈与は除く。

出するはずである。（中略）交換性回復に必要な資金は20億ドル以上，実際は30億ドル用意されることが望ましい」。実際，1950年代前半におけるイギリスの金ドル準備が20億〜30億ドル程度の規模で推移したのに対し，非スターリング地域諸国のポンド残高の規模は20億ドル前後であった。ポンド残高の規模は，それがひとたび交換要求に向けられればイギリスの金ドル準備を枯渇させるに十分な額だったと言える。

　バーンスタインは，「IMFがイギリスの必要とする資金をすべて提供することができれば理想的だが，それは不可能である」と分析した。当時，IMFの資金規模は約90億ドル相当であったが，金や米ドルなど交換性のある通貨は30億ドル程度に過ぎず，うち4億ドルはすでに利用されていた。仮に15億ド

ルを手元に残そうとすれば，IMFがイギリスに提供できる金額は15億ドルが限界であった。1950年代前半におけるIMF資金の利用額は低迷しており，このためにIMFは「休眠状態」にあったと言われてきた。ところがそうした状況とは裏腹に，IMF内部ではむしろ資金不足の方が認識されていたのである。

一方，イギリスでは，蔵相のバトラーほか一部の関係者のみがこの計画について把握していた。彼らは，共同アプローチの実現には金融支援が必要であると認識していたものの，IMFに融資を要請することのリスクも意識していた。というのも，仮にスタンドバイ協定を締結したとしても，協定期間中にポンドの交換性回復を実現できなければ，当局に対する信認の失墜は免れないと考えられたからである[17]。

1950年代前半は，西欧の経済情勢が大幅に改善した時期だった。インフレが落ち着きを見せ始めると同時に，各国の金ドル準備は大幅に増加した。1954年に入ると，IMF内部では「戦後過渡期の終了近し」との機運が高まりを見せた。しかし，IMF融資があくまで加盟国からの要請に応じて発動されるものである以上，対英スタンドバイ協定の帰趨はイギリス当局の意向に依存していた。そして当局の意向は，共同アプローチの展望に左右されていた。かくして対英スタンドバイ協定計画の成否は，内的には前述の「未解決の論点」の解消如何に，そして外的には共同アプローチの行く末に規定されることになったのであった。

2） 対外均衡の達成をめぐるマクロ政策調整

ここまで示した通り，IMFスタッフたちは国際政策協調を通して為替自由化を追求しようとした。では，国際収支不均衡の解消に向けたイギリスのマクロ政策運営——いわば不均衡の是正をめぐる自助努力——については，どのような方針を採ったのだろうか。

戦後イギリスの政策目標は，対外均衡より国内均衡の追求にあった。すでに1944年の白書において「高い安定した雇用の維持」が表明されていたが，こ

---

[17] Kaplan and Schleiminger [1989], pp. 206-209.

の方針は戦後保守・労働両党にとって共通の課題であり続けた[18]。為替自由化のために国際収支不均衡の是正が必要だとしても，対外均衡の達成は黒字国の責任においてなされるべきものであった。

　こうした姿勢に対し，スタッフは，対英コンサルテーションにおいて，財政金融の緩和が需要面でインフレ圧力をもたらすこと，労賃上昇がコスト面で通貨安定を阻害すること，それらが国際収支を悪化させることを指摘し懸念を表明した。しかし，その政策介入は微温的であり，国内均衡重視の政策運営について修正までは求めなかった[19]。

　こうした姿勢の背景は，何だったのだろうか。これには，ポンド交換性回復を優先するスタッフたちの姿勢が関係しているように思われる。折しも，対英スタンドバイ協定が模索されていた1954年秋，年次総会で，ルースは「ひとたび交換性を回復した国は，価格と品質のみに依存して輸入品を購入し，同様の基準で輸出品を販売していかなければならない。(中略) 競争的な条件で国際取引をしなくてはならないという要請は，生産性の維持とインフレ回避へ，その国を駆り立てることになろう」と述べた[20]。

　ここでは，当初示されていた「為替自由化のためには，対外均衡の達成ひいてはインフレの抑制が必要である」との見方とは微妙に異なる，「通貨の交換性を回復すれば，交換性を維持するために対外均衡ひいてはインフレの抑制が必要となる」という見解が示されている。ルースの発言は，スタッフたちが，ポンドの交換性さえ回復すれば，然るのち，交換性維持のためにイギリス当局は自ずと緊縮的マクロ政策にコミットせざるをえなくなるだろう，との見方をしていた可能性を浮かび上がらせる。ルースたちスタッフは，「自らがポンドの交換性回復を主導し戦後過渡期に幕引きを行う」という意向を強く持っていたはずであり，そのことがポンドの交換性回復を優先する政策路線を形成したと言えるだろう。

---

18) 戦後イギリス当局のマクロ政策運営の方針については，鬼塚 [1988] を参考にした。
19) 西川 [2011], pp. 35-37。
20) IMF [1954], pp. 12-16。

3 1950年代後半の対英政策

1) 緊縮的マクロ政策を通した為替自由化の追求

ところがイギリス当局による国内均衡重視の政策は，1955年に入ると，IMFスタッフたちが懸念していたように景気の過熱に起因する深刻な経常収支危機を惹起した。さらに1955年中頃には，「当局は，ポンドの変動幅拡大に踏み切って改善の兆しを見せない危機に対処するのではないか」とのルーマーが蔓延した結果，大規模なポンド投機が発生した。

イギリスの危機は，対英スタンドバイ協定の帰趨にも影響を与えた。度重なる危機の中で，ポンドの交換性回復の実現が困難になったのである。1955年8月，西欧諸国は，EPUに続く機構である欧州通貨協定（EMA）の創設を合意した。EPUからEMAへの移行は，「EPUにおけるクオータの50％以上を有する加盟国の交換性回復」をもってなされるとされた。この50％という数字は，イギリス（25.5％）・フランス（12.5％）・西ドイツ（12％）のクオータが占める比率と一致していた。EMAの成立は，EPUの下で主要国が「共同歩調」を取りながら交換性回復を進めることを前提とするものであり，イギリスの「共同アプローチ」を完全な崩壊に追い込むものであった[21]。

結局，「対英スタンドバイ協定」もまた棚上げを余儀なくされる格好となった。しかしEMAへの移行条件が示しているように，西欧主要国の為替自由化においてイギリスが枢要な地位を占めていることは明らかであった。IMFスタッフたちにとって，ポンドの交換性回復は多角的決済体制の樹立における橋頭堡であり続けたわけである。

ではIMFスタッフたちは，イギリスの危機をどのように認識し，どのような方針で為替自由化を追求したのだろうか。この点を知る手掛かりは，1955年5月に刊行された『第6次為替年報』に示されている[22]。報告の序文で，スタッフは「戦災の影響が消えゆくにつれ，戦後過渡期の終了がいよいよ近づい

---

21) Kaplan and Schleiminger [1989], pp. 210-226.
22) IMF [1955], p. 1.

ている。(中略)もはや国際収支困難に対処するための為替制限の利用は一時的なものでしかなく,国内の安定なくして健全な国際収支は達成されえない。加盟国の為替制限の多くは,国内のインフレから生じた対外不均衡への対応策に過ぎない」と述べ,国際収支不均衡はもはやドル不足に起因する戦後過渡期の問題ではなく,各国のマクロ政策運営の問題――平時の問題――であるとの見解を示した。

　こうした情勢変化の中で,対英政策も変化していった。1955年度の対英コンサルテーションで,スタッフチーム団長のフリードマンは,「インフレ抑制策を採ることが重要である。現在の超完全雇用状態では賃金上昇圧力は不可避である。この圧力はイギリスの競争力にとって脅威となるはずだ。(中略)通貨安定をイギリスが重視するよう強く求める」と,緊縮路線の採用を強く求めた。そして対外情勢が改善し次第,為替制限の緩和を進めるよう強調して議論を締め括った[23]。IMFの対英政策は,「国際協調を通したドル不足の緩和」ないし「融資を梃子とした交換性回復の奨励」から,「為替自由化をめぐる自助努力の要求」へとその重点を変えたのであった。

2) イギリスの外貨危機への対応

　1956年に入り,ようやくイギリス経済は経常収支危機を脱したものの,この安定は長く続かなかった。1950年代後半を通し,イギリスは2度にわたるポンド投機と外貨危機に見舞われた。こうして「戦後過渡期の終了」を目前に控えながら,IMFスタッフたちはイギリスの危機の対応に追われることになった。

　第1の危機は,1956年後半に発生した。イギリスがスエズ動乱の影響で大規模なポンド投機に見舞われ,急速に金ドル準備を失ったのである。12月,IMFは,イギリス当局から5億6,147万ドルの引出と期間12カ月・金額7億3,853万ドルのスタンドバイ協定の締結を要請された。IMFスタッフたちは,「イギリス当局が危機への対応として為替管理に訴えるようなことがあれば,

---

23) IMF CF C/U. K./420, "Exchange Restrictions Consultations1955," Minutes of the Sixth Meeting, December 7, 1955.

自由な貿易支払い体制が動揺しIMFの目的は大きく遠のく恐れがある」として，早急に対英融資を認めるべき旨を理事会に勧告した[24]。

これを受け，ルースに代わり専務理事に就任したばかりのヤコブソンは，対英融資の可否について理事会に諮った。理事会では，資金がポンドの交換性回復に用いられないことを惜しむ声も存在したものの，多くの理事がスタッフの提案を支持した[25]。こうして迅速な対英融資が発動されると，投機は急速に沈静化した。

ところが1957年夏，イギリスは再び激しいポンド投機と外貨危機に見舞われた。この危機の背景には，イギリス・フランス・西ドイツの間における不均衡の拡大という事態が存在した。すなわち西ドイツが黒字を大きく伸ばした一方，フランスが大幅な赤字を計上したことで，1956年にかけて不均衡が一挙に拡大したのだった。折しも，欧州では共同市場構想や自由貿易地域構想等，域内経済の統合に向けた議論が活発化しており，こうした中で「域内統合を目前に不均衡の是正を目的とした為替レート調整が行われる」とのルーマーが市場に拡がったのである。

激しいポンド投機と金ドルの流出に対し，イギリス当局は，公定歩合の引上げを含む厳格な緊縮的マクロ政策を講じ通貨安定に対する強固な姿勢を内外に示した。さらにヤコブソンは，秋の年次総会でイギリスの対応を支持するとともに平価調整の可能性を完全に否定した[26]。こうした一連の対応によって，9月末以降，投機は急速に鎮静化した。また11月にはイギリス当局からスタンドバイ協定の延長が要請されたが，スタッフ・理事会ともこれを認め引き続きイギリス経済の安定化に努めた。

さて，イギリスの外貨危機は為替管理の強化を伴うことなく克服された。従来の研究では，この対英支援を契機に，IMFは1950年代前半までの「休眠状態」という汚名を返上し国際金融の表舞台に復帰することになったとの評価が

---

24) IMF EBS56/44, Sup. 1, Use of the Fund's Resources—United Kingdom, December 7, 1956 ; EBS56/44, Sup. 2, United Kingdom—Stand-by Arrangement, December 10, 1956.
25) IMF EBM56/59, Use of the Fund's Resources—United Kingdom, December 10, 1956.
26) IMF [1957], pp. 27-28.

なされている[27]。他方，この融資の活性化は，同時に IMF の融資能力の限界をも想起させるものだった。

1957 年の年次総会で，ヤコブソンは，融資の活性化に伴う IMF の融資能力の低下に言及しクオータ増資の必要性を訴えた[28]。この資金不足という事態は，もちろん為替自由化の進展と国際貿易の拡大という発展を反映するものであった。しかしイギリスの外貨危機は，そうした発展の背後で突発的に大規模な資金移動が生じうる可能性を顕在化させる格好になった。そしてそうした状況の下で，「一国的なマクロ経済管理」という既存の手法だけでは，国際通貨システムの安定を維持することは困難になりつつあったのである。

4　為替自由化の進展と国際通貨システムの変容

1）戦後過渡期の終了へ

1958 年に入ると，戦後圧倒的な地位を築いてきたアメリカと西欧との経済的関係に変化が生じ始めた。図 4-1 および図 4-2 が示しているように，西欧諸国はアメリカに対し経常黒字を計上し金ドル準備を順調に積み増していった。一方，こうした西欧経済の回復と対照的に，アメリカは西欧諸国に経常赤字を計上するとともにその金および外貨準備は 1957 年後半をピークに減少の一途をたどった。

こうした情勢変化を捉えたヤコブソンは，1958 年秋の年次総会で西欧におけるドル不足の解消と自由化の時機の到来を宣言するとともに，前年来の課題であったクオータの増資を提案した[29]。総会ではこの提案が採択され，翌 1959 年 9 月，IMF の資金規模は約 90 億ドルから 140 億ドルに拡大した。

ドル不足の解消とクオータの増資など，1950 年代末において，多角的決済体制の樹立と維持のために好適な条件が次々と整備されていった。国際的な自由化機運は高まった。折しも西欧諸国に対して経常赤字を計上するようになっ

---

27) James [1996], pp. 102-103.
28) IMF [1957], pp. 21-22.
29) IMF [1958], pp. 23-36.

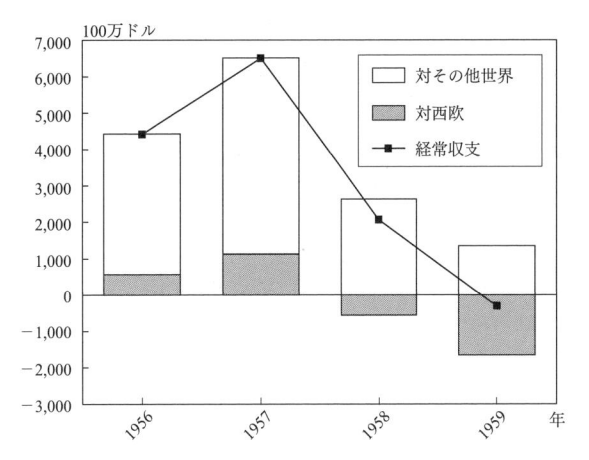

図 4-1 1950 年代後半におけるアメリカの経常収支の推移

出所）IMF, *Balance of Payments Yearbook*, Vol. 9-12, 1957-60.
注）ただし寄付・贈与は除く。

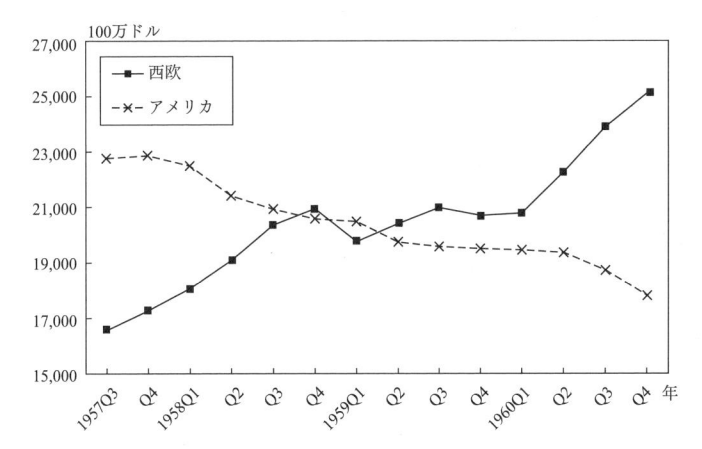

図 4-2 1950 年代後半以降における主要国の金および外貨準備の推移

出所）IMF, *International Financial Statistics*, Vol. 12-14, 1959-61.

たアメリカ・カナダでは、西欧諸国が依然としてドル差別を維持していることに対し不満が高まりつつあった。

IMF スタッフは、1958 年度のコンサルテーションにおいて、ポンド交換性

回復の早期実現およびイギリスの維持するドル差別の全廃を強く求めるようになった[30]。これに対しイギリス側は，為替自由化の推進には「適切なサポートが必要である。この関係でスタンドバイ協定の締結は重要である」と述べてIMF融資に期待を寄せた[31]。

かくしてコンサルテーション後の12月，IMFは，イギリス当局からスタンドバイ協定の延長を要請された。この要請は，ポンドの交換性回復とドル差別の縮小に踏み切ることで生じうる国際収支上の圧力に備えることを目的とするものだった。理事会では，すべての理事が要請を承認し[32]，それから間もなくポンドはその他の西欧主要通貨と共同で交換性を回復した。1950年代初頭，ギュットとルースによって構築された「融資を梃子とした交換性回復支援」という枠組みは，ポンド交換性回復の最終局面をサポートしたのであった。

こうして主要通貨が交換性を回復すると，国際収支上の理由から西欧諸国がドル差別を維持する意義は失われた。12月に行われた1959年度コンサルテーションの場で，イギリス側は為替制限を維持する「国際収支上の理由なし」を宣言するに至り，61年2月，その他の西欧諸国とともにIMF8条国への移行を果たした。

2) 国際通貨システムの動揺

西欧諸国の復興とドル不足の解消は，IMFにとって為替自由化を推進する有力な根拠であった。ところが1960年代に入ると，早くもドル不足は西欧諸国のドル過剰へと転換した。他方，為替自由化の進展は，経常取引に関わる資金移動の範疇を超え次第に投機的な資本移動をもたらすようになった[33]。そしてこうした2つの変化は，1960年秋，「ゴールドラッシュ」という形で国際通貨システムの不安定化を招来した。

---

30) 西川［2011］, pp. 42-43。
31) IMF CF C/U. K./420, "Exchange Restrictions Consultations—1958," Minutes of the Fourth Meeting, November 24, 1958.
32) IMF EBM58/59, United Kingdom—1958 Consultations, Repurchase and Stand-by Arrangement, December 19, 1958.
33) Horsefield［1969］, p. 503.

主要国が 8 条国に移行すると，ヤコブソンは，ドル危機という形で顕在化した国際通貨システムの不安定化への対応に乗り出した。1961 年 2 月，「将来の IMF の活動」と題する報告を理事会で発表したヤコブソンは，①資本移動による国際収支困難に陥った加盟国に対し，IMF 資金の利用を認めること，および②主要国とのスタンドバイ協定の締結を通し，IMF の資力をいっそう拡充することを提案した[34]。

　第 1 の点，すなわち資本流出への対処を目的とした IMF 資金の利用は，協定 6 条の第 1 項において「加盟国は，巨額なまたは持続的な資本の流出に応ずるために IMF の資金を利用してはならない」として禁止されていた。しかし 1961 年 5 月，局長のゴールドを中心に法律局のスタッフたちは，「巨額かつ持続的」でない資本収支赤字のファイナンスについては，資金利用を認めることができるとの再解釈の可能性を提示し，7 月の理事会はこの解釈の採用を決定した[35]。また第 2 の点は，1962 年 10 月，「一般借入協定（GAB）」として結実した。この GAB によって，IMF は主要 10 カ国から合計 60 億ドルの借入を行うことが可能になった。

　さらにヤコブソンは，危機対応をめぐる主要国間の協調を主導した。1961 年 3 月，ドイツ・マルクとオランダ・ギルダーの切上げを発端にポンド投機が発生すると，危機に対処するため国際決済銀行（BIS）で「バーゼル協定」が結成された。7 月，イギリスは「バーゼル協定」での借入を返済するため IMF に資金の引出を要請した。ヤコブソンはこの要請を認めるとともに，ポンドの救済を主要国に呼びかけた。この呼びかけに応じた 9 カ国とイギリスの 10 カ国が GAB への参加国となり，さらに GAB 参加国が先進 10 カ国蔵相・中央銀行総裁会議（G10）を構成してゆくことになる。

　1961 年 9 月の年次総会でヤコブソンは，ドル危機およびポンド危機を「交換性回復の進展がもたらした国際的な資金移動に対する自由度の増大に起因する新しい問題」と表現した。一方，その危機対応は，同時代に支持を集めつつあった「流動性ジレンマ論」に代表される国際通貨制度改革論とは一線を画し

---

[34] IMF EBD61/18, Future Activities of the Fund, February 10, 1961.
[35] IMF SM61/45, Use of the Fund's Resources for Capital Transfers, May 24, 1961.

ていた。ヤコブソンは,「既存の国際通貨体制を,急進的に改革しようという案が提示されている。(中略) しかし私は,そうした結論を導き出す必要はないと考えている」と述べ,あくまで既存の国際通貨システムを補強していくべきとの見解を強調した[36]。実際,クオータの増資から GAB に至る一連の対応は,既存のシステムへの「パッチワーク」として展開した。

しかし注意すべきは,一連の対応が,資本移動への規制ではなく,資本移動の存在を前提とした性格を有していたことである。チュイロースは,自由化が進展するにつれ,IMF 内部では,投機的な資本移動は「異常」なものではなく「平時」の国際金融取引であり,資本規制は根本的な解決策というよりその場しのぎに過ぎないとの見方が現れるようになってきたと述べている[37]。IMFの自由化に対するスタンスは,短資移動を均衡破壊的なものと見なしその規制に積極的な意義を見出した IMF の創始者たちの理念とは異なるものへと変容していたのだった[38]。

おわりに

戦後の国際通貨システムは,その形成プロセスの実際にまで踏み込むと「調整可能な釘付け,裁量的なマクロ政策,経常取引に限った通貨の交換性回復」というような,現代の国際金融論的な理解で総括できるほど単純なものではなかった。そして,IMF の役割もまた「内外均衡を同時達成するための金融支援の供与と通貨交換性回復の促進」といった設立の理念の単純な引き写しにはなりえなかった。

自らの「為替自由化の推進主体」としての地位が低下していく中,多角的決済体制の樹立を主導するべく,IMF は,戦後過渡期の諸問題の解決に正面から取り組まねばならなかった。問題は,主要国の「インフレとドル不足に起因

---

36) IMF [1961], pp. 20–23.
37) Chwieroth [2010], Chap. 5.
38) こうしたスタンスの変化は,マクロ政策の効果の分析において資本移動の影響を考慮する「マンデル=フレミング・モデル」が,同時代に IMF 内部で構築されたことにも反映されている。モデル構築の経緯については,Boughton [2002] を参照のこと。

する国際収支不均衡」として顕在化していた。そしてこうした不均衡は,「調整可能な釘付けとIMF融資の供与」という当初想定された「ルール」によって自動的に解消しうるものではなかった。

　こうしてIMFは,加盟国のマクロ政策に注文をつけるという「一国的なマクロ経済管理」の手法を確立させてゆくことになった。そして「インフレとドル不足に起因する国際収支不均衡」が為替自由化の障害になっていた以上,マクロ政策介入の方針もまた経済成長や完全雇用を促すものにはなりえなかった。

　このような「マクロ経済管理を通した国際通貨システムの運営」に限界が生じ始めたのは,1950年代後半のことだった。為替自由化の進展とともに,経常取引の範囲を超えて短資の移動が生じるようになったのである。これに対しIMFは,短資の移動を規制することなく,むしろそれを所与のものとして国際流動性の増強によって応じようとした。

　ここまで示してきたように,戦後国際通貨システムの形成期におけるIMFは,必ずしも主要国によって設定された使命ないし国際通貨システムの運営をめぐる「ルール」に,受動的に従属する存在ではなかった。「組織としての自律性」に基づきながら,独自の政策路線を築いていたのである。

第5章
西欧通貨の交換性回復と国際流動性調達
—— IMF とキー・カレンシー

靏見　誠良

はじめに

　1958年末の，西欧主要通貨の交換性回復は，戦時・戦後の管理経済システムから市場経済システムへの転換を画するものである。それまで国際金融の世界においては，各国の強い貿易為替管理によって自由な資本移動が妨げられていた。その中心に閉鎖ポンド，スターリング・ブロックがあった。ポンドはドルとともに，キー・カレンシーとして世界を二分していたにもかかわらず，ポンド圏を越えてドルと自由に交換することができなかった。ポンドがドルとの交換性を回復することは，戦後「過渡期」の終焉を意味する。しかしながら戦後のポンドに，もはや自力で交換性を回復する力はなかった。ネックはポンド圏に閉じ込められた膨大なポンドにあり，交換性の回復に伴って，それが大量に流動化し流出する恐れがあった。交換性回復の成否は，通貨投機に備えて充分な外貨準備あるいは流動性を準備できるか否かにかかっていた。不足分は国際協調に頼むしか手はなかった。本章は，1950年代における西欧主要通貨，特にポンドの交換性回復の過程を国際準備調達の点から明らかにする。

　1950年代に入って英米両政府は「援助でなく通商（Trade, not Aid）」を掲げ，国際金融の市場化に舵を切った。突破口は交換性の回復にあった。その成否は，どこから国際準備支援を得るかにかかっていた。そのためのモデルは，1920年代の国際金融センター，30年代の三国通貨協定，40年代の IMF で

あった。問題は，IMF下における2つのキー・カレンシー，ポンドとドルにあった。目指すはともに自由市場におけるキー・カレンシーの確立にあったが，IMFをめぐって英米に戦略の違いがあった。

イギリスの戦略は，キー・カレンシー・ポンドの再興にあり，発達したロンドン金融センターを軸にポンドの自由化を進めることであった。争点は断行か漸進かにあった。IMFとの関係は固定レートか変動レートかの点で微妙であった。一方アメリカの戦略は，IMFを重視するかドルを重視するか，2つの魂を抱えていた。IMFや世界銀行と調整しながらアメリカの利益を求める「NACアプローチ」[1]，これに対して国際協調よりもアメリカの利害を優先する「キー・カレンシー・アプローチ」あるいは「ドル外交アプローチ」が対抗した。

ポンドの交換性回復は，多様な戦略のせめぎあい，関係諸機関による交渉を通して陽の目を見る。ポンド支援の要請は英「共同アプローチ（Collective Approach）」→米ランドール委員会→IMF→連邦準備制度理事会（FRB）→ワシントン輸出入銀行（EXIM）へと波及し，その過程で国際流動性支援の枠組みが形づくられた。本章の狙いは，この玉突き現象を関係諸機関の一次史料をもとに浮かび上がらせ，再構成するところにある[2]。最初の2つの節で，この英米におけるポンド交換性回復をめぐる議論をたどる。焦点は，市場化（「援助でなく通商」）戦略にある。続く2つの節でランドール委員会からIMFとFRBに向けられた玉突きの行方を追う。誰が国際準備支援を行うか，IMFとFRBの対応を取り上げる。議論は銀行引受手形（BA）市場の振興に集中する。最後の章で，スエズ危機におけるポンド支援をIMFとEXIMの対応の中で明らかにする。

---

1) 「NACアプローチ」と「ドル外交アプローチ」は，マーチン文書資料から借用した（FRB Archives (Fraser), Martin Papers, "U. S. Foreign Lending and Dollar Diplomacy," 1950?）。NACとは，National Advisory Council on International and Financial Problems（国際通貨金融問題に関する国家諸委員会）を指す。
2) 一次史料を使った先行研究としては，Fford [1992]；Schenck [2010]；西川 [2013] などがある。

1 「共同アプローチ」──ポンドの交換性回復

1) ポンド危機と「共同アプローチ」

起点はイギリスの「共同アプローチ」にある。そこから始めよう。

イギリス・ポンドの交換性回復の試みは，1952年に新たな展開を迎える[3]。1月，英連邦大蔵大臣会議に向けてポンドの交換性回復が提起され，2月末イングランド銀行総裁が，ポンド危機対策として「対外金融政策（External Financial Policy）」案をまとめ，政府に抜本的な改革を求めた[4]。非居住者に対してポンドの交換性を回復し，投機圧力に対して英連邦諸国のポンド残高の引出を制限し，変動レートのもとで実行するという，制限的ではあるが「自力的」なプランであった。

大蔵大臣バトラーはこのイングランド銀行総裁案を内閣に提起したが，大方は消極的であった。ポンド残高の引出制限あるいは交換性の一挙回復は，逆にポンドの信頼を揺るがし，金ドル準備の流出を招く恐れがあると懸念された[5]。こうした内閣の様子見に対し危機感をつのらせたイングランド銀行は，第1次案を修正し5月に「対外ポンド計画（External Sterling Plan）」を掲げ，再度内閣に検討を迫った。修正点は2つであった。第1にポンド残高引出制限を提案から外す。第2に交換性の回復を非ポンド圏での新規取得分に限る。それは交換性回復のショックを和らげる，より現実的な案であった。このイングランド銀行第2次案をたたき台とし10月，外務・大蔵両大臣による「より自由な貿易と通貨へむけての共同アプローチ」が提案された[6]。その骨子は以下

---

[3] マクミランはのちに「交換性の回復は1951年以来の我々の政策の論理的な帰結である」と位置づけている（TNA CAB129/77, "Cabinet: Economic Situation," August 31, 1955）。

[4] イングランド銀行総裁案の本文は未見。以下，概要と経過は TNA CAB129/53, "External Financial Policy: Memorandum by the Chancellor of Exchequer," June 28, 1952, pp. 112-118 による。

[5] TNA CAB129/53, "External Financial Policy: Memorandum by the Paymaster-General," June 30, 1952, pp. 183-186.

の通りである。
　①交換性回復は変動レート制のもと，非居住者の新規取得分について，漸進的に進める。
　②量的輸入規制を解除するが，アメリカは国際収支黒字国の責任を果たす。
　③交換性回復を助けるために少数の先進国による外為基金を新たに創設する。
　④国際貿易と金融が絡んだ問題についてIMFとGATT（関税及び貿易に関する一般協定）が合同委員会を組織する。
　英連邦会議準備委員会では，この提案をめぐって様々な意見が出され，まとまりを欠いた[7]。提案が拒否された場合のリスクの大きさを憂慮し，修正案が用意された。外為基金を新設する代わりに，IMFなど既存の資金源を拡大する代替案である。このとき初めて国際協力支援の一環としてIMFが浮上した。

2）ポンドの流動性支援問題

　イギリスにとって最大の懸念は，流動性問題であった。交換性回復に伴う金ドル準備の流出に対して，どのように追加流動性を確保するか，この点にあった。1953年10月現在のイギリスの金ドル準備は17億ドルを切った。ポンド・フロート提案は，その圧力を緩和する苦肉の策であった。しかしフロート制の提言はIMFの「哲学」に関わる難問であることも認識していた。準備委員会は，流動性補完ルートとして，いくつかのアイディアを提起している。
　①米・加，西欧諸国の少数グループによって外為基金を創設する（例えば50億ドル）。
　②IMFが交換性回復のために，特別スタンドバイ・クレジットを供与する。12カ月以上の期限で，延長可能とする。
　③自動的なスタンドバイ・クレジットは1日ベースで弾力的に行う。

---

6) TNA CAB129/58, "The Collective Approach to Freer Trade and Currencies," January 21, 1953.
7) TNA CAB129/56, "Commonwealth Economic Conference : Preparatory Meeting of Officials : Report on Finance and Trade," October 15, 1952, pp. 204-220.

④さらに資金が不足するときは，2国間クレジット協定によって補完する。
⑤アメリカの連邦準備銀行あるいは安定基金からクレジットを得る。
⑥IMF の資本金を増加する。
⑦貸し手と借り手の交渉の場として IMF と GATT による合同委員会を立ち上げる。

　これらの施策はいずれも，IMF なかんずくアメリカの承認が必要であった[8]。1952 年 11 月中旬，英連邦経済会議において「共同アプローチ」案が承認され，年を越えて外務省と大蔵省によってアメリカ向け草案が検討され，53 年 3 月にアメリカに提案された[9]。両政府はひとまず「自由世界の経済問題を解決」する点でまとまった。チャーチル内閣は，基本方針として「援助でなく通商」を掲げ，論点は交換性の回復，貿易差別の解消，国際投資による開発，IMF・GATT・世界銀行の建設的活用など広範囲に及ぶ。イーデン首相は 8 月バトラー蔵相とともに渡米し「共同アプローチ」を打診したが，アメリカはポンド支援策を受け入れなかった。このときアメリカは政権移行期にあり，イギリスの緊急提案に即応できる体制になかった。具体的な方針は，ランドール委員会答申まで待たなくてはならなかった。

2　ランドール対外経済政策委員会答申

1）アイゼンハワー政権の対外金融政策

　イギリスは英連邦会議をバックに，アメリカの新政権に向けて，新たな国際経済秩序を求めて「共同アプローチ」を突きつけた。キーワードは「援助でなく通商」であった。アイゼンハワーと国務長官ダレスは，新政権の対外経済政策の基本を同じく「援助でなく通商」とし，1953 年 8 月その具体策をめぐっ

---

8) チャーチルは閣議で，「共同アプローチ」を「多角主義による交換性」と賛意を表しながらも，果たしてアメリカが受け入れるかと弱気であった（TNA CAB195/10 November-ber 3, 1952，閣議メモ）。
9) 続いて 4 月 24 日「アメリカ合衆国の政策役割（Role of United States Policies）」がハンフリー財務長官に手渡された（TNA CAB129/60, "Freer and Currencies: Role of United States Policies," May 1, 1953, pp. 130-148）。

て対外経済政策委員会（通称ランドール委員会）を組織した。上院・下院議会を巻き込むことによって，早急に超党派の対外経済政策をまとめ，実行に移す必要があった。

委員会は，まずアメリカの対外経済政策が抱える基本的な問題として「ドルギャップ」問題を掲げた[10]。近年アメリカの経常収支は一見バランスに近づきつつあるが，軍事支出，援助を除くと非米世界の貿易・サービス収支はなお大幅な赤字である。こうした世界の貿易不均衡は，アメリカの対外援助でなく民間投資によってバランスされるべきである。ランドール委員会の意義は，「援助でなく通商」に沿って，政府援助から民間投資へ，具体的な処方箋を示すところにあった。それゆえ報告が及ぶ範囲は，軍事から貿易，通貨と多岐に及んだ。

ランドール委員会答申は，アイゼンハワー新政権と議会の超党派によってまとめられた対外経済政策の基本戦略である。それはイギリスの新しい対外経済戦略「共同アプローチ」に対するアメリカの対案であった。イギリスとアメリカは過渡期脱却を目指し，ともに「援助でなく通商」戦略を掲げながら，交換性回復をめぐってポンドとドルとの間で，キー・カレンシーの座を競うこととなった。国際金融をめぐっては次の2つの点が提起された。

①EXIMはアメリカの特殊利益に沿って活動し，世界銀行は銀行原則に沿って経営する。
②各国通貨の交換性回復のための金融支援として，FRBは各国中央銀行とクレジット・ラインを結ぶ。

以下，これら2つの点について敷衍する。

2) 国際金融問題

第1は，開発金融をめぐるEXIMと世界銀行の役割分担についてである。開発金融の領域では，EXIMと世界銀行は競合する懸念があったので，議会の要請によって，両者を調整する場としてNACが設けられた[11]。しかしながら

---

10) *Report to the President and the Congress : Commission on Foreign Economic Policy*, January 23, 1954.

EXIM は，その役割をめぐって省庁間の抗争に巻き込まれ，揺れ動いていた。「NAC アプローチ」と「ドル外交アプローチ」の争いである。NAC アプローチは，対外融資にあたって IMF や世界銀行との協調を優先し，アメリカの政治色を抑える。担い手は財務省で，経済合理性を重視することで，その目標に応えた。これに対してドル外交アプローチは，「友好と必要 (friendship and need)」をキーワードとして，ラテンアメリカを中心にアメリカの利害を重視する政治色の濃い融資政策で，その担い手は国務省であった。アイゼンハワー政権下，ダレス国務長官とハンフリー財務長官の主導権争いは熾烈であった[12]。

アイゼンハワー大統領は当初財務長官のハンフリーを支持したが，上院銀行通貨委員会議長ケープハートの運動に揺さぶられ，ダレスの主張に傾いた。朝令暮改のすえアイゼンハワーはこの問題を，1953 年の夏，ランドール委員会に委ねた。答申では，EXIM はアメリカの特殊利益に沿って活動し，世界銀行は銀行原則に沿って外国の経済発展を促すことでアメリカの利益を高めるよう，ややドル外交アプローチよりに線引きがなされた。

第 2 の論点は，欧州諸国の通貨交換性についてである。答申では，完全な交換性回復へ向けて「漸進的でコントロール」されたアプローチが提言された。欧州諸国通貨の交換性回復についてはポンド投機圧力を和らげるものとして，足並みをそろえて実行するのが望ましいとされた。問題はいつ断行するかにある。この点について答申は，当事国が世界経済において競争力を回復し経済がバランスするのを待って，漸進的に進むのが望ましい，そのさい充分な金ドル準備を持つことが重要である，なかでも巨額のポンドバランスを抱えるイギリスは国際準備の強化が必要である，そのための方策として 2 つの案を提起している。第 1 の方策は，IMF が抱える 33 億ドルの資金を活用すること，そのために IMF の融資条件を緩和する。第 2 の方策は，他国の外貨準備の活用など国際協調である。例えばアメリカ FRB と各国中央銀行との間でクレ

---

11) NAC については，本書第 2 章を参照。
12) 経緯については Kaufman [1982] ならびに Becker and McClenahan [2003], Chap. 3 を参照。

ジット・ラインを結ぶ。

　ランドール委員会答申における，この交換性回復の章は，J. ウィリアムズのスタッフ・ペーパーがもとになっている[13]。ウィリアムズはイギリスが抱える戦後の構造問題を重く見て，緩やかな漸進論を展開する。また，資本移動がポンド暴落を惹き起こし，インフレーションを呼び起こすと，ポンドのフロート化に対して懸念を表明している。外貨準備補完策としては，IMF が自己資金 33 億ドルのうち 20 億ドルをイギリスに，残りをその他の国にあてるよう，具体的な数字を掲げている。なおも不足する分については，アメリカ政府拠出による IMF 原資拡大案を退け，FRB が外国中央銀行に安定信用（Stabilization Credits）を供与する案を提示する。

　これらの方策はすでに「共同アプローチ」で出されたアイディアである。支援のための資金源泉としてウィリアムズは数字を挙げて「IMF を主，FRB を従」としたのに対して，答申では具体的な数字は消え，IMF と FRB が並列する選択肢として掲げられた。また答申では，これらウィリアムズが示した外貨準備策のうち，「援助でなく通商」に沿ってアメリカ政府による IMF 原資拡大案が除かれ，それ以外が答申に盛られた。

　ランドール委員会答申は翌 1954 年 1 月末に発表され，議会の手に渡った。ランドール委員会は交換性回復を漸進的に進めることを提言し，「共同アプローチ」が発した玉はアメリカの利害に沿って組み直された。イギリスが求めた IMF と GATT による合同委員会，安定基金創設の要求はいずれも受け入れられず，フロートの要求も IMF が求める固定レートでのポンド交換性回復を崩すことができなかった。このときイギリスでも首相がチャーチルからイーデンに代わり，フロートを捨て固定レートでのポンド交換性の回復に戦略を変えた[14]。こうして「共同アプローチ」の追加流動性の問題は，ランドール委員会を介して IMF, FRB, EXIM へ，ビリアードの玉突きのように波及してゆく。以下，その軌跡を追う。

---

13) "Memorandum by John H. Williams of the Commission on Foreign Economic Policy to the Members of the Commission," December 15, 1953, *FRUS, 1952-1954, Vol. I, Part 1, General : Economic and Political Matters*, Document 107.

3 IMFによる交換性回復支援

1) IMFスタンドバイ・クレジット

　ランドール委員会の答申はまずIMFに向けられた。IMFは、ポンドの交換性回復において如何に貢献するか、その機会をうかがっていた。その受け皿がスタンドバイ・クレジットであった。

　IMFは1951年5月、加盟国の信用強化のために原資を活用することを決め、翌52年の2月、NACに新しい融資形式を認めるよう次のように提議した。一時的に国際決済問題を抱えた加盟国の信用を強化するために、特別融資を与え支援する。期限は18カ月未満とし、過去の融資成績を勘案して供与する[15]。狙いの1つとして「IMFの目的達成を助けるため」が掲げられ、交換性回復を念頭に置いていた。この提案に対してNACは、返済が3年から5年の期限内になされるか懸念し、一件一件事前にNACに報告しアメリカ代表理事の指導を仰ぐよう求めた。8月、議長のスナイダーは、反対も多々あるが「IMF政策の発展」のために認めるよう提案し、了承された。

　それから16カ月経った1953年12月4日、ランドール委員会の議論に踵を接するように、IMFはNACにスタンドバイ・クレジットの期間と金利などを諮り実行に備えたが[16]、その動きはランドール委員会によって拍車を掛けられた。1954年1月、委員会答申の公表にあわせて、IMFは本格的な検討を開始

---

14) イーデン首相は1955年7月アイゼンハワーに次のメッセージを送っている。「我々の目的は」「国際通貨としてのポンドの安定にある」「ポンドが幅広く変動するのは（中略）良いことではない」(July 23, 1955, *FRUS, 1955-1957, Vol. XXVII, Western Europe and Canada*, Document 214)。

15) "Memorandum by the States Executive Director of the International Monetary Fund (Southard) to the Acting Secretary of the National Advisory Council on International Monetary and Financial Problems (Willis)," February 11, 1952, *FRUS, 1952-1954, Vol. I, Part 1, General : Economic and Political Matters*, Document 97.

16) "Memorandum by the States Executive Director of the International Monetary Fund (Southard) to the Acting Secretary of the National Advisory Council on International Monetary and Financial Problems (Glendinning)," December 4, 1953, *FRUS, 1952-1954, Vol. I, Part 1, General : Economic and Political Matters*, Document 97.

した。

　まず調査局長のバーンスタインが4月に，議論の下敷きとなるペーパーを作成している。問題は，ポンド向けの巨額なスタンドバイ・クレジットへの対応にあった[17]。

①イギリスの金ドル準備は30億ドルあれば望ましいが，その高は景気動向に左右される。

②ポンド交換性回復のための準備クレジット額は20億ドル，ウィリアムズ案と同額である。

③IMFが保有する金ドル資産33.1億ドルのうち，交換性回復のためイギリスとポンド圏メンバーの割当額12.6億ドル（全メンバー50.36億ドル）を当てると，残る利用可能額は20億ドルである。

④20億ドルをイギリス向けに割り当てると，未使用ゴールド・トランシュは9億ドルに落ち込み，他国からのゴールド・トランシュ需要に応じきれない。

⑤それゆえイギリス向けに振り向けられるのは，ゴールド・トランシュ1億ドル，スタンドバイ・クレジット14億ドル，あわせて15億ドルに過ぎない。

⑥残る5億ドルはFRBが分担する。

　このバーンスタイン・ペーパーを下敷きに，専務理事I. ルースを中心に会合が開かれ，実行上の問題点が洗い出された。交換性回復に伴うスタンドバイ・クレジットの要請に対してIMFは充分な流動性を持っているであろうか。不足するのであれば，いずれに追加支援を求めるべきか。また流動性を円滑にする融資条件は何か。果ては交換性再停止の可能性まで論議された[18]。IMFの資金繰りについてバーンスタインらは，ポンド単独のケースと，フランなどその他の通貨を含むケースと，2つのケースを検討している。イギリス向けスタ

---

17) IMF Archives, Bernstein Papers, 6115-51 "Notes on Sterling Convertibility," April 2, 1954. 交換性回復に関するバーンスタイン・ペーパー資料の閲覧は，西川輝氏の好意による。

18) IMF Archives, Bernstein Papers, 6152-53, "Notes by Mr. Rooth," April 20, 1954.

ンドバイ・クレジットが10億ドルであれば，IMFの流動性は融資実行から5年間不足することはない。クレジットが15億ドルであれば，流動性の急減という際立った問題は生じないが，20億ドルに膨らむと3年目から流動性が不足する深刻な影響が現れる。1954年6月には，IMFは大口スタンドバイ・クレジットに関する「原則（Principle）」をまとめている[19]。

① IMFの流動性の維持を第1に考える。
② 西欧通貨交換性回復に対する引出通貨は，ドル対その他通貨の比率を3対1とする。
③ 流動性を維持するために，返済期間は標準の3〜5年よりも長くする。
④ 引出金額が大きいときは，期間を長く弾力的に運用する。
⑤ 準備強化だけの目的で融資を引き出すことはできない。

融資手続きを弾力化しても，イギリス向け融資が10億ドルを超え，20億ドルに近づくにつれてIMFは流動性不足にさらされる。いまのところIMFが耐えられる限界は15億ドルであり，そのためには，5億ドル分を他の源泉からサポートする必要があった。

2）追加支援の可能性——FRB

その追加支援先として，3月のIMF専務理事ルースの会合では様々な選択肢が挙げられた。バーンスタインらは，追加資金源としてIMFとFRBに絞り，両者のコストを比較している。

連邦準備信用の活用策としては2つの途を掲げている。ひとつはイングランド銀行との間の非公式融資，もうひとつはFRBがIMFあるいは加盟国に対してドルを追加的に供給する。いずれにせよIMFとFRBのコスト（手数料＋金利）に大きな差はなく，バーンスタインはIMFとFRBのどちらのファシリティが優位か，はっきり決められないとし，2つのルートの弾力的な活用を説いた。そして融資総額が膨らみ返済不能とならないように，2つの機関の間で事前の話し合いが必要であろうと結んでいる[20]。

---

19) IMF Archives, Bernstein Papers, 6226-43, "Repurchase under a UK Stand-by," Date unknown, and 6271, "The Liquidity of the Funds," March 31, 1954.

こうした検討の末，専務理事ルースは1954年6月25日の理事会において，ポンドの交換性回復に際しては大規模の金融支援を行うこと，全面的なモラルサポートをするよう提案し，認められた。ランドール委員会答申が公表されてから半年かけて，IMFは西欧諸国通貨の交換性回復を実施する運営上の手続きを終えたのである。玉はランドール委員会からアメリカのFRBに投ぜられた。

4　FRBのBA市場振興策

1954年ランドール委員会のスタンドバイ・クレジット案に対して，FRBはどのように対応したであろうか。

1) FRBとBA市場

FRBの公開市場委員会において，ランドール委員会のスタンドバイ・クレジット案がそのまま提案された形跡はない。スタンドバイ・クレジット案は形を変えて，BA市場育成の問題として議論された。アイゼンハワー政権は「援助でなく通商」を志向し，政府資金によるポンド支援を嫌い，それゆえランドール委員会は財政資金でないFRBによる支援を推奨した。にもかかわらずFRBは，中央銀行間クレジット・ライン案を受け入れなかった。なぜか。1951年FRBは財務省の間で「アコード」を結び，当時金融政策の市場化を進めつつあった[21]。FRB総裁のマーチンは，金融政策が市場に干渉することを避けるべく「ビルズオンリー」政策を採用し，ポンド支援の国際協力もその原則に沿って行われた。それがBA市場育成策であった。

公開市場委員会において，BA市場が議題として現れるのは1954年に入ってである。口火を切ったのは，公開市場委員会事務局長のR. G. ルースであった。1954年2月17日の執行委員会（Executive）で，彼はFRBのBA買入れ最低金利規制の見直しについて問題を提起した[22]。1953年から54年にかけ

---

20) IMF Archives, Bernstein Papers, 6271, "The Liquidity of the Funds," March 31, 1954.
21) この時期のFRBの金融政策についてはMeltzer [2009], Chap. 2を参照。

て，BA の市場金利が低下し，プライムレートを下回るようになった。市場の需給が均衡するためには，FRB の BA 買入れ最低金利規制をプライムレート以下に引き下げる必要がある。ルースは，貿易金融振興の観点からアピールしている。

ルースの問題提起を受けて，3月3日公開市場委員会が開かれたがまとまらず[23]，その後も紆余曲折し，結論は1年後の1955年3月に持ち越された。1954年3月30日 FRB の執行委員会に[24]，ルースは BA 市場復興に関するペーパーを提出した[25]。

①アメリカの BA 市場を復興することで国際マネーマーケットを復興する。
②BA 市場を欠くために諸国の金ドル準備のシフトと通貨の交換性が妨げられている。
③BA 市場の発展を妨げているのは FRB の BA 再割引の下限金利規制である。
④BA 最低金利規制を維持したまま，引下げを行うのは望ましくない。
⑤FRB が2億〜3億ドル買い入れ，市場の発展を図るのが望ましい。
⑥国際 BA 市場の発展によって交換性の回復に貢献できる。

ルースは，通貨の交換性に備えて，BA 市場間における短期資本移動の円滑化を構想した。そのためには FRB が1952年以来の BA 金利規制に終止符を打つことが望ましい。それは一方で1951年「アコード」以来の金利政策の市場化に沿うものであったが，他方で数量枠を持ち込むという点でそれを超える政策であった。ルースは1920年代の BA 市場の「再興」を志向し，FRB による支援を提案したのである。それがランドール委員会答申に対するニューヨーク連邦準備銀行（FRBNY）の答えであった。

アメリカの BA 市場は，1920年代 FRB の育成によって発展を遂げたあと29年をピークに衰退をたどった。それゆえワシントンの FRB スタッフにとっ

---

22) FRB Archives, FOMC Executive Committee Minutes, February 17, 1954.
23) FRB Archives, FOMC Executive Committee Minutes, March 3, 1954.
24) FRB Archives, FOMC Executive Committee Minutes, March 30, 1954.
25) FRBNY, Sproul Papers, "Current Problem of System Policy with Respect to the Bankers' Acceptance Market," March 25, 1954.

て，BA 市場はなじみのないテーマであり，ニューヨーク市場の情報収集から始めなくてはならなかった。その結果が 1954 年 5 月 14 日付のヘクスター゠ヤングダール報告である[26]。報告は BA 市場育成について至って否定的であった。ニューヨークの BA 取引慣行が国法銀行法に反すること，西欧通貨の交換性が回復されない状況下で BA 市場の振興は難しいと，ルース提案に否を唱えた[27]。

こうした理事会スタッフによる後ろ向きの調査報告をうけて，理事のロバートソンとルースらとの間で論争が起き，FRBNY と FRB との間の主導権争いの様相を呈した。ニューヨーク国際金融センターの再興を目指す FRBNY に対し，FRB は「アコード」を機に連邦公開市場委員会 (Federal Open Market Committee：FOMC) の金融政策強化を目指し自立性を求めた。議長のマーチンは「米系銀行の海外活動に関する特別委員会」に議論を委ねた。その結果が理事会に提出されたのは年末の 12 月であった。BA 取引を担当したのは，ソロモンであった。ペーパーの表題「銀行引受と国際資本移動」に見るように，国際資本移動円滑化の観点から BA 市場の役割を積極的に論じている[28]。西欧通貨の非交換性が市場の発展に「足枷」となる点については，むしろ市場の復興が交換性の回復に貢献すると，ヘクスター゠ヤングダールに反論する。

ソロモンの背後にあるモデルは，両大戦間期国際金融センターであり，それをつなぐ均衡的な短期国際資本移動であった。ニューヨーク国際金融センターの再興を展望し，そのためにコアをなす BA 市場を積極的に育成する。それは，FRB スタッフのソロモンが FRBNY の主張に同調したことを意味する。

---

26) NARA RG82, FRB Central Files 1913-1954 Box 1316, "Bank Acceptance: Present Conditions and Practices," by the staff (R. G. Rouse), FRB, May 14, 1954.
27) NARA RG82, FRB Central Files 1913-1954 Box 1316, "Whether National Banks May Lawfully Endorse Bank Acceptances for Pecuniary—Good Will of Customers," by Hexter and Youngdahl, FRB, July 1, 1954.
28) NARA RG82, FRB Central Files 1913-1954 Box 1316, "Bankers' Acceptances and the International Flow of Credit," by Robert Solomon (Special Committee on Foreign Operations of American Banks), FRB, December 5, 1954.

2) IMF と BA 市場

　ソロモンによる特別委員会答申の発表にあわせて，1954 年 12 月 IMF から FRB に新たな玉が投ぜられた。IMF による国際 BA 市場構築の構想である。バーンスタインによる提案メモが残されている[29]。その内容は以下の通りである。

　①BA は国際信用の重要な源泉である。
　②IMF は BA 市場が再興されることに関心を持っている。
　③加盟国が BA 市場にアクセスできるよう，IMF は特別スタンドバイ・クレジット枠を設ける。
　④加盟国の IMF クオータ（割当額）の 50％を上限とし，加盟国中央銀行が認可する。
　⑤BA 市場としてロンドン，ニューヨーク，ブリュッセル，アムステルダムを対象とする。
　⑥交換性回復のためのステップとして，資金移転制度（Remittance System）を構築する。
　⑦FRB とイングランド銀行に対して，BA 市場減退の基本的な原因ならびにその再興の現実可能性について問い合わせる。

　ソロモン答申とバーンスタイン BA 案は，交換性回復後の国際収支調整メカニズムとして BA 市場の再興を志向する点で軌を一にする。バーンスタイン提案は，IMF に新たな制度ファシリティを構築することで，FRB による BA 市場振興案をバックアップすることを狙ったものであった。この提案は，以下の点で IMF にとって従来のスタンドバイ・クレジットを超える画期的な構想であった。

　第 1 に，IMF による市場への架橋である。世界銀行が世銀債を介して市場と接するのに対して，IMF は加盟国通貨当局と交渉するだけで，直接金融市場に接することがない。バーンスタイン構想において，IMF は BA を介し，国際短期金融市場とつながる。

---

29) NARA RG82, FRB Central Files 1913-1954 Box 1316, "Fund Encouragement of Bankers' Acceptance Market," by E. M. Bernstein, FRB, December 20, 1954.

第 2 に，国際準備システムの強化である。IMF を BA 市場に架橋することによって，準備バッファーは，第 1 線準備＝金ドル準備，第 2 線準備＝ IMF スタンドバイ・クレジットに続いて，第 3 線準備＝ BA による短期国際資本が加わり，充実する。

FRB の BA 市場振興をめぐる議論がクリティカルな局面に差しかかったところで，バーンスタインはバックアップのために行動を起こした。西欧通貨の交換性回復のために国際的な BA 市場を再興する，そのためにアメリカ FRB と協調体制を築く。バーンスタインは先に FRBNY など FRB サイドにこの提案を非公式に持ちかけたが，FRB の公式の場で議論された気配がない。ただ，他国の中央銀行との協調問題が取り上げられたに過ぎない[30]。

特別委員会のソロモン答申ならびにバーンスタイン提案をうけた翌年の 1 月 11 日，公開市場委員会では執行委員会が開かれ，BA 市場振興案が議論された。そこで大勢は BA 市場振興案に傾いたが，ロバートソン理事が，この提案が FRB の「行動原則」にもとると，終始反対の論陣を張った。この反論に対してスプラウルは，提案に掲げた「金額」枠を設けることにこだわらないと譲り，「行動原則」からは逸脱しない点を強調せざるをえなかった[31]。

その後 1955 年に入ると BA 市場取引が拡大し，FRB が特別措置をとる意義は薄れていった。3 月 2 日の本委員会において BA 振興策が最終提案されたが，内容は BA の買入れは公開市場委員会の一般的信用政策に沿って行うという緩やかなものとなった[32]。ロバートソン理事は伝統的な政策スタンスを変えることに反対票を投じたが，大勢はマーチン提案を受け入れ，BA 市場振興策はスプラウル提案からほぼ 1 年を経て承認された。その背後にはソロモン特別委員会答申，IMF バーンスタイン案の強力なバックアップが働いていた。にもかかわらず FRB の BA 市場振興策が，特別の制度的な支援なしの，穏やかな市場育成策に落ち着いたのは，マーチン議長が掲げる保守的なビルズオン

---

30) FRB Archives, FOMC Minutes, March 2, 1955. 1936 年以来 FRBNY に英・仏・加の中央銀行勘定が開かれていることを確認するにとどまる。
31) FRB Archives, FOMC Minutes, January 11, 1955.
32) FRB Archives, FOMC Minutes, March 2, 1955.

リー原則から大きく逸脱するのを嫌ったためであった。スプラウルの提案から1年，1955年春FRBは貿易金融に関する2つの論文を公表し，その旗幟を鮮明にした[33]。「2つ以上の国際金融センターに広いBA市場があることは，国際短期資本移動を容易にし，交換性の回復とその維持に貢献する」。

　バーンスタインのIMF主導のBA市場育成構想に対して，マーチン率いるFRBは緩やかなBA市場育成策をもって応え，IMF主導の国際協力要請には応じなかった。こうしたFRBの消極的なスタンスに接して，バーンスタインもこの構想をIMF理事会の正式な議題として提案しなかった。ここで興味深いのは，かつて対立したIMFとFRBNYが連携し，それに対してFRBが接近するという新しい動きが現れた点である。この交渉を通して，FRBはFRBNYに対して優位性を確立していった[34]。

　以上のように交換性回復をめぐるランドール委員会の提案は，一方のIMFにおいて交換性回復へ向けての組織的準備，他方のFRBにおいて緩やかなBA市場育成策を産み落とした。その結果，西欧通貨の交換性回復に向けて国際的な支援体制が準備されつつあったが，なお追加流動性の点で不安が残った。

5　スエズ危機と流動性

1）スエズ危機とポンド危機

　チャーチル内閣による「共同アプローチ」は緊急策としては陽の目を見なかった。その後引き継いだイーデン，マクミラン内閣はフロート案を捨て固定レート案へ転換し，漸進的に復帰の準備を進めた。しかしながら子安状態は長くは続かなかった。1956年7月のスエズ危機の勃発によって，ポンドの危機耐性テストの機会はすぐに到来した[35]。エジプトによるスエズ運河国有化，軍

---

33) Solomon and Tamagna [1955]; Tamagna and Axilrod [1955].
34) Axilod [2009] ならびに FRB Archives, Martin Papers, "Management of the System Open Market Account," from J. L. Robertson to Members of Special Committee of the Federal Open Market Committee, July 6, 1955.

事衝突によって，ポンドの信用不安に火がつき，非居住者のポンド残高が引き出され，リーズ・アンド・ラグズによる短期資本移動によって，金ドル準備が大量に流出した。1954 年 12 月には 30 億ドルあったのが，56 年 12 月には 14 億ドルあたりまで減少した[36]。

　スエズ危機に対してアイゼンハワー政権は，英仏の植民地主義を時代遅れと見て，批判的であった[37]。特に財務長官のハンフリーは英仏に批判的で，両国が国際連合に従って停戦を実現するまで支援を待つよう主張した。彼らにとって問題は，中近東諸国の離反と運河封鎖による欧米の石油危機であった。英仏両国で石油決済が懸念され，6 億～8 億ドルが想定された[38]。ハンフリーは議会承認を要しない EXIM のクレジット・ラインを想定していた。また 11 月 8 日には，イギリスがフランスにならって IMF から限度一杯まで融資を申請するであろうと予想している。20 日イギリス政府閣議はようやくエジプトからの撤兵でまとまり，これを受けてハンフリー財務長官は，閣議で IMF 融資 5.6 億ドルのほかに EXIM クレジット 6 億ドルを供与する案を示唆した。危機は 12 月 4 日に迫った。マクミラン蔵相は，金ドル準備高を公表する前に金ドル準備の強化プランを示さなくてはならなかった。マクミランは 12 月 3 日ようやく，IMF ゴールド・トランシュの引出，EXIM 借入，1948 年英米金融協定の融資金利の支払い延期の 3 つの条件を公表する手はずを整えた[39]。

　12 月 10 日 IMF は緊急理事会を開き，ゴールド・トランシュ 5.6 億ドル，7.38 億ドルのスタンドバイ・クレジット融資ならびに 1948 年英米金融協定の

---

35) スエズ金融危機をめぐっては Fforde [1992], Chap. 8 ならびに Boughton [2001b] を参照。
36) IMF EBD DM/57/35, "The United Kingdom and the World Economy," by E. M. Bernstein, July 25 1957.
37) "Memorandum of Discussion at the 304th Meeting of the National Security Council," November 15, 1956, *FRUS, 1955-1957, Vol. X, Foreign Aid and Economic Defense Policy*, Document 233.
38) "Memorandum of Conference with the President, White House, Washington," October 30, 1956, *FRUS, 1955-1957, Vol. XVI, Suez Crisis, July 26-December 31, 1956*, Document 419.
39) "Editorial Note," *FRUS, 1955-1957, Vol. XVI, Suez Crisis, July 26-December 31, 1956*, Document 51.

融資金利の支払いの延期を認めた[40]。あわせてクオータ限度一杯の13億ドルは，1954年IMFが想定したものに比べ2億ドル少ないが，IMF資金の3分の1にあたる大型融資であった。スタンドバイ・クレジットの条件はコンデショナリティが付かず，期限は12カ月期限，返済は3年後からで，「共同アプローチ」に示されたイギリスの希望に沿うものであった[41]。理事たちの反応は，国際通貨ポンドに対する支援の色彩が強く，それが交換性回復の援けとなることを期待する向きが多かった。興味深いことに，事務局長のサザードはかつてのIMFとキー・カレンシーをめぐる論争に触れ，この融資の承認はかつて対立した2つのアプローチが互いに排除し合うものではないことを示すものだと，新しい関係を表明している[42]。

追加流動性支援については，FRBは名を連ねることはなかった。追加の支援に回ったのは，EXIMであった。EXIMは年末も押し迫った12月21日，石油ドル代金の上昇を名目に，イギリス保有の米国債2.64億ドルを担保に，5億ドル，4.5％金利，4.5年期限のローンを供与することにまとまった。

なぜFRBでなくEXIMが支援に回ったのであろうか。イギリス政府は，追加支援先としてFRB，EXIMのいずれかを考えていたが，12月の差し迫った段階ではポンドの信頼を支える「イチジクの葉」が必要であった。スエズ撤兵による「裸を隠すイチジクの葉」として，アメリカ政府による「直接」支援を望んだ[43]。これに対してアメリカ政府は「援助でなく通商」の方針から政府財政による直接融資を好まず，FRBはビルズオンリー政策のもと対外支援に加担することを望まず，残された方途が石油危機対策とするEXIMによる支援であった。ハンフリー＝財務省と主導権をめぐって鎬を削るダレス＝国務省

---

40) IMF EBM56/59, December 10, 1956.
41) イーデン内閣はIMFが提案を「フレンドリーに」受け取ってくれたと評価している (TNA CAB128/30, "Cabinet Conclusion," December 11, 1956)。
42) IMFのキー・カレンシー・ポンド支援の姿勢はヤコブソンの前任のルースからのものである。
43) 財務長官ハンフリーの発言。英米交渉当事者たちの共通認識だった ("Memorandum of Conference with the President," November 20, 1956, *FRUS, 1955-1957, Vol. XVI, Suez Crisis, July 26-December 31, 1956*, Document 596)。

も，スエズに発する石油危機対策の理由に異存はなかったであろう。

このときフランスも6億ドルの金流出に直面し，緊急支援が必要であった。ここでも政府による直接支援でなくEXIM融資が想定されたが，イギリスのように原油問題を名目にできず，新たな理由が求められた[44]。フランスは消費財購入のためのクレジット・ラインを望んだが，財務長官のハンフリーはEXIMの資本財融資原則にもとると反対した。そこでフランス政府はエアフランス航空機の購入支援1億ドル案に切り替え，国務省に働きかけた。しかし国務省は財務省を差し置いてEXIMに政治圧力をかけることを望まなかった[45]。財務省がフランスに対して消極的だったのは，フランがキー・カレンシーでなかったためであった。

2) 交換性の回復へ

スエズ危機下イギリス政府は，IMFとEXIMの支援を得て，ポンド投機を抑え込むことに成功した。スエズ危機を乗り切ったイギリスにとって差し迫った課題は，ポンドの交換性回復であった。1957年，IMFスタンドバイ・クレジット7.4億ドル，EXIMローン5.0億ドル，金ドル準備は21.4億ドルであった。あわせて外貨準備総額は33.8億ドルと改善を見せ，条件はそろいつつあった[46]。問題は，2つの支援ローンが延長されるか否かにあった。

1958年末，ポンドは他の西欧主要通貨と並んで交換性の完全回復に踏み出した。そのためにはIMFスタンドバイ・クレジットとEXIMローンの返済が延長される必要があった。マクミラン内閣は12月になっても疑心暗鬼であった[47]。何としても，ゴールド・トランシュ5.6億ドルを期限通り返済する必要

---

44) フランスは，IMFから1956年10月すでに通常のスタンドバイ・クレジット（クオータの50%，期間は1年）を受けた（IMF EBM, October 17, 1956）。イギリスとフランスの違いについてはKlug and Smith [1999] を見よ。
45) "Memorandum of Conversation Between the Secretary of State and the French Ambassador (Alphand)," January 22, 1957, January 28, 1957, *FRUS, 1955-1957, Vol. XXVII, Western Europe and Canada*, Document 34, 35.
46) BOE OV44/10, "Sterling Part 1 : The Present Position," *United Kingdom Sterling Policy12*, September 3, 1957.
47) TNA CAB128/32, "Cabinet : Conclusions," December 4, 1958.

があった。翌年の4月までに2億ドルを返済し，1960〜61年は月賦払いの計画を立てて臨んだ。これに対して12月10日 IMF 理事会は12カ月の再延長を認めた。IMF スタッフは，交換性の回復を視野にイギリスの国際準備が改善を見せていると言いながら，もしロールオーバーが認められないとキー・カレンシー・ポンドの地位が揺らぐと注意を喚起している[48]。

おわりに

　西欧諸国通貨の交換性回復の試みは1952年に始まり58年末に終えた。厳しい交渉を通して，国際流動性支援の枠組みが固まった。最後にその意義と展望をまとめておこう。

　第1に，IMF は国際流動性支援の中心的役割を担うこととなった。起点の「共同アプローチ」とランドール委員会の段階では IMF と FRB の役割は定かではなかったが，IMF はスタンドバイ・クレジットを開始し，国際流動性支援の中心的な役割を担うに至った。

　第2に，IMF を補う追加支援ルートとして FRB と EXIM が競ったが，結局のところ EXIM がその穴を埋めた。その役割は，国際協調の後ろ盾を示す「イチジクの葉」であった。それはその後，国際協力あるいは中央銀行間スワップ網など，IMF とは別の手段として定着した。

　第3に，市場化の流れとともに国際金融センターの役割が再評価され，そのために軸となる BA 市場の役割が再び注目され，緩やかではあるがその振興が図られた。

　第4に，市場化時代の国際流動性支援システムとして，第1線準備＝金外貨準備，第2線準備＝IMF 融資が形成された[49]。さらに国際協力クレジット網と短期資本移動が加わり，国際準備調整は多層化してゆく。

　第5に，1940年代には IMF アプローチとキー・カレンシー・アプローチは

---

48) IMF EBS/57/68, Sup. 1, "United Kingdom : Renewal of Stand-by Arrangement," December 6, 1957.
49) TNA CAB129/86, "Cabinet : Economic Survey, 1957," March 12, 1957, p. 39.

対立したが，50年代の市場化とともに次第に国際金融センター・アプローチへ収斂していった。

　第6に，交換性回復によってポンドとドルがキー・カレンシーとしてスタートラインに立ったが，その後ポンドは市場による競争圧力にさらされ数年を経ずしてその座から滑り落ちた。

　国内金融に始まった市場化の波は国際金融まで達し，管理の軛から解き放たれた。それは終点ではなく新たな始まりであった。BA市場はロンドンとニューヨークにおいて拡大を遂げたが，同時に新たにユーロ市場を生み出した。自由な短期資本移動は，為替管理から経常収支の自由化へ，さらに資本収支の自由化へと，ブレトンウッズ体制を超えて突き進んでゆく。その意味で，1958年末の交換性の回復は市場化の起点であったと言えよう。

第6章
1960年代の国際流動性問題
—— IMF 理事会における議論

野 下 保 利

はじめに

　第二次大戦後の国際金融システムの特徴は，そのガバナンス体制の一環としてブレトンウッズ組織，すなわち，IMF を含む国際金融機関が創設された点にある。しかし，国際金融機関，特に IMF の意義については，以下の2つに大きく分かれる。

　第1は，第二次大戦後の国際通貨体制の安定は，各時期の支配的な国際協調体制によって支えられていたとする立場である。キンドルバーガーは，1960年代のブレトンウッズ体制がアメリカのヘゲモニーによる国際協調体制によって支えられたと主張した。これに対して，ストレンジは，アメリカのヘゲモニーこそブレトンウッズ体制の非対称性を生み出し不安定性をもたらした根源だと主張した。両者は，アメリカとその他主要国の役割について対立するが，主要国の国際協調が，戦後の国際金融体制を決定したと捉える点で同じ立場にある。こうした立場は，1971年以降，アフター・ヘゲモニー論にも引き継がれ，主要国の国際協調体制を各国の政治・経済的利害の問題として分析しようとする国際政治経済学や，国際協調の利害損得をベネフィット・コスト分析などを用いて分析する各種の国際関係論を生み出し，国際金融研究の中心的位置を占めてきた[1]。

　ヘゲモニー下であろうと，主要国の利害均衡の結果であろうと，主要国の国

際協調に焦点を当てる国際関係論においては，IMF など国際金融組織の役割は看過されたまま戦後国際金融体制が分析されてきた。しかし，1970年代以降，バーゼル委員会をはじめとした各種の国際金融組織が創設され，国際金融秩序の形成に重要な役割を果たすようになる。国際金融組織を国際協調を促進する会議場と捉えるだけでは十分でなくなってきた[2]。国際金融組織の重要性は，国際金融関係をあまりに単純に捉え，主要国の協調だけに焦点を当ててきた研究視角に限界があることを示した。

　第2は，国際金融組織，特にIMF の影響を無視することはできないと捉え，国際金融組織の独自の意義を強調する立場である。近年，国際関係論の立場からも，IMF の政策決定の独自性や各種国際金融組織の意義を強調する研究が見られるようになってきた[3]。しかし，こうした新たな研究視角も問題を抱えている。第1に，主に1970年代以降に研究対象が置かれる一方，60年代における国際協調体制とIMF の関連についてはほとんど分析されてこなかった。第2に，国際金融組織の政策決定において，政策担当者の理論的立場や政治的傾向など個人的特性を過大評価する一方，戦後国際金融システムとの関連で国際金融組織の政策決定を位置づける作業が疎かになる傾向がある[4]。1960年代の国際金融協調の構築をめぐる主要国とその他諸国，そしてIMF の相互関連を分析する枠組みを欠くため，70年代以降に顕在化する国際金融組織の役割増大を国際金融機関スタッフの個人的な特性に求めざるをえなくなったのである。

　主要国の国際協調体制に焦点を絞る立場であろうと，国際金融組織の役割を強調する立場であろうと，従来の研究は，経済分野，特に，債権・債務が織りなす外国為替システムなど国際金融分野での国際協調の形成が，安全保障など

---

1) 近年でも，ブレトンウッズ体制を，ヘゲモニー体制とする見解もあれば，公的スワップなどの支えなしには維持できなかった国際協調体制と見る見解がある（Cohen [2008], p. 24）。
2) Wilki [2012], p. 132.
3) Keohane and Nye [1977]；Keohane [1989]；Chwieroth [2010]；矢後［2010］。
4) Wilki [2012], p. 134. 国際関係論からも，政策形成に重要な役割を果たした政策担当者の性格や政治姿勢に焦点を当てた研究が生まれている（Keohane [1989], Chap. 7）。

の外交分野と異なる特性を持つことを看過する傾向がある。国際金融分野においては，主要国以外の諸国も金融システムの一環を担うため，主要国の合意だけでは国際金融ガバナンスは成りたたない。また，植民地から独立した諸国を多く含む第二次大戦後において，主要国とその他諸国との間隙を埋めるため，IMFなどの国際金融組織が必要になるのである。

　1960年初頭に顕在化した国際通貨改革問題は，抜本的解決が回避されたまま，特別引出権（SDR）創設という形で妥協が図られた。従来，SDR創設は，国際金融分野における合意形成を単純化し，アメリカのイニシアティブの下で主要国間の妥協によって決定されたとされてきた[5]。あるいは，IMFの独自の役割は認めるものの，アメリカや西欧諸国の議論に主に焦点が当てられてきたこともあって，途上国はほとんどSDR創設に関与しなかったと捉えられてきた[6]。その結果，先進10カ国蔵相・中央銀行総裁会議（G10）案に対し理事会が譲歩を引き出したという事実を十分に評価できず，IMFの独自の役割も位置づけることができなくなった。本章は，SDR創設をめぐるIMF理事会議事録を，G10との関係に焦点を当て検討し，国際金融分野における合意形成の特異な構造を明らかにする。

1　国際通貨改革論争と国際流動性問題

　イギリスに続き西欧諸国が交換性を回復した1950年代末，為替管理が未だ残存していたにもかかわらず，外国為替ネットワークが拡大していった。ブレトンウッズ体制においては，アメリカ以外のIMF加盟国は公的平価を維持するために中央銀行が外国為替市場に介入しなければならない。貿易増大にしろ，対外援助にしろ，アメリカの銀行の貸出増大によって流入するドル為替

---

5) Solomon [1982], pp. 66-67.
6) ウィルキーは，従来の国際関係論研究を批判し，SDRをめぐるIMFの分析はIMFの内部展開の重要性を示していると指摘し，IMFの独自の役割を認知した（Wilki [2012], p. 11）。しかし，1960年代は，70年代と違いアメリカの影響力は圧倒的だったとして，SDR創設は，米英の妥協の産物であり，西欧や途上国は重要な役割を果たしていないと主張した。

は，各国中央銀行の為替市場介入によって公的外貨準備が堆積する事態をもたらすことになる。このことは，アメリカにおける大企業の多国籍化と投資家の対外証券投資が増大するにつれ，米経常収支赤字と西欧諸国の資本収支赤字という構造が増幅されることを意味する。米欧金融機関を中心とする国際金融活動の活発化は，ロンドンの為替ディーラーやスイスのプライベート・バンクなどを巻き込んで為替投機と金投機を活発化させ，各国の公的平価を維持することを難しくしていった。

1950年代末から激しさを増してきた通貨危機や金投機に対して，主要国とIMFは，平価切上げや国際金融協力によって対処した。1961年3月西ドイツは，5％のマルク切上げに踏み切り，オランダなどが追随した。しかし，平価切上げはしばしば，他国通貨の切上げ憶測を生み，為替投機を呼び起こすことになる。そのため，主要国間の金融協力が不可欠になる。マルク切上げによる為替投機は，1961年3月中旬，ポンド救済のためのバーゼル協定が締結されたことによって鎮静化した。1961年末には，ロンドン金市場の金相場を安定させるために主要中央銀行間に金プール協定が締結された。

国際金融協力には，中央銀行間のスワップ協定もある。主要中央銀行間のスワップ協定は，1962年3月，米連邦準備制度理事会とフランス銀行との間で締結されたのを皮切りに，64年末までにイングランド銀行や西欧主要国中央銀行，そしてスイス銀行と国際決済銀行（BIS），さらに日本銀行との間に締結された。

短期的な通貨防衛を目的としたスワップ協定に対し，中長期の為替変動に対処する国際協力の手段としてローザ・ボンドなど外貨建て特殊証券の発行という政府間信用が用いられることになった。1962年，イタリアがドル建て外貨準備を累積したとき，米伊両国政府は，リラ建ての米財務省証券（3ヵ月）を発行し，リラを米ドルに交換してドルを吸収した。その後，西ドイツやオーストリアでも同様の債券が発行された。

こうした主要国間の国際協調だけでは弥縫策にとどまり，国際通貨体制の安定を確保するのは十分ではなかった。ドル過剰問題について，アメリカが断固とした対策を行わず，ドルから金への交換を欧州諸国に控えさせるなど中途半

端な対策に終始したことが，逆に，金の価格高騰を招き，ドル過剰問題を悪化させることになった。1961年のIMF年次総会で各国高官は国際通貨体制が健全に運営されていないことを初めて認め[7]，国際通貨制度改革は待ったなしの課題になった。しかし，ブレトンウッズ体制の根幹をなすアメリカが抜本的改革に躊躇する限り，国際通貨改革は一歩も進まない。

米国際収支は，1960年代に入ると総合収支は改善するが，それはドル防衛のための政府間特別取引による一時的なものであった。事実，1963年上半期，総合国際収支からドル防衛のための政府間取引を差し引いたアメリカの赤字額は，50億ドルという巨額に達した。こうした事態を受けて，ケネディが政権につくとともにアメリカも国際通貨改革に本腰を入れるようになった。

アイゼンハワー政権下においても，1961年1月からアメリカ人の海外金買入れが禁止されていた。しかし，ケネディ政権は，1962年2月，海外民間投資の利潤の本国送金を促す税制改革や，金相場安定を目指す金プール設立など大胆なドル防衛策を検討する。さらに1963年7月，ケネディ大統領は，国際収支特別教書を発表し，国際通貨制度の改善策を協議する用意があると初めて表明した[8]。アメリカの態度変更によって，国際通貨改革へ向けて機が熟すことになった。

国際通貨改革をめぐっては，ハロッドをはじめとするアカデミック側や各国の中央銀行や実務家などから様々な提案がなされていた[9]。ポンドに加えてド

---

7) Machlup [1964], p. 3.
8) 米財務次官ローザは，1962年5月，ローマ国際通貨会議で，将来の国際通貨制度について検討すべきと述べ，各国間信用取り決めなど金為替本位制強化案を提案した（Wilki [2012], p. 18）。さらに，1963年10月のIMF総会でディロン米財務長官は，国際通貨問題の長期的課題を検討する必要があると表明した。
9) アカデミズムからの改革案は，主に，金に対するドル残高の削減に向けられた。第1に，固定金価格の廃止やドル・ポンド残高削減案を主張するハロッド案，第2に，ブレトンウッズ体制を金本位制に近づけようとするリュエフ案，第3に，主要国通貨をプール（預金）し，それと交換に受け取る合成準備単位（Collective Reserve Unit：CRU）を新準備として用いるCRU案などがあった。他方ドル本位制論者は，米国際収支赤字はドル建て流動性需要によるものであるとして米赤字は問題にならないと主張した（Eichengreen [1996], p. 114）。実務家側提案として4カ国中央銀行（アメリカ・西ドイツ・スイス・イタリア）やブルッキングス研究所などが改革案を提示した。

ルという2大基軸通貨の動揺は，国際通貨改革の議論を，国際流動性問題と，国際収支調整問題，そしてドル信任問題の3つの問題に集約させていくことになる[10]。すなわち，第1に，国際流動性の供給は，金生産が制限されているもとでは，適切でなくなる可能性が生じるという国際流動性問題であり，第2に，ブレトンウッズ体制は，当初の設計とは異なり米ドルを基軸通貨とする非対称的な固定相場システムとなり，平価変更による国際収支調整が機能しなくなったという国際収支調整問題である。そして，第3に，米国際収支悪化が続く限り，アメリカの金保有額に対してその他諸国が保有するドル債務残高が増大し，ドル取り付けの可能性が高まるというドルの信認問題である。

国際流動性問題，国際収支調整問題，そしてドル信認問題は，相互に関連し各国の利害関係を伴う問題でもある。アメリカは，国際通貨改革が自国の国際収支調整問題につながることを嫌い，各国が提案する国際通貨改革案を拒否してきた。他方，西欧諸国は，国際通貨不安定の根底には国際収支不均衡があると見て，ドル不安の原因を米国際収支赤字に求める一方，固定相場制の全面的見直しが自国通貨の切上げにつながることを懸念していた。この対立に途上国とIMF事務局が加わる。途上国は，国際通貨改革がアメリカの引き締め政策となって国際流動性供給が削減されることを危惧していた[11]。IMF事務局は，国際通貨改革問題からIMFが排除されることを懸念し，国際通貨改革の論議をIMFの役割強化の方向に導こうと腐心していた。こうした各国の利害対立とIMF事務局の思惑に解決を与えたのが，トリフィンの流動性ジレンマ論であった。

トリフィンは，すでに1947年に，ブレトンウッズ体制が内包する脆弱性に警鐘を鳴らしていた。トリフィンによれば，国際流動性が不足するのは，金準

---

10) Bordo [1993], p. 50. 1964年のベラジオ会議で，改めてこの3つの問題に論点整理が行われている（Machlup [1964]）。同会議には，当時，最も影響力がある32人の経済学者が参加したが，政治的観点から流動性供給と経済発展の関連は回避された（Wilki [2012], p. 30）。

11) スタンプは，IMFが保有する交換性通貨と交換可能な証券を発行し，中央銀行間に配分するという提案をした（de Vries [1976], p. 19）。スタンプ案は新準備創設と途上国の開発資金を結びつけた初めての提案であった（Williamson [1973], p. 716）。

備が不足するからである。戦後以来，金の実質価格は低下し金生産を減少させる一方，金価格低下は金需要を増加させた。金準備の減少は，外国為替の増加によって埋められなければならないが，ポンド残高は減少しているため，ドル供給拡大，すなわち米国際収支赤字によって賄われざるをえない。こうした分析の上で，彼は，「トリフィンのジレンマ」として知られる見解，すなわち，世界の貿易と経済の発展に必要な国際流動性の供給が米経常収支赤字を源泉とする限り，基軸通貨ドルの信認問題が生じる一方，信認問題の解決は国際流動性不足問題を惹起するという二律背反を主張した。こうした問題を克服しようとするトリフィンの構想は，ケインズが構想したバンコールに類似した新たな国際流動性を創造しようとするものである。特定国通貨に代えて新準備通貨（預金）を創造し，外貨準備不足国に貸し付けることにすれば，信認問題の解消だけでなく，成長に応じた新準備通貨（預金）の増発によって国際流動性不足も解消することになる[12]。

　トリフィン案を採用すれば，いずれの国民通貨でもない新準備を創造することによって，国際収支調整問題をドル信認問題から切り離し，国際流動性問題に対処することができる。加えて，新流動性の創出がアメリカの国際収支赤字を改正するための時間的余裕を与えることにもなる。トリフィンの見解は，アカデミズムだけでなく，各国政策当局，特にアメリカとIMFの政策担当者で支持を獲得することになった[13]。

　ドル信認問題の解決には，米ドル単独の平価引下げや金価格の再評価もあったが，その他諸国は，米ドル平価引下げや金価格引上げが，全通貨の平価引下げ圧力を生むと反対した。変動相場制の採用は，アメリカをはじめとする各国

---

12) トリフィンの構想は，国際流動性が民間銀行の外国為替に担われている状況下では，民間外為銀行を傘下に置く世界中央銀行が成立しない限り実現しない。また，トリフィンの見解は，ハロッドと同様に，輸入に対する準備の比率を用いて最適な国際流動性を導こうとしている点（Williamson [1973], pp. 688-689）で，国際資本移動が活発化していく時期の改革案としては問題があった。

13) Wilki [2012], p. 16. 特に，ケネディ政権下の米財務省がトリフィン理論を支持した（Odell [1982], p. 130）。米政策担当者におけるトリフィン理論の影響は他の文献でも確認できる（Bergsten [1975], p. 210; Gowa [1983], p. 43; Nau [1990], p. 138）。

金融当局だけでなく，IMF など国際機関も反対した。アメリカや西欧諸国，そして途上国，さらに IMF それぞれの利害が対立する中で，国際通貨改革問題が，国際流動性問題，国際収支調整問題，そしてドルの信認問題に分化された上で，国際流動性問題に絞られ，さらに，新国際準備創設問題に転換された。そして，新準備創設問題が，各国と IMF の利害対立の中で SDR 創設に収斂していくことになる[14]。

新準備創設は，アメリカや西欧諸国，そして途上国ばかりでなく，IMF にとっても好都合であった。新準備創設は，アメリカにとって，ドル信認問題を緩和させ，国際収支調整問題へ時間的余裕を与えた。西欧にとっては，ブレトンウッズ体制の非対称性の是正手段を手にする一方，平価の引上げや黒字国責任論を回避できた。途上国にとって，発展に不可欠な国際流動性の供給拡大の可能性をもたらし，IMF にとっても，新準備創設が IMF の専管にとどまる限り，所管業務を拡大するというメリットがあった。

2　IMF 理事会議事録における国際流動性問題の展開

国際流動性をめぐる理事会の議論は，大きく 3 期に分けることができる。第 1 期は，G10 との間で新準備創設の進め方について調整を行った 1963 年 9 月 23 日理事会から 66 年 5 月 11 日理事会までの期間である。第 2 期は，理事会側の要求によって新準備創設の手続き面で G10 側が大幅な譲歩を余儀なくされた 1966 年 5 月 12 日理事会から 67 年 9 月 7 日の理事会までの期間である。第 3 期は，1967 年 12 月 6 日理事会から，IMF 協定改定作業を完了した 68 年 4 月 22 日理事会をはさみ，アメリカ政府が金ドル交換停止を通告した 71 年 8 月 16 日理事会までの期間である。

1) 第 1 期：新準備創設問題と IMF 理事会

1963 年に入ると，ヤコブソンの急死を受けて，9 月 1 日にシュヴァイ

---

14) Wilki [2012], p. 18. ストレンジは，SDR 創設がドルと金の役割や国際収支調整など本質的問題を先送りした妥協の産物と主張した（Strange [1976], p. 258）。

ツァーが専務理事に就任した。専務理事交代を期に，理事会では国際流動性問題が活発に議論されるようになる[15]。9月23日理事会において，専務理事は，年次総会中にG10が国際流動性問題を議論することに対して，IMFとして国際流動性問題について声明を発表するという提案を審議にかけた。専務理事が，IMF外の組織による国際流動性問題の議論を歓迎したのに対し，サード理事（アラブ連合共和国）は，専務理事が年次総会で国際流動性問題の検討を提案することに賛成するが，国際流動性問題は全加盟国に関係するので，IMFのイニシアティブとリーダーシップが必要だと主張した[16]。さらに，アンジャリア理事（インド）は，途上国は国際流動性の増大を求めていると付け加えた。

　総会直前に開かれたG10閣僚級会議は，金平価および固定為替相場制を変更しないという条件で，国際通貨体制の長期的問題を検討するために，G10次官級会議を発足させることを決定した。アメリカは国際流動性問題は存在しないという立場であった上[17]，1961年の一般借入協定（GAB）と金プールの成立以来，米英赤字国はG10でのイニシアティブを失っていた[18]。そのため，西欧諸国，特に西ドイツが，G10における国際通貨改革を主導することになった。IMFも専務理事が1963年10月の年次総会で，国際流動性問題について今後1年間にわたり研究を行うと報告した[19]。

　国際流動性問題は，総会終了後の10月16日理事会で早速取り上げられた。スカヤーベラン理事（ノルウェー）が，年報やその他レポートで国際流動性問題が言及されていない点を指摘し，次期総会（東京）では大胆な改革案を提示すべきだと提案した[20]。同理事は，また，総会中の記者会見でIMFの仕事は

---

15) 前年の総会で，ヤコブソン前専務理事によるIMFの機能拡充案が承認されていたが，国際通貨改革問題からIMFが排除されることに危機感を抱いたシュヴァイツァーは，専務理事就任18日後，国際流動性問題の進め方に問題があると発言した（Wilki [2012], p. 21）。シュヴァイツァーは，IMFで人気が高く，特に途上国の支持を獲得したことが，アメリカとIMFの関係を調整するのに役立った（*Ibid.*, p. 63）。
16) IMF EBM/63/56, pp. 14-16.
17) Horsefield [1969], p. 543.
18) Weatherford [1988], p. 613.
19) IMF [1963], p. 29.

G10以外の他92カ国の利害を守ることだとしたディロン米財務長官の発言は,IMFを分裂させることになりかねないと批判した。

1964年に入ると,アメリカからの短期資本流出は増大傾向となる。この時期の短期資本の形態は,貸付・引き受け信用に替わって,外国為替ネットワークの展開を反映してドル建て銀行預金が増大するようになった。対照的に西ドイツは,1964年春,資本流入阻止と資本流出に向けた各種措置を実施し国際収支を均衡化させた。

前年12月のG10閣僚級会議が議題にあがった1月8日理事会において,専務理事は,会議の内容とともに,会議の場でG10だけでなくIMFの観点からも新準備問題を検討すべきと強調したことを報告した[21]。その一方,専務理事は,1月10日理事会で,新準備について加盟国間で見解が収斂してはいないという認識を示した[22]。

4月22日理事会では,第5議題で,1964年4月のG10次官級会議の内容が,ポラック(IMF調査統計局長)によって報告され,第6議題では国際収支の現状が取り上げられた。ド・ラルジャンタイ理事(フランス)は,国際収支問題を考える際,短期金利の国際的収斂や,外国為替市場の統合など国際金融市場の変化を考慮すべきだと強調した。ビーリッツ理事(西ドイツ)は,西ドイツ経常収支は,主に,資本移動と関連があると主張した。ガーランド理事(オーストラリア)なども賛同し,ファン・デル・ファルク理事(オランダ,代理)は,資本移動研究の強化を主張した。他方,エスコバル理事(チリ)など途上国側理事は,資本移動規制などをアメリカの赤字削減策が中南米の成長率を引き下げる可能性を強調した[23]。

1963年末から64年初めにかけて非公式会合を持ったG10次官級会議は,64年6月に閣僚級会議にレポートを提出した。この際開かれた閣僚級会議については,6月17日理事会で専務理事によって非公式に報告された[24]。

---

20) IMF EBM/63/58, p. 1.
21) IMF EBM/64/1.
22) IMF EBM/64/2, p. 19.
23) IMF EBM/64/22, pp. 17-18.
24) IMF EBM/64/32. p. 35.

年次総会（東京）後の10月に発表されたG10声明は，①固定平価制と現行金価格の維持，②各国通貨当局間の国際協力の重要性，③新準備資産についての諸提案を検討する「準備資産創立に関する研究グループ」（オッソラ・グループ）の創設，④国際収支調整についての研究をOECD経済政策委員会第3作業部会（WP3）へ要請，⑤国際収支不均衡を緩和する手段について多角的共同審議委員会（エステヴァ委員会）の設置，⑥IMF割当額の再検討，⑦GABの更新についてG10次官級会議に指示，の7点からなっていた[25]。

IMFも，年次報告で，国際収支不均衡は続くため国際準備増加が必要として，出資金増額やクレジット・トランシュ引出条件緩和，投資預金勘定などの対策を挙げた[26]。新準備創設に向けG10およびIMFの体制が整う一方，G10では，国際収支調整を優先すべしという意見も強く，ローザに代わりエミンガーが次官級会議議長に就任した[27]。

1964年後半から短期資本が流出に転じたため，イギリスでは，11月に戦後9回目のポンド危機が発生する。アメリカも，貿易収支の記録的黒字の下で，資本収支赤字が増加し，資本流出も止まないため，米政府は，1965年2月，銀行や企業の海外投融資を自主規制させるドル防衛策を発表した。一次産品輸出国は，ドル防衛策によって外貨難を悪化させることになった。こうしたなか理事会で，G10理事とその他諸国理事との対立が顕在化する。1965年1月6日理事会において，プランプトリ理事（カナダ）は，中南米諸国は，アメリカや西欧諸国と違い，長期的目的の国際流動性増大を要望していると指摘した[28]。さらに，1965年度年報を議論した2月19日理事会において，ビーリッツ理事（西ドイツ）やラール理事（フランス）が，国際流動性問題についてはIMFの見解を公表するのは時期尚早であると主張した[29]。こうした主張に対して，ガーランド理事（オーストラリア）やアンジャリア理事（インド）は，国

---

25) Group of Ten [1964], p. 8.
26) IMF [1964b], pp. 30-39.
27) 総会で専務理事は，G10総務と途上国総務の対立による加盟国の分断に警鐘を鳴らした（IMF [1964a], p. 200）。
28) IMF EBM/65/1.
29) IMF EBM/65/9, pp. 6-11.

際流動性問題を取り上げIMFの立場を表明すべきだと主張した。途上国の理事たちはインド理事を中心としてしばしば会合を持った[30]。そのため，インド理事が，途上国を代表して新準備創設問題に積極的に発言していくことになる。

国際資本移動についての議論は，3月10日および5月12日理事会で高まることになる。3月10日理事会において，デール理事（アメリカ）が米経常収支に改善が見られるが巨額の民間資本流出があると報告したのに対し，シリエンティ理事（イタリア）は，アメリカの対欧州経済共同体（European Economic Community：EEC）赤字の主原因は，民間資本輸出とそれに対する金融であると主張した[31]。ビーリッツ理事（西ドイツ）も，米英からの資本流入が，西欧の経常黒字と外貨準備増大の主な原因だと主張した。彼によれば，アメリカと西欧の国際収支不均衡の問題は貿易問題ではなく，資本移動の問題であった。

イギリスのコンサルテーションが議題とされた5月12日理事会では，スティーヴンズ（イギリス）の報告に続き，ラール理事（フランス）は，今回のポンド危機の救済は，IMFの能力を超えており，国際協調が必要であると主張し，アメリカの消極的協力を批判した[32]。しかし，テヘラ＝パリス理事（ヴェネズエラ）によれば，今回のポンド危機における問題は，IMFの金融資源の限界というよりも，加盟国全体の問題であるにもかかわらず，GAB発動が一部の国々だけで決定されたことにある。ゴッシュ理事（インド，代理）も，主要国だけでは解決せず，IMFによる国際流動性の供給能力増強の必要性を強調した。理事会内部でも，IMFによる新国際準備創設の必要が認識されるようになってきた。IMF事務局においても，人為的に創造された新準備が中央銀行券と同様な国際通貨となって国際流動性管理を容易にすると見ていた[33]。

---

30) Reserve Bank of India [2005], p. 578.
31) IMF EBM/65/12, pp. 7-12.
32) IMF EBM/65/25, pp. 24, 32-34.
33) Polak [1967], p. 280.

2) 第 2 期：理事会の反発と G10 の譲歩

 1964 年 10 月以来，数回の会合を経てオッソラ・グループは，65 年 5 月に報告書を G10 蔵相代理会議へ提出した。報告書は，主に，①フランス案を中心とする各種合成準備単位（CRU）案，②IMF を通じた準備資産の創設案，③通貨保有国に代替資産を提供する案の 3 案を比較し検討するものであった[34]。G10 の見解は分かれたが，ここにきて，アメリカは IMF を通じた新準備創設案の支持に転じた。新準備資産がドルに代替せず，むしろドルへの圧力を緩和するという考えが米政権内に拡がったためである[35]。

 7 月 10 日，ジョンソン政権の財務長官ファウラーは，ヴァージニア法律協会で新準備創設に向けた国際会議を提案し，米政権が国際流動性改革に積極的に関与する方向に転換したことを示唆した[36]。また，米議会も，国際会議のための公聴会を開いた。ファウラーは，9 月年次総会で新準備創設案を提案することを目指し西欧を歴訪したが一致を見なかった。しかし，総会で，専務理事は，国際流動性問題は IMF の仕事であると再度強調し，新準備創設には，インフレ対策が必要だとしても，全加盟国の準備需要に配慮する包括的アプローチをとるべきだと主張した[37]。専務理事に賛成する総務もいたが，G10 側総務の多くは，新準備創設が時期尚早であるという立場をとった。

 11 月 10 日理事会では，11 月に開催された G10 次官級会議が取り上げられた。ポラックは，会議の要点を次のように報告した[38]。第 1 に，新準備創設の必要に多くの参加者の関心が集まった。第 2 に，新準備は，途上国が求める国際流動性の一時的不足ではなく，長期的ニーズとの関連で創造されなければならない。第 3 に，新準備創設は，G10 とは限らないが，一部の限定された

---

34) 第 1 のフランス案は，CRU 案の一種で，参加国は金保有高に応じて出資する自国通貨の見返りに CRU を受け取り，金と CRU は固定比率で流通するという案であった。第 2 の新準備創設案は，オッソラによって早くから IMF に研究が要請されていた。第 3 の代替資産案としては，英蔵相モールディングの相互勘定案や預金勘定を設けるカナダ案が検討された（de Vries [1976], pp. 52, 59-60）。
35) Wilki [2012], p. 125.
36) Odell [1982], p. 79.
37) IMF [1965], pp. 30-31, 41-42, 117, 123-126.
38) IMF EBM/65/60.

国々のグループに委ねられるべきだとされた。

　12月22日理事会では，12月のG10次官級会議が議論された。ポラックは，会議の内容として，第1に，ドル過剰問題を監視するため，新準備創設に際し，G10諸国のドル準備の水準についての合意を新準備創設の前提とするかどうか議論され，第2に，新準備創設の手続きに関して，G10諸国が主要決定した後の最終段階の決定について，IMF専務理事がまず提案し，その後，加盟国の投票を行うという二段階方式に多くの支持が集まった，と報告した[39]。

　1965年から66年にかけて海外長期投資が活発化する一方，米英は，資本輸出規制を強化する。このため，短期資金調達市場としてユーロ市場の役割が高まる一方，直接投資資金は西欧の証券市場で調達されるようになり，フランスやイタリアも会社法改正や証券市場整備を行った。他方，途上国は，米英が公的援助を圧縮したため，1965年の主要先進国の低開発国向け資本輸出はネットで前年比微増にとどまった。

　国際金融環境の変化は，アメリカのコンサルテーションが議題とされた12月22日理事会に直ちに反映された。ジョーンズ理事（カナダ）やスティーヴンズ理事（イギリス）による米資本規制への肯定的意見に対して，リーフティンク理事（オランダ）は，米経常収支赤字縮小は，主に，短期の民間資本の黒字増大と，金保有額の著しい減少によると主張した[40]。資本収支改善は一時的であるというラール理事（フランス）の指摘に，ビッカーロ理事（ブラジル）も，米国際収支問題の是正には自主規制よりも直接規制が有効だと応じた。同理事会では，途上国側理事から米国際収支対策が途上国に深刻な影響を与えることが強調された。デル・ヴァーレ理事（グアテマラ）は，南米がアメリカの自主的貸出抑制策に苦しんでいる点を指摘し，タン理事（中国）も，途上国への圧力を回避するため，途上国への資本輸出を促進すべきだと主張した。

　1966年に入ると新準備創設についての議論が活発化する一方，G10案への理事会の反発が高まってくる。G10が当初考えていたデュアル・アプローチと呼ばれる新準備創設案は，理事会にとって看過できない2つの問題が含ま

---

39) IMF EBM/65/66.
40) IMF EBM/65/66.

れていた。第1に，G10は当初，新準備の発行額や発行時期は，新準備の管理に責任を持つ限定されたグループ諸国（15カ国程度）によってまず決定され，その後，新準備創設案は，IMFにおいて最終決定が行われるとする決定手順の二段階方式をとることを主張した。第2に，新準備の配分も二段階で考えていた[41]。すなわち，新準備は，限定グループ諸国（15カ国程度）にまず配分され，各国は配分額に応じた自国通貨建てクレジット・ラインをIMFに設定し，それに基づいてIMFが他の加盟国への融資枠を設けるという方法である。

G10案に対する理事会，特に途上国理事の反発は，1966年1月・2月のG10次官級会議を審議した2月4日理事会で顕在化する[42]。サール（IMF欧州事務所長）は，G10が一致した6点を以下のように挙げた。①新準備は，創造された資産に対して金融責務を果たすことができる諸国グループによって創造され管理される。②グループは閉鎖的ではなく，新メンバーも受け入れられる。③グループ内での金融的責務の配分と新準備の配分は，IMFの出資金やGABを基準にする。④新準備の額は，短期的観点からではなく長期的傾向に基づいて決定される。⑤限定グループ外の加盟国の準備需要には，特別融資制度が新たに設けられるグループによって検討される。最後に，限定グループとIMFとの間で緊密な協調が維持されなければならないことも合意された。

サールは，新準備の配分方法や新準備創設の決定手続き問題など未だ合意に達していない諸点を挙げるとともに，準備配分は無条件かつ包括的に行われるべきだとする考えもG10内にはあると付け加えた。サールがIMFを会議で新準備創設の実務センターとすべきと強調したと述べたのに対し，ニコイ理事（ガーナ）やアンジャリア理事（インド），サード理事（アラブ連合）が支持を表明した。特に，サード理事は，IMFによる新準備創設の専管は，IMFの団結の維持という観点からも重要だと主張した。最後に，ファーバー理事（ギニア）は，途上国の要求を受け入れてG10側も流動性需要についての見解を修

---

41) G10の新準備創設案はバーンスタインのCRU構想を引き継いだが，欠けていた意志決定問題は，ローザによってGABにならって導入された（de Vries [1976], p. 56）。
42) IMF EBM/66/7, pp. 3-5, 8-10.

正した印象があると指摘した。

　同年 3 月 7 日の G10 次官級会議は，3 月 11 日理事会で，ポラックの報告だけが行われ，4 月 19・22 日の G10 事務次官会議が，4 月 29 日理事会で審議された。

　ポラックによれば，G10 では，次の重要問題が特に議論された。第 1 に，新準備創設に当たっては準備不足時の対策も考慮するという緊急時対策問題，第 2 に，準備創設の時期および創設額についての決定は，国際通貨システムの運営に責任を持ちつつ準備創設を支える資産を持った一部の限定された国々からなるグループによって担われるべきとする限定グループ問題，第 3 に，新準備創設に際しては，全加盟国の準備需要にも配慮するという流動性需要問題，の 3 つである。ポラックによれば，以前と違い，加盟国全体の準備需要への配慮に，G10 で初めてコンセンサスが生まれた。

　ポラックは，G10 のデュアル・アプローチについて追加情報を提供した[43]。すなわち，デュアル・アプローチの下では，限定グループ諸国は，新準備創造とは別にその他加盟国向け新融資制度を設けるので，新準備創設は限定グループ諸国とその他加盟国に実質的に同じ効果を持つ。こうした G10 案に対して理事会は強く反発する。エスコバル理事（チリ）は，新準備創設の主要な決定を限定グループに委ねることは，IMF が一部グループに従属している印象を与え，加盟国の多くは受け入れないだろうと主張した。ゴッシュ代理理事（インド，代理）も，IMF 協定は主要国に優先的な決定権を与えているにしても，その他諸国が決定から排除されることを意味しないと反対した。主要国主導としたい G10 側と，G10 案に懸念を抱く IMF 事務局，そして事務局を支持することで新準備創設を経済開発と関連づけたい途上国理事という構図が明瞭になる[44]。

　G10 と，IMF 事務局および理事会の対立が深まる中，専務理事の西欧訪問

---

[43] IMF EBM/66/28, p. 5.
[44] 国際連合貿易開発会議（UNCTAD）の専門家グループは，1965 年 10 月に国際通貨改革は途上国の意見を反映すべきとするレポートを発表した。このレポートについては，中南米諸国が支持を表明する一方，G31 は，包括性原則を含まない計画に対し反対すると警告した（Wilki [2012], p. 43）。

に際しての声明が5月11日理事会で審議にかけられた。専務理事は声明で，加盟国を分断させるものだとしてデュアル・アプローチを強く批判した[45]。専務理事の西欧訪問と声明発表を機に，G10側の譲歩が明確になってくる。

5月27日理事会は，5月のG10次官級会議を議題に取り上げた。ポラック（経済顧問）によれば，今回の会議で初めて，新準備を包括的に配分するという案が好意的に迎えられた。その代わり，G10は，新準備創設の影響を検討するため，9月の総会で約20ヵ国の総務・代理から構成される特別諮問委員会を創設するという案を検討することになったと報告した[46]。この報告についてリーフティンク理事（オランダ）がG10側の譲歩を確認できると歓迎したのに続き，ポラックも，準備ニーズの認識と新準備の配分についてG10の態度が変化したことにIMF事務局の代表として満足感を表明した[47]。しかし，この発言に理事たちは反発する[48]。

G10側の変化は本当にIMFの管理下で検討されることを意味するのかというアンジャリア理事（インド）の質問から始まり，ラール理事（フランス）は，経済顧問やIMFスタッフが新準備創設をIMFの枠内にとどめようとしてきたのはわかるが，特別諮問委員会設置によって理事会が排除されかねないと主張した。ファーバー理事（ガーナ）も，諮問委員の選任や議事進行，投票手続きに合意を得るのは困難とし，理事会こそが新準備創設を検討するに相応しい組織であると主張した。IMFの関与が確認されたことに満足する事務局側と，理事会の関与を明確にしたい理事たちとの違いが表面化した。

G10側の譲歩は，6月のG10次官級会議でさらに明確になる。会議に出席したポラックによれば，第1に，新準備資産は国際収支赤字額ではなく世界

---

45) IMF EBM/66/30, p. 3.
46) IMF EBM/66/33, pp. 4-5. この委員会は，もともと，G10諸国に，オーストラリア，インド，中東，アフリカ，中南米から5人の総務を加え新準備創設への西欧の反対という隘路を打開するため，専務理事とIMF事務局によって構想されたものであった（de Vries [1976], p. 67）。
47) IMF EBM/66/33, pp. 5-6. この時期，IMFスタッフは，新準備創設を無条件の引出権方式とした場合，融資額が著しく増加すると見ていた（Ibid., pp. 48-49）。
48) IMF EBM/66/33, pp. 7-9.

の準備ニーズに基づいて創造される，第2に，新準備は無条件で全加盟国に配分される。第3に，新準備創設の決定は全加盟国の利害を反映する一方，主要国の特別の責務も重視すべきである，第4に，新準備創設の実施は，準備ニーズの存在と追加的条件が確認されるまで行われない，という4点がG10でほぼ固まった[49]。これを受けて，1966年7月のG10次官級会議で，閣僚級会議宛最終報告について合意に達した。最終報告は，IMFを代表して会議に出席したサールによって，7月8日理事会で報告された。サールによれば，最終報告に大きな変化はないが，IMF理事会との対立を懸念して，G10事務次官級会議議長エミンガーは，手続きの進め方について専務理事宛手紙を送り，手紙は理事の間で回覧され非公式会議で審議された[50]。

G10閣僚級会議は，ハーグで，7月25日午後と7月26日の午前と午後の3回にわたり会合を持ち，新準備創設は限定グループとIMFの両方による検討が最善だとするコミュニケを発表した。8月1日理事会において，ポラックが会議の内容を報告した。

ポラックの報告に対して，サード理事（アラブ連合）が，G10が決定した後で，わざわざIMFに諮問するのか質した。ポラックの答えは，限定グループが決定するにしても，その他加盟国に向け融資制度を設けるためにIMFの承認が不可欠だからというものであった[51]。さらに，サード理事が，新準備創設にIMFの決定を要しないのか問うたのに対し，ポラックは，具体的計画が未定なので手続きに関するコメントは控えると答えた。アンジャリア理事（インド）は，未定だというが，コミュニケで一部諸国の責務を強調している点を見ると，もはや決着しているのではないかと反論した。

手続き問題は再び，9月7日理事会で取り上げられた[52]。専務理事は，G10閣僚級会議が次官級会議に理事会との合同会議を勧告したと報告した。手続き問題は，9月16日理事会でも議論されたが，専務理事による総会向け決議案

---

49) IMF EBM/66/45.
50) IMF EBM/66/55.
51) IMF EBM/66/65, pp. 8-9.
52) IMF EBM/66/74.

の提出見送りの報告を受け，デール理事（アメリカ）も，米当局は結論を出せなくなったと述べた[53]。

手続き問題は，9月19日理事会でも審議された。サード理事は，G10声明が言及した一部グループへの特別責務の付与は非現実的であり，途上国を従属的立場に置く交渉は受け入れがたいと主張した[54]。理事会の反発は続き，合同会議が議題となった10月19日理事会で，専務理事は，手続き問題をG10事務次官会議議長（エミンガー）と相談したこと，またG10側が合同会議においてG10とIMFの共同議長を提案してきたと報告した[55]。

G10事務次官級会議と理事会の合同会議は，1966年11月の第1回から67年6月の第4回まで4回開催された。この間，G10とIMF事務局により新準備創設の実務的論点の検討が並行して行われたが，特に，第1回会議と，1967年1月の第2回会議は，議論の収束を図る上で大きく貢献した。G10側譲歩は，アメリカの賛成やIMF事務局の実務面の貢献があるにしても[56]，理事会の反発が大きく影響した[57]。

G10次官級会議と非公式に調整してきたSDRの審議が，9月6日理事会から開始された。同理事会では，①SDRの最終案，②G10の経済顧問報告，③デール理事案が審議された。マンスール理事（エジプト）が，SDR参加者の投票権の85％を多数とする事務局案に対し，特定グループのブロック投票に

---

53) IMF EBM/66/79, p. 3.
54) IMF EBM/66/80, p. 4.
55) IMF EBM/66/84, p. 18. 理事会は合同会議について非公式会議を持ち，会議の形式や新準備創設の目的，形態など諸論点について議論した（de Vries [1976], pp. 106-119)。この間，9人の途上国側理事はG7と呼ばれる非公式会議を持ち，見解の一致をはかった（Ibid., p. 7)。
56) アメリカがIMF案支持へ転換したことが，G10譲歩を引き出す必要条件をなした。アメリカの対外金融政策は，政府内部の対立でアドホック・ベースで行われてきたが，ケネディとジョンソンの両大統領は金平価維持のためSDRに期待をかけた（Wilki [2012], p. 145)。加えて，国際収支調整を回避したい財務省はSDRを支持し，SDRの役割は限定的と見ていたニューヨーク連邦準備銀行も，創設を認めた（Ibid., pp. 122-123)。
57) G10案が強行された場合，途上国が地域決済機構を創出する懸念もあった（de Vries [1976], p. 58)。専務理事は途上国側の合意なしに新準備創設は困難と考えていた（Ibid., p. 67)。

よって決定されることになると反対したが，最終的に棄権し，事務局案が承認された[58]。IMF 協定改正案の提出期限として 1968 年 2 月末を求めたデール理事案に対しては，マントレ理事（フランス）が反対したが，翌 9 月 7 日午前の理事会で，時期の明確化を避ける修正が施され[59]，午後の理事会で，「1968 年 3 月 31 日」が挿入され，審議は決着した[60]。

4 年の討議を重ねてきた国際流動性問題は，9 月の年次総会で，SDR の創設という形で決着し，1968 年 3 月を期限に協定や細則の改正作業が進められることになった。新準備の創設と配分を含めすべての決定は IMF の専管となったのである。

3）第 3 期：IMF 協定改定と金・ドル交換性停止

理事会は，1967 年 12 月 1 日理事会から，SDR 導入に伴う IMF 協定改正および各種細目の審議に入る。IMF 協定の改正作業は，1968 年 2 月 12 日理事会まで続けられ，2 月 22 日理事会で，SDR に伴う IMF 協定改正に関する最終草案が審議に入った。同年 3 月，G10 閣僚級会議が開催され，フランスを除く諸国の合意が成立した[61]。それを受けて，IMF 協定改正案の審議は，3 月 24 日理事会を経て 4 月 16 日の理事会で決着を見ることになった。この間，一言一句の検討のため 74 回の会合が行われた[62]。

1968 年発表時の SDR 構想の骨子は，次のようなものであった。第 1 に，金や米ドルなど既存準備資産を補充する必要が生じたとき，全加盟国に配分される。第 2 に，SDR1 単位は，0.888671 グラムの純金に等しいとする。第 3 に，SDR は出資比率に応じて割り当てられる。第 4 に，加盟国が SDR を使用する

---

58) IMF EBM/67/72.
59) IMF EBM/67/73.
60) IMF EBM/67/74.
61) SDR がドルの地位を犯す可能性がある一方，国際収支調整圧力を緩和させるという矛盾は，SDR 創設を支持する米政府と，積極的支持を拒否する議会との対立をもたらすことになる（Wilki [2012], p. 83）。しかし，米金融機関のユーロ市場進出がドルの役割を高める一方で国際金融不安を助長させることを懸念した米金融界は政府へ圧力をかけた（Ibid., p. 64）。
62) de Vries [1976], p. 167.

際には，IMF を介して，SDR と同額の指定された加盟国通貨を取得できる。第 5 に，SDR 使用国は，最初の基本期間（5 年）について，SDR 平均保有額が，同期間の SDR 平均累積配分額の 30％を上回る必要がある。第 6 に，SDR の発動にあたり投票権の 85％以上が必要である，などである。

　SDR 創設の合意を急がせたのは，1967 年末から 68 年初めにかけての金相場の上昇とそれと裏腹の関係にあるドル不安の高まりであった。1967 年秋までは比較的順調に推移していた国際金融情勢は，中東戦争勃発とスエズ運河閉鎖によりポンド投機が強まり，67 年 11 月 18 日，英政府は，平価切下げを余儀なくされ，貿易関係の深いデンマーク，アイルランドなど 23 カ国が平価を切り下げた。ポンド切下げ後，ジョンソン大統領は，現行金価格を堅持する声明を発表するが，ドルは欧州諸国通貨に対し底値をつけ，金相場が高騰した。金プール 7 カ国中央銀行総裁による金平価維持表明によって一旦沈静化した金投機は 12 月に再び激化した。金投機は，米政府の声明で収まるが，約 10 億ドルの金が流出した。

　ジョンソン大統領は，1968 年 1 月，企業や金融機関の対外投資規制などを内容とするドル防衛強化策を発表するとともに，法的金準備の撤廃を議会に要請した。米連邦準備制度理事会も，中央銀行間スワップ網を活用してドル建債務を買い戻した。こうした措置により一時小康状態を得た金相場は，3 月になり再び投機に見舞われる。米国は，3 月 14 日に公定歩合を引き上げるとともに，金準備廃止法案を成立させ，15 日には，ロンドン金市場の閉鎖を要請した。17 日に金プール 7 カ国中央銀行総裁をワシントンに招聘し，金プール停止と金の二重価格制を発表した。

　事態の急変を受けて，SDR 創出に伴う IMF 協定改正案は，1968 年 4 月に発表された。この発表が，金投機を一時的とはいえ沈静させたことは，市場参加者の国際流動性改革への期待の大きさを示している。さらに，連邦準備制度理事会議長マーチンやファースト・ナショナル・シティ銀行会長など米金融界の要人がドル安圧力を緩和するため財政引き締めを要望した。内外からの圧力のため，米議会は，6 月，増税案を含む政府原案と支出削減案を可決した。

　IMF 協定改正に関連した審議は，1968 年 4 月 10 日理事会および 4 月 12 日

第 6 章　1960 年代の国際流動性問題　157

理事会においても続き，特別引出勘定の参加問題や金価値，ゴールド・トランシュなどの論点をめぐって，米欧理事と途上国理事との間で議論が展開された。しかし，4月12日理事会で，SDRによる国際流動性問題は最終的な合意を見，5月1日理事会で，SDRの創設と関連付則が決定され，6月17日の理事会で，総務会向けIMF協定改定を含むすべての文章が承認された[63]。ファウラー米財務長官は，7月15日，アメリカがSDRを公式に承認する最初の国になったと発表した。米議会は，下院が5月11日，上院が6月6日に，法案を可決しIMF協定第1次改正を批准した。

こうした最中，1968年5月，フランスで5月危機が発生し，フランが為替投機の対象となった。フランス政府は，為替管理を導入すると同時に公定歩合を引き上げたが，11月になってマルク切上げの噂とともに短資流出が加速し，再度フラン防衛策の導入を余儀なくされた。西ドイツ政府も，11月19日に付加価値税の調整によってマルクを実質的に切り上げざるをえなくなった。

1969年に入ると，マルクに対して平価切上げ圧力が増してくる。8月にフラン切下げに続き，西ドイツは，9月に，マルクを引き上げざるをえなくなった。他方，原油など原材料価格が上昇する一方，原油以外の一次産品価格が低迷し，途上国の経常収支に打撃を与えた。

1969年6月，約1年の中断後，G10次官級会議が再開される。同会議には，専務理事が参加し，GABによる為替先物取引や，SDRと国際収支調整の関連などが議論された。そして，9月12日理事会で，SDRの最初の配分についての専務理事案が提案された。理事たちの多くがSDRの配分実施を高く評価する一方，マンスール理事（エジプト）ら途上国側の理事たちからSDRが途上国の開発にも用いられるよう要望が出された[64]。1969年の年次総会（リオ・デ・ジャネイロ）において，総額650億ドルに相当するSDRの最初の配分が，70年1月および72年1月に実施されることが決まった。

1970年に入ると，国際金融市場の深刻さが理事会にも反映されるようになる。5月1日の理事会で固定相場制への懸念が表明され，11月30日理事会で

---

63) IMF EBM/68/99.
64) IMF EBM/69/86, p. 6.

は，変動相場制が議論されたが，理事会の多くは変動相場制導入を否定した。12月7日理事会では，ドゥ・コック理事（南アフリカ，代理）によって，SDR問題に傾注し過ぎて世界経済安定という根本問題をなおざりにしてきたのではないかという悔いが述べられることになる[65]。

1971年に入ると，変動相場制導入の声が一段と高まるにもかかわらず，理事たちは，変動相場制導入拒否をあらためて確認した[66]。しかし，国際金融情勢の悪化は予想を超え，5月5日理事会で，外為市場急変への対処策が検討され，5月19日理事会では，ドフリース理事（オランダ）によって，短期の国際資本移動対策を検討する提案がなされた[67]。こうした中，8月13日，ニクソン大統領は金ドル交換停止を発表する。ニクソン声明の内容は，8月16日理事会で，デール理事（アメリカ）によって事後的に報告された。

おわりに──議事録分析の成果と含意

IMF理事会議事録の検討による発見事実と，その研究上の含意は，以下の2点に整理できる。

第1に，従来，SDR創設は，米国のイニシアティブのもとでIMFとG10との交渉の結果決定したとされてきたり，SDR創設過程においてアメリカが譲歩しIMF事務局が独自の役割を演じたことを認めるものの，本質において，米英を軸とする国際通貨制度の政治力学に沿ったものと捉えられてきた。しかし，理事会議事録の検討は，SDR創設過程において，G10諸国が一方的に主導したわけではなく，決定手続きや配分問題においてIMF理事会を介して途上国側の要求が組み入れられた事実を明らかにした。途上国側理事たちがIMF事務局の動きを後押しすることによって，決定手続き問題やSDR配分問題においてG10側の譲歩を引き出すことに成功したのである。

---

65) IMF EBM/70/108, p. 21. 1970年9月の年次総会で，途上国77カ国は，SDRと開発金融の関連を再考するように要求した（Reserve Bank of India [2005], p. 577）。
66) IMF EBM/71/18.
67) IMF EBM/71/43, p. 17.

旧植民地が独立する一方，主要国以外の諸国も国際金融の一環を担うことになった戦後において，国際金融分野の国際協調は，アメリカだけによっても，主要国だけの合意取り付けだけでも，実現されなかった。他方，途上国は理事会において一定の発言権を有するものの影響力は限られていた。こうした間隙を埋めるために，IMF という国際金融組織の役割が必要になったのである。他方，IMF 事務局は，G10 主導の改革案に対する途上国側理事の反対を利用して，新国際準備創設を IMF 所管にし業務分野を拡大することができたのである。

第 2 に，先進国間の短期・長期の国際資本移動，すなわち国際金融活動の増大が，1960 年代の国際通貨体制を動揺させた要因として，重大な影響を与えていたことが，多くの理事たちに認識されていたことが確認できる。資本移動の予想を上回る規模は，専務理事にとっても国際通貨改革の新たな問題として認識されることになった[68]。このことは，1960 年代の国際通貨体制の動揺の原因が各国の貿易構造や産業構造などの違いにあるというよりも，戦後における国際金融面の発展と関連していたことを示唆する。

第二次大戦後，相対的に安定した金融環境のもとで，大手企業や投資基金の内外の資産選択行動が拡大していくとともに，それを担う銀行や証券会社なども対外金融活動を活発化させた。こうした動きは，アメリカからはじまり，次第に主要国に拡大していく。国際的な資産選択行動は，証券取引を為替および資金面で支える無規制のユーロ市場を生み出すことによって，1 つの起爆剤を得る。1960 年代，国際的な資産選択行動と金融機関の対外活動は，貿易体制を支える外国為替システムとして設計されたブレトンウッズ体制に様々な障害を生み出すことになった。投機活動を含む資産選択活動から生じる外国為替取引の増大は，外国為替需給の構造を変え，ブレトンウッズ型の外国為替システムの正常な運行を阻害するようになったのである。

1960 年代の国際流動性問題は，ブレトンウッズ会議で積み残された課題が

---

68) de Vries [1976], p. 66. 1961 年 9 月の年次総会において，ヤコブソン専務理事は民間国際資本移動への対処のため IMF の資金源拡大の必要を強調していた。

形を変えて提起されたものである。固定相場制と金融機関の対外経済活動との間に潜む矛盾を解決するには，IMF 協定は 2 つの問題を未解決なままにしていた。第 1 に，固定為替相場制の安定の確保には，為替銀行を中心とする金融機関の対外活動の管理が不可欠だが，経済主体の国際管理についての合意を欠いていた。第 2 に，IMF 協定では，国際金融ガバナンスにおける IMF の権限と役割が明確にされないまま積み残された。IMF は，強固な財務基盤と明確なイニシアティブを持った組織として位置づけられず，設立時点から脆弱性を含んだ設計であった[69]。

　国際金融取引が増大するもとでは，外国為替市場の変動を緩和するには，変動為替相場制の導入か，金融機関の対外金融活動管理が不可欠である。しかし，1960 年代の国際通貨改革論議は，IMF スタッフの視野の狭さも一因となって，SDR の創設と拡張が国際通貨改革問題の中心に据えられ，銀行や証券会社の国際業務に対する監視や規制はテーマとさえならなかった。逆に，SDR は，人為的国際準備の創造を通じ国際金融システムを安定化するというケインズの構想の復活と見なされた。しかし，各国管理通貨制度と同じく，国際金融においても，外国為替業務を担い，海外融資を行う大手為替銀行を統御する仕組みを少なくとも伴わない限り，外国為替市場の動揺に対処することはできない。

　SDR を創設し IMF の専管とすることは，IMF の権限強化につながるようにも見えた。しかし，ニクソン声明後，ユーロダラー市場の拡大と米金融緩和による民間流動性の膨張を前にして，国際流動性を管理するという SDR 創設の当初の目的は消え去り[70]，銀行など各種金融機関の国際活動の管理が，国際金融，そして世界経済の課題として浮上してくる[71]。こうした課題に向けた政策形成の舞台から IMF は外れていき，主な役割はバーゼル委員会を中心とする業務分野ごとに設けられた多国間規制・監督委員会に委ねられることになった。

---

69) すでに 1952 年に，IMF の資金源を拡大する必要性は，国際連合の経済社会理事会（ECOSOC）の報告書において勧告されていた（Wilki [2012], p. 13）。
70) Cohen [1970] ; Machlup [1982].
71) Triffin [1964] ; Kessler [1980]. この点について詳しくは，野下 [2012] を参照。

第 II 部
IMF と国民経済

第7章
IMF とフランス
――ブレトンウッズ秩序の多元性

矢 後 和 彦

はじめに――問題の所在

　IMF とフランスの関係には，他の加盟諸国と較べてきわだった特徴が認められる。フランスはブレトンウッズ協定の主要な調印国であり，IMF の要職に人材を送り込む重要な加盟国である。と同時に，ときには IMF の方針に公然と反旗を翻し，国際通貨システムの設計にしばしば根本的な修正を唱えるなど，フランスはブレトンウッズ体制の「番犬」[1]でもあった。
　こうしたフランスの独自性については広く知られているところであるが，ではその内実となると研究史上の見解は様々に分かれている。すなわち①通説的な理解では，フランスの独自性はドゴールが主導した「反米」「自力更生」路線，あるいは「金本位」論に立つ「自立帝国主義」への志向から説明される[2]。②他方で 1945 年から 58 年の交換性回復に至るまでにフランが「あれやこれやの方法で 7 回切り下げられた」「フランスは非現実的な平価を維持しようとはせず，平価切下げによる調整過程をより気やすく受け容れた」ことも事実である。その背景には複雑な政治情勢，とりわけ強力な共産党の存在が指摘される[3]。③これに対して国際金融史の泰斗ボードらは一見すると「反米」と

---

1) Bordo, Simiard and White [1994], p. 10.
2) ドゴールの国際通貨体制論をフランスにおける「反米」主義の潮流に位置づけた歴史研究として Kuisel [1993] を参照。

見えるドゴールの政策は「フランスの金政策を追求する武器」だったのであり，フランスの真の目標は「1920年代の金為替本位制そして1936年の三国通貨協定の線に沿って国際通貨システムを見直すこと」にあったと述べ，フランスの対応を「首尾一貫した合理的な長期的政策」と評価している[4]。ボードらはこの考えを敷衍して，ブレトンウッズ体制期の米仏関係について，フランスが発動する金ドル交換を「合理的脅威」とする「非協力ゲーム」だったという史観を提示している[5]。④フランスの経済史研究の側からは，ボードの言うような首尾一貫性ではなく，フランスの側に2つの対抗的な潮流があったことが強調されている。すなわち「金本位」的な市場主義を指向する新自由主義者と，「復興」を第一義に置き拡張的政策運営をよしとするケインズ主義者という潮流である[6]。この対抗は論者によって「緊縮自由主義派（austéro-liberaux）」対「拡張的大西洋主義派（expanso-atlantisme）」の対抗[7]，「理論派」対「実務派」[8]の角逐，あるいは「負債の経済」の定着とそこからの脱却の過程[9]として構成されている。

以上に見られるようにブレトンウッズ体制下のフランスについては様々な見解が出されているが，しかしこれらは共通した弱点を抱えているようにも思われる。本章の結論をやや先取りして2点を挙げておくと以下の通りである。

第1に「フランス対アメリカ」「フランス対IMF」という二項的な対立図式である。これはとりわけフランスの資料に基づく研究について言えることであるが，フランスの内部における路線対抗については詳細に描かれるものの，対するIMFやアメリカ当局の内部における対抗・分派の存在が十分に視野に収められていないようである。本章では，これらIMFやアメリカ内部の対抗関係がフランスの内部の対抗関係とどのように共振し，また対立していったのか

---

3) Gilbert［1980］, p. 76
4) Bordo, Simiard and White［1995］, pp. 153-180.
5) Bordo, Simiard and White［1994］, pp. 28-33.
6) 最も体系的な研究として Bossuat［1992］を参照。
7) Margairaz［1991］.
8) 権上［1999］。
9) Feiertag［2006］.

をアメリカの意向，とりわけ国際金融問題の司令塔であった国際通貨金融問題に関する国家諮問委員会（NAC）[10]の議事録に即して，実証的に明らかにすることを試みる。

第2に「緊縮対拡張」「新自由主義対ケインズ主義」という，これまた二項的な対立・段階論である。当該期の国際通貨体制や国内マクロ経済政策を見る際にこれらの対立図式は一見するときわめて有効ではあるが，しかし歴史の現実を説明する枠組みとしては単純に過ぎる。例えばフランス・アメリカ・IMFの「新自由主義」派も緊縮財政と健全通貨を金科玉条としていたわけではなく，状況の推移に応じて主張を融通無碍に変化させた。あるいは国内向けには「安定」と見せておいて対外的には「フラン切下げ」を実現するという「一挙安定」論のようなレトリックを駆使する局面があった。本章では既存研究の二項的な図式の弱点をIMF・フランス双方の一次史料による実証の中で乗り越えようとする。

以下，本章はブレトンウッズ協定の締結前後から1960年に至るまでの時期を対象に，IMFとフランスの関係を一次史料から検討することを課題とする。1960年で検討を閉じるのは，この年に対仏14条コンサルテーションとしては最後になる59年度のコンサルテーションが行われており，翌年からはフランスが8条国に移行する区切りになっているためである。

1　ブレトンウッズ協定とフランス——クオータとIMF平価の設定

本節ではIMFにおけるフランスのクオータ（割合額），およびフラン平価の設定過程を取り上げる。

ブレトンウッズ会議が開催されるとフランス（ドゴール臨時政府）はマンデス＝フランスを代表とする代表団を派遣したが，会議におけるフランスの役割は，英米に比べると重要なものではなかった[11]。しかしながらIMFのクオータを決定する局面になるとフランスは「アグレッシブ」な本領を発揮する。当

---

10) NACについて詳細な検討を加えているすぐれた研究として須藤［2008］，pp. 215-265 を参照。

初のクオータ算出の方法によると，クオータの順位でフランスは中華民国の後塵を拝していた（中華民国は米英に続いて第3位，フランスは第4位）。そのためフランスは1945年12月26日にブレトンウッズ協定を批准したのちに，IMFにクオータの引上げを要請する。要請は1946年9月10日の理事会で委員会協議に付託され，9月24日にはフランスのクオータを増額する方向で試算が了承された[12]。

　このフランスのクオータ決定の過程で重要な意思決定を行っているのがアメリカのNACである。NACの理事会（Council）ではクオータ引上げの要請がIMF理事会に付託される直前の1946年9月10日に紹介されている[13]。これを受けてNACの作業部会（Staff Committee）では9月16日にこの論題を取り上げている[14]。翌9月17日のNAC理事会でもこの論題は立ち入って取り上げられている。理事会では，議長を務めていた財務長官スナイダーが議論を取りまとめて以下の行動要領（action）を決定した。すなわちNACとしては「フランスのクオータ改訂の要請については，フランスの世界銀行出資金が新クオータと同額まで改定されることを条件に，フランスの有利になるよう考慮することを勧告する」[15]。

　ところが事態は中華民国がフランスに対抗してクオータ引上げを要請し，これに対してインドも同様に引上げを要求し始めたことから紛糾していった。翌週9月26日に開催されたNAC理事会ではIMF代表として出席していたホワイトが「フランスに認められるクオータが5億2,500万ドル未満であれば中華民国は要求を取り下げる」という情報を得てフランス代表にこの額での引上げで収めるように説得したことを紹介した[16]。

---

11) ブレトンウッズ会議におけるフランスの役割については Lepage [1994]；Frank [1994], pp. 9-14；James [1996], p. 43 を参照。
12) IMF EBM46/53, September 10, 1946；EBM46/65, September 23, 1946.
13) NARA RG56, NAC Documents, Meeting No. 38, September 10, 1946.
14) NARA RG56, NAC Documents, Staff Committee, Minutes, Meeting No. 40, September 16, 1946.
15) NARA RG56, NAC Documents, Meeting No. 39, September 17, 1946.
16) NARA RG56, NAC Documents, Meeting No. 40, September 26, 1946.

この時点では NAC はフランスのクオータ引上げに反対せず,翌年には世銀の第 1 号借款がフランスに貸与されるなど,フランスの要請に好意的に対応していた[17]。アメリカの判断の背景には他の IMF 加盟国とのバランスや冷戦初期の国際情勢などの要因があり,これらの要因を総合してフランスには寛大な結論が引き出されたと見られる。他方でフランスも譲歩を行い,1945 年 9 月 30 日に IMF 理事会に提案したクオータ引上げ幅はさきに見たホワイトの説得の線,すなわち 5 億 2,500 万ドルへの増額にとどめるという内容となった[18]。当時のフランスはアメリカから早期に援助を引き出すことを企図しており,フランス議会がブレトンウッズ協定を早々に批准したのも,フランス側が「望んでいるアメリカの信用は批准と引き換えにしか得られないことを知っていたから」であると言われる[19]。結局,クオータ引上げは 1947 年 2 月 12 日に正式決定され,同年 1 月にさかのぼって適用されることになった[20]。この新クオータによってフランスは IMF の中で第 3 位の出資国となった。

クオータ設定の過程でフランスにとって重要だったのはクオータの引上げを後押ししてくれた NAC の存在であった。IMF も NAC と連携してクオータの引上げ幅を調整していた。戦後初期の「良好」な米仏関係こそが国際通貨体制におけるフランスの出発点を形作る上で最大の保障だったと言えよう。

フラン平価の設定についてはどうだろうか。こちらの事態はやや複雑に推移した。

第二次大戦後のフラン平価は 1945 年 12 月 26 日のデクレ(政令)で 1 ドル = 119.10669 フラン,1 ポンド = 480 フランに定められた(図 7-1)。当該期には,この平価を中心に為替平衡勘定が為替・外貨の売買を一元化していた[21]。このほかフランスにはドルの闇市場が成立しており平価が公定される以前の 1945 年 11 月には 1 ドル = 350 フラン,12 月に公定される頃には 1 ドル = 295 フランになっていた。戦時中にフランスはドイツに支払う占領経費をまか

---

17) 世銀の対仏借款については矢後[2012]を参照。
18) IMF EBM46/72, September 30, 1946.
19) Bossuat [1994], p. 15.
20) IMF EBM47/135, February 12, 1947.
21) IMF SM35, Foreign Exchange Transactions in France, January 27, 1946.

図 7-1 フランの法定・実勢平価（1928〜58年）対ドルレート

出所）INSEE, Annuaire Statistique de la France, exercices 1928-1959 より作成。
注）左目盛は1ドル当たりのフランのレート。「切下げ」をイメージするため負号で表示している。

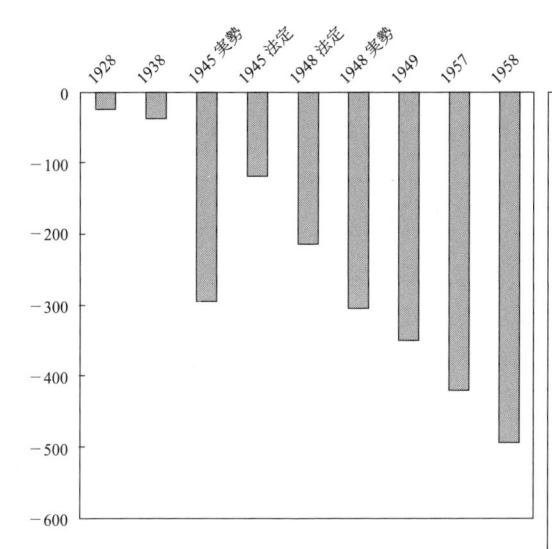

1928：1928年6月25日の法定フラン（ポワンカレ・フラン）
1938：1938年4月の実勢フラン（人民戦線期）
1945実勢：1945年12月の実勢フラン（ドル闇市場）
1945法定：1945年12月25日の法定フラン
1948法定：1948年1月25日の法定フラン（メイエル・プラン）
1948実勢：1948年1月の「自由市場」フラン
1949：1949年9月の法定フラン
1957：1957年10月の法定フラン
1958：1958年12月27日の法定フラン・交換性回復レート

なうために大量の通貨供給を行ったが，他方でドイツの占領当局は強力な物価統制を敷いたため貨幣が退蔵されていた。この退蔵された資金が戦後の闇市場に流れ込んだのである[22]。IMFスタッフの分析によると，フランスの闇市場の特徴は国内に退蔵されている外貨や外国為替がやりとりされていることであり，闇市場を支える資金源が国内に豊富に残されていることであった[23]。

さてこの情勢の中で1945年12月に平価がフランスの政令で定められる。IMFではこの平価について調査局にいたトリフィンが調査を担当した。トリフィンは1946年10月30日付の理事会宛調査局報告で以下のように論じてい

---

22) Gilbert [1980], p. 77. 当該期の通貨・信用をめぐる情勢と構想については権上 [1999], pp. 268-277 を参照。
23) IMF SM35, Foreign Exchange Transactions in France, January 27, 1946. このレポートはベルトランが執筆しIMFのバーンスタインが了承して理事会に上げられている。

る[24]。トリフィンはフランスの状況を戦間期のフランス経済史から筆をおこして説明した上で「1946〜49年には国際収支諸勘定の著しい赤字」がもたらされるだろうと警告する。この見地からトリフィンは1945年10月に成立し，その後政令でも追認されることになる1ドル＝119.10669フランという平価について「将来にわたってこれを維持することは現状がはらんでいるインフレ的な諸力をチェックする目的に基づいており，もっと言えばいま提案されている平価を維持することができなくなるだろう」と述べている。戦後フランスの激しいインフレ傾向を見て，さらなる平価切下げを予見した警告である。他方でトリフィンはフランス側が主張するドル不足について楽観的な見通しを示し，IMFと世銀に出資金を払い込んだのちも10億ドル相当の金・外貨準備が残っていると試算する[25]。国際収支勘定との関連ではフランスが「経済の吸収余力を過剰に見積もった野心的な投資目標」を掲げていると見なし，当時準備されていた大規模な近代化・設備計画（「モネ・プラン〔Plan Monnet〕」）[26]を牽制している。トリフィンの結論は，提案された平価をIMFとして採用することは了承しつつ，ごく短期間のうちに見直しが必要になる事態を示唆するというものであった。

　トリフィンのレポートが理事会に提出された直後，フランスは1946年11月8日のIMF理事会で平価を正式に提案した[27]。提案されたIMF平価は1945年の政令による平価，すなわち1ドル＝119.10669フランであった。提案説明に立ったIMFフランス代表理事ド・ラルジャンタイ[28]は開口一番，ト

---

24) IMF EBD99, Initial Par Values, France, prepared by Robert Triffin, October 30, 1946.
25) トリフィンの試算とは当該時点での交渉中の援助を合算したものであり「世銀から5億ドル，他の財源から3億から4億，民間の投融資で1億から2億」が得られれば「推計されたニーズと財源のギャップはおよそ3億ドル」となり，これは「欠損見込の7％に過ぎない」ので，ルールからの石炭輸入などのドイツからの賠償でカバーできるとしている（Ibid.）。
26) モネ・プランについてはMioche［1987］を参照。同書の中で著者ミオシュは，当初モネの側ではプランの実施こそがアメリカの援助を引き出せるという見通しに立っていたという見解を実証している（Ibid., pp. 201-202）。
27) IMF EBM46/88, November 8, 1946.
28) ド・ラルジャンタイはケインズ『一般理論』を初めて仏訳したケインズ理論の紹介者でもあり1946年から64年までIMF理事に在任する。

第 7 章　IMF とフランス　169

リフィンよりもさらに歴史をさかのぼり，第一次大戦前の「およそ 2 世紀以上にわたってフランスの通貨単位は変動しなかった」と述べてから，1945 年 12 月のブレトンウッズ協定批准とともに設定した平価がそれまで有効だった平価を 58％切り下げたものだったことについて理事会の承認を求めた。ド・ラルジャンタイの論理では「小幅な切下げでとどめておくと平価の設定のあとでより一層の切下げが必要になり，こうした切下げが続くことは通貨の信認を揺るがせてしまうと感ぜられた」「それゆえフランを IMF に参加可能で，それ以上の再調整が不要な程度の水準まで切下げておくことが必要」というものだった。結局，この日の理事会ではあっさりとフランスの提案が認められた。もっともこの時点でド・ラルジャンタイが掲げたフラン維持の「公約」は 1 年余り後には破られることになる。

　他方でアメリカの NAC ではフラン平価設定の問題をめぐっては，クオータ引上げのときとは異なって時間をかけた議論が交わされた。IMF 理事会でフラン切下げが議題に上る 4 日前，1946 年 11 月 4 日には NAC が作業部会を開きフラン平価を議題に取り上げている。ワシントン輸出入銀行（EXIM）の代表者が切下げを勧めたほかはフラン切下げに賛同する意見はなく，結論は次回に持ち越された[29]。3 日後の 11 月 7 日，すなわち IMF 理事会でフラン切下げが議題に上る前日にも NAC 部会が開かれたが進展はなく[30]，NAC としての結論は IMF で平価を決定してしまったあとの 11 月 26 日の理事会に持ち越された[31]。この日の理事会では IMF 理事のホワイトが「現時点で提案されているレート〔初期設定の平価——引用者〕に反対することは誤り」と述べて議論をリードし，フランスの提案を認めないでさらなる切下げを勧告すると闇市場のドル需要がさらに刺激されかねないこと，フランスは 10 カ月前にフランを 60％切り下げており，現時点の切下げはインフレを昂進させることを強調した。結局，この日の NAC 理事会はアメリカがフランスの平価提案に反対しな

---

29) NARA RG56, NAC Documents, Staff Committee, Minutes, Meeting No. 47, November 4, 1946.
30) NARA RG56, NAC Documents, Staff Committee, Minutes, Meeting No. 48, November 7, 1946.
31) NARA RG56, NAC Documents, Meeting No. 45, November 26, 1946.

いことを不本意ながら認めるという行動要項を採択した。

　ブレトンウッズ協定に基づく平価の初期設定は固定相場制の基準を定めるものであり，早々には変更が許されないはずだった。フランのレートが問題になったのはフランスからの提案が楽観的に過ぎるのではないか，という懸念があったからであり，その懸念は現実のものとなった。しかしながら，事態は「フランスの楽観論」「IMFの悲観論」と括られるような単純なものではなかった。上述の通り切下げと見える主張に「一挙安定」の論理が含まれており，IMFの内部でも様々な議論があった。IMFとフランスの複雑な関係は，フラン平価を設定したあとにフランスが打ち出した提案をめぐってさらに混迷を深めていくこととなる。

2　フラン切下げ——フランスの独自路線とIMF・NAC

　フランスはIMFが動き始める時期になると独自路線をより一層鮮明に打ち出すようになる。フラン切下げに即して検討しよう。

　フランスはIMFに対してクオータの引上げとフラン平価の初期設定を承認させることに成功すると1947年1月にはクオータ分の払い込みを金やフランではなく無利子国庫証券で代行することをIMFに認めさせ，同年5月には第1回の引出（1億2,500万ドル）を行う[32]。この動きと並行して1947年1月22日にはモネ・プランを閣議決定，即日施行して復興と計画化の狼煙を上げる一方，同年5月7日には世銀借款2億5,000万ドルの調印にこぎつける。この1947年は「1947年危機」として知られる経済危機の年であり，フランスは矢継ぎ早に外貨支援を受け入れることを余儀なくされる[33]。この「1947年危機」を乗り切り，また同年のマーシャル・プラン援助の発表という情勢を背景にフランスが次に繰り出してきたのが「自由市場」という名のフロート制の導入と，その延長線上のフラン切下げであった。

---

　32) Horsefield [1969], pp. 169, 190 et passim. フランスのクオータ相当分の金・ドル払い込みは1950年7月に決定されるが，そのときもフランスに有利な例外が設けられた。
　33)「1947年危機」についてはBossuat [1992], pp. 99-139を参照。

フランスはまず1948年初頭にフロート制をIMFに提案した。フランスはフロートの提案が容れられないならIMFを脱退すると宣告し，強硬な姿勢を示してきた。

この提案に敏感に反応したのはNACである。1948年1月6日のNAC会議でIMFのいくつかの加盟国が為替のフロート制を採用していることが議題に取り上げられ，これら諸国のIMF引出要請に応えてよいのかという問題が提起された[34]。作業部会では経過措置として引出は認めて良いという意見とあくまで認めるべきではないという意見が出され，報告は両論併記となっていた。IMFのアメリカ代表総務オーバビーは，イタリアやギリシャと異なってIMFで平価を承認済みのフランスがフロートすることは「IMFの目的を徐々に害する」と述べて批判した。

これに対して作業部会の委員たちからはフランスの提案に賛成する声もあがり，フロート制についても6カ月程度の時限措置で認めてはどうか，という案も出された。他方で連邦準備制度理事会（FRB）議長のエクルズのように「他の諸国がフランスに続いて変動相場制を導入し，しかも期限が設けられないならばIMFは破壊されてしまう」と危惧を述べるものもあった。エクルズはさらに，フランスが要望が容れられないならIMFを脱退すると伝えられていることに関連して「IMFが譲歩を繰り返し当初の目的から逸脱してきたことで力と威信を得てきたとは思えない」と発言し，フランスへの強硬な対応を示唆した。この発言に対してIMFのアメリカ代表理事サザードが「この政策を逸脱だとは思わない」と反発し，IMFが加盟国に現実的なレートを示す必要性，フランスにとっては期限を区切ったフロートも有効なことを主張した。FRB議長がIMFの理念を擁護する対仏強硬論を唱え，IMF当局者がより宥和的な議論を出していることが注目される。このあと議論の流れはエクルズの原則論に対してフランスの例外を期限を区切って認めるという現実論が対抗し，国務省のソープなども緊急時の対応の必要を理由に後者に与するようになった[35]。結局，NACとしてはIMFのアメリカ代表理事に対して「経過期間に限

---

34) NARA RG56, NAC Documents, Meeting No. 79, January 6, 1948.

り」,そして一定条件のもとで変動相場制には反対しないこと,同時にフロート制を採用している加盟国にはIMFの資金を使わせない(引出を禁ずる)ことを行動要項に取り決めた。

こうして何とか妥協的な結論を得たNACであったが,このおよそ2週間後,1948年1月19日に事態は急変する[36]。フランスがフロートのみならず切下げも一気に断行しようとしたことが伝えられたのである。議論では欧州・フランスへの不介入を主張する国務省のソープに対して,IMFの機能を重視するオーバビーやエクルズが反論する展開になり,結局オーバビーの呈示した妥協案,すなわち1ドル=250〜275フランの複数レートに切り下げた上で「自由市場」は貿易外取引のみに限る,あるいは1ドル=214フランの単一レートで「自由市場」は貿易外取引のみに限る,という案をフランスに示すことを決定した。

このときのフランスからの提案が時の財務相メイエルの名を冠した「メイエル・プラン(Plan Mayer)」である。具体的には①為替平衡勘定が管理する公式市場のほかに,ドル,スイス・フラン,エスクードのハードカレンシー向けに「自由市場」を創設する。②同時にIMF平価1ドル=119.20フランを214.39フランに切り下げるというものだった。研究史上,とりわけフランスの研究者はこのメイエル・プランを「自由主義的」と評価する。例えば経済史家マルゲラズはメイエル・プランについて「自由主義的調整の3つのロジック」(財政収支調整,価格とコストの調整,平価調整)を駆使したものとして,すなわちフラン切下げを断行するのは交換性の回復を急ぐ手段だったという評価を下している[37]。

---

35) 当時ソープは国務省の経済担当次官補であり,NACにおける国務省代表だった。後年に行われたインタビューでソープは当時の国務省と財務省との関係,とりわけ財務省のスナイダーとの対立を述懐している。Harry Truman Library, Oral History Interview with Willard L. Thorp (Amherst, Massachusetts, July 10, 1971), http://www.trumanlibrary.org/oralhist/thorpw.htm#52
36) NARA RG56, NAC Documents, Meeting No. 80, January 19, 1948.
37) Margairaz [1991], tome 2, pp. 999-1000, 1077-1083. この他「メイエル・プラン」についてはCaron [1982] ; 中山 [2002], pp. 222-232。

さて，切下げが実施に移される5日前の1948年1月20日にはマンデス＝フランスとIMF専務理事のギュットがワシントンで会談した。かねてフランの切下げ幅を不十分と見なしていたギュットは前日のNAC決定に沿って大幅な切下げ（1ドル＝250〜280フラン）を認める一方で「自由市場」を資本移動と旅行者勘定に限る（すなわち貿易取引については固定フランを用いる）という妥協案を示した。これは当時のIMFとしては相当の譲歩であったが，財務相メイエルは貿易取引が固定フランに限られるなら無意味としてこの妥協案を拒否した[38]。切下げ3日前の1948年1月22日のNAC理事会ではIMF理事会の直近の情勢がオーバビーから報告された[39]。この時期にはフランス問題がNACの冒頭の議題に押し上げられている。オーバビーによればIMF理事会としては①切下げを容認，②フランスにおける貿易外取引に「自由市場」を導入することを容認，③貿易財についてフロート制を導入することは承諾しない，という態度を固めていた。しかしこの妥協案に対してはエクルズが「フランスの提案はIMFの根幹をなす原則や哲学からの深刻な乖離をあらわしている」と述べて反対の意思を明確にし，他の委員も「より穏健な妥協案にフランスが後退するとフランス国内で深刻な政治的帰結をもたらすとされる点について納得しなかった」。結局NACとしては，IMFのアメリカ代表理事に対してフランスの提案を受け入れるが「輸出の50％を交換性ある通貨地域向けの自由市場で扱う」という案は拒否すべきことを全会一致で決定した。

しかしながら1948年1月25日にフラン切下げは断行され，1ドル＝214.39フラン，1ポンド＝864フランとなった。「自由市場」では1ドル＝305フランにまでドル高・フラン安が進行した[40]。

このように当該期のフラン切下げと「自由市場」創設はNACやIMFとの厳しい対立の末に決まったことであったが，実施に移されたあとは一転してNACもIMFもこれらを容認する姿勢を示している。NACは切下げ断行の3日後，1948年1月27日にはNACの冒頭の議題で切下げ直後からフランスの

---

38) Bossuat [1994], p. 27.
39) NARA RG56, NAC Documents, Meeting No. 83, January 22, 1948.
40) Bossuat [1994], p. 27.

為替管理当局にさらなるフラン減価を見越したドル為替の注文が輸入業者から殺到しドル為替が払底してしまったことが報告され，この情勢を受けてフランス財務省からアメリカに中間支援の要請があったことが報告された。NACでは「フランスの暫定的な金融的ニーズに応える努力が払われるべき」との行動要項を決定し，中間援助の払い出しや民間銀行を通じたファイナンスを推奨している[41]。アメリカ代表のサザードも1948年2月4日に開かれたNAC理事会でフラン切下げ直後の「自由市場」のレートが1ドル＝311フランから309フランへと推移し，同時に闇市場のレートが304フランだったことを紹介し「事態はフランスが予見していた通りに動いている」，すなわち「自由市場」と闇市場のレートが接近し，退蔵されていたドルが「自由市場」に還流することに期待を示した[42]。「メイエル・プラン」の「自由主義的ロジック」が評価され，フランスは切下げ幅についてもNACやIMFの内部に自らの主張を支援してくれる勢力を持つことができたのである。

この時期にIMF理事会はフラン切下げをIMF協定違反と認定し，フランスに引出権停止措置を課した。もっともこの懲罰措置の発動根拠（および解除の根拠）は曖昧であり，マーシャル・プラン援助の受け入れ国にはIMF引出を許可しないという，いわゆる「ERP決定」（ERP＝欧州復興計画）がフランスにも適用されるのか，それともフランスだけが「懲罰」を受けているのかは整理されていない論点だった[43]。フランはその後も切り下げられ，1949年9月には1ドル＝350フランにまで下がった。「フロート制」の方は1948年末に解消されるがIMFの懲罰措置は継続された。IMFの対仏コンサルテーションが始まるのはこうした環境においてである。

3　IMFの対仏14条コンサルテーション——対立と妥協の争点

　1949年のフラン切下げから57年のフラン切下げ＝安定化に至るまで1ドル

---

41) NARA RG56, NAC Documents, Meeting No. 84, January 27, 1948.
42) NARA RG56, NAC Documents, Meeting No. 86, February 4, 1948.
43) Lepage [1994], p. 55.

表 7-1　フランス経済関連諸指標（1950〜60 年）

年	1950	1951	1952	1953	1954	1955	1956	1957	1958	1959	1960
GNP 成長率（%）	8.3	5.9	2.6	2.9	4.8	5.8	5	6	2.6	2.8	7.1
貿易収支（10 億フラン）	−27.4	−269.6	−216.5	−118.5	−62.8	30.3	−283.1	−323.3	−103.4	2.1	0.5
サービス収支（10 億フラン）	−12.8	−69.9	−206.9	−41	91.7	210.8	−293.4	−421.3	−120.1	3.6	3.1
卸売物価上昇率（%）	8.3	27.8	4.7	−4.5	−7.8	−0.1	4.3	5.7	11.5	4.8	2.6
消費者物価上昇率（%）	10	16.2	11.9	−1.7	0.4	0.9	4.2	3	15	6.1	3.6
フランス銀行割引率（年平均，%）	2.72	2.79	4	3.8	3.3	3	3	4.1	4.9	4	3.5

出所）INSEE, Annuaire Statistique de la France, exercices 1950-1960; Jean-Pierre Patat et Michel Lutfalla, *Histoire Monétaire de la France au XXe siecle,* Economica, Paris, 1986.

注）GNP 成長率は，1960 年以降は GDP 成長率。サービス収支は 1952 年以降は貿易外収支（paiements courants）。

= 350 フランの平価は維持された。戦後初期に相次いだ切下げに比べるとこの時期はおよそ 8 年間にわたって平価が安定していたことになる。しかし，コンサルテーションの実施時期にあたる当該期にはフランスは度重なる外貨危機に見舞われた。外貨準備が危機的水準に落ち込むと引き締め政策が間歇的に採用される，「ストップ・ゴー」と呼ばれる政策が繰り返されるようになる。表 7-1 はコンサルテーションが行われたこの時期のフランス経済の諸指標を総括したものである。

以下では対仏 14 条コンサルテーションの流れを時系列で追いながら，必要に応じて他の論点を補足していくこととする。

1）懲罰措置下のコンサルテーション（1952〜53 年度）――「ピネーの実験」の評価

対仏第 1 回となる 1952 年度コンサルテーションは 1952 年 6 月 11〜20 日に実施された[44]。コンサルテーションは財務省為替管理局（フランス側代表は局長カルヴェ）に対して 2 回，財務省対外金融局（フランス側代表は局長ギン

44）第 1 回コンサルテーションについては IMF SM/52/56, "France—Restrictive System," August 8, 1952; ERD/52/16, "France—Restrictive System," August 6, 1952; ENA/52/20, "France—1952 Consultations," August 7, 1952 を参照。

ディ)⁴⁵⁾に対して3回実施され，IMF側はチェコスロヴァキア出身の常務理事ムラデクを代表とする4名の体制で臨んだ。この年にフランス政府内では，反インフレ政策を推進するピネー首相らと，朝鮮戦争後の世界的価格下落を見越して「フラン切下げ」を主張するギンディが対立していた。この対立はピネーの勝利，「ピネーの実験（l'expérience Pinay）」と呼ばれる緊縮政策の継続に導き，敗れたギンディはのちに政府から遠ざけられて国際決済銀行（BIS）総支配人に出向することとなる⁴⁶⁾。ピネーもギンディも「新自由主義」者であるが，「新自由主義」というフレームワークでは括れない対抗関係（「一挙安定」と「中間安定」，あるいは「物価調整」と「為替調整」）が表出していたのである。

さてコンサルテーションでは，フランスが採用していた為替管理や輸入外貨割当等の諸規制が俎上に載せられた。フランス側の主張は①貿易収支改善を優先し，そのためにまずは欧州経済協力機構（OEEC）諸国との貿易自由化を行う，②ドル圏との貿易自由化はドル収支の好転を見てから進める，③その後で資本自由化に取り組む，というものだった。IMFが求めた規制解除については，現在は欧州決済同盟（EPU）域内のポジション改善を優先しており，規制解除のタイムテーブルを作成する状況にない，と表明している。IMF側が貿易自由化に向けた原則論を展開したのに対してフランス側はまずEPU域内，次いでドル圏というある種の段階論を唱えた。IMF側はフランスの主張を受け入れ「フランスの規制システムを見る際に，現在の安定化政策が直面している著しい困難という背景に照らして理解することが必要だった」⁴⁷⁾と回顧している。

フランスが懲罰措置下にあるにもかかわらず，コンサルテーションで自らの主張を容れさせた背景には，米仏関係も関係していた。すなわち，NACは1951年1月の会議でフランスが暦年1951年の経済協力局（ECA）援助見返り

---

45) ギンディについては矢後 [2010], pp. 146-147 を参照。
46) 「ピネーの実験」の政治過程については Rimbaud [1990], pp. 150-226，ピネーの緊縮政策とフランス銀行の国庫支援については Feiertag [2006], pp. 415-419 を参照。ギンディのBIS出向の経緯については de Lattre [1999], p. 73 を参照。
47) IMF ENA/52/20, "France—1952 Consultations," August 7, 1952.

資金の 95% を払い出すことに賛成しているのである[48]。NAC はさらに翌 1952 年の第 2 回対仏 IMF コンサルテーションが始まるまでの数ヵ月の間に EXIM の対仏短期信用 4,500 万ドル（米綿花輸入向け）供与に同意し（1952 年 2 月作業部会），また EXIM の対仏 2 億ドル（対仏軍需物資供与契約で保証）に賛成している（1952 年 6 月）。フランスはこうしたアメリカからの後押しを背景に国内では「ピネーの実験」の緊縮政策を続けながら，IMF コンサルテーションの外圧をしのぐことに成功したのであった。

対仏第 2 回目の 1953 年度コンサルテーションも同様に推移した[49]。IMF はフランスの賃金・物価安定を評価し，予算欠損と通貨供給量増大については，引き続き努力を要請するにとどまった。対するフランス側は 1950/51 年度に始まった賃金・物価上昇分を相殺するための（輸出）補助金措置を継続する旨を表明した。IMF はこの措置の延長については貿易パターンを歪めるものとして懸念を表明したが，すでに懲罰措置を課していたためそれ以上の追求はなくコンサルテーションは平行線に終わった。

物価安定を標榜した「ピネーの実験」を掲げつつ，その実施のためには規制・介入が必要だというフランスの論法は，言い換えれば「物価調整」を優先し「為替調整」はその結果となる，ということである。この論理は，しかしながら「為替」に関わる規制は「物価安定」の「結果」ではなく，その「前提」として温存してよい，という（やや矛盾した）主張を内包していた。「ピネーの実験」は国内向けに「安定」を強調していたが，IMF など外部に対しては「安定」ゆえの「規制」の必要を説いていたのである。

2)「物価安定のための規制」か「規制なき物価安定」か──輸入自由化をめぐる攻防

第 2 回までのコンサルテーションはアメリカの対仏援助を背景にフランスが強気で押し通すという展開をたどったのに対して，フランスの経済情勢が安定してくる 1950 年代中頃になると IMF も攻勢に出るようになる。同時にアル

---

48) NARA RG56, NAC Documents, Meeting No. 267, January 11, 1951.
49) 第 2 回コンサルテーションについては IMF SM/54/20, March 17, 1954 を参照。

ジェリア戦争，スエズ危機といった相次ぐ動乱はアメリカ・フランス・IMF の関係を微妙に変化させることになる。これらの変化がうかがえるのが当該期のコンサルテーションである。

対仏第 3 回の 1954 年度コンサルテーションは，1955 年 2 月 12〜22 日に実施された[50]。フランス側はギンディの後任の財務省対外金融局長サドラン，のちに IMF 第 4 代の専務理事になる国庫局長シュヴェッツェル（シュヴァイツァー），フランス銀行副総裁に転じていたカルヴェら錚々たる陣容で臨んだ。このときは IMF の対仏懲罰措置が 1954 年 10 月 15 日に解除されたあとの初めてのコンサルテーションにあたる。コンサルテーションが始まると，フランス側は景気動向について楽観的な見通しを示し，IMF 側も賃金上昇，財政赤字，インフレ懸念を指摘したものの景気の好転自体は高く評価した。その上で IMF はフランスが継続している差別的貿易制限（ドル圏は開放，OEEC は未開放，など）を厳しく批判した。ここでの IMF の論法は，フランスが物価安定を重視する姿勢は理解しつつ，そのことを理由に規制措置を維持するのはおかしい，と批判するものであった。フランスが「ピネーの実験」以来の「物価安定」を最優先の政策課題に掲げ，それゆえに規制の維持が必要だと訴えるのに対して，「物価安定」が達成されているのだから規制を解除せよというのが IMF の論法だった。対するフランス側は，貿易自由化（ドル輸入への数量制限撤廃）の必要性を認めつつも，この自由化が「欧州域内の自由化の障害になってはいけない」という，やや無理のある論法を持ち出して自由化の延期を説明した[51]。こうして景気・貿易指標の好転とともにフランスへの圧力は強まっていった。

対仏第 4 回目となる 1956 年度コンサルテーションは，1956 年 6〜7 月に実施されている[52]。この時期にはアルジェリア独立戦争が激化しており，コンサルテーションと前後する 1956 年 7 月にはスエズ運河国有化，同年秋の第二次中東戦争の勃発へと国際情勢が急転した。この情勢を受けて IMF はコンサル

---

50) 第 3 回コンサルテーションについては IMF SM/55/25, April 25, 1955 を参照。
51) Lepage [1994], pp. 59-60.
52) 第 4 回コンサルテーションについては IMF SM/56/61, October 16, 1956 を参照。

テーションの中で「近年のインフレなき成長は,アルジェリア戦争に伴う軍事支出,および霜害による農業生産の停滞により,困難に直面した。国内均衡および貿易収支に悪影響が懸念される」と述べ,前年までの楽観的な見通しを修正している。IMFは,フランスがインフレ傾向と貿易収支悪化に対処した強力な措置を発動することを期待するとも述べているが,踏み込んだ要請を示すことはなかった。

3) 貿易収支危機・インフレ危機の深化──「中期信用流動化」批判

対仏第5回目となる1957年度コンサルテーションは1957年7月1〜10日に実施された[53]。フランの交換性回復を目前に控えた1957年度のコンサルテーションは,フランスにとっては緊迫した情勢の中で行われた。フランスはコンサルテーションの時点ではスタンドバイ・クレジットを全額引き出しており,IMF保有フランはクオータの125%に上っていた。スエズ危機を経て対米関係もそれまでとは違ってやすやすと支援をもらえる情勢ではなくなり,フランスは対IMF・対米の両面で難しいかじ取りを迫られることになる。

コンサルテーションでIMFはフランスのマクロ経済政策に踏み込んできた。IMF側はスエズ動乱に関連した軍事支出および総需要の伸びに牽引された急速な成長が「強力なインフレ傾向をもたらす」と警告したのである。実際,さきの表7-1に見られるようにインフレ率は亢進し,物価統制措置は成功しなかった。外貨準備のネットの利用可能額も3億6,000万ドルに急落し,しかもこのうち5,000万ドルはアメリカの民間銀行から石油購入代わり金としてファイナンスされたドルだった。これらの状況についてIMFは「現状は深刻な危機」「フランス政府によって,外貨準備の枯渇を食い止めるべく導入されたステップは,遅きに失した」とコメントしている。

対するフランス政府は,最低賃金の消費者物価スライドを導入し,賃金抑制を求めるIMFとは正反対の路線に踏み出した。フランスはまた経済成長による輸入増に対応すると称して3月に輸入抑制措置(暫定輸入課徴税など)を導

---

53) 第5回コンサルテーションについてはIMF SM/57/69, August 9, 1957を参照。

入していた。これらの措置に対して IMF は決定的な打開策を示すことはできず，輸入抑制措置などの緊急規制も容認することとなった。IMF の足もとを見たフランスは，コンサルテーション終了から1カ月も経たない1957年8月に輸出補助金制度の導入を決める。輸出補助金制度は事実上の通貨切下げであるが，補助金制度ということで IMF コンサルテーションの対象からは外れていた[54]。

　他方，IMF はコンサルテーションの場で上述のような物価対策を質すとともに，「銀行セクターから民間セクターへの資金流出増」を指摘した。とりわけ IMF はフランス銀行の住宅向け中期信用手形再割引を俎上に載せた。これは銀行の再割引限度額の適用除外領域になっており，事実上，無制限な融資を通じてインフレの要因になっている，というのが IMF の認識だった。ここで取り上げられたフランス銀行による中期信用手形の再割引は，後述するように当該期のフランスと IMF の関係に関わる最大の争点に浮上する。

　さてこうしたフランスの対応を NAC はどう見ていたのだろうか。NAC では第5回コンサルテーションに先立つ1957年2月19日に「フランスにおける金融経済情勢」と題する長大な討議を実施している[55]。この席で座長バージェス（財務省代表）は，フランスは輸入に伴う為替危機はしのいでいるが「国内のインフレ的諸力に対しては攻勢をかけていない」と批判した。ここでそれまでの米仏関係とは異なる論理が NAC で現れた。商務省のマクレランが「米の援助を行うことでフランスに圧力をかけられるか」と質したのである。これに対して座長のバージェスは「それがキーをなす問題だ」と反応し，「過去の対仏援助はフランスがインフレ対策を講ずることが条件だったが，フランスはこれらの措置を取ってこなかった」と述べてフランス批判と対仏援助の見直しに言及した。これに対して国務省のハーターは「フランスは欧州経済共同体 (European Economic Community : EEC) ローマ条約の調印・批准を控えており，

---

54) 1957年のフラン切下げから交換性回復に至る時期の経緯については IMF SM/58/84, France, Part II, Background material for 19598 Consultations, Prepared by the European Department and the Exchange Restrictions Department, December 24, 1958 を参照。

55) NARA RG56, NAC Documents, Meeting no. 256, February 19, 1957, "Financial and Economic Situation of France."

財政問題がその障害にならないことが望ましい」「フランスはまたモロッコ・チュニジアへの財政支援や北アフリカにおける軍事作戦に予算を投入しており，緊縮措置がこれらに影響を与えないか懸念がある」と述べて国務省の伝統的な宥和論を展開した。

しかし座長バージェスは，フランスが IMF からスタンドバイ・クレジットを全額引き出している事実，また「フランはスターリングのような主要な世界的通貨ではない」という論点を取り上げ「フランスは彼らがまともに取り組むならその財政問題を解決する能力を持っており，このことをフランスにもわからせるべきだ」と強い調子で論じた。NAC と IMF はこの局面に至って対仏強硬論で足並みをそろえることになったのである。

この 1957 年度コンサルテーションの直後，1957 年 11 月 12 日にはフランス銀行総裁ボーンガルトネル，副総裁カルヴェ，国庫局長シュヴェッツェルらがフランス銀行でアメリカ政府当局者と極秘に会見し，底をつきかけた外貨事情を説明して支援を要請している。このときのアメリカ側の代表がさきに NAC で対仏強硬論を唱えていたバージェスだった。バージェスは，コンサルテーションの直後にアメリカの北大西洋条約機構（North Atlantic Treaty Organization：NATO）大使（パリ駐在）に任命され，フランス政府にも直接に圧力をかける立場に就いていたのである。フランスはこのあとも EPU，西ドイツなどに手当たり次第に支援要請を行うこととなる。フランスが支援を要請する際に持ち出した論理は，この要請は IMF やアメリカなど多数の相手に持ちかけているものであり，特定の相手にリスクを集中するものではない，ということだった[56]。

IMF は対仏コンサルテーションで厳しい姿勢を示しながらも決定的な改革を引き出せない。NAC はそれまでになく厳しい対仏批判を繰り出したが，これも交渉態度を決定するにとどまり，具体的な方策を打ち出したわけではない。フランスは国内の改革を後回しにして，諸外国・機関への支援要請に奔走する──。

---

56) 1957 年の米仏交渉については Feiertag [1995], pp. 15-22 を参照。

この局面で事態に強力に介入してきたのが IMF 専務理事のヤコブソンである。ヤコブソンは 1957 年 12 月に訪仏してフランス銀行にオフィスを構え，フランスの財政・金融政策に睨みをきかすことになった[57]。ヤコブソンはフランス政府との協議を経て予算赤字の上限設定，フランス銀行中期信用供与の停止を実現させ，1959 年度予算までの長期計画を策定した[58]。

　IMF が踏み込んできた中期信用の再割引問題は，フランス銀行史の根幹にも関わる案件であった[59]。さきに触れた IMF コンサルテーションでも，当年度にフランス政府が採用した信用制限措置には，住宅向け中期信用流動化は含まれていなかったことに触れて IMF スタッフが「これはセンシティブな領域であるが（中略）経済を安定化させる全般的な計画の中では，無視されるべきでないセクターである」と述べている[60]。フランスにおける「負債の経済」を象徴するこの種の再割引は，結局，ヤコブソンの目論見の通りに IMF スタンドバイ・クレジットの供与と引き換えに制限されることになった。

　米仏の「もたれあい」を排して，ブレトンウッズ協定の精神を貫徹させようという意向は，このときは IMF のヤコブソンから現れたのであった。ヤコブソンの路線は，この直後に浮上してくるリュエフの緊縮政策にも重なってく

---

57) このときヤコブソンと対決したフランス銀行総裁がさきにも触れたボーンガルトネルである。ボーンガルトネルは実務派官僚の出身で，ヤコブソンが IMF 専務理事に就任する前に，同ポストへの就任を打診されたが辞退している。「その後の経緯は，〔ヤコブソンを選任した〕アメリカ財務省の選択が正しかったことを示した」(Feiertag [2006], p. 537)。ヤコブソン訪仏の経緯については Jacobsson [1979], pp. 291-296 を参照。

58) ヤコブソンのフランス滞在の目的は，この計画の法案化を条件に IMF スタンドバイ・クレジットと EPU および EXIM の共同の信用供与を決定することにあったと言われる。1957 年における IMF とフランスの関係についてジェームズは「このように混合した財源の束が必要になる，ということは，イギリスの交換性回復の議論と同様に，交換性回復の前提としての通貨安定化の問題を扱うに際して，IMF の財源がいかに不適当であったかを示していた」「フランスの安定化プログラムは IMF の見地からは重要な成功だったが，基金をより大きくする必要性を示したものでもあった」と述べ，早くもこの時点で IMF の財源不足が生じていたという認識を示している（James [1996], p. 105)。

59) 中期信用問題とフランス銀行史の関わりについては権上 [1999], pp. 417-432 を参照。

60) IMF SM/57/69, August 9, 1957.

る。

4)「新自由主義」の安定化論——「リュエフ・プラン」とIMFコンサルテーション

　1958年になるとフランスの危機対応も大きく変化する。第二次大戦後に間歇的に採用されてきた緊縮政策（メイエル・プランおよびピネーの実験）に続き，この年の12月にいま一度本格的な緊縮政策──「リュエフ・プラン (Plan Rueff)」──が策定される。正式には「新安定化計画」と呼ばれる「リュエフ・プラン」は1958年6月のドゴールの政権復帰，アルジェリア戦争に対処するための挙国一致内閣の組閣という情勢の下で，ピネー財務相に起用されたリュエフが外部委員を糾合して取りまとめた政策体系である。その内容は増税，補助金削減，貿易自由化など，当面する外貨危機を乗り切るための緊縮策だった[61]。

　このプランの発表直前に行われたのが1958年度コンサルテーションである。対仏第6回となるこのコンサルテーションは1958年10月20～30日に実施された[62]。この実施時期はヤコブソンの仲介で認められたスタンドバイ・クレジットの引出直後，フラン交換性回復の直前にあたる。

　コンサルテーションが始まるとまずIMFは1958年に実施された緊縮措置をめぐって財政支出，銀行貸出，中期信用につき，全体として抑制目標を達成したものと歓迎した。他方でIMFはフランス銀行に対して，信用供与の量的シーリングの中でなら何でも供与するのかと質し，これに対してフランス側は，フランス銀行は質的な選別も行う，と回答している。これはいわゆる「質的信用政策」への移行をフランスが表明した重要な回答である。IMFはさらに踏み込んで，フランス銀行が「地獄 (enfer)」，「超・地獄 (super-enfer)」と形容していた信用供与のシーリング超過分の懲罰金利を，1958年の後半に引き下げた（信用緩和した）意味を問うてきた。これらに対してフランス側は長期的な金利引下げの意図は否定しながらも，リセッションへの対応上必要だっ

---

61) リュエフ・プランについては権上 [1999], pp. 445-450。
62) 第6回コンサルテーションについては IMF SM/59/20, March 27, 1959 を参照。

たと説明した。IMF 側はこの議論を深追いせず，フランス側の返答を受けたのみだった。

ちなみに 1958 年 12 月に発表された「リュエフ・プラン」について，当初ドゴールは緊縮に過ぎるのではないかという不安を持っていたと言われるが，これを説得したのが IMF 専務理事のヤコブソンであった。ヤコブソンはドゴールとの会見でナポレオンを持ち出して「強い通貨」を称揚したという[63]。しかしながら実際に採択された平価は再度の切下げを経たレートであった。

以上に見られるように，コンサルテーションの現場では IMF 専務理事ヤコブソンの「緊縮」「強い通貨」という言説にもかかわらず，実際には緩和的な金融政策，中期信用の一定の存続，さらには「現実的な」レートの選択がなされていた。

14 条コンサルテーションとしては対仏第 7 回（最終回）となる 1959 年度コンサルテーションは 1960 年 3 月 1～14 日に実施された[64]。この段階ではすでにリュエフの緊縮策は実施されており，IMF はこの緊縮政策を高く評価した。フランの交換性も事実上回復されていたため，厳しいコメントは出なかった。

ではここで見た「リュエフ・プラン」前後の時期のフランスについて NAC はどう見ていたのだろうか。ここでも IMF と同様に緊縮策への高い評価が見られる。すなわち NAC では 1958 年 1 月 28 日に「フランスの財政状況」と題する長大な討議を実施し，その中で座長のベアード（財務省代表）とコフラン（同）がフランスの政策について「フランスの安定化プログラムは，望まれるすべてのことを盛り込んでいるわけではないが，財政・金融の安定化に向けた実質的で真摯な努力が見られる」と評価する報告を提出したのである[65]。この報告を踏まえてまとめられた対仏支援については①EPU 信用 2 億 5,000 万ドル，②IMF スタンドバイ取り決め 1 億 3,125 万ドル，③米政府融資 2 億 7,400 万ドル（検討中）が提案された。この案について NAC 委員からは「対仏交渉

---

63) Jacobsson [1979], pp. 295-296.
64) 第 7 回コンサルテーションについては IMF SM/60/37, May 20, 1960 を参照。
65) NARA RG56, NAC Documents, Meeting No. 264, January 28, 1958, "French Financial Situation."

に関わっている当局の間では優れた連携がある」(EXIM 代表・ウォー),「対仏交渉は米政府内でも,国際当局間でも非常にうまく調整されている」(FRB 代表・マーゲット)等と称賛する発言が相次ぎ,対仏融資は全額が承認された。NAC もまた強硬な言辞のかげで,対仏融資を気前よく承認し,フランの交換性回復を後押ししたのである。

おわりに

　IMF とアメリカは,フランスに対しては一見すると厳しい措置を講ずるように見えて,その実は融資や支援を惜しまず,またフランス国内の改革の遅れにも鷹揚だった。対するフランスも時としてアメリカと IMF に敵対するように見えて,交渉の中では協力的な姿勢を示し,また自らも緊縮政策を打ち出してブレトンウッズ体制を維持発展させようとした。IMF・アメリカとフランスは「非協力ゲーム」というよりは,相互に依存し甘えを許容しあう「協力ゲーム」を演じていたのではないか——これが IMF コンサルテーションと NAC の資料をもとにした本章の検討から引き出される結論である。「IMF・アメリカ対フランス」の二項対立は成り立たない。

　この視点からすれば,メイエルやピネーの緊縮政策,あるいは米仏の馴れ合いを打破しようとするヤコブソンの介入も,実はフラン切下げやスタンドバイ・クレジット引出を容認させるための「条件」「演出」であったという見方が成り立つ。事実,これら間歇的な緊縮政策のあとにはいずれも切下げが行われ,外貨危機を打開するための新たな支援がアメリカから引き出された。「緊縮」「拡張」の二分法も成り立たない。

　ではなぜこのような寛大な対応がフランスに対して取られたのだろうか。冷戦期の国際情勢,IMF 第 3 位のクオータ保有国たるフランスへの特別待遇,欧州をフランス中心にまとめるためのコスト——様々な仮説が成り立つが決定的な論証は今後の課題である。

　研究史との関わりで指摘できるのは,当該期の IMF は,1970 年代以降とは異なってまだドルが健全だった頃の組織であり,スタンドバイ・クレジット引

出などの財源の見通しも楽観的だったということである。アメリカもまた，NAC の議論でしばしば EXIM 代表が発言しているように，対仏支援によって利益を得る勢力を抱えており，援助がまだ自国の生産力にプラスに作用する好循環を保っていた。これらの条件がある限り，国内に複雑な政治情勢を抱えるフランスが IMF とアメリカに依存する余地は，後の IMF を知る視点から想像される以上に，はるかに大きかったのではないだろうか。この時期のフランスが体現しているのが「ブレトンウッズ秩序の多元性」である。

ではこれらの好条件が変質してくる 1960 年代以降の IMF とフランスはどのような方向に向かうのだろうか[66]。1960 年代のフランスは，前述の「ストップ・ゴー」政策に依拠した「負債の経済」の隘路にいよいよはまりこんでいく。数次にわたる「プラン」を通じて国有部門・重点産業に政府資金が投下され，またフランス銀行の後ろ盾を得た市中銀行の銀行信用を通じて企業に設備資金が散布された。インフレ経済の下で強力な労働組合が賃上げ攻勢をかけ，賃上げはさらなるインフレのスパイラルに導き，1968 年の「五月危機」を典型とする社会運動とフラン危機の連鎖が定着する──。この「負債の経済」が清算され，本格的な新自由主義改革がフランスに持ちこまれるには，1976 年の「バール・プラン（Plan Barre）」を待たねばならない。それまでフランスのインフレ経済はドイツの「社会的市場経済」と齟齬を来たし，欧州の通貨・為替統合に至る歩みも停滞を余儀なくされることになる。

他方 1960 年代の IMF はポンド・ドル危機を契機とする国際通貨制度の改革論議に忙殺される。フランスはドゴールが 1965 年 2 月に表明した「金本位再興論」を背景に，とりわけ SDR と金を結びつける構想に執念を燃やして取り組んだ。周知の通り，これらブレトンウッズ体制を部分的な改革で支えようとする「パッチワーク」はいずれも破綻して 1971 年の金・ドル交換停止を迎えることになるのだが，この危機の最終局面でフランスはそれまでの路線を転換して IMF の頭越しにアメリカと交渉を行い，75 年 11 月のランブイエ合意，76 年 1 月のキングストン合意を経て IMF の協定改定＝変動相場制の制度化に

---

66) 1960 年代以降のフランスにおける通貨・金融政策，とりわけ欧州の通貨統合との関わりについては権上［2013］を参照。

導いた[67]。IMF・フランス・アメリカの多元的な関係はここにも姿を変えて現れてくる。

---

67) 金・ドル交換停止からキングストン合意に至るフランスの通貨外交とIMF・アメリカとの関係については,さしあたり Bobay[1994]および James[1994]を参照。

第8章
IMF とドイツ
──通貨危機と為替相場政策

石 坂 綾 子

はじめに

　本章は，1950年代から60年代初頭にかけての IMF とドイツの関係に焦点を当てる[1]。この時期のドイツは，経常収支黒字を通じて金・外貨準備を蓄積し，貿易・為替の自由化を急速に推し進めた。ドイツは1952年8月に IMF に加盟したが，この時点ですでに経常収支黒字国であったため，IMF からの金融支援を受ける機会はなく，56年には早くも貿易・為替の自由化がほぼ完了した。

　ドイツが加盟した時点で，IMF は設立からすでに5年を経過していたが，その間，IMF の業務は不活発であった。結果として，ブレトンウッズ体制の実態は，IMF 協定の当初の理念が後退し，西ヨーロッパ域内決済の展開へと向かって行った[2]。この流れによってドイツは，欧州経済協力機構（OEEC）および欧州決済同盟（EPU）に加盟し，IMF 加盟以前に，西ヨーロッパ諸国の地域的なフレームワークに深く組み込まれることとなった。このような地域決済システムの活用が，ドイツの急速な経済成長に大きく貢献したことは，これまでの研究においてすでに指摘されている通りである。

---

1) IMF とドイツについて論じた拙稿として石坂［2006］, pp. 255-299；Ishizaka［2009］, pp. 17-40 および石坂［2012］, pp. 16-27 も参照。
2) 矢後［2007］, pp. 326-328。

ドイツはまず OEEC 地域に対する貿易・為替の自由化を進めて経常収支黒字を累積し、世界経済への再統合が実現した[3]。EPU におけるドイツの役割は、黒字国として加盟国への信用供与であり、EPU の強化でもあった[4]。その一方で、EPU 内部では経常収支不均衡——黒字国のドイツに対し赤字国のフランス——が発生し、不均衡の拡大が問題視された[5]。短期間のうちに国際的ポジションが大きく変貌したことにドイツ自身の意識が追いつかないまま、経常収支黒字の累積が国際的に厳しい非難の対象となっていった[6]。その際、IMF が、この問題にどのようにイニシアティブを発揮するのかについて注目が集まったのである。

IMF とドイツとの関係を論じる上で、この時期に最も注目すべきテーマは、黒字の調整策、特に 1961 年 3 月のドイツ・マルク(以下、マルク)の 5% 切上げである。当時の IMF ドイツ代表理事であるドイツ・レンダーバンク(Bank deutscher Länder, 以下、レンダーバンク)国際金融担当理事のエミンガーが回想しているように、この切上げによって、ドイツは国内通貨価値安定の優位を示した。すなわち、国内的安定を対外経済要因から防御するためにマルク切上げを実施し、そのための手段として為替相場政策を活用した[7]。輸出産業界・農業界など為替相場についての国内利害が複雑に絡み合う中で、マルク切上げに踏み切ったのは、きわめて珍しいケースであった。ツィンマーマンは、その後のブレトンウッズ体制の崩壊、ヨーロッパ通貨統合の進展の時期も含めて、ブレトンウッズ体制とドイツの金融政策との関係を以下のように指摘している。「ブレトンウッズ体制は、ドイツの〔金融——引用者、以下同〕政策における自律性を抑制した。ブレトンウッズ体制が変化しようとも、〔国内通貨価値の安定という〕ドイツの政策目標は一貫しており、ドイツは自律性を追求し続けた」[8]。

---

3) Buchheim [1990]; Bührer [1997]; Neebe [2004].
4) Dickhaus [1996].
5) Kaplan and Schleiminger [1989]; 田中 [2000], pp. 133-150。
6) Schmidt [2003], S. 155-195.
7) Emminger [1976] および Emminger [1986], エミンガーの提唱については、James [1996], pp. 112-113; Holtfrerich [1998], S. 400-413 を参照。

しかし，このようなドイツの認識は国際的に広く受け入れられたとは言えず，マルク切上げは，諸外国にとって経常収支黒字の調整策として選択肢の1つに過ぎなかった。ジェームズの IMF 史研究において明らかにされているように，第3代専務理事ヤコブソンはマルク切上げに賛同せず，途上国援助を中心とした資本輸出を促した[9]。また，ドイツの内外でマルク切上げが検討された 1950 年代後半から 60 年代初頭は，ブレトンウッズ体制が大きな変化を迎えた時期であった[10]。基軸通貨ドルの過大評価が表面化し，外国為替市場においては，マルク切上げを見越した通貨投機が発生した。この投機は，ポンドの凋落とは対照的にマルクが台頭する初めての兆候であった[11]。このような変化を背景に，IMF とドイツはどのような関係にあり，ドイツは IMF にどのように対応したのだろうか。

以上の研究史を踏まえて，本章では，以下の課題について検討する。第1に，IMF 加盟当初のドイツに焦点を当て，ドイツが IMF 加盟をどのように捉え，貿易・為替の自由化においてどのような課題を抱えていたのかを明らかにする。ドイツは経常収支黒字を通じて金・外貨準備を蓄積したが，この状況を反映して 1950 年代半ばになると，マルクの過小評価感が高まり，切上げ圧力がかかった。マルクへの切上げ圧力は，1957 年次 IMF 総会の直前に，ポンドやフランへの切下げ圧力を含む通貨投機へと発展した。第2に，IMF による通貨投機への対応とマルク切上げについての議論を明らかにする。1950 年代半ば以降，ドイツにはインフレ防御策として弾力的な為替相場政策を活用しようとする見解もあったが，61 年 3 月までマルク切上げは実施されなかった。第3に，交換性回復期のドイツに焦点を当て，なぜ資本輸出が積極的に行われたのか，IMF8 条国移行を含むドイツの政治的配慮について明らかにする。最後に，以上の課題を明らかにした上で，IMF がドイツの政策選択にどのような影響を与え，ドイツが IMF にどのように対応したのかを総括する。

---

8) Zimmermann [2008], pp. 155-176.
9) James [1996], pp. 110-115.
10) マルク切上げは戦後ドイツ経済史の重要な出来事であった。マルクの台頭とドル不安，ポンド不安との関連については，古内 [2007], pp. 128-133 を参照。
11) Zimmermann [2008], p. 158.

本章では，IMFとドイツの協議過程を明らかにするために，IMF資料室所蔵の対14条コンサルテーション資料，理事会議事録を用いて上記の課題を検討する。また，IMFについてのドイツ側の対応を明らかにするために，ドイツ連邦銀行歴史資料室（Historisches Archiv der Deutschen Bundesbank），ドイツ連邦文書館（Bundesarchiv）所蔵の資料を用いて分析を進めていく。

1 IMF加盟当初のドイツ

1) 外国為替危機からOEEC輸入自由化のパイオニアへ

　本節では，ドイツのIMF加盟について取り上げる。ドイツのIMF加盟については，1949年末にドイツ政府に非公式に打診され，50年9月のアメリカ・イギリス・フランス3カ国外相会談においても合意が得られた。アメリカ政府は，ドイツのIMF加盟に積極的であったが，この加盟は，ドイツ経済の重要性とIMF加盟国の現状から政治・経済・技術的な性格に関わる多様な困難を抱えていた[12]。この外相会談では，IMF協定を遵守できるように，貿易・為替政策において連合国によるコントロールを継続していくことが確認された。

　ドイツのIMF加盟交渉は，外国為替危機の最中に行われた。1950年秋に始まったこの為替危機は51年初頭に深刻化し，ドイツは，OEEC地域に対して輸入自由化を停止する事態にまで追い込まれた。IMF加盟以後，ドイツが貿易・為替自由化に慎重であったのは，この為替危機の再発を恐れたためである。

　加盟を控えた1950年代初頭は，戦後援助からの自立を迫られた時期でもあり，ドイツは乏しい金・外貨準備の下でクオータ（割当額）を拠出できるかどうかを懸念した[13]。これに対し，そもそもアメリカは，ドイツが「少額のク

---

12) NARA RG56, Box 49, NAC Working Group-Fund Problems to The NAC Staff Committee, Admission of Germany to the Fund and Bank, November 9, 1950.
13) BArch Bl36（Bundeskanzleramt）/3339, Wilhelm Vocke an den Bundesminister für Finanzen, Fritz Schäffer, 20. März 1951.

オータ（Pocket-Vote）」で IMF に加盟することを前提としていた。さらに，西ヨーロッパ諸国は設立当初から IMF に加盟していたが，その後 IMF と対立するようになり，ドイツはその動向を見極めようとした。IMF はマーシャル・プラン援助の本格化とともに，ヨーロッパの復興支援から撤退しており，IMFと OEEC，EPU との連携は十分に構築されていなかった[14]。国際決済銀行（BIS）においてレンダーバンク総裁フォッケは，IMF と西ヨーロッパ諸国との関係を知らされた。イギリスはポンドの切下げ措置をめぐって IMF と対立し，フランスやベルギーには脱退を検討する動きさえあった[15]。1951 年 4 月の EPU 理事会においても，IMF との連携が協議されたが，総じて積極的な結論は得られなかった[16]。フォッケは，「〔ドイツの輸出能力には何ら問題がないにもかかわらず〕ポンドのケースのように IMF によってマルク切下げを強要されれば，賃金・物価上昇につながる」として，IMF 加盟に強い懸念を抱いていた[17]。フォッケは IMF 加盟によってドイツが通貨主権を失い，物価上昇によって輸出能力が低下することを恐れた。

　ドイツは第 53 カ国目の IMF 加盟国であり，クオータは 3 億 3,000 万ドル，加盟国中の第 6 位であった。また，公定為替相場は，1953 年 1 月に現状通り 1 ドル＝ 4.20 マルクと設定された[18]。当初，クオータは，国際通貨金融問題に関する国家諮問委員会（NAC）や IMF スタッフによって 2 億 8,000 万ドルから 4 億ドルの幅の中で検討された[19]。アメリカ財務省は決定されたクオータよりも高い数値を要望したが，イギリスが，ドイツと同じ時期に加盟する日本のクオータ（2 億 5,000 万ドル）との関係，さらには日本のクオータを高く設定することについて，オーストラリアからの反対により低い数値を希望したた

---

14) James [1996], p. 92. IMF と EPU の関係については，本書第 2 章を参照。
15) BArch B136/3339, Wilhelm Vocke an den Bundesminister für Finanzen, Fritz Schäffer, 20. März 1951.
16) HADBB B330/44758, Otto Pfleiderer an Wilhelm Vocke, Betr.: Beziehungen zwischen der europäischen Zahlungsunion und dem Internationalen Währungsfonds, 2. Mai 1951.
17) Dickhaus [1996], S. 97-98.
18) IMF EBS/53/3, Par Value-Federal Republic of Germany, January 21, 1953.
19) NARA RG56, Box 49, James E. Wood (Chief, European Division) to Brown M. Weir (U. S. Treasury Representative), March 14, 1952.

め，妥協的数値となったのである。

2）制限・差別的な「輸入権制度」——IMF14条コンサルテーション（1952年度）

「はじめに」において述べたように，ドイツ経済の成長を主導したのは，OEEC地域に対する輸出であった。1952年1月，OEEC地域に対する56.8%（内訳：農産物51.3%，原材料60.0%，完成品59.8%）の輸入自由化が再開された[20]。これに先立ち1951年7月，ドイツ工業連盟（Bundesverband für Deutschen Industrie：BDI）は，輸入自由化を早期に再開し，自由化率を少なくとも停止以前の60%前後にするように要請した[21]。BDIは原材料の備蓄が不足しており，このまま自由化を停止し続ければ，長期的には工業生産を制限し，ひいては輸出機会を損失することになると懸念したのである。この要請に対し，連邦経済省・レンダーバンクは，ともに輸入自由化の再開には同意したが，為替危機の再発を防ぐためにも確かな金・外貨準備を積み立てるべきであり，停止以前の水準よりも高く再開することには否定的であった。しかし，輸入自由化の再開以後，自由化率は1952年8月には80.9%（農産物71.5%，原材料90.7%，完成品80.0%）にまで拡大した。このように，ドイツのOEEC地域に対する輸入自由化率は，IMF加盟時点ですでに80%を超えていた。

IMFによる第1回目の対ドイツ14条コンサルテーションは，1952年12月に行われた。この協議において，ドイツ側は，IMFスタッフにOEEC地域に対する経常収支黒字，ドル地域に対する赤字という構造的特徴が顕在化したことに言及した[22]。ドイツは慎重な姿勢を保持しており，1952年夏時点で52年半ばから53年半ばまでのOEEC地域に対する黒字を約4億ドルと概算していた。しかし，輸入自由化の進展に伴って予想以上に取引規模が拡大し，ドイツの黒字は，1952年9月の時点で早くも4億4,300万ドルに達したのである[23]。

---

20) OEEC地域に対する輸入自由化率の数値（1952年1月〜53年4月）については，Bührer [1997], S. 287 を参照。
21) Neebe [2004], S. 166-168.
22) IMF SM/53/11, IMF, Federal Republic of Germany—1952 Consultations, Part I, Staff Report and Recommendations, February 16, 1953, p. 4.

この経常収支黒字の累積を背景に，1953年4月にはOEEC地域に対する輸入自由化率がさらに90.1％（農産物79.4％，原材料97.8％，完成品93.7％）へと拡大した。

ドイツ連邦経済相エアハルトは，IMFスタッフにマルクの交換性回復へ向けて強い意欲を示した。しかし，ドイツがマルクの交換性を回復するには，ドル地域に対する輸入自由化を進め，双務協定を撤廃するという課題が存在した。経常収支黒字はOEEC地域に限定されており，ドル地域に対する輸入自由化は，未だに開始されていなかった。また，東ヨーロッパ諸国・南米諸国を中心に18カ国と双務協定が締結されていたのである。

IMFはドイツの現状を「ドイツの金・外貨準備は増加している。ドイツは制限を緩和した効果が明確に現れるまで，ドル決済・非ドル決済の制限を維持しようとしているかのように見えるが，貿易・為替の自由化をさらに進めることができる」と評価し，制限・差別的措置のレベルと実態との違いを指摘した[24]。これに対しドイツ側は，戦前ポジションからの変化を示し，「世界貿易におけるドイツのポジションには，まだ多くの固有の脆弱性がある」ことを強調した。ドイツ側は，その理由を次のように述べた。「1936年水準を100とした場合，51年のイギリス，フランス，アメリカの輸出総量はそれぞれ173％，226％，293％であるのに対し，ドイツは126％であった。イギリスの機械・電気機器の輸出は，戦前にはドイツのわずか半分か4分の3程度であったのに対し，51年時にはドイツの1.5～2倍ほどに拡大していた。ドイツの世界輸出でのシェアは4.6％で戦前の6.6％よりも低下していた」。このようにドイツ側は，黒字基調が定着してもなお慎重な姿勢を保持し続けた。

ドル地域への輸出促進は，緊急の課題であった。ドイツは「輸入ライセンス制度」・「リテンションクオータ（輸出振興外貨）制度（Devisenbetriebsfonds）」などの制限・差別的措置を実施していた。このうちリテンションクオータ制度

---

23) IMF SM/53/11, IMF, Federal Republic of Germany—1952 Consultations, February 16, 1953, pp. 5-6.
24) IMF SM/53/11, IMF, Federal Republic of Germany—1952 Consultations, February 16, 1953, pp. 6-7.

は，輸出業者に対して輸出によって得た外貨の一部を，輸出振興の目的で優先的に輸入に利用させる制度である。1950年7月から51年3月において「自由外貨割当制（Devisenfreibetrag）」が導入され，輸出額の20％が輸出業者に与えられた。これに続いて，52年4月から「輸入権制度（Einfuhranrechte）」が実施された。輸出業者は，この輸入権によってドルまたはスイス・フランを獲得する輸出の場合，輸出額の40％を保有することができ，3カ月以内にそれを特定の商品輸入に利用するか，その権利を移譲することができた。輸入権のプレミアムは52年4月半ばには20〜20.75％に達し，輸出業者は1ドル＝4.54マルクで，さらに5月には4.41マルクで受領した[25]。しかし，プレミアムは，その後5月半ばには13〜14.5％に，1952年12月には4.60〜5.25％，さらに53年2月には2％にまで大きく下落した。この下落は輸入自由化政策が進み，輸入需要が減少したためである。IMFはこの輸入権がプレミアム付きで売買され，それによって二重為替相場が発生することを問題視していた。これに対し，エアハルト経済相は，この輸入権は，ドイツにとってドル輸出をつなぎとめるための一時的な緊急手段に過ぎないため，できる限り廃止するという意向を表明した。レンダーバンクもドル市場と非ドル市場間の価格差がなくなり，プレミアムが下落したため，輸入権制度の直接の効果は限定的であると分析していた[26]。IMFからは，ドイツ側が，プレミアムの低下により今後このシステムを変更しようとしているのかどうか不確実であった。ドイツ側は，廃止を表明したとはいえ，IMFにその条件としてフランスやオランダなども同時に廃止することを挙げ，公式の廃止に値を付けようとさえしたのである。

---

25) Dickhaus [1996], S. 136.
26) IMF SM/53/11, IMF, Federal Republic of Germany—1952 Consultations, February 16, 1953, pp. 11-16 ; IMF CF C/Germany/810, Mission 1953 (Friedman and Staff), Barend A. de Vries, Germany : Staff Visit on Retention Quotas, May 20, 1953.

2　IMFとマルク切上げ

1) IMF理事会における議論（1957年6月）

　OEEC地域に対する輸入自由化率が，IMF加盟時点ですでに80%を超えていたこととは対照的に，ドル地域に対しては，1954年2月に入り初めて輸入自由化（51.9%，内訳：農産物29.8%，原材料61.0%，完成品70.5%）が開始された[27]。この開始は，ドイツの貿易取引に大きな変化をもたらした。ドル地域に対する輸入自由化率は，1954年11月（56.9%：農産物30.0%，原材料68.7%，完成品75.8%），55年5月（68.1%：農産物49.6%，原材料75.6%，完成品78.2%）にさらに拡大された。この自由化率の拡大と原材料供給の有用性から，1955年にはドイツのドル地域からの輸入は68%，ドル地域への輸出も30%増加した[28]。

　IMFは，この輸入増加が，ドイツの国内物価の安定に大きく貢献したと見なした[29]。1956年6月には，ドル地域に対する輸入自由化率が92.7%（農産物88.4%，原材料96.0%，完成品82.7%）に到達し，OEEC地域に対する自由化率とほぼ同水準となった。また，1954年4月に「制限付き交換性マルク」（Beschränkte konvertibare Mark）勘定が開設されたことから，双務決済への依存がなくなり，決済の多角化が進んだ[30]。これは，EPU加盟国と双務協定国との取引が，この勘定を通じて同一の地域として扱われたことによる。以上から明らかなように，1956年にはドイツの貿易・為替の自由化がほぼ完了した。これを受けてIMFは，14条コンサルテーション（56年度）において，ドイツの制限緩和措置や差別撤廃へ向けた動きを高く評価した。そしてドイツに「輸

---

27) ドル地域に対する輸入自由化率の数値（1954年2月～56年6月）については，Neebe [2004], S. 384を参照。
28) IMF SM/56/26, IMF, Federal Republic of Germany—1955 Consultations, March 20, 1956, pp. 8-9.
29) IMF SM/56/26, IMF, Federal Republic of Germany—1955 Consultations, March 20, 1956, p. 18.
30) Buchheim [1990], S. 154-155 ; Dickhaus [1996], S. 187-189.

入への制限措置はもはや必要ない」という勧告が出されたのである[31]。

　1957年6月11日，IMF理事会が開催され，対ドイツ14条コンサルテーション（56年度）が議論された。このコンサルテーションを受けて，理事会では，ドイツの極端な黒字国ポジションが主たる議題となり，ドイツに対しイギリス，フランス，デンマークなど西ヨーロッパ諸国の代表理事からの非難が相次いだ[32]。ドイツのドル地域に対する経常収支赤字とは対照的に，OEEC地域に対する黒字は急増し，地域的な不均衡がさらに進んでいったからである。また，IMF理事会において指摘されたように，56年におけるドイツの金・外貨準備は，12億1,300万ドルにまで急増していた[33]。経常収支黒字が国内インフレの新たな要因となっており，国内の物価安定に努めれば努めるほど，外貨流入を通じてインフレを輸入する危険性が高まった。そのためドイツの金融政策についても，議論の対象となった。ドイツのインフレ防御策こそが西ヨーロッパ諸国の赤字を深刻化すると理解されたからである。後述するように，OEEC閣僚理事会においては，ドイツの金融政策について，ドイツとイギリスの見解の相違が結論を得ず，その解決がIMF理事会の場に持ち込まれた。

　IMF理事会は，ドイツの極端な黒字国ポジションを好ましいとは捉えておらず，その姿勢はドイツに対し経常収支黒字を調整するために，意識的なインフレ政策を薦めているという印象すら与えるほどであった[34]。ドイツのインフレ防御策に理解を示したのは，わずかにカナダ代表理事ラズミンスキーのみであった[35]。ラズミンスキーは，以下のような事実を指摘した。「ドイツ経済の減速が明らかになる一方で，IMFスタッフによる記述は，この減速を景気後退と捉え，インフレ防御策を緩和させるよう求めている。ドイツの投資財産業

---

31) IMF SM/57/46, IMF, Federal Republic of Germany—1956 Consultations, May 27, 1957, pp. 28-29.
32) IMF EBM/57/25, IMF, Minutes of Executive Board Meeting, June 11, 1957, pp. 8-9.
33) IMF EBM/57/25, IMF, Minutes of Executive Board Meeting, June 11, 1957, p. 8.
34) IMF EBM/57/25, IMF, Minutes of Executive Board Meeting, June 11, 1957, pp. 9-10.
35) HADBB B330/1087, Otmar Emminger an Herrn Bundesminister für Wirtschaft, 12. Juni 1957, Betr. Deutschland-Konsultation 1956. カナダ銀行（Bank of Canada）のラズミンスキーは，エミンガーとともにIMF理事会を代表する論客であった。カナダの変動相場制移行については，本書第10章を参照。

のアウトプットは23%増（1955年）から9%増（56年）へと減少しているが，インフレ防御策による最初の影響が現れているのであり，政策を方向転換する理由にはならないのではないか」[36]。

　ドイツへの非難に対し，IMF代表理事エミンガーは，ドイツは今後も国内均衡の維持に努めることが最大の関心であると述べた。ここ2年でドイツの賃金水準は15%，物価水準は4～5%も上昇したからである。エミンガーは，以下のように反論した。「反インフレ政策を実施した国に対しては，ドイツの黒字は安定しているか，減少している。例えば，イギリスによる反インフレ政策の効果は，1955年よりも56年の黒字が減少するという形で顕著になっている。これは，デンマークにも同じことがあてはまる。その一方で，1956年にドイツの黒字が増加したのは，フランス，ベルギー，スイスに対してであった。この増加の原因は相手国側の過剰需要にあり，それはドイツにおける内需拡大が不十分ということではない」[37]。

　ドイツの金・外貨準備は増加し，国内流動性の拡大へとつながった。西ヨーロッパ諸国による需要の拡大は，そのインフレ的成長政策と相まって，ドイツのインフレ輸入を加速させた。これは，1970年代まで続くドイツの「国内安定を目指す〔国際的に〕孤独な闘い（Einzelgang in Stabilität）」であった[38]。固定為替相場制度は，インフレ格差を即座に調整するメカニズムを保持していなかった。エミンガーは，IMF理事会の場では，マルク切上げの可能性について否定的見解を示し，「もしマルクを切り上げるならば，ドイツのドル地域に対する赤字を増加させ，西ヨーロッパ諸国全体のドル地域に対する赤字も増加させる」と述べた[39]。しかし，エミンガー自身は，マルク切上げを提唱する中心的な存在であった。エミンガーの持論は，この事態を打開するために，弾力的な為替相場政策によってドイツ国内へのインフレ的影響を回避し，ドイツの通貨価値安定を維持するという考えであった[40]。それにもかかわらず，エミン

---

36) IMF EBM/57/25, IMF, Minutes of Executive Board Meeting, June 11, 1957, pp. 9–10.
37) HADBB B330/1087, Otmar Emminger an Herrn Bundesminister für Wirtschaft, 12. Juni 1957, Betr. Deutschland-Konsultation 1956.
38) Emminger [1986], S. 30–33.
39) IMF EBM/57/25, IMF, Minutes of Executive Board Meeting, June 11, 1957, p. 14.

ガーの見解は，レンダーバンク内部では特異な意見と受け止められ，十分な理解が得られなかった。その結果，エミンガーは IMF 理事会においてもマルク切上げについての持論を控えることとなった。

レンダーバンク内部においては，慎重で保守的な意見が強かった。為替の自由化を推し進め，ドイツへの投資を促進させて経常収支黒字を縮小することが期待された[41]。その一方で，1954 年 9 月に開設した「自由化資本マルク (Liberalisierte Kapital Mark：Libka-Mark) 勘定」を唯一の投資マルクとして存続させ，この勘定を通じて資本流入をコントロールしようとした[42]。こうした事態に IMF からは，ドイツがマルク切上げのようなドラスティックな手段を避けるべく，外貨準備を蓄積するばかりで，まったく対策を講じようとしないと受け止められていた[43]。

2) 通貨投機と IMF 年次総会（1957 年 9 月）

1957 年 7 月，外国為替市場は，マルクの切上げとフランの切下げを期待した激しい通貨投機に見舞われ，この動きがポンドにも強い切下げ圧力をかけた。ドイツへの為替流入はおさまらず，外国為替市場ではマルクが過小評価されているという印象がしだいに強まった[44]。その際，投機的通貨は 7 月当初，イギリスとフランスからドイツに流入した。その後，この投機は事実上のフラン切下げ（16.75％）によってもおさまらず，8 月以降は新たにオランダからの流入が始まった[45]。

図 8-1 が示すように，1957 年のドイツの金・外貨準備は，9 月にピークに達した。為替流入こそが準備の蓄積に大きく貢献したのである[46]。この流入を

---

40) Emminger [1976], S. 513（邦訳，p. 630）; Holtfrerich [1998], S. 405.
41) Schlesinger [1976], S. 595（邦訳，p. 729）.
42) Buchheim [1990], S. 165 ; Dickhaus [1996], S. 189-192.
43) IMF CF C/Germany, Box 11, The German Balance of Payments Situation and the Question of Revaluation, August 24, 1956.
44) Tüngeler [1982], S. 35.
45) IMF CF C/Germany/1430, Jacques J. Polak, Balance of Payments 1954-1957, Germany's Balance of Payments Surplus—A Statistical Analysis, September 18, 1957, p. 5.
46) Emminger [1976], S. 493（邦訳，p. 610）.

図 8-1　ドイツの金・外貨準備（1957 年）

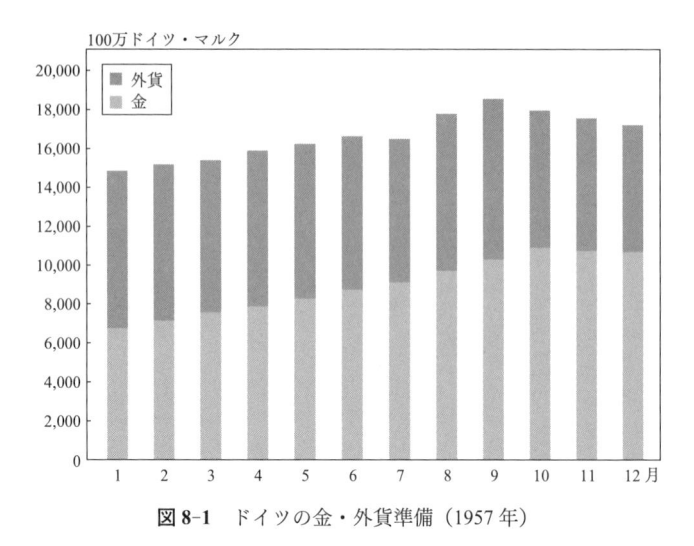

出所）http://www.bundesbank.de/Navigation/DE/Statistiken/Zeitreihen_Datenbanken Außenwirtschaft, Auslandsposition der Deutschen Bundesbank bis zum Jahresende 1998（ドイツ連邦銀行 HP 統計）より作成。

もたらしたのは，ドイツ連邦銀行（Deutsche Bundesbank，以下，ドイツ連銀）によるインフレ防御策であった。そのため，ドイツの経常収支黒字をどのように調整し，輸入インフレをどのように阻止するのかという議論も本格化することとなった。すでに述べたように，ドイツの経常収支不均衡は，OEEC 加盟国間において発生しており，通貨投機は OEEC 諸国間の通貨関係から発生した。IMF 内部では，調査統計局長ポラックが，ドイツの輸出が広範囲に西ヨーロッパ諸国からの影響を受けることに着目した[47]。1956 年におけるドイツの対 EPU 純黒字は，10 億ドルを超えた。この黒字は，フランス（－6 億 5,400万ドル）とイギリス（－2 億 6,900 万ドル）の赤字額の合計値にほぼ相当した。ポラックは，ドイツの経常収支黒字の主要因は，輸出増加と金融機関による純信用創造の欠如にあると分析した。この 2 つの要因は，不可分に結びついていた。ドイツの輸出が信用拡大を伴って増加したならば，輸入はより速く増加

---

47) IMF CF C/Germany/1430, Jacques J. Polak, Balance of Payments 1954-1957, September 18, 1957, pp. 13-15.

し，黒字幅は小さくなるはずであった。しかし，1956 年にドイツの金融機関による信用創造は減少傾向にあったからである。ポラックは，この分析のフレームワークの中で黒字調整策を求めるならば，ドイツ連銀による緩和策が必要であると判断した。

OEEC 諸国間の通貨関係を是正するには，為替相場の多角的調整が考えられた。しかし，この調整において，OEEC は議論の場となりえなかった。1949 年 9 月のポンド切下げについて，IMF 理事会が積極的な支持をして対立して以来，OEEC は，為替相場の調整は IMF の領域であると認識したからである[48]。その後 1952 年に IMF によるベルギーへのスタンドバイ・クレジットを契機として，IMF と OEEC の関係は改善に向かった[49]。IMF は貿易・為替の自由化を促進していくために，OEEC と協力体制を築く必要性を認識した[50]。しかし，OEEC 加盟国は，依然として通貨主権に抵触することに慎重であった。

このような OEEC の姿勢とともに，IMF も為替相場の調整に積極的な役割を果たしたわけではなかった[51]。IMF 協定においては，加盟国は基礎的不均衡を是正する場合に限って平価の変更を認められていた。IMF は変更幅が 10% 以内の時にはそれに同意しなければならず，変更幅が 10% を超える時でも，基礎的不均衡の是正が必要な時には同意しなければならないとされた。IMF 年次総会の場があるにもかかわらず，IMF 主導で為替相場は調整されておらず，これまでには議論すら行われてこなかった。そのためエミンガーは，1957 年 9 月，IMF 年次総会の直前に「IMF と為替相場政策 (Internationaler Währungsfonds und Wechselkurspolitik)」と題する論文を公表し，IMF の姿勢を次のように批判した。「ドイツは〔実勢に見合う為替相場に調整したいが〕IMF

---

48) Kaplan and Schleiminger [1989], pp. 258, 264；田中 [2000], p. 148 注 25)。
49) James [1996], p. 96.
50) IMF EBD/53/87, Co-operation with OEEC, July 1, 1953；EBD/56/37, Cooperation with OEEC, April 9, 1956.
51) マルク切上げ時に IMF および経済協力開発機構 (OECD) において適切な為替相場政策について国際的な議論はなかった (James [1996], p. 115)。マルク切上げによる国際的影響については，本章注 82) を参照。

は〔為替相場問題に〕積極的に取り組んでいない。IMF 側には主導権がなく，〔調整を余儀なくされている〕加盟国側から個別に働きかけなくてはならない。IMF の役割とは何か。年次総会では議論すら行われず，その場では IMF の方針や具体的な示唆が得られるわけではない。為替相場の変更は，多角的な議論には適していない。〔変更すべきタイミングで〕即座に変更すべきなのだ」[52]。

　IMF は，スエズ危機による金融支援以後，その活動を活発化させていた。IMF 年次総会は，エミンガーの主張とは裏腹に，IMF 主導で為替相場を現状維持し，通貨投機を根絶する結果となった。この総会を通じてドイツは，IMF の活動が外国為替市場の鎮静化，通貨投機の収束において，従来にはなかった影響力を獲得するようになったと認識した[53]。IMF 総務会においてイギリス大蔵相である OEEC 閣僚理事会議長のソーニークロフトと，ドイツ IMF 総務代理である EPU 理事会議長フォン・マンゴルトは「現状の為替相場に変更はなく，変動幅を設定する必要はない」とする共同声明を発表した[54]。この声明は，イギリスがドイツと 2 カ国間の極秘会議を望み，ポンドの困難に対してドイツに分別ある行動を期待したためであった。ドイツは，この状況を以下のように理解し，イギリスに譲歩した。「イギリスはポンドの為替相場維持に必死であり，ポンドの切下げや威信喪失が労働党政権にとって深刻な事態を招く。イギリスはポンドが国際的信認を得るために，ドイツの支援を求めている。この状況において，もしドイツがポンドへの不信を煽るならば憤慨するだろう」[55]。

　イギリスはマルク切上げを回避するドイツ側の決定を評価し，IMF 総会以後はドイツへの非難を抑制した。ドイツ・イギリス両国の合意には，相手国の為替相場に対する新たな不信を招くような調整は避けるべきだという IMF の

---

52) Emminger [1957], S. 8-12 ; James [1996], pp. 101-102 ; Holtfrerich [1998], S. 406.
53) BArch B102 (Bundesministerium für Wirtschaft)/12660, Bundesminister für Wirtschaft an Staatssekretär des Bundeskanzleramtes, 6. Dezember 1957.
54) BArch B102/12660, Otmar Emminger an Bundesministerium Abteilung VI, Btr.: Deutsche und Englische Erklärungen auf der IWF-Tagung, 24. September 1957.
55) BArch B102/12660, Otmar Emminger, Btr.: Konfliktsmöglichkeiten zwischen England und Deutschland in der Währungspolitik, 10. Oktober 1957.

姿勢が示されていた[56]。

　エミンガーは，両国の合意を通貨政策上のみならず，政治的にも重要な結果であると判断し，この合意がヨーロッパにおける今後の通貨議論に関連してOEECの最初の成果であると受けとめた。しかし，その一方で，緊急の場合，ドイツはこの合意に拘束されずにマルクを切り上げることになると見ていた。彼は，IMF理事会の実務能力に疑問を抱き，専務理事ヤコブソンの影響力の大きさを「不可解な役割（unverständliche Rolle）」として懸念していた[57]。実際にIMF年次総会での結論には，ヤコブソンの意向が強く反映された。ヤコブソンは戦後インフレの終焉を掲げており，マルク切上げに反対した。それは，切上げがさらに投機的な為替流入を引き起こすため，為替相場に抵触しない方が得策であるとの判断からであった[58]。さらに経常収支黒字の調整策として，ドイツに対外債務の期前返済や軍需負担，途上国援助の形での資本輸出を促し，イギリスもこの立場を強く支持していた。

3　IMFとマルクの交換性回復

1）資本輸出の促進——IMF14条コンサルテーション（1957年度）

　IMF年次総会において，為替相場の現状維持が宣言されたことを受けて，マルク切上げを見越した通貨投機は収束した。しかし，1957年末からOEEC諸国間での経常収支不均衡が拡大し，ドイツは経常収支黒字の調整策をさらに強く迫られた。ドイツの経常収支黒字は，IMF年次総会において批判を浴びた。

　IMFは，14条コンサルテーション（1957年度）において，56年度に続き「輸入への制限措置はもはや必要ない」と勧告した[59]。ドイツの経常収支黒字

---

56) BArch B102/12660, Otmar Emminger, Bericht über die Jahrestagung 1957 des Internationalen Währungsfonds (IWF), 30. Oktober 1957 ; Holtfrerich [1998], S. 406.
57) Emminger [1986], S. 85-88.
58) James [1996], pp. 113-114.
59) IMF SM/58/43, IMF, Federal Republic of Germany—1957 Consultations, June 4, 1958, p. 2.

が続いていることについて,「政府は物価安定を保持しつつ,国内の需要や生産をハイレベルに維持するような政策を実施しようとしている。その結果,輸入市場は活気づき,〔ドイツの輸入拡大が〕世界貿易へ貢献することになる」と述べた。IMF は資本市場の活性化や資本輸出の促進を評価し,特にドイツの資本輸出が,世界経済のバランスのとれた成長に大きく貢献することを期待したのである。この IMF の表明は,1956 年 11 月の OEEC 閣僚理事会による要請と重なっていた。OEEC は,ドイツのインフレ防御策によって民間資本輸出は期待できず,資本市場の復活,金利構造の改善までの短期的措置として,公的資金での資本輸出を要請した[60]。この要請は,OEEC 諸国間の不均衡が,ドイツの今後の対応措置なく均衡するとは考えられないとの判断からであった。そのため,赤字国への配慮が必要とされた。

　これを受けて IMF14 条コンサルテーション(1957 年度)では,経常収支黒字の調整策として,資本輸出が要請されていることについて議論された[61]。IMF スタッフは,ドイツ側に民間資金か,あるいは公的資金かどうかにかかわらず,資本輸出を増加させる展望があるのか,また資本輸出をすることによって経常収支黒字を調整できるのかどうかについて見解を尋ねた。IMF はドイツ政府が市場経済を強く志向しているため,民間資本輸出を促進する直接の手段を実施することはないと考えていた。ドイツの民間資本輸出は,世界市場での競争力の拡大を背景に増加傾向にあり,3 億 8,300 万マルク(1956 年)から 7 億 8,000 万マルク(57 年)へと急増した。それにもかかわらず,IMF は国内資本に対する需要が高く,民間資本輸出の一方的な増加は期待できないため,経常収支黒字を調整するにはさらに時間がかかると結論づけた。ドイツは,公的資本輸出を促進させる可能性について,連邦予算の厳しい状況から困難を強調し,IMF もこの困難を十分に認めていた。ロンドン債務協定が締結され,ドイツは戦前・戦後債務を抱えていた[62]。また,IBRD(世界銀行)への

---

60) HADBB N2/242, J10, Die Einstellung des Auslandes zur deutschen Überschußfrage, 9. Mai 1959.
61) IMF SM/58/43, IMF, Federal Republic of Germany—1957 Consultations, June 4, 1958, pp. 13-14.
62) ロンドン債務協定については,西牟田［2007］に研究動向が論じられている。

短期・中期ローン（1億7,500万ドル）など，すでに多額の追加的支出を決定していたからである。ドイツにとっては欧州経済共同体（European Economic Community：EEC）の発足に関連して，フランスへの政治的配慮も必要であった。そのためにドイツは，フランス通貨危機への金融支援として，IMFからのマルク引出（1億8,900万マルク）を認め，EPUを経由したフランスへの特別信用（4億2,000万マルク）を実施した。新たにヨーロッパ投資銀行（European Investment Bank：EIB）の資本金（1億2,600万マルク），ヨーロッパ開発基金（European Development Fund：EDF）への出資金（8,400万マルク）を負担することも決定された。

以上のように，IMFスタッフは資本輸出におけるドイツの負担を懸念したが，この点を議論した1958年6月のIMF理事会では，アメリカ代表理事サザードとイギリス代表理事ソロルドが，ドイツに長期資本輸出を強く迫った[63]。この議論に，開発援助におけるドイツの積極的な役割を期待しているインド代表理事アダルカルをはじめとして，カナダ，ギリシャ，フィンランドの代表理事も強い関心を寄せた。エミンガーは，ドイツによる世界銀行へのローンやドイツ復興金融公庫（Kreditanstalt für Wiederaufbau：KfW）による外国信用の実施を挙げ，ドイツの国際的貢献について述べた。1958年，KfWによる信用はインド，アイスランド，スーダンに対して実施されており，特に，インドについては，ルールケーラー製鉄所（Rourkela Steel Plant）の建設資金のファイナンスに深く関与していた[64]。しかし，サザードは，「ドイツ当局には，民間資本輸出を促進させるような追加的プランがない」，「公的資本輸出について，ドイツ当局側に限界があるならば，なぜワシントン輸出入銀行（EXIM）のような機関を設立しようとしないのか」と発言した[65]。サザードに対し，ドイツは国内の資本需要を考慮し，アメリカと同等の負担を求められることに反発した。ドイツは1956年にアメリカからの機械輸入のために，EXIMによる鉄鋼

---

63) HADBB B330/1087, Otmar Emminger, Bericht über den Abschluss der Konsultation 1957 zwischen dem IWF und der Bundesrepublik, 30. Juni 1958.
64) Harries [1998], S. 60-62.
65) IMF EBM/58/29, IMF, Minutes of Executive Board Meeting, June 27, 1958, p. 4.

メーカー・ティッセン (August-Thyssen-Hütte) への1,000万ドル信用を受け入れたばかりであったからである[66]。

また，ソロルドは，IBRD（世界銀行）へのローンを評価しつつも，それだけでは不十分であると判断した。イギリスがドイツに期待したのは，軍需負担の増額であり，ドイツ駐留費用の負担軽減，対外債務の期前返済，軍需品輸入の前払いを通じたポンドへのサポートであった[67]。ドイツがこの要求に応じたのは，東西ドイツの再統一への支持とソ連からの挑発に対するイギリスの積極的なサポートを期待したためである[68]。

2）IMF8条国への移行（1961年2月）

ドイツがIMF14条国から8条国への移行を遂げたのは，1961年2月のことであった。ドイツによるイギリスとフランスへの政治的配慮は，IMF8条国への同時移行として実現した。マルクの交換性は，1958年12月には非居住者向けに，59年5月には国内居住者に向けても回復した。このように，他の西ヨーロッパ諸国に先駆けてマルクは1950年代末期に完全に交換性を回復した。ドイツはこれに先立ち1955年夏から8条国移行への準備を進め，IMFによる早期の移行要請を期待していた[69]。8条国への移行は，加盟国個別の貿易・為替自由化の進捗状況によると理解していたからである。しかし，イギリスとフランスがドイツと同時に8条国へと移行することを望んだため，条件を満たしていながらも，ドイツの8条国への移行は先送りされた。1958年12月，西ヨーロッパ諸国の通貨が非居住者向け交換性を回復するとともに，EPUは解散した。しかし，西ヨーロッパ諸国の貿易・為替自由化の進捗状況には，大きな差異が存在していた。

1959年7月に開催されたIMF理事会において，ドイツは8条国移行についての議論を期待したが，具体的に論じられなかった。その背景には，ポンドを

---

66) Harries [1998], S. 223.
67) IMF EBM/58/29, IMF, Minutes of Executive Board Meeting, June 27, 1958, pp. 5-6.
68) Zimmermann [2002], p. 81.
69) HADBB B330/1058, Vertrauliche Ausarbeitung für Mr. Rooth über "Deutschland und Art. VIII," 23. August 1955.

復権させようとするイギリスの関心があった[70]。1959年3月,イギリス政府はIMF代表理事クローマーを通じて,ヤコブソン専務理事がドイツの8条国移行を先送りすることを許容し,西ヨーロッパ主要国の同時移行を認めるという手応えを摑んだ[71]。これを受けて4月にIMFがドイツに14条コンサルテーション(1958年度)を開始した時,イギリス政府は,ドイツに西ヨーロッパ諸国の同時移行が可能になるまで,8条国への移行を先送りするように要請した[72]。この要請を受けて,1959年6月30日,イギリス大蔵省次官補ピットブラードとドイツ連邦経済省対外経済局部長シュテットフェルトとの極秘会議がロンドンで行われた。この会議においてイギリス側は8条国への移行には,まだ多くの時間が必要であると重ねて強調した。その結果,ドイツ側は,いつ移行が可能となるのか具体的な時期を見出せなかった。

他方,6月22日からEEC通貨委員会が開催されたが,8条国への移行についてフランスと非公式協議の場が設けられ,フランスが同時移行に積極的であることが確認された[73]。エミンガーとフランス銀行副総裁カルヴェは,ともにこの委員会の副委員長を務めていたが,両者の話し合いを通じて,ドイツがイギリス側に8条国への同時移行について見解を求めていることが報告された。フランスは,通貨危機の最中にあり,60年以前に8条国へ同時移行することは困難であると示唆していた[74]。

ドイツは,西ヨーロッパ諸国の反応がイギリスの方向性に決定的に依存し,イギリス抜きでの8条国移行は現実的ではないと判断した[75]。そのため,ヤコ

---

70) HADBB B330/1058, Otmar Emminger, Vermerk: Betr. Übergang von Art. XIV zu Art. VIII im Internationalen Währungsfonds, 12. Juni 1959.

71) HADBB B330/1058, W. Hanemann an Bundesminister für Wirtschaft, Betr.: Übergang zu. Art. VIII des IWF-Abkommens, 27. März 1959.

72) HADBB B330/1058, Otmar Emminger, Vermerk: Betr. Übergang von Art. XIV zu Art. VIII im Internationalen Währungsfonds, 12. Juni 1959.

73) HADBB B330/1058, Entwurf einer Weisung an Herrn Dr. Guth, Betr. Übergang von Art. XIV zu Art. VIII, 10. Juli 1959.

74) NARA RG56, Box49, Germany's Relation to International Monetary Fund, April 28, 1959.

75) HADBB B330/1058, Wilfried Guth, Betr.: Übergang zu Artikel VIII und damit zusammenhängende Fragen, 17. Juli 1959.

ブソン専務理事がイギリスを中心に，西ヨーロッパ諸国の同時移行に賛成していることに配慮した。1960 年 10 月，IMF 為替制限局長フリードマンは，ドイツに同時移行の時期を提案し，イニシアティブを発揮するように期待した[76]。このように，ドイツはイギリス・フランス両国間の調整を担うこととなった。

おわりに

　1950 年代，ドイツは他の OEEC 諸国に先駆けて貿易・為替の自由化を順調に進めたが，この自由化の進展は，14 条コンサルテーションにおいて IMF に高く評価された。この進展は，IMF が目指す方向性と一致していたからである。しかし，他の OEEC 諸国と比較して，IMF とドイツの関係の特徴として挙げられるのは，この進展にもかかわらず，黒字国として急速に台頭したことが IMF との利害対立を招いたことである。この 1950 年代後半から 60 年代初頭におけるドイツの IMF への対応は，どのように理解できるのだろうか。エミンガーは EEC 通貨委員会の職務が重責となり，1959 年に IMF ドイツ代表理事をドイツ連銀統計局長グースと交替した。1961 年 3 月，ドイツがマルクの 5％切上げを決断した時，ヤコブソンは激怒したが，IMF 理事会はグースから公式に切上げを報告され，これを異議なく承認した[77]。

　グースは，以下のようにヤコブソン専務理事を評していた[78]。そこにはこの時期のドイツの状況が端的に表されている。「彼は現存の国際通貨体制を強化しようとしたが，これを古めかしいと考える者や新しい秩序を創出しようとする者にとっては，保守的な専務理事に過ぎなかった。ヤコブソンは，はじめから IMF の存在を現存のフレームワークの中でどのように活用できるのかという前提に立って行動していたのだ」。さらに，グースはヤコブソンの確信を次のように理解していた。「世界経済の発展は，安定的な固定相場制においての

---

76) HADBB B330/1059, Wilfried Guth, Übergang zu Art. VIII, 14. Oktober 1960.
77) Emminger [1986], S. 126-127.
78) Guth [1964], S. 11.

み可能であり，変動相場制は危険である。この確信は IMF 専務理事としての政策に強く反映されており，IMF の組織としての役割は，まるで〔火事が起こった時に〕消防隊が出動するように通貨危機への対応に限定された」。このようなグースの言及から明らかなように，ドイツの中にはエミンガーの提案をはじめとして，早くも 1950 年代半ばから弾力的な為替相場政策を活用して，国内へのインフレ的影響を回避しようとする動きが出ていた。これは，変動相場制への移行につながる新たな議論でもあった。しかし，実際に，IMF 専務理事として，ヤコブソンの影響力は絶大であった。ドイツはヤコブソンの考え方を受け入れ，軍需負担や途上国援助という形での資本輸出を実施した。この選択にはドイツ連銀初代総裁ブレッシングが，このヤコブソンの確信を共有していたことも影響した。1960 年代初頭においてもなお，ドイツ側の見解は統一されておらず，試行錯誤が続いた。

　1950 年代末期，ドルの弱体化とマルクの台頭の兆候という微妙な状況の中で，ブレッシング率いるドイツ連銀は，流入したドルをアメリカ通貨当局に対し金に交換するように要請せず，この行動は国際的貢献であると受け止められた[79]。ドイツは政治的配慮を優先し，資本輸出の実施とともに 8 条国移行の先送りを受け入れた。その後 1960 年代を通じてドイツ連銀は，IMF の内外において重要な国際信用機構として活動した。この国際信用は，ドイツ連銀が，ブレトンウッズ体制の存続に特別の責任があると自認していたからである[80]。ドイツ連銀による国際信用は，ブレトンウッズ体制の終焉を先送りできたが，一時的な金融支援に過ぎず，新たな国際通貨秩序を生み出したのではなかった[81]。

　本章で明らかにしたように，1950 年代後半以降，ドイツが資本輸出を実施したのは，経常収支赤字を抱える OEEC 諸国への配慮からであった。イギリスやフランスとの関係を重視するドイツに対し，OEEC による要請は，IMF と連動しながら，むしろ IMF 以上に影響を与えた。その一方で，OEEC 内部

---

79) FRBNY C261, John Exter, Conversation with Dr. Otmar Emminger, December 16, 1958.
80) Emminger [1976], S. 550 (邦訳, p. 672).
81) Lindenlaub [2008], S. 13-34.

では為替相場の調整については議論が進まなかった。結果として，マルク切上げは，ドイツ自身によって決断された。しかし，このマルク切上げは，一国単位の通貨主権という認識を超えて，EEC 共同市場の利害調整から，1960 年代以降に加盟国間の通貨協力が強く推し進められていく重要な契機となった[82]。中心通貨としてのマルクの台頭，通貨協力におけるドイツの貢献については，今後の課題としたい[83]。

---

[82] マルク切上げの国際的影響として，エミンガーは，①オランダ・ギルダーの追随的切上げ，②ポンド支援への中央銀行間協力の促進，③西ヨーロッパ諸国間の通貨協力を挙げている（Emminger [1986], S. 129-131）。③については，ドイツ連銀元総裁のティートマイヤーも，回想録の中でこの点を指摘している（Tietmeyer [2005], S. 23-24〔邦訳, p. 6〕; Zimmermann [2008], p. 160）。

[83] ヨーロッパ通貨統合についての最新の歴史研究として，権上 [2013] が挙げられる。

第 9 章
IMF とイタリア
―― 貿易自由化と交換性回復への途

伊藤カンナ

はじめに

　1950 年代初頭から 63 年にかけてイタリアは急速な経済成長を経験し，58 年にはヨーロッパ主要国とともに通貨の対外的交換性の回復を実現した。この時期にイタリアはブレトンウッズ体制とヨーロッパ統合プロセスに参加し，国内の経済問題は国際協調の場においても検討され議論された。本章は，主に IMF 第 14 条コンサルテーション関連史料の分析をもとに，ブレトンウッズ体制が加盟国の国内政策運営にどのような制約や影響を与えたかを，イタリアの経験を通して検証することを課題とする。

1　イタリアの IMF 加盟

　1943 年に，連合国が新たな国際通貨体制の構築について話し合いを始めたとき，その情報はイタリア政府にも届いていた。1944 年 4 月 25 日のローマ解放後，イタリア政府は間近に迫ったブレトンウッズでの国際通貨金融会議への参加を切望したが，願い虚しくオブザーバーとしてさえ会議への参加を認められなかった。同年 9 月，政府が主宰した専門家委員会は数カ月にわたり検討を重ねた結果，イタリアは原料輸入と手工業製品の輸出に大きく依存しているということからも，ファシズム政権によって強いられた長期の国際的孤立から

政治的に復権するためにも，一刻も早く世界経済に再編入されるべきだという意見で一致した。また，ブレトンウッズ機関への参加は経済の安定化を推進するだろうとも期待された[1]。

イタリアの IMF と世界銀行への加盟申請は 1946 年 2 月 14 日に提出されたが，同日，ギリシャ，ユーゴスラヴィア代表の反対に直面した。彼らは，イタリアは旧敵国であり，和平条約の調印までは申請を受理さえすべきでないと訴えた。IMF 理事会は特別委員会を設けてこの問題を審議したが，その席でアメリカ代表は，イタリアは 1943 年に共同参戦国と認められ，対ドイツ戦では重要な貢献をしたこと，ほぼすべての連合国と外交関係を回復しており，連合国はイタリアに対して休戦条件のすべてを呑むよう要求するつもりはないことを確認し，イタリアの IMF 加盟に障害はないという立場をとった。イギリスもこれを支持した。よって，IMF 理事会は 1946 年 10 月 2 日にイタリアの加盟を承認し，イタリアは 47 年 3 月 27 日，条約に調印し IMF と世銀への加盟を果たした。

イタリアに割り当てられたクオータ（割当額）は 1 億 8,000 万ドルで，事前に予想された 3 億ドルをはるかに下回った。しかし，イタリアの公的準備は底を尽きかけており，IMF への約 3,000 万ドル分の金での払い込みにも不十分であった。よって，1947 年 1 月の首相デ・ガスペリの訪米の際，随行したイタリア銀行ジェネラル・ディレクターのメニケッラ[2]の最優先課題は，借款の交渉と IMF 加盟に必要な金の調達であった。このときワシントン輸出入銀行（EXIM）から得た 1 億ドルの借款は，イタリアがアメリカの機械製品を知る最初の経路となり，イタリアの産業設備の近代化プロセスに最初の刺激を与

---

1) イタリアのブレトンウッズ協定参加については，Cotula, a cura di [2001], pp. 75-109；Di Taranto [2007] 参照。
2) メニケッラは当時のイタリア銀行総裁エイナウディに推挙されて 1946 年 4 月 19 日にイタリア銀行のジェネラル・ディレクターに就任した。1920 年代以降，同行行員として大銀行グループの救済と清算に携わり，30 年代以降は産業復興公社（Istituto per ricostruzione industriale：IRI）の中枢として銀行と企業に対する公的介入を実行してきた彼の登用は，北部の産業家たちを落胆させ，エイナウディのイニシアティブに敵対的になったという（Carli [1993], p. 84）。

えた[3]。

2 1947年の通貨安定化

　IMF加盟とアメリカ政府の援助は，イタリアに通貨安定性の再建を要請した。イタリアでは1946年5月末から47年夏にかけて戦後再び深刻なインフレが昂進していた。メニケッラの回想では，インフレに先行して生産の回復と株式市場や外国為替相場でのブームが起こった。銀行はイタリア銀行に保有していた大量の預金を引き出して，産業復興や証券・商品の投機的取引のための貸付を拡大した。政府によるパンの統制価格政策は国家予算に重圧を課し，国庫の赤字はイタリア銀行での再割引を通して，マネタリーベースの創出でファイナンスされた[4]。連合国救済復興機関（United Nations Relief and Rehabilitation Administration：UNRRA）援助があったとはいえ石炭・鉄鋼・食料の欠乏はきわめて深刻だった。しかも，援助がまもなく終わるという予想が，人々の不安を煽った。食料クーポンで手に入る割合は小さかったため，人々は自由市場や闇市場へ押し寄せ，これらの市場での食料価格は急激に上昇した。さらに，外国でのイタリア製品（特に繊維）の需要増大は1946年末にかけて賃金上昇を招き，消費財の国内需要は供給をはるかに超えて増大した。こうして1947年9月までの15カ月間で卸売物価は戦前レベルの25倍から60倍，さらにその上へと駆け上がった。将来の値上がりを期待して生産者による売り惜しみや食料・衣料の在庫蓄積が起き，企業や個人は銀行信用を得て不動産や金，宝石への投資に殺到した。資本の流出も加速して，公的準備は急減した[5]。

　国際決済銀行（BIS）の金融経済局長ヤコブソンは，まさにこのインフレ昂進のただ中の1947年1月から数カ月にわたりローマに滞在し，イタリア経済

---

3) Segreto [2000]；Cotula, a cura di [2001], p. 50 を参照。
4) Fratianni and Spinelli [1997], p. 170；Cotula, De Cecco e Toniolo, a cura di[2003], p. 464.
5) ABI, Direttorio Menichella, cart. 98, fasc. 1, pag. 78-88, "Introductory remarks：Per Jacobsson and Monetary Development in Italy 1946-1947," 1966；Fratianni and Spinelli [1997], pp. 168-171.

の状況を検証しイタリア銀行に助言した[6]。ヤコブソンの見方では，イタリアにおける物価急騰の基本原因は戦後に残った過剰流動性であった。この結論はイタリア銀行の考えと合致していた。

アメリカから帰国直後，メニケッラはイタリア銀行協会の総会で講演し，IMFやアメリカ政府との話し合いについて触れながら，国際収支の赤字という困難な課題に立ち向かわねばならないこと，そのためには，通貨安定性が不可欠であることを説いた。その上で，銀行に，在庫の過剰な蓄積のために信用供与しないよう要請し，従わない場合には強制準備制度を導入する[7]と警告を発した。

この警告は，イタリア銀行総裁エイナウディが1947年5月末に副首相兼予算相となり，その盟友デル・ヴェッキオが国庫相に，メニケッラがイタリア銀行総裁になった時，実現した。議会は新たな金融政策の発動を認め，通貨安定化プログラムの貫徹が保証された。自由主義経済学者でトリノ大学の財政学教授の経歴を持つエイナウディは，1930年来イタリアの主要紙のコラムニストとして政府の経済運営を解説してきた。このときも彼は，いかに急速に信用が拡張するかを説明し，柔軟かつ適度な強制準備システムによって抑制される必要性を説いた。こうして彼は世論を味方につけたと，メニケッラは回想する。

8月に強制準備制度が導入され，9月には公定歩合も4％から5.5％に引き上げられた[8]。エイナウディはさらに，新たな信用需要が隠れた蓄財や在庫を積み増すためのものである場合，預金準備率の大幅な引上げも辞さないし，企業が表向きは生産や貿易に利用するために得た信用で不動産や証券，奢侈品を購入した場合も買いだめに含まれると明言し，厳格で揺るぎない信用引き締めの姿勢を示した。銀行は大口の信用需要に容易に応じなくなった。信用引き締め

---

6) ヤコブソンによるイタリア問題の検討については，Jacobsson [1979] を参照。
7) Cotura, Gelsomino e Gigliobianco, a cura di [1997], doc. 12 "Discorso all'assemblea dell'Associazione Bancaria Italiana," 18 gennaio 1947.
8) 強制準備の要件では，信用機関は預金の25％をイタリア銀行に預金するか，政府債券を購入せねばならない。前者には短期国庫債券の利子率から25/100％差し引いた利子が付く（Fratianni and Spinelli [1997], p. 174）。公定歩合は1949年4月9日に4.5％に，50年4月6日に4％に引き下げられた（Cotula, a cura di [2001], p. 56）。

第9章 IMFとイタリア　215

は即座に在庫処分につながり，いくつかの重要な物価が下がると，消費者はさらなる値下がりを予想して，当座必要なものだけ購入し買いだめを止めた。1947年の最初の9カ月で70％上昇した卸売物価は，年末までの3カ月に11％，翌年前半で7％下落し，インフレは終息した[9]。ヤコブソンは，この過程は激しいショックであったが，イタリアでのように通貨の信認が揺らぐほど事態が進んだ場合にはショックが必要であったと後述した[10]。

　続いてエイナウディが取り組んだのは財政赤字の削減だった。彼は1947年10月の憲法議会（当時国会として機能）において，財政赤字は公的債務の増大という害悪を産み，イタリアの公的債務残高は47年6月末に2兆リラ余に上ると述べた。その結果，通貨価値が下がれば貯蓄者・債券保有者が大きな損害を被り貧困化するので，通貨の安定化は彼らのために行われねばならない。安定化にとって不可欠な前提は財政収支の均衡であると訴えた。彼は自分の説の裏付けとして，「世界の通貨に関して最高権威であるIMF専務理事」ギュットの発言を引用している。すなわち，「いくつかの国でインフレは，国家の巨額の赤字に根源を見出している。よって，金融改革と経済改革の出発点は，国家予算の収支の均衡にある。これは，国民の経常所得から生じた実際の歳入が，国民のために実施される歳出をカバーするという真の収支均衡でなければならない。発券銀行も民間銀行も公的支出に資金を供給すべきでない」。エイナウディは，イタリアではこれほどの完璧さは望めないが，税収だけでなく公債・国庫債の発行によっても国家予算の収支が均衡しうるなら満足と言える，と述べた[11]。

　1945年から60年までのエイナウディ，メニケッラ総裁時代に，通貨安定の

---

9) IMF SM/248, "The Financial Situation in Italy," June 21, 1948を参照。生計費も1947年9月から48年2月の間に10％減少した。

10) ABI, Direttorio Menichella, cart. 98, fasc. 1, pag. 78-88, "Introductory remarks," pp. 9-14；Cotula, a cura di [2001], pp. 51-53.

11) Einaudi, "Intervento all'Assemblea costituente," Roma, 4 ottobre 1947, in Barucci, a cura di [2008]. 1946～47年度の予算では歳出の50％しか実際の歳入でカバーされていなかった（Bank for International Settlements [BIS], Monetary and Economic Department, C. B. 213, *Economic and Financial Problems in Italy in the summer of 1949*, September 1, 1949, pp. A2-A3）。

維持は経済政策の最高目標と位置づけられ，銀行による「過剰な流動性」の創出を抑える一方，貯蓄を公債市場に動員することで投資を行う方向性が志向された。実際，強制準備の導入によって銀行の流動性の一部が国庫債に投資され，公債市場を支えた[12]。強制準備の管理者となったイタリア銀行は中央銀行となり，信用統制力は強められた。また，通貨安定化直後，国庫の赤字を通貨創造によってファイナンスすることを最大限制限する法規が定められ，中央銀行による通貨流通のコントロールに十分な自律性が与えられた[13]。

3　イタリアの変動相場制をめぐるIMFとの論争

　イタリアのIMF加盟には，IMF協定第14条が適用された。すなわち，同条2項で定めるように，「敵国によってその領土を占領された加盟国は，必要であれば，経常的な国際取引の決済や移転に制限を導入することができる」と認められたのである。この条項の適用は，為替管理や一部変動相場制を採用していたイタリアが，強く望んでいたことだった。

　しかしながら，条約調印を間近に控えた1947年3月半ば，IMF理事会に波風が立った[14]。ベルギーの理事ド・セリエーが，前年のイタリアによる外国為替の自由市場の導入はIMF協定の原則と真逆であり，これを廃止しない限りイタリアのIMF参加を認めるべきでないと提案したのである。しかし大半の理事はこの意見に反対した。その理由は，加盟前の国にIMF協定の遵守を迫ることはできないし，すでに理事会が審議して加盟を認め，諸条件を設定した後に，新たな条件を付加するのは不適切である。また，イタリアは加盟後も第

---

12) 例えば1956年にイタリア銀行の準備預金約3,300億リラが国庫債に投資されていた。IMF SM/57/23, "1956 Consultations ― Italy," p. 5.

13) イタリア銀行をめぐる法律改正については，Fratianni and Spinelli [1997], pp. 174-189；Cotula, a cura di [2001], pp. 12-18 を参照。1945年半ば，イタリア銀行の資産の97％は国庫に対する信用で構成されていた。同年1月に総裁に就任したエイナウディは当時の状況を，「通貨量の削減にとって，発券銀行の自立した活動に残された余地はかなり限られている」と評した。

14) IMF EBM, Meeting 147, March 18, 1947.

14条の移行措置で保護されるというものだった。よって，この問題はイタリアの加盟後，議論することになった[15]。

イタリアの通貨政策と準備の運営は，1926年から28年の通貨改革でイタリア銀行に委ねられた。その後，1930年代の組織改編で設けられた国立外国為替機構（Istituto nazionale per i cambi con l'estero：INCE）が外為オペレーションを独占し，イタリア貿易振興機構（Istituto nazionale per il commercio estero：ICE）とともに外貨の配分と輸出入を調整する任務を果たした。1934年以降，国民が獲得した外貨と外国資産はすべて政府に譲渡すると定められ，さらに39年に輸入の全面免許制，40年には輸出の免許制が導入されると，以後，46年初めまで外貨取引は政府によって完全に独占された。戦後，INCEの任務は後継機関のイタリア為替局（Ufficio Italiano dei Cambi：UIC）[16]に引き継がれ，1945年以降，イタリア銀行総裁が為替局局長を兼ねることで，イタリア銀行に外国為替と準備を運営する権限が集められた。

リラの為替レートは，連合軍のイタリア上陸直後1ドル＝100リラ，1ポンド＝400リラに設定されたが，これらの公式レートでは過大評価であったため，1946年2月，あらかじめ許可された取引について125％上乗せされた公式レートが適用されることになった。さらに，3月26日の法令で，米ドル，ポンド，スイス・フランについて自由市場と「50％システム」が設けられた。すなわち，それまでイタリアでは輸出で得た収入はすべて為替局に強制譲渡と定められていたが，この時以降，輸出業者は非貿易協定国への輸出所得の50％を為替局に公式レート（1ドル＝225リラ）で譲渡し，残りの50％を一定期間内に特定の輸入に用いるか，合法の自由市場で（認可された銀行経由で）輸入業者に売却できることになったのである。これが戦後のイタリアにおける外為市場の自由化プロセスの第一歩であった。

---

15) イタリアの為替管理に関しては，IMF RD234, "Foreign Exchange Practice in Italy," April 10, 1947；EBM, Meeting 182—July 1, 1947；Meeting 223, November 12, 1947；Cotula, a cura di [2001], pp. 16, 46-48参照。

16) イタリアにおける為替の絶対的独占から，外国為替に関する縛りがすべて撤廃された1990年4月まで，為替局は外為の売買オペレーションを直接・間接に仲介した（UIC [1995] p. 171）。

自由市場では外為の需要と供給によって相場が変動するため，イタリアの大きな輸入需要を反映して，自由レート[17]は1946年4月の1ドル＝364リラの初相場から持続的に下落した。1947年に政府の予算問題が深刻化すると3月には1ドル＝690リラまで下落し，公式レートとの差は大きく開いた。IMFの調査報告書では，イタリアでは事実上の複数相場制（multiple currency system）が生み出され，それは貿易協定国と非貿易協定国との間の差別的要素を含み，IMFの目的とは相容れないと評価している。しかし，この制度はリラ相場の再調整に向かう移行政策であり，その必要性はイタリアの情勢の正常化だけでなくヨーロッパ為替市場全般の正常化に依拠しているので，すぐさま撤廃できるわけではないと，制度の存続に一定の理解も示している[18]。

　IMF加盟後，1947年5月に理事として活動を開始したカルリ[19]は，7月1日の理事会で，イタリアの現行の複数相場制は，国際価格と変動する国内価格との均衡を容易にするための変動相場の必要から生み出されたものであると説明した。また，イタリアは，近い将来，輸出入のすべてを公式相場と自由相場との平均値で行うことを目指している（この時点で輸出の100％，輸入の85％に平均レートを適用）が，イタリアの貿易の屋台骨であった大陸ヨーロッパとの貿易が回復しない限り，物価安定化の見通しは暗く，経済が安定しないため為替レートも安定させることができないので固定相場制は望ましくないと説明した。

　カルリのこの説明は，イタリアがアメリカとの貿易よりヨーロッパとの貿易回復を重視していること，平価の設定は通貨・経済・国際収支の安定が得られるまで先延ばしにしたい考えを浮き彫りにしている。これらの政策方針は

---

17) 自由市場での変動相場は当時，「自由レート」（IMF・イタリア銀行），「輸出レート」（イタリア銀行），「自由市場レート」（BIS）と呼ばれた。本章では「自由レート」と表記した。

18) IMF SM/79, "Foreign Exchange Practice in Italy," April 11, 1947, p. 7.

19) カルリは1938年に産業復興公社（Istituto per la Ricostruzione Industriale：IRI）就職，45年にエイナウディの希望でイタリア為替局に入局。1947年からIMFのイタリア理事，欧州決済同盟（EPU）議長（1950～57年），対外通商相（57～58年），イタリア銀行総裁（60～75年），産業総同盟会長（76～78年），上院議員（83～92年），国庫相（89～92年）を歴任した。

1950年代に，IMFとの間で繰り返し議論される主要テーマとなる。

　カルリがIMF理事会で弁明してから2週間後，イタリア銀行総裁兼為替局局長メニケッラは，為替局ニューヨーク代表チリアーナ宛の書簡の中で，以下のような見解を，IMF調査局長のバーンスタインや他のIMFや世銀の代弁者たちとのくだけた会話で伝えてほしいと要望している。すなわち，イタリアの複数相場制度に対する他の加盟国からの批判には，IMF協定第14条2項に従って完全な適法性を主張できる。イタリアが現在採用している為替制度は，為替レートの統一と国際貿易の多角化を促す方向での発展を狙ったものであり，自由レートと公式レートの平均をベースにリラの相場を決定すれば，ドルに対して過大評価なレベルに平価を設定した他のヨーロッパ通貨よりも，リラ相場は経済的な相場（cambio economico）に即したものになるだろう。このようなイタリア当局の方針に従って発展した結果，潜在的に為替市場の統合が進んでいることを考えると，外国からの批判はイタリアの行動方針を邪魔しており，きわめて不合理である。また，IMF調査局長のバーンスタインによるイタリアの為替システム再編案[20]は，外為販売の独占化を提案しており，イタリアが進めてきた為替政策に逆行するばかりか，必然的に独占価格の決定をもたらすことで公式レートを経済的なレートから乖離させ，その結果，ブレトンウッズ協定の精神にも反すると反対した[21]。また，別の書簡の中でメニケッラは，5月半ばにIMFから対外通商省に性急な情報提供の要請があり，その後カルリとチリアーナからも催促が寄せられたことに疑問を呈し，イタリアは戦後の移行期にあり，第14条2項で為替制限の維持・導入が認められているのに，なぜIMFに対し為替政策の計画を事前に伝えなくてはならないのか，それは，行動の自由を危険にさらすと述べている。

　一方，IMFにおいては，1947年当時のイタリアの経済状況から見て，当時の為替慣行を大目に見ざるをえないという雰囲気もあったようである。同年11月にイタリアを訪問したIMF専務理事のギュットは，帰国後，理事たちに

---

20) Carli [1993], pp. 67-68.
21) Cotula, Gelsomino e Gigliobianco, a cura di [1997], doc. 16 "Lettera di rappresentante dell'Ufficio Italiano dei Cambi a New York Giorgio Cigliana, Roma, 14 luglio 1947.

イタリア経済の現状と金融引き締め措置について報告し，カルリ氏は現行の変動相場制の主たる必要性は，経済が機能し続けるために輸入の流れを確実にすることだと強調したが，自分（ギュット）も，安定性に欠けている限り，現行の制度が平衡メカニズムとして必要だと思われると説明した[22]。

　1947年8月，先述した通貨安定化プログラムの開始に伴い，リラの公式レートは1ドル＝225リラから350リラに再設定された。このとき，自由レートは月平均1ドル＝700リラ台半ばで推移していた[23]。その後，為替相場の統合が進められ，11月28日の法令によって，外貨収入の50％を為替局に譲渡する際のレートとして，前月の自由レートの平均値を適用すると定められた。これにより，二重レート制に終止符が打たれ，現行の相場は自由為替市場での相場をもとに決定され，必要とあれば公的介入が行われた。その後，対ドル相場は目立った困難もなく1ドル＝575リラで際立った安定性を維持し続けた[24]。

　この制度変更については12月2日以降数回にわたりIMF理事会で議論された[25]。カルリは，変更の主目的は，安定的なリラ相場の模索を進めることであり，それが実現したらイタリアは平価を表明し，IMF加盟国としての権利と義務をすべて引き受けたいと述べた。これを受けてアメリカの理事オーバビーは，新システムは好ましい一歩だと評価した。理事会ではイタリア当局による自由市場の管理についてなど多様な質問が出たが，専務理事が，IMFはプレスに対しどういう立場をとるべきかと問うと，イギリスの理事ボルトンは，イタリアの制度はIMF協定の基本原則である「為替相場の安定」や，「為替の安定を促進し，加盟国間で為替制度を秩序正しく維持する」という加盟国の義務に反するものであり，IMFは承認や異議なしの意思表明をすべきでない，と

---

22) IMF EBM/223, November 12, 1947.
23) イタリアの闇市場の相場を反映したスイスの自由市場でのリラの相場は，1947年5月に最安値の1ドル＝950リラに達した。このとき公式レートは225リラだった（BIS [1949], p. A3）。
24) BIS [1949], p. A6. Cotula, a cura di [2001], pp. 53-54 を参照。
25) IMF EBM/228, December 2, 1947 ; EBM/229, December 2, 1947 ; EBM/230, December 4, 1947 ; IMF EBD/243 "Exchange Actions in Italy," December 3, 1947.

主張した。これに関連して、他の理事からも、イタリアの変更はIMF協定第20条4項(d)(iii)の下で行われたのか、そうであればIMFの承認が必須であり、それを欠けばいかなる行動も越権行為である、という発言が出た。これら2つの論点に対し、カルリは、イタリアは平価を通知していないため第20条4項(d)(iii)の義務を課されないし、イタリアの目標は市場で現実的な為替相場を設定（establish）し近日中に安定した平価を打ち立てる（achieve）ことと輸出を促進することであり、IMFの目的と一致している、と反論した。

こうした議論を踏まえ何度か校正されたIMFのプレスリリースの草稿では、イタリアの為替管理制度の修正は、リラ相場を国内と外国の物価レベルの均衡により近づけ、同国の輸出能力を伸ばすものと評価している。その上で、結果として事実上の変動相場に帰結したこの制度はIMFの原則とは一致していないが、IMFは加盟国が固有の問題に対応するために一時的に臨時措置を講じることが必要なケースもあると認めているし、イタリア政府はIMFの長期目標に全面的に同意しており、できるだけ早急に、安定した固定相場を設定すると確信していると締め括った。

4　公的準備の再建と貿易自由化への途

戦後、1940年代末までのイタリアの通貨政策の最優先課題は、通貨の安定化と準備の再建であった。1947年秋以降の通貨安定化による信認回復と切下げによる輸出増加を経て、48年には国際収支の改善と公的準備の再建が進んだ。準備蓄積戦略の拠り所は、アメリカによる4年間の欧州復興計画（ERP、マーシャル・プラン）援助であった。イタリアではERPの見返り資金は1948～49年の2年間利用されず、外貨準備の積み増しや、財政赤字の削減に用いられた[26]。これに対しアメリカは、見返り資金を大規模投資に用いるよう強く

---

26) Cotula, De Cecco e Toniolo, a cura di [2003], p. 462. エイナウディは見返り資金を利用しないという方針選択について、それは借款や徴税に由来するものでないので、貨幣創造に等しく、インフレという危険な含意を持つからだ、と1949年7月の手記に書き残している（Martinez Oliva [2003], pp. 15-16）。

要請したが，イタリア当局は ERP 終了で起こりうる国際収支への反動を耐え忍ぶためにも，貿易自由化を進めるためにも潤沢なドル準備を再建する必要があると主張し，インフレ抑制と準備再建とを公共投資より優先した。1948～49 年の慎重な通貨政策によって，準備は約 6 億ドル増加し，輸入の 7 カ月分をカバーするまでになった[27]。また，1949 年には工業生産も戦後復興の目標だった 38 年の水準を回復し，実質国民所得と貯蓄も増加し，明確な成長軌道に乗ることになる。

　1949 年以降，イタリアの欧州経済協力機構（OEEC）諸国に対する貿易自由化は急速に進んだ。1950 年代の物価の安定性の維持と主要西欧諸国の成長と EPU[28] の機能により，イタリアの輸出は著しく増大し，51 年 10 月末にイタリアの EPU クレジット・クオータはほぼ上限に達した。これを改善するには輸出規制が考えられたが，対外通商相のラ・マルファは，ごくわずかの除外品を除き，すべての輸入数量制限の撤廃に踏み切った。また，平均輸入関税を 10％引き下げた。イタリアにとって，OEEC 圏からの輸入自由化は，イタリア国内の需要圧力を緩和し，物価上昇を抑制し，生活水準を引き上げるとともに，イタリアの産業を競争に直面させ，また，輸入申請書類を処理する行政コスト削減を可能にする措置だった[29]。1953 年までにイタリアの EPU 圏からの輸入の 99.7％が自由化され，イタリアは OEEC 諸国の中で貿易自由化の旗手となった。

---

27) Cotula, a cura di [2001], p. 21 ; Cotula, De Cecco e Toniolo, a cura di [2003], pp. 461-463.
28) 1950 年末に創出された多角的決済システム（EPU）では，参加国同士の外国ポジションがバーゼルの BIS に月 1 回報告され，相殺された。EPU に対する各国の債権，債務残高は所定のレベルまでクレジットでファイナンスされ，各国のクオータ（1949 年の EPU 参加各国の貿易の 15％相当）を超過した場合，バランスは金貨ドルで清算された（Martinez Oliva [2003], p. 19）。創設に携わったカルリは同理事会（Managing Board）の議長を務めた。
29) Martinez Oliva [2003], p. 20.

5 IMF コンサルテーションとイタリアの政策運営

1952年から,イタリア政府は IMF 協定第14条4項の移行措置のさらなる延長について IMF とコンサルテーションを行った[30]。以下,議論の内容から,当時のイタリア経済の状況と,イタリアの政策選択に IMF が及ぼした影響に光を当てよう。

1) 国際収支赤字と対ドル圏貿易制限 (1952年)[31]

IMF とイタリアとのコンサルテーションにおいて重要なテーマは国際収支の均衡であった。イタリアの国際収支は戦後,貿易・サービス収支で赤字であった。地域別では,1947年末までドル圏・非ドル圏両方に対して赤字であったが,48年以降,ドル圏(アメリカやカナダ)に対する赤字を,非ドル圏(交換不能通貨圏)への黒字で一部相殺するようになった。イタリアの比較的安価な物価や遊休生産能力,マーケティングの効果により,1951年にドル圏への輸出は前年より5割超増加した。一方で,ヨーロッパの石炭危機やイタリアでの小麦の凶作によりドル圏からの石炭・小麦の輸入が著増し,対ドル圏赤字は1950年の2億900万ドルから51年には3億2,800万ドルに増加した。イタリア代表は,1947年以降,インフレ抑制と財政赤字の削減,ドル為替レートの安定維持,金・ドル準備の再建(ほぼゼロから51年末の約6億ドルへ)を通して収支均衡を図ってきたが,国際収支はなお巨額の赤字で,51年に1億2,570万ドル増加し,均衡の試みは困難に直面していると説明した。

---

30) 第14条4項は "Five years after the Fund begins operations, and in each year thereafter, any member still retaining any restrictions inconsistent with Article VIII, Sections 2, 3 or 4, shall consult the Fund as to their further retention." と定めている。コンサルテーションの実施方法は1952年1月の理事会で議論・決議された (IMF EBM/52/6, January 24, 1952)。

31) IMF ERD52/53, "Italy—Restrictive System 1952 Consultation," August 4, 1952 ; IMF ENA52/53, "Italy—Recent Economic Development (Consultation Memorandum)," August 5, 1952 ; IMF SM52/53, "Italy-Staff Discussions 1952 Consultations," August 5, 1952.

IMFが国際収支赤字に取り組むための包括的なプランを問い質すと，イタリア代表は，通貨圏ごとに外貨の利用可能性に応じて輸入制限を緩和する方針であると説明し，ドル圏からの輸入制限については，アメリカの通商政策が著しく変化した場合のみイタリアはドル・ポジションを改善することができ，その結果，既存のドル輸入制限を軽減することが可能だろうと強調した。

　もう1つの重要な論点は，為替管理の問題であった。イタリアは50%システムや変動相場制を導入し，公式レートとしてミラノとローマの為替市場の前日の終値の平均を用いていた。このレートは，1949年9月の切下げ以降1ドル＝624〜625リラで維持されてきた[32]。IMFがレートの安定維持の方法を質すと，イタリア代表は，すべての外為取引は認可された銀行を通して行われるので，為替局は輸出者の外為保有量すなわち為替市場への外為供給量を把握しており，ドルの入手可能性の範囲内でドルでの輸入免許を与えることで，市場での外貨の需要過剰を避け，ドル・レートの上昇を回避していると説明した。

　このように，IMFが問題視した2つの政策，ドルでの輸入免許制と外為管理政策とは密接に関連しており，IMFが貿易制限や差別の緩和を迫っても，イタリア代表は，ドル圏からの輸入制限の緩和は難しいという姿勢を貫いた。この議論を受けて，IMFスタッフは，イタリアのドル赤字の大きさ，国際収支赤字，外国援助への継続的な依存を考えるとドルでの輸入制限について大幅な緩和を迫るべきでないと結論づけた。

2) 対EPU圏貿易赤字問題（1953年〜）

　国際収支赤字の原因と改善策は1953年も主要議題となった[33]。イタリア

---

32) リラ相場が2年間，きわめて安定していることから，1950年8月にイタリアを訪問したギュットは，イタリア当局にIMFと最初の平価設定を話し合ってはどうかと打診した。しかし，イタリア当局は，前向きに検討しているものの，再軍備の影響，OEECの貿易自由化，経済協力局（ECA）援助が却下される可能性などいくつかの困難があり，最大の不確実性は当時導入しつつあった新関税システムでそれが生計費に与える影響は未知数である，と弁明した。この話題は1951年1月の理事会で蒸し返されたが，イタリア理事チリアーナは同じ理由で言い逃れた（IMF EBM/636, January 31, 1951)。

は,過去2年間の深刻な国際収支赤字への対策としてドル圏からEPU圏への輸入転換を進め,1953年上半期には原料・機械・原油の輸入についてドル圏からEPU圏へのシフトが生じ,EPU圏からの輸入は増大し,対ドル圏の収支は均衡した[34]。しかし,イギリスが1951年11月に,フランスが52年2月に導入した輸入制限によりイタリアの輸出は減少し,対EPU貿易・サービス収支は51年の3,400万ドルの黒字から52年3月に赤字に転じ,同年に3億9,700万ドルの赤字,53年上半期だけで3億6,300万ドルの赤字となった。対EPU赤字はイタリアの国際収支赤字の大部分を占める非常に深刻な問題となった。1953年8月11日付の『フィナンシャル・タイムズ』紙は,イタリアがEPU債務国に転落し,クオータが来春には使い果たされる恐れがあり,イタリア当局は,現在ほぼ100%近い輸入自由化を一部放棄しようかと考えていると伝えた[35]。

しかし,同じ8月にイタリアが選択した方策は,新たな輸出奨励策であった。すなわち,輸入元をドル圏やEPU圏から第三諸国(アルゼンチン・ブラジル・エジプトなど双務決済協定国)に移し,原料輸入が確保される地域に輸出を増やすことで国際収支赤字を軽減する輸入転換を図ったのである。これについ

---

33) 翌年の14条コンサルテーションは1953年9月21日から10月9日にIMFスタッフチームをローマに迎えて行われた。イタリア総代表は為替局長のカルリ,個々の専門事項の協議には国庫省,対外通商省,外務省,イタリア銀行・研究部門(研究部長のバッフィやエルコラーニなど),為替局からエキスパートが参集した(IMF C/Italy/420, 1, Box 4, File 1 : Exchange Restrictions Consultations in 1953 Summery Records ; IMF SM/53/89, "Italy-Staff Report and Recommendations 1953 Consultation," November 3, 1953)。
34) 羊毛は,対EPU自由化以前はアルゼンチンから輸入していたが,競争的価格で入手できなくなり,スターリング圏での購入にシフトした。小麦や銅などの必需品もドル圏からトルコやベルギー領コンゴなどEPU圏にシフトした(IMF SM/53/89, p. 3)。EPU輸入自由化の適用除外は自動車(産業保護),抗生物質(幼稚産業),穀物であった(IMF C/Italy/420, 1, Box 4, File 1, December 22, 1953)。
35) "More Talks on Convertibility Coming World Bank and O. E. E. C. Meetings," in *The Financial Times*, August 11, 1953. 1952年9月以降,イタリア政府はアメリカに窮状を訴え,アメリカの経済援助や英仏の輸入制限撤廃がなければイタリアは貿易自由化を放棄せざるをえなくなると通告したが,所期の成果は得られなかった(Martinez Oliva [2003], pp. 20-22)。

て IMF は，貿易多角化の促進という IMF の目標から遠ざかる動きだと懸念を示し，輸入制限や最安値市場からの輸入シフトには再考を促した。しかし，イタリアは急場しのぎの策であると弁明し，代案としては OEEC 貿易自由化を後退するしかないが，政府は望んでいないと答えた。IMF は，イタリアが今後も輸出を拡大できず，EPU 圏に対する高レベルの輸入自由化は維持したいならば，他国に対しイタリア製品に対する輸入制限を削減するよう説得を続ける一方で，国内の投資計画の減速や課税などにより輸入財への需要を削減せねばならないだろうと結論づけた。このように，国際収支均衡という目標の下で国内政策は常に制約を受けた。

IMF はまた，アメリカからの経済援助が消滅しつつある中，イタリアが外国の投資資本を惹きつけられない限り国際収支は輸出増加で改善するしかないとし，競争力をつけることで輸出拡大に全力を尽くすよう促した。この方針はイタリア当局も共有し，メニケッラは生産性と競争力の向上に注意を喚起し続けた。

3）対ドル圏自由化と交換性回復をめぐる攻防（1954 年）[36]

イタリアの 1953 年の国際収支は貿易・サービス収支赤字 4 億 6,000 万ドル，民間寄付とネットの資本流入（計 3 億 2,000 万ドル）と公的支払い（約 5,000 万ドル）により全体で約 1 億 8,500 万ドルの赤字となり，アメリカの援助と EPU クレジットでファイナンスされた。公的な金・兌換通貨保有は，アメリカの経済援助 1 億 2,400 万ドルにより 1 億 1,500 万ドル増加した。

ドル圏との収支は，ドル収入（軍事サービスや観光[37]）の増加や EPU 圏への輸入シフトにより 3,900 万ドルの黒字となった一方，EPU 圏とは，貿易相手国の輸入制限やイタリアの重要な輸出品である農産物に対する保護措置により 2 億 3,900 万ドルの赤字となった。イタリアは，開発途上国に向けて資本財輸

---

36) 7 月 14 日から 27 日まで IMF スタッフチームをローマに迎えて意見交換が行われた。カルリがイタリア政府を代表し，イタリア銀行，対外通商省の専門家らとの非公式会合も行われた（IMF SM/54/113, "Italy—1954 Consultations," October 26, 1954 ; IMF EBM/54/58, November 22, 1954）。

出を刺激する措置を開始し,そのために輸出信用や信用保証を認めた。輸出先はとりわけ,イタリアと賠償協定がなく兌換通貨で決済可能なラテンアメリカで,この措置はラテンアメリカ諸国から歓迎された。

前年からアメリカ政府のイタリアに対する対ドル圏差別の撤廃を求める圧力が強まり[38],1954年8月7日,イタリアは,ドル圏からの輸入自由化の範囲を従来の10%ほどから約25%(対米)と37%(対カナダ)に拡げた。IMFスタッフはこれを評価したが,11月のIMF理事会においてドル圏の理事たちは,イタリアは公的準備も厚く,差別をさらに削減する用意が整っているし,自由化は同国経済に利すると述べ[39],翌年のコンサルテーションまでに大幅な差別削減を要請した。これに対し,イタリア理事グラニャーニは,イタリア政府はドル輸入に対する差別を減らす確固たる意志を持っているが,その政策を実行に移すには慎重を要すると答えた。

1954年は通貨交換性をめぐってヨーロッパが大きく動いた年だった。EPUは存廃をめぐる論争の末,6月に更新が認められた。7月にはOEEC閣僚会議がロンドンで開催され,交換性が再検討された。イタリアでは交換性に対する世論の反響は限られていたが,熱烈な欧州統合主義者でEPU貿易自由化を推進してきた対外通商相ラ・マルファは,ドイツ経済相エアハルトの,ポンドと

---

37) 外国旅行からのネットの受け取りは1950年の6,700万ドルから1953年の1億3,100万ドルへ著増した。これはイタリア旅行者による公的チャネルを通した通貨兌換の増加すなわち公式レートの妥当性と,イタリアの物価が比較的安く魅力的な観光地であることを示すとIMFは分析している(IMF C/Italy/1760, Box 18 File 2, "Adequacy of the Present Exchange Rate of the Italian Lire," prepared by the Western European Division, European Department, August 9, 1954)。

38) 当時,アメリカからの輸入がイタリアの輸入総額に占める割合は10%ときわめて低かった。カルリはアメリカ政府の圧力に対し,対米輸入制限をさらに強化するように主張し,アメリカ議会の反発を招いていた。Martinez Oliva [2003], p. 23を参照。

39) 前年のコンサルテーションでも,IMFスタッフは,イタリアのドル輸入制限では原料・機械・食料に優先権が与えられ,非必需品については厳格に制限されているが,アメリカ製の消費財(例えば冷蔵庫)は同価格で高い品質でありイタリアには巨大な需要があるに違いないとし,ドル輸入自由化した場合の消費財需要の推算を要請したが,イタリアはそれを拒絶していた(IMF C/Italy/420, 1, Box 4, File 1, December 22, 1953—Officio del Cambi—10 : 30am, p. 3)。1954年8月の自由化でも,追加品目のほとんどが原料であった。

マルクは夏までに交換性を回復するという発言に対し、フランス・フランとリラはその種の冒険に対峙できないし、可能な国による一方的な交換性回復の決定が、現在まで成功裏に進められてきたヨーロッパ統合を解体する、と警鐘を鳴らした[40]。政府の予備会合でも、交換性回復とその結果のドル圏に対する自由化はイタリアにとってリスクが高いと判断された。よって、イタリアは、ロンドン会議に、ヨーロッパ諸国が協調して対ドル圏輸入自由化の「共通リスト」を作成することと、「ヨーロッパ安定化基金」を創設することを提案した。イタリアは、IMFコンサルテーションにおいて、この提案は、EPU消滅後もより弱いヨーロッパ諸国に適切な信用を供与することで各国が「共通リスト」を最大限採用できるようにし、対ドル圏自由化を急進させるという趣旨だと説明した。しかし、IMFスタッフは、この案は、ドル圏に対する貿易制限の緩和を最大限進めてきた国を脱自由化させる意味合いを持ち、IMF協定の精神に一致しないと反論した。

4) 通貨改革と対ドル圏貿易自由化 (1955 年〜)[41]

1954年にイタリアはかなりの生産増大を達成した。賃金上昇が見られたが、物価の安定は維持された。貿易・サービス収支の赤字はかなり改善し、ドル圏との貿易収支は輸入の増加により悪化したが、貿易・サービス収支は軍事支出を計算すると小額の黒字であり続けた。一方、EPU諸国との貿易・サービス収支は多額の赤字が依然として存在した。IMF理事会において、アメリカは、イタリアはEPUに対する巨額の支払いにもかかわらず、金・ドル準備は1955年の9カ月間で1億9,000万ドル増加しており、ドル圏差別を正当化する根拠は乏しく、イタリア政府の自由化・差別撤廃に向けた姿勢は慎重すぎると批判した。各国がイタリアの政策に賛否を表明する中、イタリア理事グラニャーニは、1955年上半期にイタリアの輸入総額が8%伸びたのに対し、ドル圏から

---

40) La Malfa, Ugo, "La convertibilita' della moneta," *La Stampa*, 25 giugno 1954.
41) 1955年のコンサルテーションは9月にスタッフ・チームとの話し合いが行われ、12月末に理事会で議論された。IMF C/Italy/420, 1, Box 4, File 4, "Exchange Restrictions Consultations in 1955 Minutes of Meetings"; IMF SM/55/77, "1955 Consultations—Italy"; IMF EBM/55/62, December 27, 1955.

の輸入は40％増加したこと，金・ドル準備の増加は交換不能通貨保有の減少やEPU債務を含めた外国借款と相殺されており，1951年以降準備総額はほとんど変化がないと指摘した。

政府の投資計画が国際収支に与える影響については，IMFから常に注意を喚起される懸案事項であった。以下，イタリア政府の投資計画をめぐるIMFとの協議を整理しておこう。

イタリアの最大の政策課題は失業問題であった。移民促進は移民送金を増加させ国際収支を改善させたが，1952年には受け入れがはかどらず，政府は投資計画に着手した（IMF SM/52/53, p. 9）。しかし，そのために輸入が増加し国際収支赤字が悪化すると，1953年にIMFは投資計画の縮減を提案した。これに対しイタリア政府は，雇用創出と遅れた南部の生活改善のための投資は喫緊の社会的課題であり，政治的理由からも投資額の削減は困難とした。そして，財政赤字の増大を避けるため貯蓄を動員して投資を行い，通貨安定を維持する方針をとった（SM/53/89, p. 12）。1954年には，失業削減を目指す10カ年成長計画（ヴァノーニ・プラン，1953～63年）が以後何年も国際収支赤字を悪化させるという見通しの中で，IMFスタッフと理事会は赤字をファイナンスする資金源を質した。イタリア政府は，従来のアメリカからの経済援助，EPUクレジット・ファシリティ，ポンド残高に加え，外国からの追加的資本の獲得を目指し，それに応じて計画を実施すると言明した[42]（SM/54/113, pp. 4-6; IMF EBM/54/58）。政府は外国民間資本のイタリア投資を容易にするために，1955年1月から外為規制の緩和を進めた。

まず1955年1月に外為課税が減税された。また，輸出業者は希望すればスイス・フランで得た彼らの収入の50％を利用することを許された。同年春，公的中期信用機関メディオクレディト総裁でEPU理事であったカルリとイタ

---

42)「イタリアにおける投資政策の拡大を制限する真の要因は国際収支に起因することが明らかにされ始めた。（中略）すなわち，我々は，大規模な投資政策によって増大した国際収支の赤字を埋めるために必要な規模の外国借款を契約できるという幻想を抱くことはできない」。D. Menichella, Dichiarazioni alla Commissione d'inchiesta sulla disoccupazione, Camera dei Deputati, 1953, pp. 130-132, in Cotula, a cura di [2001], p. 20 を参照。

リア銀行パリ支店長オッソラは，通貨関連法規を急ぎ整備するよう閣僚に直接働きかけた。その背景には，ヨーロッパの交換性回復に向けた動きが予想外の加速を見せる中で，イタリアの通貨システムは交換性に対応できる段階にないという認識と焦燥感があった。このとき，メニケッラから彼らに与えられた指針は，ブレトンウッズ協定の規定を厳格に守り，その路線から逸脱するなというものであった。こうして 1955 年から 56 年夏にかけて通貨法が整備された。1956 年 2 月には，イタリアに投資している非居住者は，初期資本と得られた利益を公式レートで本国送金することを許された。3 月には当局はリラと EPU 加盟国通貨間で固定相場を設定し，6 月には外国紙幣市場が開設された。また同月，それまでイタリア為替局が独占してきた外為取引が自由化され，信用機関は外為を，「独自に」市場の条件で輸出入業者と取引することを認められた。7 月には輸出業者は彼らの外貨収益全体を自由市場で売却する選択肢を与えられた。これらの一連の改革は，外為市場を創出し，通貨取引の大部分を国家の独占から銀行へ脱集中化するものであり，対外通商省や国庫省からの猛烈な反対や延期要請をかいくぐって進められた[43]。この改革は，イタリア政府がリラの交換性回復に向け移行しつつあるというシグナルとなり，イタリアの比較的高い利子率もあって外国資本の流入が促された。長期投資計画を継続実施するために必要とされた大量の外資は，世銀や米政府，EPU，スイス市場からの政府借款，民間企業による外国（主にスイス）での比較的低金利の債券発行，銀行の短期債務に加え，外国直接投資（Foreign Direct Investment : FDI）で調達された[44]。1955～56 年の通貨改革以降，リラの信認は高まり，イタリア

---

43) 1955～56 年の通貨改革については，Carli [1993], pp. 120-123 ; Fratianni and Spinelli [1997], p. 198 ; IMF C/Italy/420, 1, Box 4, File 4, "1955 Consultation with Italy Summary Record of Meeting held on September 21, 1955" ; Cotula, a cura di [2001], p. 62 を参照。1956 年に開設された外国紙幣の自由市場では移民送金や観光客の外貨が取引された。

44) IMF SM/57/23, "1956—Consultations—Italy," March 20, 1957 ; IMF C/Italy/420, 1, Box 4, File 5, "Exchange Restrictions Consultations in 1956. Minutes of Meetings" ; IMF EBM/57/18, April 24, 1957. 1956 年コンサルテーションは 56 年 12 月 3～10 日までローマで実施された。イタリア代表はイタリア銀行のグイドッティでカルリやメニケッラとも面談した。

での外資銀行預金や外国借款の増加，多額のアメリカ援助の受け取りで外貨準備は著増し始め，1956年9月には11億ドルを超えた。輸出は従来の食品，野菜，繊維製品に加え，機械，自動車，事務設備，化学薬品，加工食品が急激に伸びた。この伸びは同部門での工業生産の成長（1955年9％，56年8％）を反映している。経済は順調に成長し続けた（成長率は1954年5％，55年7％，56年は不作のため4〜5％）。

1957年にもイタリア経済の拡大は持続し，56年初頭から57年9月まで工業生産は着実に目覚ましく成長した[45]。これは雇用の伸びにつながり，登録失業者は初めて約20万人（約10％）減少した。物価はほぼ横ばいで，賃金の伸びは控えめに抑えられた。ドル圏からの輸入自由化が進められ，輸出入とも増加し貿易赤字は微増したが，サービス（特に観光），移民送金，米国援助による受け取りで相殺され，国際収支は大幅に改善した。金・外貨保有も3億ドル近く増加した。イタリアに投資された資本の本国送還を認める新法により，資本移動も規制緩和された。6月のIMF理事会では理事たちは口々にイタリアの成功——安定という条件の下での着実な成長——を称賛し，公的準備の増大から見てもさらに貿易自由化すべきだと提言した。自由化の要請は，従来のドル圏差別撤廃から，非ドル圏・非EPU圏に対する自由化や農産物保護の削減へと拡がりを見せていった。

1958年1月に欧州経済共同体（European Economic Community：EEC）が発足すると，ローマ条約の規定により最初の10％関税引下げが実施され，EEC域内の貿易は刺激され拡大した。イタリア経済にとって最も顕著な発展は，国際収支の急激な改善だった。大量のネットの資本流入（観光，移民送金，民間外国投資）で，金・外貨準備は8億5,000万ドル増え，年末に総額22億ドルになった。1958年末にイタリアは他のヨーロッパ諸国とともに，非居住者に対する交換性を回復した。

1959年にも国際収支は堅調で，上半期で準備は29億ドルに達した。イタリアは1959年6月に対ドル圏輸入自由化を85％に引き上げ，双務決済協定も最

---

45) 1957年コンサルテーションは1958年1月27日〜2月4日までローマで行われた。IMF SM/58/38, "1957 Consultations—Italy," May 9, 1958 ; EBM/58/25, June 11, 1958.

後の 2 つを撤廃交渉中であった。IMF は,イタリアの国際収支の改善と準備の蓄積,通貨交換性から,もはや国際収支を理由にした輸入制限は正当化されないとして,制限・差別の早期撤廃を勧告した[46]。同年 11 月,イタリア当局はドル圏からの輸入自由化をさらに進め,対米 97%,対カナダ 99% と OEEC 諸国からの輸入とほぼ等しくなった[47]。また,IMF クオータの払い込みも完了した[48]。平価について,IMF は 1959 年のコンサルテーションまで幾度もイタリアに表明するよう力説したが,60 年 3 月,ついにイタリアは IMF に対し 1 ドル = 625 リラの平価を通知した。IMF は,提案された平価は 1949 年 9 月以降実効レートとしてイタリアが安定維持しており,その時期以降,イタリア経済は持続的かつ急速な成長を遂げてきたことを確認し,平価を受諾した[49]。1961 年 2 月にイタリアは IMF 協定第 8 条 2, 3, 4 項の義務を受け入れた。

おわりに

以上見てきたように,IMF 加盟はイタリアに,複数為替相場制の早急な廃止や固定相場の採用,国際収支の均衡,為替・貿易制限の撤廃などの責務を課し,IMF は,イタリアが国内の安定性と対外均衡とを両立して達成するように政策運営に目を光らせた。戦後から 1960 年までのエイナウディ,メニケッラ・イタリア銀行総裁時代に,当局は通貨安定の維持,為替レートの維持,インフレ抑制,財政赤字削減を最優先課題とした。よって,IMF とイタリアは政策目標を共有していたと言える。実際,1947 年の通貨安定化と財政改革の際には,不安定な政治の混迷の中で改革を断行するために,政策の正当性・不

---

46) IMF SM/59/55, "1959 Consultations—Italy"; IMF EBM/59/40, October 7, 1959.
47) IMF EBS/61/17, "Italy-Acceptance of Obligations of Article VIII, Sections 2, 3 and 4," February 13, 1961.
48) イタリアは IMF クオータの 0.01% を加盟時に米ドルで,1958 年 4 月に金で合計 25% まで払い込み,59 年 10 月に残り 75% と増加部分をリラで払い込んだ (IMF EBD/58/63, "Italy—Gold Subscription Payments," April 15, 1958; EBD/59/125, "1959 Italy—Payment of Original Quota Subscription and Currency Portion of Quota Increase," October 15, 1959)。
49) IMF EBS/60/28, "Italy—Initial Par Value," March 23, 1960.

可避性により強い説得力を与える国際的権威・外圧として，IMFの名が利用されたことがわかる。

IMFとイタリアとの協議では国際収支均衡が最大の目標であり制約であったが，同時にドル圏からの輸入の自由化が再三求められた。これについてイタリアは，慎重な姿勢を貫いた。ドル圏差別の背景にはドル節約の必要性だけでなく，対OEEC輸出振興ひいてはヨーロッパ経済統合をより重視する政策意図があった。イタリアはEPUの構築に尽力し，その枠組みを通してEPU圏での貿易拡大を図り，1953年には輸入をほぼ自由化するに至った。EPU圏で貿易赤字が著増しても自由化率を引き下げず，1950年代半ばのEPU存廃論争では存続を強く主張した。通貨交換性回復やドル圏差別撤廃を，ヨーロッパ経済統合の阻害要因と警戒する声さえあった。しかし，実際にはドル圏からの財はOEEC諸国を介してイタリアに輸入されており，この事実から当局は，ドル自由化は実は早い段階で実現していると認識していたのである。

外見と内実の相違は外為制度にも見られた。IMFから繰り返し再考を促されても，イタリアは変動相場制を維持し続け，平価の設定を先延ばしし続けた。ところが，1949年の時点で当局は，IMFの勧告に従って単一為替レート（cambio unico）を保有していると自認し[50]，それ以後，同レートを安定維持し続けた。このため，当局は，固定相場制や対EPU交換性回復は早い段階で事実上実現していると認識していた。IMFとの協議の内容から，イタリアが，平価を届け出なかった理由は，IMFのフルメンバーとしての権利と責務を引き受けていない状態を保持し，自国の通貨政策の自律性と柔軟性を保持しようと意図したことがわかる。また，固定相場制に正式に移行しなかった理由として，ひとたび市場が変動した場合に，法制化された仕組みを修正することは手続きに時間をとり，対応の遅れを招いたり，政治の安定性を揺るがしたりする恐れがあると危惧したことがわかる。しかし，1950年代後半にIMFスタッフや理事会から正式な法的措置をとるよう要請される中で，イタリアは法律上の追認を行うに至った。

---

50) Cotula, Gelsomino e Gigliobianco, a cura di [1997], doc. 28, "Verbale di riunione presso il ministero degli Affari Esteri," 27/8/1949.

総裁メニケッラをはじめイタリア当局は，交換性回復による短資移動の自由化に強い警戒心を抱き，対外交換性回復には及び腰であった。しかし，1950年代前半にヨーロッパ諸国が交換性を再検討し始め，イタリア国内では貿易自由化の恩恵に与れなかった社会層の不満に応えるために公共投資が必要となる中で，さらにこれまでイタリア経済を支えてきたアメリカからの援助がなくなるという見通しの中で，1950年代半ばイタリアは通貨改革に踏み切り，大量の資本を輸入することになった。

　本章では紙幅の都合上，触れることができなかったが，1958年の交換性回復による大量の外国資本の流入は，イタリアの相対的に高い資本コストを削減し，産業に資すると期待された。同時期に公定歩合も引き下げられ公共投資や設備投資が加速した。1959年以降，生産が急速に成長軌道に乗ると，インフレ昂進への警戒から，拡張的な金融政策を見直し，再び慎重な政策へと舵を切り始めた[51]。しかし，交換性回復により，金融引き締め手段としての公定歩合の引上げはできなかった。金利引上げはさらなる外国資本の流入を促し，国内の流動性をさらに増大させるという逆効果を及ぼす恐れが生まれたのである。よって，1959年11月にイタリア銀行は，銀行の外国に対する短期借款の削減に公的準備を一部用いることを許し，銀行流動性の引き締めを図った[52]。1960年末からメニケッラの後任としてイタリア銀行総裁となったカルリは62年に拡張的な金融政策に再転換し，同年，国際収支は多額の赤字に逆転した。1963年の危機を経て50年代のイタリアの「奇跡の成長」は減速していく。

---

51) Cotula, a cura di [1998], p. 349.
52) Banca d'Italia, *Relazione per l'anno 1959*, p. 331, in Cotula, a cura di [2001], p. 62.

第 10 章
IMF とカナダ
―― 変動相場制から固定相場制へ

菅原　歩

はじめに

　1944 年から 71 年にかけての IMF 協定の特徴は固定相場制であった[1]。しかし，各国が IMF 協定の下で固定相場の維持に努めていた 1950 年代に，変動相場制を採っていたのがカナダであった。カナダの変動相場制は，1950 年 9 月から 62 年 5 月まで続いた。

　カナダ出身で 1999 年にノーベル経済学賞を受賞したマンデルは，初期の IMF の威信への 4 つの打撃として，47 年のアメリカによるマーシャル・プラン，48 年のフランス・フラン切下げ，49 年のイギリス・ポンド切下げとともに，50 年のカナダの変動相場制採用を挙げている[2]。上記 4 カ国は，ブレトンウッズ会議に先立って，IMF 協定の原案を発表していた[3]。IMF 協定の重要な創設メンバー国がすべて，初期の IMF の威信に打撃を与えたのであった。

　本書は，IMF と現在の G7 諸国（米・英・仏・独・日・伊・加）との関係史を取り上げている。カナダは 1976 年に G7 入りしたが，人口・経済規模は，他の 6 カ国と比べて著しく小さい。変動相場制に移行した 1950 年には，カナダ

---

1) IMF 協定第 4 条。Horsefield, ed. [1969], p. 189.
2) Mundell [1969], pp. 476-479. ボードもこの見解を踏襲している。Bordo [1993], p. 46.
3) Horsefield, ed. [1969], pp. 5-118.

は人口 (1,373万人) では世界の0.5%, 実質GDPでは世界の1.8%に過ぎなかった[4]。しかし, 同年の世界輸出に占めるシェアは5.1%であり, これはアメリカ (18.0%), イギリス (10.7%), フランス (5.4%) に次いで, 世界第4位であった[5]。第二次大戦によってカナダは一時的に貿易大国の地位に浮上していた。これが, カナダが連合国の重要な一員としてIMF協定の原案を発表した背景である。このように, 1950年当時のカナダは国際経済上の主要国であったため, カナダの変動相場制採用は, 固定相場期 (1944~71年) のIMF史の中でも,「主要通貨の変動相場制」として注目を集めた[6]。

　それでは, カナダはなぜ変動相場制を採ったのか, なぜIMF協定の下で変動相場制を採ることができたのか, 変動相場制はカナダ経済にどのような影響を与えたのか。また, なぜ1962年に固定相場制へ復帰したのか。さらに, カナダ変動相場制の経験は, IMF体制の解釈にどのような問題を提起するのか。これらが本章の課題である。以下では, 次節でカナダの為替制度を概観した後, 時間軸に沿って上記の課題を検討する。

1　カナダの為替レートと為替制度

　後に見るように, 1950年代のカナダ変動相場制を論じる際に, 1カナダ・ドル=1米ドルという「等価」が歴史的に成立していた, ということがしばしば引き合いに出される[7]。この「等価」論の背景を確認するために, 長期的な視野から, カナダの為替レートと為替制度を概観する。

　カナダは, 1854年の通貨法によって金本位制を採用し, 為替レートは1英ポンド=4.8666カナダ・ドルとされ, クロス・レートで1カナダ・ドル=1米ドルとなった。以降, 1948年までのカナダ・ドルの対米ドル・レートは,

---

4) Maddison [1994] (邦訳, 付録Aおよび付録B).
5) United Nations [1953].
6) de Vries [1969], p. 159. なお, カナダは, 1970年5月に再びIMF協定の下で変動相場制を採用した。Powell [2005], pp. 71-73. これはカナダの経済構造の不変性を示す興味深い事例であるが, 詳細な検討は別の機会としたい。
7) 例えば, 1950年7月の経済復興大臣ハウの発言。Plumptre [1977], p. 143.

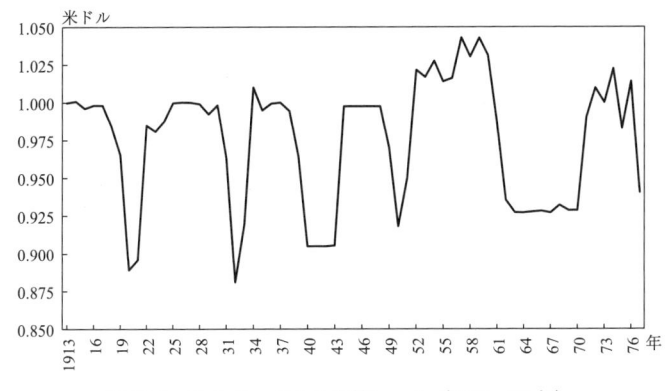

図 10-1 カナダ・ドルの為替レート（1913〜77 年）
出所）Leacy, ed. [1983] のデータより作成。

1862〜79 年，1918〜21 年，1931〜33 年，1939〜43 年を除いて，1 カナダ・ドル＝約 1 米ドルが維持された（図 10-1）。カナダが金本位制を採用した期間は，1854〜1914 年と 1926〜29 年であり，1914〜26 年と 1929〜39 年は為替制度は変動相場制であった[8]。

第二次大戦勃発に伴い，カナダは 1939 年 9 月の対ドイツ宣戦布告時に公定為替レート 1 カナダ・ドル＝約 0.90 米ドルで固定相場制を採用し，併せて為替管理を導入した。第二次大戦期のカナダは，対英輸出の増加とアメリカからの資本流入によって外貨準備を増加させた[9]。第二次大戦後の 1946 年 7 月に，カナダは公定為替レートをおよそ 10％切上げ，1 カナダ・ドル＝ 1 米ドルとし，これを IMF 協定における平価（initial par value）とした[10]。カナダ・切上げの直接の目的は，アメリカのインフレの影響を防止することであった[11]。

---

8) 1862〜79 年は南北戦争の影響によるアメリカの兌換停止期にあたり，1 カナダ・ドル＝ 1 米ドルを超えるカナダ・ドル高であった。その他の 3 つの時期には，1 カナダ・ドルは，0.9 米ドル前後まで低下した。Powell [2005], p. 97.
9) 外貨準備は，1941 年の 1 億 8,760 万米ドルから 45 年の 15 億 800 万米ドルまで急増した。Powell [2005], p. 56.
10) Horsefield [1969], p. 153.
11) Plumptre [1977], p. 95.

1949年9月には，英ポンドが1ポンド＝4.03米ドルから30％切り下げられ，1ポンド＝2.8米ドルとなった。カナダも為替レートを再び約10％切下げ，1カナダ・ドル＝約0.90米ドルへと戻った[12]。

カナダが，IMF協定の固定相場制を離脱して変動相場制へ移行したのは，1950年9月であった[13]。変動相場制への移行後，カナダ・ドルは徐々に上昇していき，1951年には1カナダ・ドル＝約0.95米ドルの水準で推移した[14]。

1952年3月には，1カナダ・ドルは，1米ドルを超え，1.003米ドルとなった。ここで，カナダ・ドルは，再び米ドルと等価となった。1952年から60年まで，カナダ・ドルは，米ドルとの等価をやや上回る水準を続けた。

1957年と60年には，それぞれ1カナダ・ドルが1.05米ドルを上回り，他方で失業率が7％を超えた。カナダ政府は，1961年7月より，変動相場制の下で，金利引下げやカナダ・ドル売り介入により為替レート低下政策を採った。カナダ財務省は，1カナダ・ドル＝0.95米ドルでの安定を目指していた[15]。しかし，1962年1月以降，カナダ・ドルへの売り圧力が高まった。1962年1月から4月まで，1カナダ・ドルは約0.95米ドルを維持したが，その間，外貨準備の22％（4.6億米ドル）が失われた。1962年5月に，カナダはIMFと協議の後，1カナダ・ドル＝0.925米ドルで固定相場制へ復帰した[16]。

2　1950年の変動相場制移行の要因

1950年9月のカナダの変動相場制への移行の直接の原因は，アメリカからの短期資本流入増加による為替レートへの上昇圧力であった（図10-2）[17]。1950年の資本流入の要因は，第1に，49年の10％切下げでカナダ・ドルは過小評価と見られていたことと，第2に50年6月の朝鮮戦争勃発による資源

---

12) Plumptre [1977], p. 109.
13) Powell [2005], p. 61.
14) Powell [2005], p. 97.
15) Muirhead [1999], p. 194.
16) Helleiner [2006b], p. 108 ; Plumptre [1977], p. 170.
17) Plumtre [1977], p. 142.

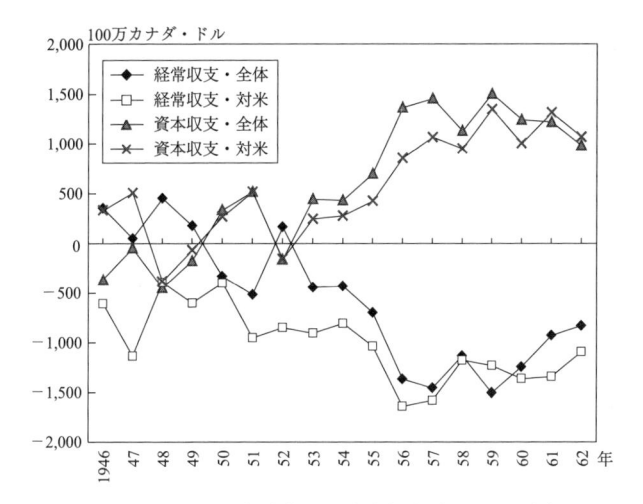

図 10-2　カナダの経常収支と資本収支（1946～62年）

出所）Leacy, ed. [1983] のデータより作成。

　需要増加の予想であった。カナダは伝統的に資源輸出国であったため恰好の投資対象となった。

　この資本流入に対して，カナダ通貨当局は，固定相場維持のために，1950年7月から9月で5億3,400万米ドルを購入した[18]。この時期のカナダでは，政府の一部門である外国為替管理局のカナダ・ドル売り介入は，政府が中央銀行と民間銀行に対して短期証券を売却して得た資金によって行われた。銀行部門の流動資産の増加は，貸出増加に結びつくと考えられた。インフレを懸念した政府は，為替レートの変更を検討しなければならなくなった[19]。

　カナダ政府は，為替レートの変更に際し，IMF 協定のもとでの平価変更ではなく，変動相場制への移行を選択した。カナダ政府の決定の要因を，ヘライナー（Helleiner [2006b]）は以下の4つに分類している。①為替レート決定の非政治化，②資本移動規制の否定，③1930年代の経験，④アメリカの支持，である。以下，これらの要因について見ていく。

---

18) Plumptre [1977], p. 143.
19) Plumptre [1977], p. 144.

まず,為替レート決定の非政治化について。政府による平価の決定は,国内での政治的な批判の対象になりうる。カナダでは,1947年に経常収支危機が生じた際,前年のカナダ・ドルの10％切上げが批判された。アボット財務相は,1947年と同じ状況を招きたくないと考えていた[20]。また,カナダ政府は,1950年のカナダ・ドルへの上昇圧力は,朝鮮戦争に伴う一時的なものかもしれないと考えていた。朝鮮戦争が終わり,それが1952年の西ヨーロッパへのマーシャル援助の終了と重なった場合,カナダの輸出が著しく減少することを懸念した。平価を切り上げた後に,そのような事態が生じれば,批判は非常に厳しくなる事が予想された[21]。また,すでに1949年のカナダ銀行内の検討でも,「政府が為替レートを決定することは望ましくない」ため,為替管理撤廃後は変動相場制が望ましいという見解が示されていた[22]。

第2の資本移動規制の否定について。後に見るように,カナダが変動相場制への移行をIMFに申し入れた時,IMFのスタッフは,資本移動規制を提案した。しかし,IMFのカナダ代表理事ラズミンスキーは,その提案を受け入れなかった。その基本的な理由は,資本移動規制は,アメリカからの資本輸入を阻害する,ということであった[23]。カナダは歴史的に経常収支赤字の傾向があり,経常収支赤字ファイナンスのために資本輸入を必要としていた（図10-2)[24]。

第3の1930年代の経験について。ブレトンウッズ協定に参加した多くの国々とは異なり,カナダの人々は1930年代の変動相場制の経験を肯定的に捉えていた。1930年のカナダでは,変動相場制が,輸出競争力を増すための為替レート操作をもたらすことはなかった。カナダ・ドルのレートは,1931年から33年にかけて低下した後は安定的に推移した（図10-1)。カナダの当局

---

20) Helleinar [2006b], p. 84.
21) Helleiner [2006b], pp. 86-87 ; Plumptre [1977], p. 145.
22) Bank of Canada Archives, Louis Rasminsky fonds, LR76-115, Vol. 2, A Method of Combining a Free Exchange Rate with the Present System of Exchange Control in Canada, January 31, 1949（以下,Louis Rasminsky fonds は略す）.
23) Helleiner [2006b], pp. 87-88.
24) 須田 [1992]。

者たちは，変動相場制は均衡維持的な短期資本移動と結びついていると考えていた。タワーズ初代カナダ銀行総裁は，1930年代に，為替レートが低下すると資本流出が止まり，証券のパニック売りも止まったと述べている[25]。

最後にアメリカの支持について。カナダの変動相場制移行は，IMF協定が想定していなかったものであったので，IMF協定の枠内でそれを実施するにあたっては各国の支持が必要であった。ラズミンスキーはIMF理事会の前に，最も重要な関係国であるアメリカのスナイダー財務長官，サザードIMF理事との会合を行った。その結果，アメリカはカナダの決定を支持した。サザードは，カナダが固定相場への復帰を目指すという前提で支持した。また，アメリカ財務省は「3年間にわたり為替が上昇基調の場合変動相場制を認める」とした。この支持の背景には，カナダが資本移動の自由を維持することがあった。サザードは1950年9月30日のIMF理事会で，変動相場制は，IMFが提案した資本移動規制の強化よりも望ましいと述べた。カナダの資本移動の自由は，アメリカの多国籍企業や金融界からも支持されていた[26]。

3 IMFの反応

1) IMFスタッフの反発と理事会の支持

カナダの前にも，メキシコ（1948年）やベルギー（1949年）など変動相場制への移行を試みた国はあった[27]。しかし，カナダの変動相場制への移行は，貿易大国の中では唯一の事例であった。そのため，カナダの試みは，IMFのスタッフの動揺をもたらした。調査局長バーンスタイン（アメリカ人）は，「IMF協定は（たとえ一時的であっても）変動相場制を認めていない」と述べた。彼はまた，「カナダの貿易面と精神面での地位の高さゆえに」この決定の悪影響を恐れた。他のIMFスタッフたちも「世界で2番目に強力な経済を持

---

25) Helleiner [2006b], p. 93. カナダ銀行は1935年に設立された。Powell [2005], pp. 47-49.
26) Helleiner [2006b], p. 98.
27) de Vries [1969], pp. 153-156.

つカナダが変動相場制を採用した」ため,「他のより弱体でより責任の軽い参加国がカナダの例に倣おうとしたら,私たちはどう言えばいいのだろうか」と当惑した[28]。IMF スタッフは,カナダに対して,変動相場制の代替案として,買いオペレーションによる流動性の吸収と,資本輸入を止めるための規制を提案した[29]。現在のイメージとは対極であるが,資本移動規制は,当時の IMF の正統的な政策であった[30]。

1950 年 9 月に行われたラズミンスキーに対する聞き取り時には,バーンスタインらは,「カナダの行動は侵害的で,IMF の信用と目的を損なう」と述べた[31]。バーンスタインはまた,カナダに対し,きわめて不当,原則を破壊する,世界がきわめて不安定になり IMF は機能しない,カナダにとっても悪い,問題を解決しない,資本流入の直接管理だけが問題を解決する,などと述べた[32]。ラズミンスキーは,「IMF の上級スタッフは全員敵対的だった」と述べている[33]。

ラズミンスキーは,IMF スタッフからの代替案に対して反論を述べた。まず,買いオペについては,カナダ政府は予想できない額の追加的債務を負うことはできない,とした[34]。また,資本移動規制については,規制の技術的な困難(規制対象となる投資の確定),アメリカ投資家への敵対的態度となること,国内での自由主義的世論,の 3 つの観点より受け入れられない,とした[35]。ラズミンスキーはまた,理事会において,「カナダは独特な国である。アメリカ人投資家は,カナダを完全な外国だとは見ていない」と述べ,カナダ・アメリ

---

28) Bank of Canada Archives, International Department fonds, 4B-220, Vol. 1, Wallace Goforth, Reaction to the New Canadian "Floating" Rate, October 18, 1950.
29) de Vries [1969], p. 159.
30) Helleiner [1994], Chap. 2 ; Chwieroth [2010], Chaps. 3 and 4. IMF 協定における資本移動管理についての条項は,第 6 条にある。Horsefield, ed. [1969], pp. 193-194.
31) Helleiner [2006b], pp. 83-84.
32) Bank of Canada Archives, LR76-522, Vol. 1, Louis Rasminsky, Report on Washington Discussions, Re Floating the Canadian Dollar, October 21, 1950.
33) Bank of Canada Archives, LR76-522, Vol. 1, Louis Rasminsky, Report on Washington Discussions, Re Floating the Canadian Dollar, October 21, 1950.
34) de Vries [1969], p. 160.
35) Helleiner [2006b], pp. 87-89.

カ間の資本移動の活発さや重要性を示した[36]。

1950年9月の理事会において、カナダの変動相場制への移行は、まずアメリカによって支持され、続いてイギリス、オランダ、フランスが支持を表明した[37]。アメリカの支持は前述のように、ラズミンスキーが事前にスナイダーおよびサザードから得ていたものであった。多くの理事たちは、カナダは特殊な状況に置かれており、短期間の変動相場制を認め、その期間が終わったら固定相場制に復帰すればよいと考えていた[38]。IMF内において、各国代表の理事たちはおおむねカナダの行動を容認し、他方で専門スタッフたちはカナダの行動に反対していた[39]。IMFの年次報告書はカナダの決定に反対せず、ただその決定を記述した[40]。

2) IMFに対するカナダの見方――変動相場制の黙認

IMFは結局カナダの変動相場制移行を黙認することとなったが、カナダはIMF協定の枠内での変動相場制採用をどのように考えていたのか。その点について興味深い記録がある。1950年9月に、カナダ銀行総裁のタワーズとラズミンスキーが、IMFのギュット（ベルギー人）専務理事に変動相場制の採用を事前に通知するためにパリで面談を行った。その際、ギュットが1949年のベルギーの変動相場制にカナダが反対したことに触れると、ラズミンスキーは「私たちは、IMF協定違反を公式に認めることに反対しただけであり、同じ理由から、私たちはIMFの許可は求めない」と述べた[41]。

上記の点は、他の情報からも確認できる。1949年10月17日に、ラズミンスキーは、アンシオ・ベルギー銀行総裁に対して「IMFの議論で私が言いた

---

36) Helleiner [2006b], p. 84.
37) Helleiner [2006b], p. 98.
38) de Vries [1969], p. 160.
39) Bank of Canada Archives, International Department fonds, 4B-220, Vol. 1, Wallace Goforth, Reaction to the New Canadian "Floating" Rate, October 18, 1950.
40) Helleiner [2006b], p. 98.
41) Bank of Canada Archives, LR76-522, Vol. 1, Louis Rasminsky, Report on Washington Discussions, Re Floating the Canadian Dollar, October 21, 1950.

かったことは，ベルギーに変動相場制をやめるような説得はせず，協定に反する行動を公式に認めることを避けるということだった」と述べている[42]。さらに，1950年10月18日には，ラズミンスキーは「私たちがはっきりと要求したことはカナダの行動を公式に認めてはならない，ということだけである」とギュットに述べている[43]。ラズミンスキーは，IMFは，変動相場制を暗黙に認めることができるし，認めるべきであると考えていた。

図10-1から，変動相場制採用後のカナダ・ドルの動きは，1カナダ・ドル＝1米ドルから1.05米ドルの幅で安定して推移していることがわかる。そのため，カナダの変動相場制は，管理フロートであったと見ることができる[44]。実際に，カナダ銀行が管理フロートを指向していたことを確認できる史料が複数ある。すでに，1949年に変動相場制の採用を検討していた時点で，「初期の段階では，カナダ銀行が大幅な変動が生じないように日々市場をならす準備が必要だろう」とされていた[45]。1951年3月の財務大臣とカナダ銀行スタッフとの会議では，「ラズミンスキーは，1日の内で大幅なレート変動が起こることを望まず，一般的に1日で4分の1〔％──引用者，以下同〕を超える変動には対抗することを強調した」[46]。1953年3月には，「為替基金勘定（the Exchange Fund Account）は〔1米ドル＝〕98カナダ・セントの両側で変動幅を最小限にするために使用されなければならない」とされていた[47]。1カナダ・ドルとすると1.02米ドルが中心点になっている（図10-1）。

カナダの変動相場制は，1950年の理事会で論じられたような短期的な措置とはならなかった。1952年2月の理事会において，イギリス代表のスタンプ理事が変動相場制への懸念を示すと，ラズミンスキーは，カナダの事情は特殊

---

42) Bank of Canada Archives, LR76-269, Rasminsky to Ansiaux, October 17, 1949.
43) Bank of Canada Archives, LR76-269, Rasminsky to Gutt, October 18, 1950.
44) Siklos［2009］は，1951～57年に為替介入がカナダ・ドルの安定について大きく寄与したことを，為替介入のデータ史料に基づいて実証的に明らかにした。
45) Bank of Canada Archives, LR76-115, Vol. 2, A Method of Combining a Free Exchange Rate with the Present System of Exchange Control in Canada, January 31, 1949.
46) Bank of Canada Archives, LR76-522, Vol. 1, J. E. C., Exchange Policy, March 5, 1951.
47) Bank of Canada Archives, LR76-522, Vol. 1, Note on discussion with Coyne, Rasminsky and Turk, March 24, 1953, 為替基金勘定については，Neufeld［1955］, pp. 29, 140.

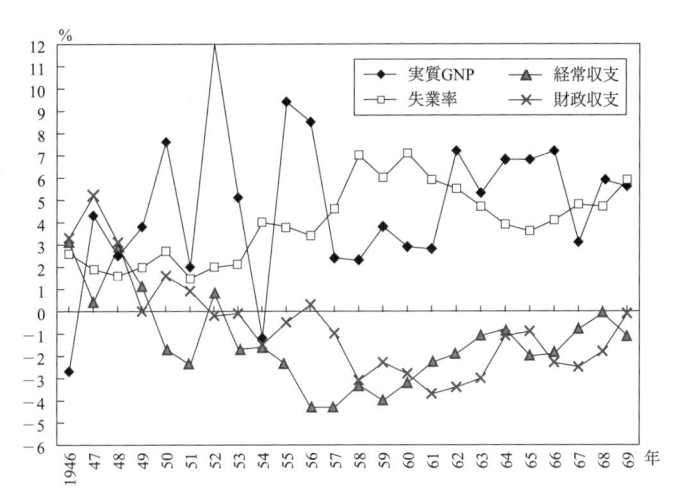

図 10-3 カナダの主要経済指標（1946〜69 年）

出所）Leacy, ed.［1983］のデータより作成。
注 1 ）実質 GNP は年成長率。
　 2 ）経常収支と財政収支は対名目 GNP 比。

であるとした上で，カナダの行動は，IMF の 3 つの目標のうちの 1 つである固定相場維持には反しているが，他国とは異なり他の 2 つ，つまり為替管理削減と交換性回復には合致している，と述べた[48]。理事たちはこれに納得し，「現在の状況下では，変動相場制は，特に各種の制限を撤廃する上で，多くの国々にとって大変有益なものである」という見解を表明した[49]。1952 年 1 月には，IMF 調査局長のバーンスタインも，カナダの主張を認めるようになっていた[50]。

　1952 年から 56 年まで，カナダは大規模な資本流入のもとで景気拡大を続けた（図 10-2，図 10-3）。1956 年には，IMF もカナダの変動相場制の成功を同国の特殊な環境によるものとして認めた。そこでは，カナダは，貿易赤字と資本輸入に特徴づけられて，財政と金融に対する信認があり，カナダ・ドルは取

---

48) de Vries［1969］, p. 161 ; Plumptre［1977］, p. 149.
49) de Vries［1969］, p. 161.
50) Helleiner［2006b］, p. 101.

引制約がなく交換性があり，カナダ・ドルと米ドルとの間には歴史的に等価関係があり，短期資本移動が均衡的な影響を持つと述べられた[51]。

1956年4月時点でのラズミンスキーのIMFに対する考え方が示されている史料がある。ラズミンスキーは，「IMFは国際問題において十分な役割を果たしていない」と考えていた。それは主に次の2つの理由によるとされた。①2大出資国であるアメリカとイギリスがほとんど常に対立している。②内部組織の問題によってIMFは国際金融において真のリーダーシップを発揮できないでいる。内部組織の主な問題は，フルタイムの理事たちが実際の権力を持っており，専務理事がマイナーな役割しか果たしていないことである[52]。

ラズミンスキーは1956年までのIMFを「弱い組織」だと考えていた。ラズミンスキーはIMFが強力な組織となって国際金融でリーダーシップを発揮することを望んでいた。しかし，他方で，ラズミンスキーらカナダの政策担当者たちは，IMFの弱さを見越して変動相場制を黙認させ続けたとも解釈できる。

4　成長率低下と失業率悪化

1962年にカナダは固定相場制に復帰するのであるが，その背景となったのが，57年以降の経済成長率の低下と失業率の増加であった（図10-3）。したがって，カナダの固定相場制復帰の要因を理解する上で，1957年以降の経済成長率低下の要因の解明が重要となる。

1957年はカナダ経済にとってだけではなく，カナダ政治にとっても転換点であった。同年6月の下院総選挙で，ディーフェンベーカー率いる進歩保守党が，1935年以来22年ぶりに自由党から政権を奪還したのである[53]。政権奪取後の進歩保守党は大西洋岸や西部諸州の財政支援，年金増額，減税といった財政拡張主義を採った[54]。この財政拡張主義が，1957年以降のカナダ経済の

---

51) de Vries [1969], pp. 161-162.
52) Bank of Canada Archives, LR76-284, Louis Rasminsky, Functioning of IMF, April 20, 1956.
53) 大原 [1981], pp. 188-190, 付録 p. 43。
54) Smith [1995], pp. 218, 224-225, 230.

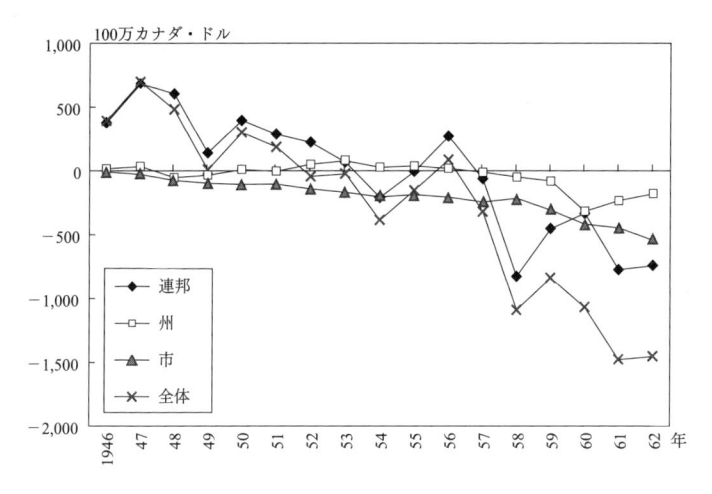

図 10-4　カナダの財政収支（1946〜62 年）

出所）Leasy, ed. [1983] のデータより作成。

1 つの問題となった（図 10-3, 図 10-4）。

　もう 1 つの問題は，高金利政策であった（図 10-5）。この高金利政策は，1955 年に第 2 代カナダ銀行総裁に就任したコインの独自の性格と相まって，失業対策のため金利引下げを求める政府と中央銀行総裁との深刻な対立をもたらした。政府は，高金利→資本輸入増加→為替レート上昇→経常収支悪化が失業の要因と考えていた。この対立は，1960 年にコインが政府の拡張的財政政策を各地の講演で批判したことから悪化し，最終的に 1961 年 7 月に政府がコインを辞職に追い込んで終結した[55]。この出来事は，カナダ史では「コイン問題」としてよく知られている[56]。

　「コイン問題」では，政府と中央銀行総裁が，それぞれをカナダ経済の悪化の原因として批判し合った。実際には，どちらの言い分が正しかったのか。これは，冒頭で登場したマンデルと J. M. フレミング（イギリス人）のマンデル＝フレミング・モデルを使って確かめることができる。マンデル＝フレミン

---

55) Powell [2009], p. 95.
56) Fleming [1985], Chap. 29 ; Grantstein [1986], Cahp. 4 ; Powell [2009], Chaps. 9-13.

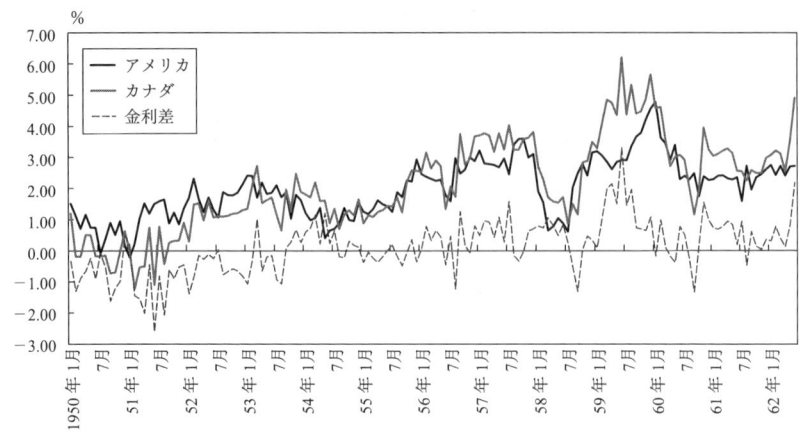

図 10-5 カナダとアメリカの実質 3 カ月金利（1950〜62 年）

出所）カナダの 3 カ月金利，カナダとアメリカの消費者物価上昇率は，Statistics Canada Website のデータ，アメリカの 3 カ月金利は Federal Researve System Website のデータ。
注 1 ）実質金利は，3 カ月金利－当該月の消費者物価上昇率で算出。
　　2 ）金利差は，カナダ金利－アメリカ金利。

グ・モデルによれば，変動相場制を採用し資本移動が自由な小国の場合は，産出量を高めるためには，財政拡張は無効であり，金融緩和が有効である。逆に言えば，金融引き締めは産出量を低下させるのに大きな効果を持つ[57]。1957以降のカナダは，財政拡張と金融引き締めの政策ミックスを行っていた[58]。財政拡張を批判したコインは正しく，金融引き締めを批判した政府も正しかった。

---

57) Bordo, Ali Dib and Schembri［2010］と Siklos［2010］はそれぞれ，1957 年以降の金融政策が引き締め過ぎだったことをシミュレーションによって実証している。
58) Bordo, Games and Schembri［2009］, pp. 13-14 ; Rhomberg［1964］, p. 15.

5　カナダの固定相場制復帰

1) 為替レート低下政策と国際的批判

　カナダ政府は，失業率上昇を受けて，コイン問題のさなかの 1960 年には為替レートの引下げを検討し始めていた。1960 年 12 月には，D. フレミング財務相が，資本輸入への 15％課税を発表し，資本流入に歯止めをかける方向へと向かった。

　1961 年 7 月にコイン総裁が辞任すると，ラズミンスキーが IMF 理事のまま，第 3 代カナダ銀行総裁に就任した。同年同月の財政演説では，フレミング財務相が，「十分な為替レートの減価」が必要であると明言し，為替管理基金による市場介入を開始した。カナダ銀行も政府の政策に協力し，金利を引き下げていった。財務省は，1961 年 7 月以降，0.95 米ドルでの為替レート安定を目指していた[59]。

　1950 年のカナダの変動相場制への移行は，IMF スタッフからの激しい批判があったものの，各国理事の支持を得ることで可能になった。しかし，1961 年 7 月の為替レート低下政策の際には状況は一変した。カナダは，IMF スタッフだけではなく，各国理事，IMF 専務理事ヤコブソン（スウェーデン人），またアメリカ財務省とあらゆる方向から批判をあびた。まず，1961 年 7 月の IMF 特別理事会で各国理事がカナダの行動に懸念を示し，カナダに固定相場制への復帰を勧告した。同じ場で，ヤコブソン専務理事もカナダはアンフェアな利益を得ていると見なした。アメリカのローザ財務次官は，カナダを名指しはしなかったものの，為替レートを操作することで近隣窮乏化を行うことはあってはならないと述べた[60]。1961 年 9 月の IMF 年次理事会では，フレミング財務相が競争的切下げを意図してはいないと弁明を行ったが，効果はなかった[61]。1961 年の為替レート政策は，IMF 協定の基本理念である「競争的な為

---

59) Muirhead [1999], p. 194.
60) Muirhead [1999], pp. 194-195.
61) Fleming [1985], pp. 376, 490.

替レート切下げの回避」[62]に反していると見なされた。

2) 1961 年度 IMF コンサルテーション

1962 年 1 月に，カナダは，他の 8 条国と同様に IMF の対 8 条国コンサルテーションを受けた。この 1961 年度コンサルテーション報告書によって，IMF スタッフは公式にカナダの変動相場制への批判を行った。報告書は，まず 1961 年 7 月以降のカナダの為替レート低下政策を「利己的」であり「IMF 協定に示されている国際社会のルールに沿っていない」とし，「カナダ財務相は専務理事に対して他国に害を与える意図はないと弁明したものの，そのような発言自体は何の最終的な解決にもならない」と述べている。

その上で，カナダの変動相場制の経験全体を総括して「このような経済の悪化は，1948 年から 56 年とは対照的に見える。しかし，その時期が，例外的な条件による異常な成長と拡大の期間だったと見るべきではないだろうか」，「1950 年 10 月から 61 年 7 月の変動相場制の時期を振り返ってみると，このシステムがカナダにとって良い貢献をし，究極的な利益をもたらしたとは必ずしも言えない，という結論に我々は達した」[63]と述べた。

報告書は最後に，「実効的な平価の再設定がカナダ政府の最優先課題である」と固定相場復帰を明確に勧告した[64]。1956 年にはカナダの変動相場制を十分に機能している制度と見なさざるをえなかった IMF スタッフは，1962 年には，50 年から 56 年の時期も含めて，カナダの変動相場制への批判を復活させた。

1962 年 2 月 IMF 理事会では，このコンサルテーション報告書に基づいて，カナダの為替政策についての討議が行われた。各国理事は再び「どうしたら他国に打撃を与えずに為替レート低下を実現できるのか」とカナダの為替レート低下政策を批判した。また，カナダの国内経済政策はあまりに拡張的であるという批判も出された。理事会は，公式にカナダに固定相場復帰勧告を出すこと

---

62) IMF 協定第 1 条・目的・第 3 項。Horsefield, ed. [1969], p. 188.
63) IMF Archives, Canada—1961 Article VIII Consultation, January 30, 1962, p. 24.
64) IMF Archives, Canada—1961 Article VIII Consultation, January 30, 1962, p. 25.

はしなかったものの，複数の理事たちがコンサルテーション報告書の勧告を支持した[65]。

1950年の前半と後半で何かが変わったのか。その点について，カナダの政策担当者の見解がある。1961年8月に財務省次官プランプトリは，為替レート低下政策に対する各国の批判を受けて，「カナダはフロートを維持するべきか，固定相場に戻るべきか」という検討を行っている。その文書の中で，プランプトリは「戦後初期の世界では，カナダはユニークで有利な経済的立場にあった。カナダは大規模な軍事援助と経済援助を行っていた。他の国々は，私たちの例外的な行動も喜んで受け入れた。しかし，現在では，私たちの例外的な行動は受け入れられないことは明らかである」と述べている[66]。1957年頃を境に，世界経済におけるカナダの地位は低下し，他方でIMFの地位は強化され始めていた[67]。

3) カナダの外貨準備危機と固定相場制復帰

1962年1月から，カナダ・ドルへの売り圧力が高まり，カナダ政府は62年1月から4月で，約4.6億米ドル，外貨準備全体の22%を失った。さらに，下院議会解散が決定した4月の末になると，1月と2月の月1.34米億ドル，1.75米億ドルという流出に比して，4月27日には，1日で3,500万米ドル，30日には2,000万米ドル，5月1日は3,600万米ドルという外貨流出規模になり，5月1日にはニューヨーク各紙がカナダ・ドルの弱体化を報じた[68]

外貨準備危機を受けて4月28日から5月1日に，フレミング財務相，テイラー財務次官，ラズミンスキーが緊急の検討を行い，フレミングが0.925米ドルでの固定相場復帰を決定した。フレミングは，0.90米ドルではアメリカからの同意が得られないことを懸念していた。5月2日には，IMF緊急理事会で

---

65) de Vries [1969], pp. 163-164.
66) Bank of Canada Archives, LR76-522, Vol. 2, A. F. W. Plumptre, Exchange Rate Policy, August 23, 1961.
67) Horsefield [1969], p. 426. 1956年以降のIMFの地位の強化については本書第3章を参照。
68) Fleming [1985], p. 493.

ラズミンスキーが 1 カナダ・ドル＝ 0.925 米ドルでのカナダの固定相場制復帰を申請し，承認された[69]。

しかし，その後も平価がまだ高すぎるとの思惑による投機が続いたため，6月には，カナダはついに IMF より 3 億米ドルの引出を行い，さらにワシントン輸出入銀行（EXIM）より 4 億米ドルのクレジット・ライン，ニューヨーク連邦準備銀行と 2.5 億米ドルのスワップ協定，イングランド銀行と 1.5 億米ドルのスワップ協定をそれぞれ得た。これらの国際協力により，カナダ・ドルは信認を回復することができた[70]。

フレミング財務相は，「国外からの大規模な借入には調整のための長い時間がかかるため，〔IMF の支持がなければ〕対外借入を 5 月 1 日や 2 日に行うことはできなかったかもしれない。そして資金調達の遅れが新たな危機を引き起こしたかもしれない」と IMF の存在を高く評価した[71]。1961 年から 62 年には，カナダの競争的為替レート切下げへの批判と固定相場復帰への支援によって，IMF は制度設計時に期待されていたような機能を果たした。

おわりに

カナダの変動相場制移行時の同国と IMF スタッフとの対立から，IMF が固定相場制を主目的にし，資本移動規制をそのための正統的な手段として位置づけていたのに対し，カナダが資本移動の自由を主目的とし，そのための状況に応じた対応として変動相場制を採用したことが明らかになった。1950 年代の西ヨーロッパ諸国の政策は，固定相場と資本移動規制という IMF の基本政策と同じ方向だったと考えられ，その意味で，カナダの経験は特異であった。

1950 年代のカナダの変動相場制は，変動相場制の有効性を示す先駆的事例として高く評価されている[72]。しかし，カナダ変動相場制の成功面だけを強調することは，1962 年の固定相場制復帰という事実の持つ意味を軽視すること

---

69) Fleming [1985], pp. 494-495.
70) Fleming [1985], pp. 517-519.
71) Fleming [1985], p. 497.

になるだろう。

　また，カナダは，変動相場制だけではなく資本移動の自由でも先駆的事例として考えることができる。資本移動の自由は，対外借入制約を緩和し，資本輸入による経常収支赤字の拡大を可能にする。しかし，カナダのGNP比4％を超える経常収支赤字は持続不可能であった（図10-3）。これは，1985年プラザ合意のアメリカのドル切下げ，2007年サブプライム危機時のアメリカなどの先駆的事例となりうる[73]。また，1957年以降のカナダの成長率低下を，貯蓄不足国が資本輸入に依存した投資ブームを経て，投資収益率が低下した結果，為替レート高に耐え切れなくなった事例と解釈すれば，97年アジア通貨危機の先駆的事例となりうる[74]。

　しかし，1962年のカナダは，90年代以降の諸事例とは異なって，IMFからの引出を得て，切り下げた平価で比較的スムーズに固定相場への復帰を果たした（図10-1，図10-3）。これは，1962年と90年代以降の国際金融史的背景の違い，特に国際的資本移動の規模と速度の違いがもたらしたものであろう。そういった文脈の中で，1962年のIMFはカナダの固定相場制復帰に際して十分な機能を果たした。

---

72) 古典的には，Friedman [1953]．新しくは，Helleiner [2008]．他方で，マンデルはカナダの変動相場制の経験を「失敗した実験」と見ていた。Mundell [1961], p. 664。なお，この論文を執筆した時，マンデルはIMF特別調査局（Special Research Section）のエコノミストであった。

73) アメリカについては，菅原 [2007], p. 158。アメリカは，2006年にGDP比6.8％まで経常収支赤字を拡大させた。基軸通貨国という点がアメリカとカナダの大きな違いである。

74)「資本輸入に依存した経済発展とその破綻」というアイディアは，竹森 [2008], pp. 135-137。

第 11 章
日本の IMF 加盟と戦前期外債処理問題
――ニューヨーク外債会議と日米・日英関係

岸 田 　 真

はじめに

　19 世紀後半から 20 世紀初頭の国際金本位制の時代において，日本は 1897 年に金本位制に移行し，主に英米の国際金融市場で多額の外債発行を行い，日本の外債発行残高はピーク時の 1930 年には 22 億 6,787 万円に達した。世界恐慌と国際金本位制の崩壊により日本の資金調達の道は閉ざされ第二次大戦へと至るが，戦後ブレトンウッズ体制が成立すると，日本は 1952 年に IMF・世界銀行に加盟し，1950 年代から 60 年代にかけて世銀借款を中心とする外資導入を再開した。

　日本のブレトンウッズ体制への参入は，第二次大戦後のアメリカの対日政策の転換を背景にアメリカ政府の強い支援のもとに実現したものであったが，同時に日本国内では，「日米経済協力」構想に代表されるように，アメリカからの援助に代わり，経済復興・開発のための外資導入の道を開くものとして IMF・世銀への加入への期待が高まった。このとき，解決しなければならない問題となったのが，第二次大戦により事実上デフォルトとなった戦前期の対外債務の存在であった。この問題は，サンフランシスコ平和条約の規定に基づき 1952 年 7 月よりニューヨークにて日本政府と債権国代表者との間で開かれた外債処理会議において交渉が行われ，同年 9 月にイギリス・アメリカとの間に処理協定が締結され，仏貨債を除くほぼすべての政府債務の支払いが再開さ

れた。日本のIMF加盟直後に行われた外債処理交渉の妥結は，日本が国際信用を回復し，戦後の外資導入へのスタートとなった点で重要な意味を持つものであった。

本章では，日本のIMF加盟および初期の対外関係に着目し，日本のIMF加盟に至る経緯を概観した上で，ニューヨーク外債会議の経緯を当事国の一次史料をもとに解明し，日本のブレトンウッズ体制への参入・国際金融市場への復帰過程を明らかにする[1]。研究史上，外債処理問題については外債会議の日本政府代表であった津島寿一による回顧録[2]が事実関係の経緯を詳細に記しており，『昭和財政史』も同書の記述に依拠している[3]。しかし，これらは日本側の視点に立ったものであり，交渉当事国であったアメリカ，イギリスの外債処理問題への態度や会議の交渉過程についての実証的な研究はこれまで行われてこなかった。本章では，日本の外務省資料，イギリス外務省資料，アメリカ国務省資料などを用いて交渉の経緯を明らかにするとともに，ブレトンウッズ体制成立期の国際経済環境のもと，交渉当事国の国内的利害が交渉に与えた影響にも留意し，国内政策と対外関係の接点を見出したい。

1　日本のIMF加盟と外資導入構想

1）日本のIMF加盟をめぐる議論

ブレトンウッズ会議およびその協定案についての情報は第二次大戦末期より政府・日本銀行・横浜正金銀行等の在外機関を経由してもたらされ，終戦直後より大蔵省・日本銀行で検討が行われた。初期における関心は，ブレトンウッズ体制への加入が現状の管理通貨・為替管理政策をどのように制約するか，という点にあり，それは同時に，ブレトンウッズ体制を金本位制の再現と見る

---

1) IMF・世銀加盟後の日本の国内政策とIMFとの関係については，浅井良夫がIMF加盟後の対日コンサルテーションの過程を詳細に検討しており（浅井［2005］［2007］），また，伊藤正直は，日本の国際金融システムへの参入過程からフロート制移行までの日本の対外金融政策を包括的に論じている（伊藤［2009］）。
2) 津島［1966］。
3) 大蔵省財政史室編［1997］, pp. 57-75。

か，国内均衡達成のための裁量を許すケインズ主義的側面を持つものと解釈するか，という問題でもあった[4]。

1946年1月に日本銀行調査局がまとめた「ブレトンウッズ通貨協定と日本参加の方途」[5]は，ブレトンウッズ体制を「平価変更の自由なき金本位制度の実現を企図するもの」として，平価変更の制限，為替管理の原則禁止により，「国内経済発展の為新しき国際的均衡点を求めんとするが如き希望は殆ど失はれる」と捉えた。その一方で，ブレトンウッズ体制参加のメリットとして，「加盟国は一定の金出資を見返りとして夫れに数倍する国際収支決済能力を獲得し，又復興開発銀行よりは出資額に関係無く長期の外国資本を導入する事が可能とな」る点を指摘し，「之等を総合勘案するに，参加に依る利益は不利を補うて余りある」として，ブレトンウッズ体制への参加を支持する立場を示し，その準備措置として金の蓄積，輸出振興と消費の節約，賠償債務の完済，財政の徹底的緊縮，日本銀行の改組の必要性を示した。

その後，IMF・世銀の活動が具体化すると，政府・日銀ともブレトンウッズ体制が国内政策を極端に制約するものではないと判断するようになる。日本銀行外事局「ブレトン・ウッズ機構参加に関する若干の問題」[6]（1948年4月）は，「協定条文の実施に当って弾力的にして現実的な適用がなされるに至ったと見るべき節があり，国際収支不均衡の場合のやむをえざる為替管理の如きは将来と雖も比較的簡単に認められるものと判断せられる」として「大局から見て我国のブレトン・ウッズ機構への参加を非とすべき理由は今や存せず，その時期も可及的速きを可とするであろう」と結論づけた。こうした議論の変化の背景には，当時経済安定本部と連合国軍最高司令官（Supreme Commander for the Allied Powers: SCAP）が推進した中間安定計画と，3月に成立した芦田内閣による外資導入構想があったと考えられる[7]。すなわち，当面の国内均衡維持を優先する中間安定論の論理とブレトンウッズ体制は矛盾せず，IMF・世銀

---

4) 浅井［1998］, pp. 93-97。
5) 日本銀行金融研究所編［1983］, pp. 1-16。
6) 日本銀行金融研究所編［1983］, pp. 34-38。
7) 伊藤［2009］, pp. 54-57。

加入による国際信用の回復は外資導入を後押しするものとして期待されたのである。

2) アメリカの対日政策の転換と日本の IMF 加盟申請

しかし，中間安定のための経済支援と複数為替レートの当面維持を掲げた SCAP の計画に対して，アメリカの国際通貨金融問題に関する国家諮問委員会（NAC），とりわけ財務省と連邦準備制度理事会（FRB）は強く反対し，日本のインフレ抑制と経済の早期自立を求めた[8]。1948年5月に来日したヤング使節団は，複数為替レートの存在と事実上の貿易補助金こそが通貨安定を妨げているとして早期の単一為替レート設定と財政安定策の強化を主張する報告書を提出した。ヤング報告書に SCAP は激しく反発したが，1948年10月，アメリカ国家安全保障会議（NSC）は「アメリカの対日政策に関する諸勧告」（NSC13/2）を決定し，アメリカの対日政策は非軍事化・民主化を主眼とするものから，日本の経済を復興させ西側陣営の一員として安全保障体制の中に組み込む方針へと転換した。これに基づき，いわゆる「経済安定9原則」指令がトルーマン大統領の承認のもと SCAP に伝達され，財政均衡，徴税強化，融資制限など9項目の経済安定化計画の実行指示に加え，3カ月以内を目標とする単一為替レート設定が目標として定められた。そして，デトロイト銀行頭取のドッジが財政顧問として日本に派遣され，「ドッジ・ライン」と呼ばれる緊縮財政政策を展開し，1949年4月，1ドル＝360円の単一為替レートが設定されたのは周知の通りである。

こうしたアメリカの対日戦略の転換に呼応して，政府・日銀内部における IMF 加盟への議論も再び本格化していった。1949年10月に日本銀行調査局が作成した「戦後における国際通貨制度の発展──国際通貨基金加入問題に関連して」[9]は，IMF の概要と運営の実情，各国の通貨政策との関係を詳細に考察し，IMF 加盟に際して日本に課される負担（為替安定義務，為替制限撤廃，払い込み金の義務など）は「まったく堪えられないものではな」く，加盟の利点

---

8) 伊藤［2009］, pp. 58-59；三和［2002］, pp. 59-61。
9) 日本銀行金融研究所編［1983］, pp. 40-61。

として，基金からの外貨借入，国際復興開発銀行からの貸付，民間外資導入促進の可能性，日本の国際経済社会の一員としての資格の確認の4点を挙げ，「基金加盟を要請すべきである」と結論づけた。

一方，ドッジ・ライン実施前後における日本の外資導入構想は，経済安定本部を中心に日本の戦後経済復興構想の一環として議論され，とりわけ復興に伴う電力不足への懸念から電力業への外資導入が早くから期待されていた[10]。1950年4月から5月に行われた池田勇人蔵相の訪米は，講和条約交渉，経済復興の促進，そしてIMF・世銀への加盟の打診という吉田内閣の主要な政策課題の打開を任務としており，池田はIMF・世銀を訪問した際に加盟への積極的な姿勢を示した[11]。しかし，国務省，財務省，SCAPとも占領下にある日本のIMFへの加盟は時期尚早であるとして日本の早期加盟は実現しなかった。

加盟への動きが本格化するのは翌1951年春からのことであったが，その背景には51年1月のダレス訪日を契機とする対日講和交渉の進展と，日本の工業力を米軍軍需物資の補給に利用する「日米経済協力」構想の存在があった[12]。5月にSCAP外交局のディールは池田蔵相と会談して日本の加盟準備を促し，国務省も7月初旬には日本の政治的影響，講和後の経済開発計画の実施などの点から早期の日本の加盟に賛意を示した。日本政府は1951年9月にワシントンで開催されるIMF・世銀総会へのオブザーバー参加を求め，8月9日付でIMF・世銀に対して正式に加盟を申請した。

3) 日本のIMF加盟[13]

日本の加盟申請を受け，IMFは9月18日に加盟審査委員会を設置し，日本

---

10) 浅井［2001a］［2001b］。
11) 池田訪米に先立つ1950年3月，大蔵省の渡辺武財務官がIMFを訪問し，IMF・世銀への加盟に関する説明を受けたのが，日本が加盟に向けた最初の接触である（浅井［1998］, p. 97）。
12) 「日米経済協力」構想は，1951年1月のダレス訪日時の吉田首相との会談を発端とし，日米の経済的協力によって西側諸国に貢献するというものであったが，日本では日本の戦後復興計画と結びつけて議論されるようになった。「日米経済協力」については，大蔵省財政史室編［1976］；中村［1982］，外資導入計画との関連については，浅井［2001b］を参照。

の加盟条件を討議した。委員会では日本の加盟に異論はなかったものの，日本の出資金割当額（クオータ）について，アメリカが2億6,500万ドルから2億7,000万ドルを主張したのに対し，イギリス・オーストラリアが2億ドル以下を主張して対立した[14]。最終的に2億5,000万ドルのクオータ，金払い込み額は6,250万ドルと決定し，1952年1月に日本側に通告された。日本政府は，クオータが期待していた3億ドルに届かない一方で，金払い込み額が6,250万ドルとなったことを意外なものとして受け止めた。金払い込み額は，クオータの25％もしくはその国の金ドル保有額の10％のいずれか少ない方と規定され，大蔵省は金払い込み額を1951年6月末の金ドル保有額の10％に相当する4,600万ドルと想定していたが，IMFは同年12月の金ドル保有額を基準としたため規定上の上限まで増加したのである。大蔵省は金払い込み額の減額を主張したが，最終的にIMF提案を受け入れ，4月18日の閣議においてIMF・世銀への加盟を決定した。

加盟審査委員会の報告と理事会などの手続きを経て，1952年5月28日，IMFは全加盟国による投票を行い，全票数の94％の賛成によって日本の加盟は承認され，8月13日に新木栄吉駐米大使が協定文書に署名して日本は正式にIMF・世銀に加盟した。翌年3月に日本はIMFに1ドル＝360円の円平価を通告し，IMF理事会は5月にこれを承認した。

以上の経緯により日本はIMF・世銀に加盟したが，これが講和条約締結交渉とサンフランシスコ平和条約の締結（1951年9月），そして日本の主権回復（1952年4月）と同時に進行していたことを再度確認する必要がある。日本は独立回復後ただちにブレトンウッズ体制に参入し，日本が期待した日米経済協力，とりわけ外資導入への道は開かれたが，その実現に向けて取り組むべきもう1つの課題が，日本の戦前期の対外債務問題であった。

---

13) この項の記述は特に断りのない限り浅井［1998］による。
14) クオータはIMFにおける発言権を規定したため，日本の発言権の増大を嫌うイギリスや相対的地位の低下を嫌うオーストラリアは日本のクオータを低く抑えようとした。

2 戦前期外債の未払い問題と平和条約締結後の対応

1) 戦前期外債の未払い問題と戦時期の措置[15]

　1941年12月の太平洋戦争の開戦により，敵国に対する日本の債務の元利払いは停止され，日本の外貨債は事実上デフォルトとなった。表11-1が示すように，開戦時点における外貨債残高は，英貨債8,852万ポンド，米貨債2億8,349万ドル，仏貨債6億6,379万フランであり，このうち日本人・日本企業が所有していた外貨債の残高は，英貨債2,679万ポンド，米貨債2億1,168万ドルであった。開戦後，政府は12月29日に「本邦外貨債の元利払ひに関する応急措置要綱」を決定し，国内で所有される外貨債の元利払いは円貨で行い，敵国人保有債券の利払いは敵産管理法に基づき横浜正金銀行の特殊財産管理勘定に円建てで振り込む措置をとり，形式上は債務の利払いを履行する立場を取った。

　しかし，戦争の長期化に伴い，相対的に高金利の外貨債の契約条件を抜本的に見直す必要が生じたとして，1943年3月に「外貨債処理法」が制定された。その主な内容は，日本人および友好国人が保有する外貨債はすべて邦貨債に借り換える（第2条），発行者が自己保有する外貨債は政府の命令により消却する（第8条），邦貨債への借り換えが行われなかった地方債・社債の元利支払い義務は政府が継承し，担保権など元利支払い義務以外の原契約の効力は消滅する（第9条），であった[16]。これにより英貨債2,708万ポンド，米貨債1億9,142万ドルが円貨債に借り換えられ，英貨債19万ポンド，米貨債2,375万ドルが消却された。外貨債処理法適用後，政府が継承した外貨債の終戦時の未償還残高は，英貨債6,114万ポンド，米貨債6,759万ドル，仏貨債4億23万フランであった（表11-1 [C]）。

---

15) 戦時期における外貨債に対する措置については，高石［1974］；大蔵省財政史室編［1983］を参照。
16) 高石［1974］, pp. 496-506。

第11章 日本のIMF加盟と戦前期外債処理問題

表11-1 戦前期外債の未償還額・未払い累積利子
(単位：1,000ポンド，1,000ドル，1,000フラン)

		開戦時未償還額[A]	外貨債処理法（1938年）による処理額[B]	1945年8月末現在未償還額[C]	1952年4月末現在未償還額[D]	1952年6月末現在未償還額（外債処理協定による）[E]	1952年6月末現在未払い累積利子（外債処理協定による）[F]
英貨債	国債	77,225	25,586	51,550	51,500	64,500	36,157
	地方債	8,094	1,508	6,585	6,596	6,599	4,173
	社債	3,208	200	3,007	3,007	5,175	3,432
	計	88,528	27,296	61,144	61,103	76,275	43,764
米貨債	国債	152,808	131,300	21,354	25,797	28,376	18,829
	地方債	24,993	18,591	6,342	6,430	6,505	3,992
	社債	105,751	65,855	39,896	39,924	41,479	27,217
	計	283,492	215,746	67,592	72,151	76,361	50,039
仏貨債	国債	415,980	—	400,238	(383,266)	383,221	54,178
	地方債	(247,819)	—	na	(195,169)	na	na
	計	663,799	—	na	(578,435)	na	na

出所) [A]〜[C]：大蔵省財政史室 [1983]，表 1-17，括弧内は高石 [1974]，pp. 466-468 による。[D]：大蔵省財政史室 [1983]，表 9-9，括弧内は大蔵省理財局「本邦外貨債の計数調（試算）昭 27.3.31 現在見込」，外務省『外債処理関係』による。[E][F]：大蔵省理財局「日本外貨債元本及び未払利子の額（昭和 27.6.30 現在）」，外務省『外債処理関係』；津島 [1966]，付録 1。

注) 単位は 1,000 位で切り捨てたため，合計値は必ずしも一致しない。南満州鉄道五部利付英貨社債は「国債」に含まれる。[B] は発行者自己保有外債の強制消却および邦貨債への振り替え分の合計。[C] は，[A] から [B] および政府が自己保有していた外貨債の償却分を除したもの。[D] は「旧外貨債処理法による借換済外貨債の証券の一部の有効化等に関する法律」による外貨債有効化後の額。[E][F] の英貨債の額は，外債処理協定に基づいて通貨選択約款を適用したポンド等価額。

2) サンフランシスコ平和条約と債権国の対応

1951年9月に調印されたサンフランシスコ平和条約は，第18条で戦前期の対外債務の有効性を認め（a項），政府の責任のもと，債務の支払い再開について速やかに交渉を開始する（b項）として，対外債務の支払い再開交渉の早期実施を約束した。条約締結後，アメリカ政府は外債処理問題について直ちに協議を行う意向を示さなかった[17]が，イギリス政府，とりわけ大蔵省は，外債問題の早期解決と支払い再開を求めて積極的に対応した。1952年1月18日にイギリス大蔵省のサーペルは，外務省極東局のスコットと電話で会談し，大

蔵省・イングランド銀行は対日スターリング収支の悪化と日本の外債問題に強い関心を持っており，政府が直接日本政府に働きかけるべきであると述べ，これを受けて外務省も公式なアプローチを指示した[18]。2月6日には東京の在日イギリス連絡使節団より戦前債務支払い再開についての日本政府の方針を問う申し入れ書が提出され[19]，これが日本において外債処理をめぐる本格的な検討が開始される契機となった。イギリス大蔵省およびイングランド銀行の関心は通貨選択約款（ドル支払い約款）の保証にあった[20]。イギリスは深刻なドル不足に陥っており，大蔵省は通貨選択約款の原契約通りの履行を強く主張した。

　こうしたイギリスの動きに対して，吉田茂首相（兼外相）は，政府の手持ちポンド資金のうち1,000万～2,000万ポンドのイングランド銀行への預託を起案し，イギリスへの打診を指示した[21]。その目的について吉田は「政治的観点もさることながら，寧ろ最近ボンド・ホールダーズ側に於て外債支払に対する日本の意向を懸念する向が少くないので，中央銀行への預入により公債所有者に多少共安心を与えんとする点を重視」[22]すると記している。日英当局との折衝を経て，3月29日に2,000万ポンド，2年間のイングランド銀行への預託が発表された[23]。その後アメリカからも同様の措置を行うよう申し入れがあ

---

17) 武内龍次在ワシントン日本政府在外事務所長より吉田茂外務大臣宛書簡，第155号，1951年11月19日，同161号，11月22日，外務省文書『本邦の戦時中未払外債処理会議関係』（以下，『外債処理会議関係』）。
18) TNA FO371/99421, Minute (by C. P. Scott), "Japanese Bonds," January 18, 1952（以下，TNAは略す）。
19) 外務省経済局第一課「戦前外債の処理に関するイギリスミッションの申入に関する件」1952年2月6日，同上。
20) 通貨選択約款とは，外債契約において元利の支払い通貨を受け取り側が選択できるというもので，具体的には，固定された為替レート（例えば1ポンド＝4.86ドル）での外貨換算が約束されたものを確定換算率約款，支払い期日における為替相場で換算して支払うと約束されたものを時価換算率約款と呼ぶ。1931年以降イギリスはドルに対してポンドを切り下げたため，通貨選択約款が適用されれば，現在の相場よりも有利なレートでドルでの受け取りを請求できるため，イギリス政府は通貨選択約款の履行を強く求めた。
21) 吉田外務大臣より田付景一在ジュネーヴ在外事務所長宛公電，第10号（朝海浩一郎在ロンドン在外事務所長宛），1952年1月27日，『外債処理会議関係』。
22) 吉田外務大臣より田付在ジュネーヴ事務所長宛公電，第14号（朝海在ロンドン事務所長宛），1952年2月8日，同上。

り²⁴⁾，4月16日にニューヨーク連邦準備銀行への2,000万ドルの預託が発表された。英米の中央銀行への預託は，市場の信用を回復しようとする試みであったが，英米では外債問題解決への機運が高まり，その解決を加速する側面もあった。

他方，アメリカ政府の戦前債務処理問題の検討は，1951年より平和条約の草案作成と並行して省庁間で行われた「日本の資産と補償問題に関する省庁間特別委員会（Interdepartmental Ad Hoc Committee on Japan property and claims questions）」への答申案の作成過程において行われた。国務省国際金融開発局の1951年5月8日付のメモランダムは，日本の戦前債務の現状を詳細に検討した上で，「特別な問題点」として，日本の行った外貨債処理法の取り扱い，旧植民地債の取り扱い，担保条項の存続などを指摘し²⁵⁾，1951年12月に作成された答申案では，アメリカ政府のとるべき基本方針として，①日本政府と債権者団体との交渉は，戦後経済援助の返済要求と在日米軍駐留に対する援助の交渉が合意した後が望ましいが，早期解決を妨げるものではない，②解決案は日本の外国為替資源の枯渇を招かず，かつ他の連合国の財政的な負担とならないことが望ましい，③日本政府保証のもと発行された旧外地債も対象に含める，④外貨債処理法による担保除去を承認する，⑤許可なく円貨債に転換されたアメリカおよび連合国人の債権を復活させる，⑥金約款の適用については反対の立場をとる，などを示した²⁶⁾。国務省は，アメリカの戦後援助の返済問題とも関連しつつ，日本のドル残高への影響を回避することを前提として，外債処理問題に慎重な態度をとったと言えよう。

3) 外債処理交渉に向けた日本政府の対応

イギリスからの外債会議開催への打診を受け，政府では外務省・大蔵省を中

---

23)「磅資金の預入れについて」外務省情報文化局発表，1952年3月29日，同上。
24) 吉田外務大臣より武内在ワシントン事務所長宛公電，1952年4月1日，同上。
25) NARA RG59, Subject Files Relating to International Economic Development, Draft : Settlement of Japan's Present Foreign Indebtness, April 20, 1951（以下，NARAは略す）。
26) RG59, Subject Files Relating to International Economic Development, Revised recommendations for JAPQ D-3/7, December 3, 1951.

心として外債処理の具体的方針について検討が開始された。1952年3月4日に外務省経済局第一課が作成した文書「外債処理に関する件」は，平和条約の履行，外債所持者の信用維持，そして今後の民間外資導入の点から「早急にその方針を決定する必要がある」と指摘し，平和条約発効後債権国との事前協議に入るべきと主張した[27]。この文書では，外債処理の方法として，①原則として元本および未払い累積利子の減額は要求しないが，未払い累積利子に対する利子については免責を求める。②支払い方法は，(a)満期到来済および未到来の元本並びに未払い累積利子を一括して新規債に借り換える，(b)未払い累積利子について新規債に借り換えもしくは将来にわたって分割払いとし，元本については利払いの停止された期間だけ満期日を将来に延期する，③担保権は消滅させ，政府が支払いを保証する，④金約款は無効とする，⑤適用すべき為替相場は，原則として将来支払う時点での相場とする，が示された。

　この外務省案は外資導入に積極的であった吉田の意向を強く反映していると思われるが，大蔵省はより慎重な立場をとった。在ワシントン在外事務所長からの問い合わせへの返答として作成された大蔵省理財局長からの回答書[28]は，債務の一括処理，債務減額を行わない，という点では上記の外務省案と一致しているものの，「先ず対日援助の返済問題を処理して，次に外債処理を行い，続いて賠償の決定と進むのが実際的ではないかと現在考えている」と述べられ，支払い方法については債務と未払い利子を分離して処理する方式（上記②）を考慮していたが，現時点では一括借り換え方式（上記①）に傾きつつあり，「現在のところ時期を定めて交渉開始の意図を表明するには至っていない」と回答した。

　この大蔵省の回答に対し，吉田は「外債仕末は可成り速かに着手致度。早急に一応の始末を為すとせば借替によるの外なからん。何れとするも条約発効に備へて外債専門の津島等を審議会委員に任命して外債処置の準備に着手しつつある印象を外国に与ふる事必要と存す。蔵相に於て考量相成度」と欄外に記し，外債問題の早期解決を指示した。これを受け，3月25の閣議で大蔵大臣

---

27) 外務省経済局第一課「外債処理に関する件」1952年3月4日，『外債処理会議関係』。
28) 石田正大蔵省理財局長より外務省国際経済局長宛書簡，1952年3月11日，同上。

の諮問機関として臨時外債処理対策協議会の設置が決定し，委員に津島寿一（外務省顧問），一万田尚登（日銀総裁），加藤武男（元三菱銀行頭取），白洲次郎（東北電力社長），木内信胤（外国為替管理委員会委員長），専門委員に岡次郎（東京電力），本多次郎（揖斐川電気工業）が任命された[29]。協議会は池田蔵相出席のもと，4月1日から30日までの間に5回開催された。その結果，各委員の意見は本協議会では確定的な案を作成せず，複数の案を検討することで一致し，以下の暫定的結論を得た[30]。

・年間支払い可能額は3,000万ドル程度，最大でも5,000万ドル以内に抑える。
・旧債の条件については，①担保約款・金約款は解消する，②支払い通貨約款については今後の検討課題とするが，英貨債に対する借り換え債はすべてポンド払いとする。
・処理案については，以下の3案が検討され，現状では①案が望ましい。
　①複式乗り換え案（元本と累積未払い利子について別個に新債を発行して乗り換える初年度所要額3,000万ドル）
　②期済，期近元本乗り換え案（満期到来済と近く満期が来る外貨債の元本，全未払い累積利子について新債発行による乗り換えを実施し，期遠銘柄については原則契約通り，初年度所要額4,300万ドル）
　③期済，期近元本調整案（②案対象債の元本のみ10年間平均繰り延べ支払いをするよう調整，年間所要額6,250万ドル）
・単式乗り換え（元本・未払い利子を一括して借り換え）や戦時期間をブランクと見なして旧契約通り支払いを再開（一括繰り延べ案）については，現実性に乏しいため棄却する。

協議会の議論を経て，政府は5月17日に債権者代表との会議に応じる準備が整ったとして債権国側との協議開始を訓令し[31]，イギリス・アメリカ・フラ

---

[29] 「臨時外貨債処理対策協議会設置要領」同上。
[30] 石田大蔵省理財局長より外務省経済局長宛書簡，1952年5月21日，同上。
[31] 岡崎勝男外相より在米武内臨時代理大使・在英朝海臨時代理大使宛公電，合第91号，1952年5月17日，同上。

ンスの外債保有者団体に対し，7月後半にニューヨークにて合同会議を行う旨申し入れ，承認を得た[32]。政府は津島を全権として派遣することを公式に発表し，最終的な打ち合わせを開始した。

6月10日に大蔵大臣官邸において開催された外債会議対策打合会では，「債権者代表に対しては，日本経済の先行の不安な事情を十分述べて，年間支払い額が多額になり得ないこと，長期の新債に乗り換える必要のあること，新債の利率が低くなければならぬこと等についての諒解を得るように努め」，ガリオア返済，賠償，自衛力整備に要する経費などから日本国民の担税能力が限度に来ていることなどを説明する必要性が示された[33]。この時点では外債処理の方法として日本の負担が最も小さい新債への借り換え案を検討していたことがわかる。しかし，津島の派遣直前の会議では，新債への借り換えではなく，前述の協議会では棄却されていた一括繰り延べ案が最終的な処理案となった[34]。この理由について津島は，新規発行による借り換えは引き受け団の組織など手続きが煩雑な上，手数料・印紙税などの新たな負担が生じるのに対し，一括借り換え方式は手続き上の簡明さと公債保有者に対する無差別性の点で合意を得やすく，早急な解決が可能と考えられたと述べており，政府が外債問題の早期解決を優先したことがわかる。池田蔵相は外債利払いのための年間所要額が4,000万〜5,000万ドルであれば，具体的な処理方法については津島に一任すると訓令した。

3 ニューヨーク外債処理会議における議論——通貨選択約款問題を中心に

外債処理会議は，1952年7月21日より，ニューヨークの法曹会館を会場として行われ，9月26日の協定調印まで2カ月余りにわたり協議が行われた。各国の代表は，日本政府は津島，イギリス外債所有者協会（Council of the Cor-

---

32) 在英朝海臨時代理大使より岡崎外相宛公電，第271号，1952年6月7日，同上。
33) 外務省経済局「外債会議対策打合会に関する報告」（極秘）1952年6月10日，同上。
34) 津島［1966］, pp. 50-60。

poration of Foreign Bondholders) のフレーザー，アメリカ外債所有者保護協会 (Foreign Bondholders' Protective Council) のロジャーズ，有価証券フランス人保有者全国協会 (Association Nationale des Porteurs Français de Valeurs Mobililiérs) のシャレンダーであった。以下では，議論の最大の争点となった英貨債の通貨選択約款問題を中心に，日英米の3国の対応を検討する[35]。

1）通貨選択約款をめぐる英米の対立

通貨選択約款（ポンド債務のドル支払い）をめぐる対立は，実質的な協議が始まった7月22日の第2回全体会議において早くも表面化した。イギリス代表フレーザーは，通貨選択約款について原契約の履行を強く求め，これはイギリス大蔵省からの強い要求によるものであると述べた。これに対しアメリカ代表ロジャーズは，通貨選択約款の履行はアメリカ債権者に対して不平等として反対を表明し，アメリカ政府からもポンド債のドル支払いに反対するとの通告を受けていると明言した[36]。会議後，ロジャーズは電話にて会議経過を国務省に内報し，債権者協会としてドル払いに反対する意向を伝えた。これに対し，国務省は，表面的には見解を示さなかったものの，日本のドル残高の見通しへの懸念を重ねて表明し，間接的にロジャーズの方針を支持した[37]。

一方，アメリカ政府が通貨選択約款について反対の立場を支持しているというロジャーズの発言はイギリス政府に強い衝撃を与え，外務省はアメリカ大使館を通じて国務省に発言の真偽を確認した。国務省は，「ロジャーズは，政府と何度も協議をしており，ドル残高が脆弱な一方巨額のポンド残高を持つ日本がスターリング債保有者にドル支払いを行うことを国務省が懸念していることをよく知っており，それゆえそのような発言をしたのであろう。しかし，政府

---

35) 本交渉におけるもう1つの争点は仏貨債処理をめぐる日仏間の対立であるが，日仏間の協議は会議初期において決裂し，本会議後の交渉へと持ち越されたため，本章においては日英米間の交渉のみを取り上げる。
36) 島津久大在ニューヨーク日本総領事より岡崎外相宛公電，第150号（外債第4号，津島大使より），1952年7月23日，『外債処理会議関係』。
37) RG59, Central Files, 894. 10/7-2352, Memorandum of Telephone Conversation between James Rogers and Hamlin Robinson, July 23, 1952.

は最終的な立場や見解を示したことはない」と返答し,公式な態度表明を避けた[38]。

7月25日,26日の両日,日米間の非公式会談が行われ,津島は外債処理の日本側提案の概要を内示し,ロジャーズはこれを歓迎した[39]。この内容は直ちに国務省に伝えられ,国務省は「ポンド割増し払いの可能性は開かれている」[40]と返答し,通貨選択約款問題についてポンド割り増し払いでの解決の可能性を示唆した[41]。7月29日に行われた日英米3国による非公式会談では,日本側より一括繰り延べを軸とする日本の処理案が示された。津島によれば「構想自体については大体において格別強い反対がないように見受けられ」[42]たが,通貨選択約款をめぐる日英の主張は平行線のままであった。この会談で津島は政府継承外貨社債の担保条項の削除,減債基金の調整,財務代理人(横浜正金銀行に代えて東京銀行を指名)についても提案したが,この時点で債権者側の合意は得られなかった[43]。

7月30日に日英米仏の4カ国による正式会談が行われ,津島は文書にて日本側の試案を提示した。その要旨は,①対象の外債について,元本償還は減額なく実行し,利息は原契約通りの利率で支払い,外債所有者間に差別的取り扱いを行わない,②元本償還は原契約の償還期限を10年繰り延べる,③協定成

---

38) RG59, Central Files, 894. 10/7-3052, Memorandum of Conversation between Rogers and Robinson, July 30, 1952.
39) 津島[1966], pp. 133-136。同書では会談が24, 25日に行われたとあるが,外務省公電(島津総領事より岡崎外相宛公電,第153号〔外債第6号〕,1952年7月28日)によれば25・26日両日とある。以下では外務省公電の日付を採用する。
40) RG59, Central Files, 894. 10/7-2552, Memorandum of Telephone Conversation between Rogers and Robinson, July 25, 1952.
41) ここで言う「ポンド割増し払い」とは,ドル支払いは行わないものの,原契約通りの期日にドル支払いが行われたと仮定して,そのドル額面額を現在のポンド相場で換算したポンド額を支払う,というものである。ポンド相場は下落しているため,結果的にポンドでの支払い額は増加する。国務省内部では,会議前よりイギリス政府が通貨選択約款によるドル支払いを強く要求し,日本がそれを拒否することを想定し,その解決策としてポンド通貨での割り増し払いの可能性を示唆している(RG59, Subject Files Relating to International Economic Development, Memorandum, April 17, 1952)。
42) 島津総領事より岡崎外相宛公電,第154号(外債第7号),『外債処理会議関係』。
43) 津島[1966], p. 154。

立後に支払い期日の到来する利札は各支払い日において支払う，④すでに期限の到来した利札については，原則として所定の支払い期日を10年繰り延べた期日に支払う，⑤政府継承債券に設定された担保条項を削除する，⑥通貨選択約款は引用しない，であった[44]。

ロジャーズは，この提案にアメリカの債権者は満足するだろうと述べ，通貨選択約款問題についても日本の立場を支持した。フレーザーはロジャーズに強く反駁し，約款の適用が深刻なドル流出をもたらすという日本側の主張を否定し，「選択通貨約款を認めぬ限り如何なる案にせよ受諾不可能」と従前からの主張を繰り返した[45]。

その一方，同日の英米間の会談において，フレーザーは，ドル支払いに代わりポンドの割り増し払いによる解決について日本側の意向を問うようにロジャーズに依頼し，妥協の可能性を探った。ロジャーズよりこの内容を伝えられた津島は，確定換算率約款付の英貨債についてのポンド割り増し払いの用意があると答えた[46]。ロジャーズより電話報告を受けた国務省は，イギリスは頑なにドル払いを主張しており，上記妥協案では納得せず，時価換算率約款付の英貨債についても原契約の支払い期日における為替相場でのポンド支払いを要求するだろうと指摘した[47]。8月6日に行われた日英会談において，津島は上記妥協案を提示したが，イギリス側は，通貨選択約款を適用しても日本の年間ドル所要額は多額にはならないとして，ドル支払い要求を固持した[48]。

2) 通貨選択約款をめぐる英米間の外交交渉

以上のように，外債処理交渉は通貨選択約款，すなわちポンド債のドル支払

---

44) 島津総領事より岡崎外相宛公電，第156号（外債第8号），『外債処理会議関係』。
45) FO371/99423, Telegram : Council General, New York to FO, No. 21, July 31, 1952.
46) 津島 [1966], pp. 162-163。
47) RG59, Subject Files Relating to International Economic Development, Memorandum of Telephone Conversation between Rogers, J. C. Jones and Robinson, August 4, 1952.
48) 島津総領事より岡崎外相宛公電，第164号（外債第14号），1952年8月6日，『外債処理会議関係』；FO371/99423, Telegram : Council General, New York to FO, No. 24, August 6, 1952.

いをめぐり日本側とイギリス側の対立が続いた。津島，フレーザーとも，ドル支払いの代替としてポンドの割り増し払いを行うという妥協の道を探っていたが，イギリス大蔵省が原契約の完全な履行とドル支払いを強硬に要求し続けたため，議論は平行線のまま時間が経過することとなった。イギリスにとって通貨選択約款の問題は，日本の外債処理交渉にとどまらず，同時に進展していたドイツ外債処理交渉にも関わる問題であったため，大蔵省は一切の妥協を認めない方針を堅持していた。他方，イギリス外務省は，同様のケースとして6月に国務省に対し見解の表明を求めていたペルー公債のドル支払いに関する覚書への返答を催促し，公式見解を得ようとした[49]が，国務省はアメリカ政府内の意見調整を理由に返答を留保していた[50]。イギリス大蔵省は「国務省が棚上げにしている間に，アメリカの債権者団体は，国務省の真偽不明の見解に言及しつつドル条項への反対を正当化し，その結果日本は強い交渉力を得ている。さらに，国務省の返答は，ペルーやドイツのドル条項付公債にも影響を与える」と強い不快感を示した[51]。

　8月20日に行われた5回目の正式会議において，フレーザーは，すべての通貨約款に対する完全な提案が明示されない限りあらゆる提案を検討しないとの強硬な方針を示した[52]のに対し，津島は，通貨選択約款以外の点についてのイギリス側の見解が示されない限り妥協案を提示する意味はないと応酬した[53]。正式会議終了後，22日にロジャーズは国務省を訪問し，経済局のロビンソンと会談した。席上ロジャーズは，イギリス代表団はドル払い要求を取り下げる用意ができているかに思われたが，結局元の主張を繰り返すにとどまり，交渉が完全に暗礁に乗り上げたと伝え，日米間の2国間協定のみを締結する可能性を示唆した。ロビンソンは，ペルー公債についてのイギリス政府からの覚書の存在に言及し，間もなく提示する返答において，英貨債のドル支払

---

49) FO371/99423, Telegram：FO to Washington, No. 3131, August 1, 1952.
50) FO371/99423, Telegram：Sir O. Franks (Washington) to FO, No. 1514, August 12, 1952.
51) FO371/99423, Telegram：FO To Washington, No. 3337, August 15, 1952.
52) FO371/99423, Telegram：Council General, NY to FO, No. 24, August 6, 1952.
53) ニューヨーク島津総領事より岡崎外相宛公電，第174号（外債第21号），1952年8月20日，『外債処理会議関係』。

いに賛成しない旨を伝え，これは日本の外債交渉も念頭に置くことを明らかにすると述べ，ロジャーズもこの提案に賛成した[54]。

22日午後，国務省のコーベットがイギリス大使館を訪問し，ペルー公債に関する6月27日付覚書への返答を届けた。この返答で国務省は，アメリカ政府は債務交渉の当事者ではないと前置きした上で，「政府は契約上の義務の履行に無関心であるという印象を与えることは避けたい。しかし，債務の発生時から状況が非常に大きく変わったという事実を無視することはできない。（中略）覚書において言及された通貨選択約款は，現状に照らし再検討することを免れられない。政府は，世界の主要通貨が自由に交換可能であった時期に結ばれた，スターリング債務のドル支払い約款の履行は，アメリカの利益を害するもので賛成しないと述べざるをえない」と返答した[55]。

コーベットは，この返答はペルー公債のみならず日本の外債交渉への言及を意図しており，ドル支払いを支持できない理由として，日本の多額のポンド累積が周知である状況で，それを稀少なドルに交換して返済していることに議会が気づけば，国務省が望むガリオア問題の寛大な解決の実現も困難となる点を指摘した[56]。イギリス大使館のクリストローは，イギリス大使館は（ドル払いに固執する）ロンドンの立場に反対であり，ドル払い要求を取り下げるように働きかけると返答した[57]。駐米イギリス大使フランクスは，本省に対し「フレーザーのドル払いの主張が大きく修正されなければ，我々は交渉から離脱しなければならないだろう。もし，1ポンド＝4.86ドルの割り増しされたレートでスターリングを支払うよう要求することが認められれば，我々は国務省の賛同を得ることができるだろう」と伝え，本国に対しドル支払い方針の転換を求めた[58]。

しかし，国務省の返答と，国務省を支持する駐米大使館からの助言にイギリ

---

54) RG59, Central Files, 894. 10/8-2252, Memorandum of Conversation between Rogers and Robinson, August 22, 1952.
55) FO371/99423, Telegram : Franks to FO, No. 1559, August 22, 1952.
56) FO371/99423, Telegram : Franks to FO, No. 1600, August 22, 1952.
57) RG59, Central Files, 894. 10/8-2252.
58) FO371/99423, Franks to FO, No. 1600.

ス大蔵省は強く反発した。大蔵省は，自らが起草したワシントンへの返電において，一方において通貨選択約款が他の約款と同様に尊重されるべきとしながら，他方において状況の変化を理由にそれを再検討すべきであるという国務省の回答は便宜主義を法の精神や平等より優先させるものであると強く批判し，ドル約款の履行を妨げられるような現実的な問題は存在せず，大使館を通じて国務省と津島に接触し，政府間の直接交渉の可能性を探るよう求めた[59]。これに対し，フランクスは，非公式にアメリカ国務省と財務省に打診した結果として，次のように返電した。

　スターリング債務のドル支払いという我々の要求への支持を得られる可能性はほとんどない，というのが我々の結論である。（中略）アメリカ政府は，現在の日本のドル残高は朝鮮戦争とアメリカの援助による偶発的なものであり，この備蓄を将来に役立てたいという日本の主張は理にかなっており，それを最も交換可能な通貨，すなわちドルで保有すべきである，との立場をとっている。（中略）さらに，大統領選挙期間中に議会との間に困難を生じる恐れがあることが事態をさらに複雑なものにしている。もし我々の正当性を説得できたとしても，国務省は年内のうちは議会と紛糾するリスクを負おうとはしないだろう。幅広い問題を巻き込んでいる状況では，この便宜主義的な方策に従うことが我々にとって最大の利益となる。もしドル支払いの要求を続けるのであれば，（中略）それはロジャーズが単独で外債問題を処理し，ガリオアの解決もなされることを意味する。もしそうなれば，日英支払い協定の再交渉において日本にドル払いを要求することになるが，その時のアメリカ政府の態度が今以上に好ましくなるという保証はない[60]。

デニング駐日イギリス大使もフランクスに合意し，「アメリカが我々の立場を強く支持すると明言しない限り，日本がドル条項を履行する期待は持てない」と伝え，日米への直接の働きかけを行うべきではないと返答した[61]。外務

---

59) FO371/99423, Telegram : FO to Washington, No. 3545, August 26, 1952.
60) FO371/99423, Telegram : Franks to FO, No. 1642, August 28, 1952.
61) FO371/99423, Telegram : Sir E. Denning (Tokyo) to FO, No. 1519, August 30, 1952.

省は,「大蔵省は次に取るべき行動を考慮している。彼らがそれを提案するときには,我々は東京とワシントンが表明した見解を支持しなければならない」[62] との意向を示した。

9月6日,イギリス大蔵省は通貨選択約款の取り扱いについての新しい方針を決定し,外務省に伝達した。その内容は,(1)アメリカ国務省の議論は容認できず,8月22日付の返答に対するイギリス側の主張を文書で送る,(2)公債会議妥結のため,以下の条件で合意する用意がある:①すべての通貨選択約款について,ドル等価のスターリング支払いの請求が認められること,②アメリカ政府と日本政府が,今後通貨約款について日英米仏の4カ国協議を行うことに合意すること,であった。すなわち,公債規約上の通貨選択約款の法的拘束力については従前の主張を崩さず,将来におけるドル支払いの可能性を担保することを条件として,暫定的なポンド割り増し払いを認めたと言える。外務省は,このうち(1)の国務省への再反論については消極的であったが,極東局長のピルチャーは「契約の神聖性についての承認が得られ,その上でスターリングでの支払いを要求するのであれば,名誉は満たされ,誰も困らずに済む」[63] として,上記(2)の内容について,9月8日に開催される第6回全体会議において日本側に提示するようフレーザーに伝達した[64]。

8日の会議においてフレーザーはこの対案を示し,この提案は確定換算率約款のみならず時価換算率約款を含み,将来におけるポンド相場の下落の場合にも効力を維持すること,などを説明した。津島は,通貨選択約款問題以外の日本側提案についてのイギリス側の態度を明らかにするよう求め,フレーザーは財務代理人問題を除いて異存がない旨回答した。

イギリス政府が日本側の外債処理案に大筋で合意し,通貨選択約款についてもポンドでの割り増し払いを条件付きで認めたことにより,外債会議は妥結に向けて大きく前進した。イギリス側の提案のうち4カ国政府間協議については,外債交渉への政治的介入を嫌うアメリカ国務省が難色を示したため,イギ

---

62) FO371/99423, Minute by T. Peters, September 2, 1952.
63) FO371/99423, Minute by J. A. Pilcher, September 8, 1952.
64) FO371/99423, Telegram: FO to Council General, NY, No. 662, September 8, 1952.

リス大蔵省は4カ国会談の提案を撤回し，①通貨選択約款付のスターリング債については，日英支払い協定がスターリングを基礎としている限りにおいてスターリングにて支払われる。しかし，もし将来支払い関係に変更が生じた場合は，日本政府は公債保有者が他の通貨で受け取る権利を認めなければならない。②イギリス政府は，日本政府がすべての通貨選択約款付公債について，ポンド等価額の支払いに合意することが必要不可欠であると認識する，という新提案を提示した[65]。日本側は外債問題と日英支払い協定を関連づけるイギリス側提案には反対したものの，最終的には日英2国間において後日協議するという内容で合意に達した[66]。

3）外債処理協定の妥結

イギリスが条件付きながらドル債のポンド支払いに合意したことにより，外債処理交渉の残された課題は，旧横浜正金銀行の財務代理人（Fiscal Agent）の後継問題と，時価換算率約款付外債のポンド支払い時における為替相場の問題の2点に絞られた。このうち前者については，日本側は交渉開始当初より財務代理人として東京銀行の指定を要求したのに対し，債権者団体側は自国の銀行を代理人とすることを求め，議論が先送りとなっていた。9月15日に津島はロジャーズと会談し財務代理人問題について協議したが，アメリカ債権者側の同意を得るには至らなかった[67]。津島はロジャーズへの説得を続け，9月19日の日米会談において，ロジャーズはアメリカ外債保有者保護協会が日本の主張を受け入れる決定をしたと伝えた[68]。これにより日米間の外債処理交渉は大筋で合意に達し，調印に向けた準備が進められた。

65）島津総領事より岡崎外相宛公電，第196号（外債第25号，津島より），1952年9月8日，『外債処理会議関係』。

66）RG59, Central Files, 894. 10/9-1952, Memorandum of Conversation between Mr. Macay (British Embassy) and Robinson, September 17, 1952.

67）島津総領事より岡崎外相宛公電，第210号（外債第32号，津島より），1952年9月15日，『外債処理会議関係』。

68）島津総領事より岡崎外相宛公電，第219号（外債第36号，津島より），1952年9月19日，同上。

他方，時価換算率約款付の公債について，イギリス側は外債処理協定締結後の新しい支払い期日における時価相場換算ではなく，原契約上の支払い期日におけるドル・ポンド相場で換算したドル額に対する現在相場でのポンド等価払いを要求した。これに対し，9月17日の日英間協議において，津島は時価換算率約款付公債について適用レートの妥協案を提示しイギリス側の譲歩を求めた[69]。しかし，津島は外務大臣に「恐らく先方は従来の主張を譲って来ないと予想される」と伝え，実際に22日に示されたイギリス政府からの回答は，①通貨選択約款付英貨債についてすべての約款につき最大限の条件でのポンド支払いを認め，これらの支払い期限を15年延長する，②通貨選択約款について後日日英協議を行う，というもので，通貨選択約款の完全な履行を求める従来の見解を固持するものであった[70]。フレーザーは通貨選択約款についてのイギリス側要求が受け入れられれば，財務代理人問題を含むすべての日本側提案を受け入れる用意があると発言し，日本側の最終的な譲歩を求めた。9月23日に行われた日英の最終交渉において，津島は，①通貨選択約款付ポンド公債の15年延長，②日英2カ国会談に関する日本側提案の承諾，③通貨選択約款に関する協定文案の精査，④上記以外，7月30日に提出した日本側処理案の承諾，⑤日米協定，日英協定の同時調印，などを条件として，イギリス側の要求を受け入れると返答し，フレーザーはこれに合意して日英間の外債処理交渉はついに妥結した[71]。

以上の経緯を経て，9月26日に調印された日米・日英間の外債処理協定の概要は下記の通りであった[72]。

・対象公債の確定（第1条）
・地方債・社債の政府による債務の継承ならびに担保その他の事項について

---

69) 島津総領事より岡崎外相宛公電，第214号（外債第33号，津島より），1952年9月17日，同上。妥協案は契約上の支払い日の為替相場と現在の為替相場の中間値を取るというものであった。
70) 島津総領事より岡崎外相宛公電，第228号（外債第44号），第229号（外債第45号），1952年9月23日，同上。
71) 島津総領事より岡崎外相宛公電，第233号（外債第48号），1952年9月23日，同上。

の削除を承認する（第2条）
- 通貨選択約款付の公債については15年，その他については10年償還終期を延長する（第3条）
- 減債基金の運用再開と金額・期日・期間の調整（第4条）
- 原償還期後の延長期間における利子は原契約と同じ利率にて支払う（第5条）
- 利子支払い期日の延長および支払い方法について，未払い期間（1942〜52年）の利札は，原則として10年延長した新期日に支払い，協定成立後の利札は，記載通りの支払い期日に支払う（第6条）
- 横浜正金銀行が財務代理人に指定されていた公債について，その地位を東京銀行が継承する（第7条）
- 本協定による変更以外，原契約は維持される（第8条）
- 英貨債の通貨選択約款は尊重する。外貨支払いの可否については後日日英協定によって決定するが，それまでは契約上のドル支払い額に対するポンド等価にて支払われる（第9条）

　本協定により，表11-1に示す通り日本の外貨債の未償還残高および未払い累積利子が確定し，1952年12月22日よりロンドン・ニューヨークにおいて利払いが再開された。

---

72) 日仏間の交渉は，4部利付仏貨公債（1910年発行）の金約款問題および日本政府が対象外とした東京市仏貨公債（1912年発行）の取り扱いをめぐる対立からニューヨーク会議では妥結に至らなかった。その後政府公債については両国政府がIMF専務理事ルースに調停を依頼し，ルースの推薦したストックホルム・エンスキルダ銀行のスタインによる調停案に基づき1956年7月にパリにおいて外債処理協定が締結された（大蔵省財政史室編 [1997], pp. 75-81）。また東京市仏貨公債については，1958年に世銀総裁ブラックの調停に一任され，その調停案をもとに61年10月に支払い協定が結ばれ妥結した（津島 [1966], p. 213）。

おわりに

　以上，日本のブレトンウッズ体制の参入過程について，IMF・世銀加盟への過程と外債処理会議を中心に検討を行った。

　戦後の日本の経済復興における課題は，生産再開に必要な資金の供給と物価の安定，国際収支をいかに両立するかにあった。日本のIMF・世銀加盟に対する当局の認識は，ブレトンウッズ体制加入が外資導入を可能とし，生産復興に必要な設備投資資金（かつ輸入に必要な外貨資金）を供給することを期待していたが，その一方でIMFが掲げるドル平価の維持と為替自由化という義務と国内のインフレ的経済政策との両立可能性について関心を抱いていた。最終的にドッジ・ラインの実施により日本はインフレ抑制と単一為替レートを実現したことで，IMF加盟への障壁はなくなり，日本は独立回復とともにブレトンウッズ体制へと参入したが，これは1948年のアメリカの対日政策の転換の路線にも沿うものであった。

　この時政権の座にあった吉田首相は，独立回復後の経済復興の要として成長に必要な外資導入の必要性を強く認識しており，その実現のためのステップとして，IMF・世銀の加盟とともに，戦前外債処理問題の解決に取り組んだ。日本側の議論の過程では，外貨準備や財政上の観点から，可能な限り支払い負担額を小さくしたいと考える大蔵省に対し，吉田や外務省は問題の早期解決を重視していた。事前協議では負担の小さい借り換えによる処理案が検討されていたにもかかわらず，会議直前において一括繰り延べ案へと転換したのは，一定の財政負担の増加があったとしても問題の早期実現を目指す吉田の構想が貫徹したものと言うことができる。

　交渉において最大の懸案となったのは，英貨債の通貨選択約款，言い換えればドル支払いを認めるか否か，の一点に絞られた。イギリス政府，特に大蔵省は，深刻化するイギリスのドル不足とポンド危機を背景に，通貨選択約款の履行によるドル支払いを強く求めたが，アメリカ国務省は，ガリオア返済問題，日本の再軍備問題など，講和後の日本の対外支払い負担などの観点から，外債

処理問題について日本の財政的・資金的負担が増加することを希望しなかった。通貨選択約款をめぐる日英の対立は，国務省の介入によって妥結しイギリスのドル支払い要求を封じ込めることに成功したが，このことは単にアメリカが日本の経済的復興を支援した，というだけではなく，アメリカの対日負担を軽減したいというアメリカ国内の利害（とりわけ議会からの要求）を反映するものであった。イギリス政府もドル支払いの要求は認められなかったものの，契約上の権利の履行を強く主張し続け，最終的には原契約上のドル受け取り額と等価でのポンド支払い（すなわち，為替変動による差損分の割り増し払い）を日本に認めさせることに成功した。

　このように，戦前期外債処理問題には，ブレトンウッズ体制の確立期における各国の経済的利害が象徴的に表れており，また会議の過程においては，国際経済秩序におけるアメリカの優位性が示される結果ともなった。日本はこうした条件のもと，外貨債の支払いを再開することで国際信用の回復を達成し，1950年代から本格化する世銀借款を中心とする外資導入の時代を迎えた。また，IMFとの関係においては，1953年，57年の外貨危機においてIMFのスタンドバイ・クレジットを利用しつつ，段階的な為替自由化を達成して64年に8条国に移行した。1950年代の日本は，国内均衡と国際均衡の調整においてブレトンウッズ体制の枠組みを最大限に利用し，経済復興から高度経済成長を達成したのである。

終　章
IMF の変容をどう理解するか
—— ブレトンウッズ体制崩壊の捉え方

伊　藤　正　直

1　検討の結果みえてきたもの

　ブレトンウッズ体制下の IMF の典型期をいつと見るかについては，必ずしも見解が一致していないが，ヨーロッパの通貨交換性回復から金の二重価格制導入の頃まで，すなわち 1958 年から 68 年あたりまでとする見方が有力である。あるいは，固定ドル本位，金ドル本位という視点から，1960 年あたりから 71 年あたりを典型期とする見方もある。いずれにせよ，こうした捉え方に立つと，IMF（および世界銀行）が創設されてからのおよそ 10 年間は，過渡期ないし移行期ということになる。1950 年代が「IMF の休眠時代」と言われてきたのもこの故であろう。

　本書を読み進めてきた読者にはすでに明らかと思われるが，本書は，こうした見方に対する批判と再検討を，IMF の活動や主要国の IMF に対する対応の分析などを通して行っている。主たる対象は 1950 年代であるが，多くの論文の筆は 60 年代半ばあたりまで及んでいる。この作業は，第 I 部では，IMF それ自体の制度・機構，政策，機能を，制度創設主体，運営主体の意図や目的と関連させて検討することから行われ，第 II 部では，主要国の国内経済政策と IMF への対応との関係，国際通貨システムと各国金融システムとの関連などを分析することから行われている。その結果として明らかになったことはいくつかあるが，ここでは第 I 部，第 II 部からそれぞれ 1 点だけ指摘しておくこ

とにしたい。

　第1は，創出され制度化されたIMFのガバナンスに関わる問題である。問題を，IMFは国際公共財であったのか，それとも基軸国の道具だったのか，と言い換えてもよい。この点に関する執筆者の見解は必ずしも一致しているわけではないが，第I部では，ほぼ全論文が自覚的にこれを課題として設定している。

　すなわち，第1章では，ともにユニバーサリスト，理想主義者として出発したケインズ，ホワイトが，設立される機構の具体化が進む中で，両者ともに自国の利害に拘束されていく過程を検出した。第2章では，創設当初は，事務局を含めたIMF全体を管理しようとし，また，その責任も能力もあったアメリカが，実際の過程では専権的にIMFを支配することができず，アメリカ以外の主要国の利害に細心の配慮を払い，柔軟な政策路線を許容せざるをえなかった点を強調している。

　また，第3章では，1950年代後半のIMFの制度化は，アメリカの信頼と信認の下で達成されていったこと，しかし，その後ドル不足を解消し，為替自由化も達成した欧州主要国にとってはIMFの枠組みは桎梏へと転化し，IMFの外にある先進10カ国蔵相・中央銀行総裁会議（G10）やOECD経済政策委員会第3作業部会（WP3）へと重点を移していったことを明らかにした。第4章では，戦後国際通貨システムの形成期におけるIMFは，必ずしも主要国によって設定された使命ないし国際通貨システムの運営をめぐる「ルール」に，受動的に従属する存在ではなかったことを強調した。

　さらに，第5章では，創設期には対立していたIMFとキー・カレンシー・アプローチは，1950年代の国際金融の市場化とともに次第に国際金融センター・アプローチへ収斂し，交換性回復によってドルがキー・カレンシーとしてポンドを凌駕するスタートラインに立ったとした。そして，その結果としての自由な短期資本移動は，為替管理から経常収支の自由化へ，さらに資本収支の自由化へと，ブレトンウッズ体制を超えて突き進んでゆくことになったことを強調した。第6章では，いわゆるトリフィンのジレンマとして知られる国際流動性問題の顕在化は，外国為替業務を担う銀行を統制する仕組みを伴わな

い限り国際金融システムの動揺に対処できないにもかかわらず，特別引出権（SDR）の創設と拡張によってIMFの枠内で問題を処理しようとしたという限界を伴っていたことを強調した。

　アメリカと他の主要国との綱引き，アメリカと創出されたIMF内部の専門官僚との綱引きの中でIMFの政策が形成されてくること，その意味では，IMFは主要加盟国の「道具」として存在したこと，しかし，そうした綱引きの中で，IMFの政策的自律性が，制約を伴いながらも形成されてきており，しかもその自律性の形成期が休眠期とされた1950年代にあったことを，第I部の各論文は明らかにした。「道具」か「公共財」か，という二元論を突破する必要性が示されたといってよい。もっとも，これを「道具」から「公共財」への進化の過程と見るのか，それとも外皮として「公共」をまとった「道具」に過ぎないと捉えるのか，あるいは「道具」と「公共財」の二重存在と捉えるのかは，今後の研究にまたなくてはならないだろう。

　第2は，各国の国内政策とブレトンウッズ体制ないしは当該期の国際通貨システムとの「調整」の枠組みがどのようなものであり，それが，その体制の下での制度としてのIMFにどのように反映されていったのかという問題である。言い換えると，当該期IMFのエッセンスとされる「調整可能な固定相場制（adjustable peg system）」に対して，主要加盟国がどのように対応したのかという問題，と言うこともできる。この点は，のちにG7を構成するIMFの主要加盟国を対象とする第II部の各章が，各国政府の対外政策と国内政策の関連やIMFとの交渉や協議の具体的分析から明らかにしている。「戦後の過渡期」（＝経常取引に関わる為替規制の維持）は，なぜ当初想定されていたより長期に及んだのか，なぜ変動相場制や複数為替相場制などのIMFの理念に反する制度が容認されたのかなど，IMFの運営の実態解明が行われている。

　第7章では，フランスとIMFとの関係は，従来指摘されてきたような激しい対立ではなく協調的なものであって，柔軟な為替相場の導入や，拡張的な財政金融政策の推進が実現されたことが示された。第8章では，保守的でレート変更に消極的であったIMFに対し，ドイツが独自の判断で切上げを決したことを明らかにした。第9章では，対外均衡回復に積極的である反面，固定

レート設定を先延ばしにするというイタリアの政策を検出した。第10章では，長期間（1950〜62年）にわたって変動相場制を採用したカナダに対し，なぜIMFは，1950年にIMF協定違反の変動相場制を容認し，62年にはカナダを固定レートに復帰させたのかを検討した。第11章では，日本のブレトンウッズ体制への参入・国際金融市場への復帰が，米英間の利害対立の中で実現された過程を明らかにした。

　ブレトンウッズ体制下のIMFは，①ドルを国際的な決済通貨，準備通貨，交換通貨とする，②各国は自国通貨を，原則，ドルと固定平価でリンクする，③アメリカは，ドルを1オンス35ドルで金と交換する，という3点を本質とするものと，さしあたりは捉えられている。その場合のポイントは，この②をどう把握するかである。従来は，「調整可能な固定相場制」は，固定相場システム（peg rate system）を基本として把握されてきたと言える。しかし，第II部の各章は，いずれも，実態はむしろ調整可能システム（adjustable system）の方が基本であったことを明らかにしている。このことは，狭い意味では，自由化促進による固定レート堅持のヤコブソン路線の貫徹としての1960年代という把握の再検討を要請するとともに，より広い意味では，ブレトンウッズ体制を，金為替本位制の延長上に位置づける見方，金ドル本位制として捉える見方の再検討を要請していると言えよう。

2　IMFの役割とは

　戦後のIMFは，キンドルバーガーが述べているように，1930年代の為替切下げ競争，ブロッキズムへの反省に立って創出された為替レートシステムの制度的革新であった。このシステムの下で，戦後資本主義世界は，マクロ経済の安定と「高度成長」と呼ばれる経済発展を実現した。古典的金本位制期や1970年代以降のいずれよりも，この時期の安定と成長の度合いは高かった。それを支えていたのが，「調整可能な固定相場制」であったが，その意味合いについては，自国の財政金融政策の自立性を高め，各国の価格安定と生産の拡大や生産性の上昇をもたらしたのは，固定平価とそれへの各国政府のコミット

であったのか，それとも，そうした固定平価の強要に対する各国政府の抵抗を含む弾力的対応という形でのコミットであったのかを，本書の分析結果は改めて問うている。

このことは創出されたIMFの側から見れば，国際通貨体制を維持し，自由通商と多角的決済を維持するコストを削減するとともに，各国政府が，自国優先的なインフレ政策による景気高揚策をとることを妨げ，構成国間の経常収支不均衡を「調整」し，各国経済が必要とする「流動性」を供給し，これらを機能させる基軸通貨としてのドルの「信認」を維持する機構となったと言うこともできる。

1950年代から60年代にかけての時期は，貿易の自由化が推進され，投資が活性化し，雇用確保が促進された時期であった。本書では，充分な検討が加えられていないが，この体制は，実際には資本規制によって支えられたものでもあった。IMFの創設過程においては，ケインズが「戦後制度の恒久的特質」と捉え，ホワイトが「必要悪」，「最悪の選択の中のベスト」と捉えていたという相違はあったにせよ，両者ともに，資本規制は，各国通貨の自律性を高め，為替レートの安定をもたらすと考えていた。実際に，何度も国際収支危機に直面したイギリスだけでなく，基軸国であったアメリカ（1963年金利平衡税），黒字国であったドイツ（1961年）も資本規制を発動しており，為替レートの安定と自国の経済政策の自立性の調和のために，資本規制が利用されたと言うことができる。この点も，1970年代以降との大きな相違であった。

3　ブレトンウッズ体制はなぜ崩壊したのか

よく知られているように，このブレトンウッズ体制は，1971年8月のいわゆるニクソン・ショックによって崩壊した。もともと，成立していたブレトンウッズ体制は，アメリカの圧倒的な経済力と金保有高を前提とした非対称なシステムであった。アメリカが，金平価を維持しつつ国内均衡を追求し，それ以外の国が対ドル平価を維持しつつ対外均衡を追求するというものであって，「n − 1」問題と呼ばれたものがこれである。すでに，1950年代の末から，こ

のシステムにはきしみが生じ始めていたのであるが，60年代前半までは，さしあたりは自由化と8条国移行の促進による固定相場制の堅持というヤコブソン路線によって調整されていた。ところが，1960年代後半に入ると，こうした路線の追求だけではきしみの調整が不可能となり，一方で，主要国の相場調整が始まるとともに，他方で，一般借入協定（GAB）の締結，特別引出権（SDR）の創設，金プール制度の廃止と金二重価格制度の採用など，固定相場制の維持を目指した「ブレトンウッズのパッチワーク」が実施されざるをえなくなった。「調整」，「流動性」，「信認」のすべてに懸念が示されるようになったのである。ユーロダラー市場の急成長は，こうした危機に対する市場の直接的反応でもあった。

　1971年8月のニクソン・ショックによる金ドル交換停止は，こうしたブレトンウッズのシステムを崩壊させた。しかし，なぜブレトンウッズのシステムが崩壊したのかについては，今なお一致した見解は形成されていない。現時点でも参照基準とされるべきは，まずボード＝アイケングリーン（Bordo and Eichengeen [1993]）である。同書は全米経済研究所（National Bureau of Economic Research：NBER）でのコンファレンスをまとめたものだが，「何がブレトンウッズの終焉を引き起こしたか」については「現在でも，合意は存在しない」，「なぜペッグレート・システムが破綻したかは，ブレトンウッズ研究の中で，最大の論争の主題であり，混乱した議論となっている」と総括している。

　編者の1人であるアイケングリーンは，ブレトンウッズ体制の崩壊について，①アメリカとその他の国の通貨政策の相違，②アメリカとその他の国の財政政策の相違，③赤字国の切下げの失敗，④黒字国の切上げの失敗，⑤アメリカの国際競争力の低下，⑥トリフィンのジレンマに見られるようなシステムの構造上の欠陥という6つの見方があることを紹介しつつ，「究極的にはブレトンウッズの崩壊はシステムの構造的欠陥によるもの」で，「各国の政策的相違やそれぞれの内外政策は，構造的欠陥の爆発のタイミングを決めたに過ぎない」としている。

　このタイミングの問題については，例えば，マネタリストは，同書の中で，①アメリカの通貨増は，ラグをもって同国のインフレを引き起こす，②アメリ

カの通貨増は，国際的な準備の増減とは独立している，③アメリカの通貨増は，かなり長期間のラグを持つものの，強力にかつ有意に，他の主要7カ国の通貨増を引き起こす，④主要7カ国の通貨増は，ラグを持ちつつ，それら諸国のインフレを引き起こす，というプロセスをたどり，アメリカの拡張的通貨政策のラグ効果によってブレトンウッズ体制が崩壊したとしている。この他にも，アメリカと他の諸国の為替レートの不適合および生産性上昇率の差によるという見解，ドイツや日本の急激な生産性上昇を強調する見解や，1960年代後半アメリカのドルの過大評価をもたらすような通貨金融政策を強調する見解なども示されている。

　もう1人の編者であるボードは，①金為替本位制（アメリカの兌換危機）とadjustable peg（資本移動の激化に伴い，個別の平価調整コストが高くなったこと）という2つの制度的欠陥，②基軸通貨国にふさわしくないアメリカの通貨政策，特に1968年の事実上のドル本位制移行後のニクソンのインフレ政策，③他の主要工業国，特に黒字国のレート調整への抵抗，の3点を，ブレトンウッズ体制崩壊の主要因として強調した。

　いずれにせよ，「調整可能な固定相場制」としてのブレトンウッズ体制は1970年代初めに崩壊した。1971年8月15日のニクソン声明から同年末のスミソニアン合意を経て，73年3月の欧州共同体（European Community：EC）6カ国共同フロートに至る国際通貨体制の大混乱期にIMFはその調整の主役を果たすことはできなかった。主要な役割を担ったのはG10であり，WP3であった。しかし，これらに対し，アメリカは，「国際通貨問題に対するヨーロッパの発言権が強すぎる」，「G10の前に自分たちだけの会議をもって意見調整をはかり共同戦線を張ろうとする」といった不満を抱いていた。また，開発途上国の側も，「かつてのSDR創設の場合も，今回の国際通貨制度改革の場合も，先進国側は，10カ国だけが集まって先に討議し，結論だけを押しつけてくる」という強い批判を抱いていた。さらに，先進国の内部でも，G10の構成メンバーとならなかったオーストリアやオーストラリア等からは，G10に対する強い非難が表明されていた。こうしたアメリカの不満とG10非メンバー国，開発途上国からの批判は，1972年5月のOECD閣僚理事会において

噴出し，フォーラム問題をめぐって激しい議論が交わされ，結局，通貨と貿易の関連事項に関しては新しいフォーラムはつくらない，国際通貨制度の改革については IMF 総務会の中にアド・ホックなコミッティをつくりそこで議論する，という合意が得られた。いわゆる 20 カ国委員会（C20）の設立がここで合意された。

　しかし，C20 での議論は難航した。赤字国でありながら資本輸出国たるアメリカと，黒字国であり資本輸入抑制国たる先進工業国と，赤字国であり資本よりも援助の流入を期待する発展途上国との，三つ巴の場となり，特に，早期の固定相場復帰を主張するフランスと完全フロートを主張するアメリカの対立を柱に紛糾が続いた。しかし，そうした対立をはらみながら，1973 年 9 月には「第 1 次概要」が IMF ナイロビ総会で了承され，翌 1974 年 6 月には「改革概要」がまとまり，C20 は廃止された。作業は，IMF 暫定委員会が引き継ぐことになり，5 回の会議を経て，1976 年 1 月には基本合意に達し，3 月の IMF 理事会で IMF 協定第 2 次改正が承認された。そのポイントは，各国は自由に相場制度を選択できるが，IMF は変動相場運営のためのガイドラインを設定し，各国政府の行動を協議・監視するという点にあり，そこでは介入を義務づけるかなり厳格な管理フロートが想定されていた。1971 年のニクソン・ショック以来続いてきた国際通貨体制をめぐる激震は，管理フロートへの移行という形で差し当たりは決着が着いた。

　だが，この管理フロートの体制は，長期的にはもちろん中期的にすら維持できなかった。直接には，投機的要因による相場変動は通貨当局の介入によって「大部分相殺しうる」というガイドラインの想定が，現実の攪乱的短資移動の規模の大きさによって裏切られたことによるが，より根本的には，金の役割を縮小し SDR を重視すると言いながら，ドルに替わる国際流動性の供給を IMF が果たしえなかったこと，主要国国内経済の規模拡大・財政膨張によって為替レートと経常収支との間の短中期的な因果連関が弱化したことによっていた。これに，オイル・マネー，途上国開発援助・貸付問題が加わって，以後，国際通貨制度の運営は，不安定性を増幅させながら，フリー・フロートと管理フロートとの間を振り子のように揺れ動くパッチワーク的な対応を続けていくこ

とになった。金ドル交換停止以降の時期が「ノンシステムの時代」(Williamson [1977]) と呼ばれたのはこの故である。

　金融のグローバル化は1980年代以降著しく進展し，一国的にも国際的にも金融不安定性が大幅に高まっている。この不安定性を低減し，ルールとメカニズムに基づいた新しい国際金融システムを再構築するためにも，かつて一定期間にわたって安定的なシステムとして存続していたブレトンウッズ体制の機能的検討と，その構成主体である各国国民経済における国際金融政策の比較研究が改めて要請されている。本書は，そうした試みの1つである。

付　録

IMF の機構図 (1961 年)

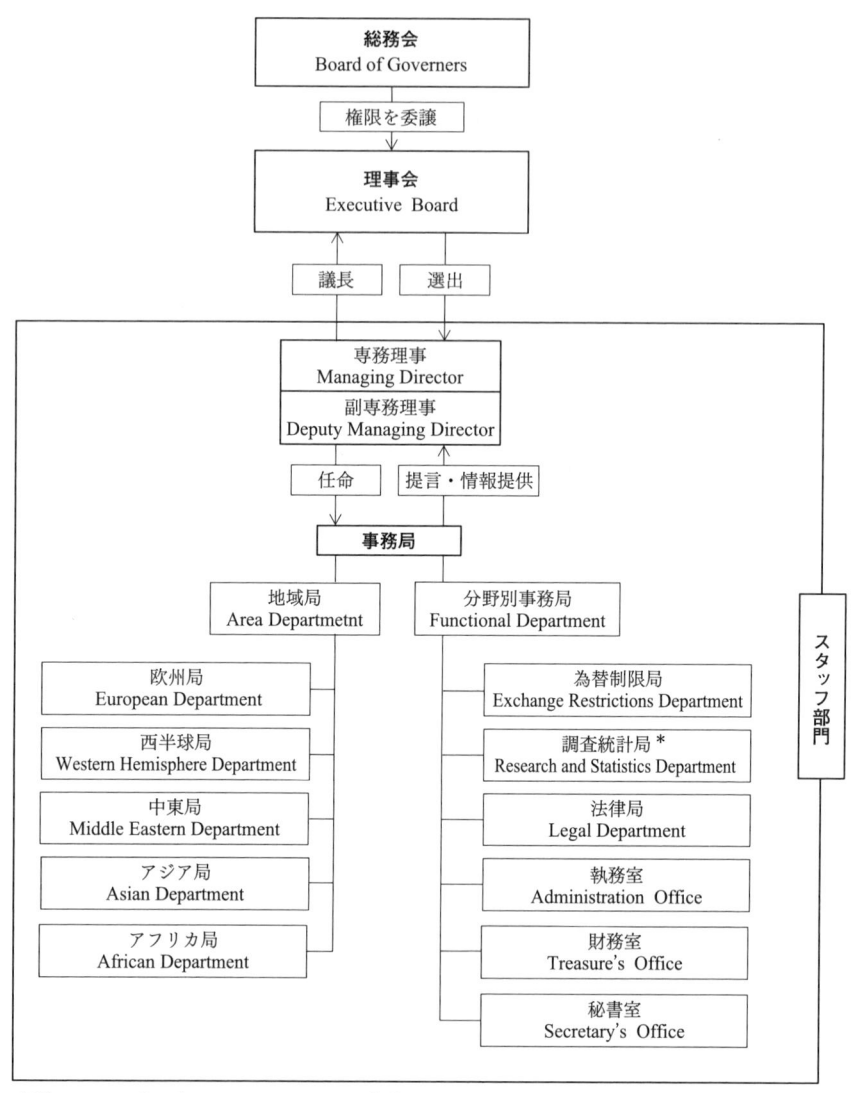

```
                    総務会
              Board of Governers
                      │
                  権限を委譲
                      ▼
                    理事会
              Executive Board
                   ▲    ▲
                   │    │
                  議長   選出
                      │
                      ▼
                   専務理事
              Managing Director
                  副専務理事
           Deputy Managing Director
                   │    │
                  任命  提言・情報提供
                      ▼
                    事務局
              ┌───────┴───────┐
            地域局           分野別事務局
       Area Departmetnt   Functional Department
```

- 地域局 Area Departmetnt
  - 欧州局 European Department
  - 西半球局 Western Hemisphere Department
  - 中東局 Middle Eastern Department
  - アジア局 Asian Department
  - アフリカ局 African Department

- 分野別事務局 Functional Department
  - 為替制限局 Exchange Restrictions Department
  - 調査統計局 * Research and Statistics Department
  - 法律局 Legal Department
  - 執務室 Administration Office
  - 財務室 Treasure's Office
  - 秘書室 Secretary's Office

スタッフ部門

出所) Horsefield (1969), Vol. 3, pp. 636-640 より作成。
注) 協定 14 条コンサルテーションには, 通常, 為替制限局 (さらに議題に応じて調査局, 法律局) と加盟国の属する地域局のスタッフ, また当該加盟国を代表する理事がオブザーバーとして参加した。
  * 1956 年 4 月までは調査局, 56 年 5 月～68 年 4 月までが調査統計局, 68 年 5 月から再び調査局。

主要スタッフ一覧

専務理事

1946年5月～51年5月	カミーユ・ギュット（Camille Gutt）
1951年8月～56年10月	イヴァール・ルース（Ivar Rooth）
1956年11月～63年5月	ペール・ヤコブソン（Per Jacobsson）
1963年9月～73年8月	ピエール=ポール・シュバイツァー（Pierre-Paul Schweitzer）

副専務理事

1949年2月～52年1月	アンドリュー・オーバビー（Andrew N. Overby）
1953年3月～62年10月	メルル・コクラン（H. Merle Cochran）
1962年11月～74年2月	フランク・サザード（Frank A. Southard, Jr.）

為替制限局（1965年～，為替通商関係局）長

1950年3月～64年10月	アーヴィング・フリードマン（Irving S. Friedman）
1965年1月～80年1月	アーネスト・スターク（Ernest Sturc）

調査局（1956～68年，調査統計局）長

1946年6月～58年1月	エドワード・バーンスタイン（Edward M. Bernstein）
1958年6月～79年12月	ジャック・ポラック（J. J. Polak）

法律局長

1946年7月～54年11月	アンドレ・ファンカンペンハウト（André van Campenhout）
1955年9月～60年3月	ジェームズ・フォーセット（J. E. S. Fawcett）
1960年3月～79年7月	ジョゼフ・ゴールド（Joseph Gold）

出所）Horsefield (1969), Vol. 3, pp. 636-640, Boughton (2001), *Silent Revolution : The International Monetary Fund 1979-1989*, IMF, p. 1020, および「理事会議事録」より作成。

注）本表に掲載したのは，1946～71年の期間に在職した専務理事・副専務理事およびIMF協定14条コンサルテーションで重要な役割を果たした主要分野別事務局（為替制限局・調査局・法律局）の局長である。

参考文献

【一次史料】

IMF Archives
 Executive Board Documents (EBD)
 Executive Board Minutes (EBM)
 Executive Board Specials (EBS)
 Press Releases (PR)
 Staff Memoranda (SM)
 Working Papers (WP)
 Central Files Collection (CF)
 European and North American Department Records (ENA)
 Exchange Restriction Department Records (ERD)
 Research Department Records (RD)
 Bretton Woods Conference Collections
 Bernstein Papers
National Archives and Records Administration, USA (NARA)
 RG56, The Department of Treasury
 RG59, The Department of State
 RG82, Federal Reserve Board
The National Archives of the UK (TNA)
 FO, Records created or inherited by the Foreign Office
 CAB, Records of the Cabinet Office
FRB Archives
 FOMC Intermeeting Executive Committee Minutes
 FOMC Executive Committee Minutes
 Martin Papers
Bundesarchiv (BArch)
 B102, Bundesministerium für Wirtschaft
 B136, Bundeskanzleramt
Federal Reserve Bank of New York Archives (FRBNY)
 C261, Germany-Deutsche Bundesbank, German Government
 Sproul Papers
Bank of England Archives (BOE)
 OV38, International Monetary Fund, 1941-1964

OV44/10
ADM14, L. P. Thompson-McCausland's papers, 1941-1965
Bank of Canada Archives
　International Department fonds
　Louise Rasminsky fonds
Bank of Italy Archives（Archivio Storico della Banca d'Italia : ABI）
Historisches Archiv der Deutschen Bundesbank（HADBB）
　B330, Dienststelle des Direktoriums der Bank deutscher Länder und der Deutschen Bundesbank
　N2, Nachlass Prof. Dr. Otmar Emminger
J. Willard Marriott Library, Special Collections Department, University of Utah
　Marriner S. Eccles Document Collection, Available from FRASER http://fraser.stlouisfed.org/eccles/
Missouri Historical Society
　William McChesney Martin Jr. Collection, Available from FRASER. http://fraser.stlouisfed.org/martin/
Seeley G. Mudd Manuscript Library, Princeton University
　Harry Dexter White Papers
U.S. Department of State, *Foreign Relations of United States (FRUS), 1952-1954, Vol. I , General : Economic and Political Matters*, United States Government Printing Office, 1983
――, *Foreign Relations of the United States (FRUS), 1950, Vol. III*, United States Government Printing Office, 1950
――, *Foreign Relations of United States (FRUS), 1955-1957, Vol. X, Foreign Aid and Economic Defense Policy*, United States Government Printing Office, 1989
――, *Foreign Relations of United States (FRUS), 1955-1957, Vol. XVI, Suez Crisis*, United States Government Printing Office, 1990
――, *Foreign Relations of United States (FRUS), 1955-1957, Vol. XXVII, Western Europe and Canada*, United States Government Printing Office, 1992
――, *Foreign Relations of the United States (FRUS), 1958-59, Vol. IV*, United States Government Printing Office, 1992
――, *Foreign Relations of the United States (FRUS), 1961-63, Vol. IX*, United States Government Printing Office, 1995
外務省外交史料館

【邦語文献】

秋元英一［1997］「ハリー・デクスター・ホワイトと戦後国際通貨体制の構想」『千葉大学経済研究』12巻2号
浅井良夫［1998］「日本のIMF, 世界銀行への加盟について」『創価経営論集』23巻2号
―― ［2001a］「1950年代前半における外資導入問題（上）」成城大学『経済研究』153号
―― ［2001b］「1950年代前半における外資導入問題（中）」成城大学『経済研究』154号

──［2005］「IMF8 条国移行と貿易・為替自由化（上）──IMF と日本：1952〜64 年」成城大学経済研究所研究報告 No. 42
──［2007］「IMF8 条国移行と貿易・為替自由化（下）──IMF と日本：1952〜64 年」成城大学経済研究所研究報告 No. 46
石坂綾子［2006］「1950 年代西ドイツにおける内外経済不均衡──『社会的市場経済』の危機」権上康男編『新自由主義と戦後資本主義──欧米における歴史的経験』日本経済評論社
──［2012］「IMF14 条国時代のドイツ──ヨーロッパの黒字国から資本輸出国へ」『歴史と経済』217 号
伊藤武［2003］『再建・発展・軍事化──マーシャル・プランをめぐる政策調整とイタリア第一共和政の形成（1947 年-1952 年）』東京大学社会科学研究所
伊藤正直［2009］『戦後日本の対外金融──360 円レートの成立と崩壊』名古屋大学出版会
岩本武和［1999］『ケインズと世界経済』岩波書店
内田宏・堀太郎［1959］『ガット──分析と展望』日本関税協会
大蔵省財政史室編［1976a］『昭和財政史　終戦から講和まで』第 3 巻「アメリカの対日占領政策」（秦郁彦執筆），東洋経済新報社
──［1976b］『昭和財政史　昭和 27〜48 年度』第 7 巻「国債」（油井雄二・石弘光執筆），東洋経済新報社
──［1983］『昭和財政史　終戦から講和まで』第 11 巻「政府債務」（加藤三郎執筆），東洋経済新報社
大原祐子［1981］『カナダ現代史』山川出版社
鬼塚豊吉［1988］「イギリス」馬場宏二編『シリーズ世界経済 III　ヨーロッパ──独自の軌跡』御茶ノ水書房
外務省経済局欧州課［1961］『イタリアの経済と経済政策』
金井雄一［2004］『ポンドの苦闘──金本位制とは何だったのか』名古屋大学出版会
──［2010］「英米金融協定と 1947 年ポンド交換性回復の挫折」名古屋大学『経済科学』57巻 4 号
上川孝夫・矢後和彦［2007］『国際金融史』有斐閣
上川孝夫［2009］「戦時・戦後のポンド残高問題──国際通貨史の一論点」横浜国立大学『エコノミア』60 巻 1 号
小島健［2009］「欧州統合運動とハーグ会議」『東京経済大学会誌』262 号
権上康男［1999］『フランス資本主義と中央銀行──フランス銀行近代化の歴史』東京大学出版会
──［2013］『通貨統合の歴史的起源──資本主義世界の大転換とヨーロッパの選択』日本経済評論社
堺憲一［1998］「戦後再建期イタリアの経済政策とマーシャル・プラン」廣田功・森建資編『戦後再建期のヨーロッパ経済』日本経済評論社
佐々木隆生［1986］「戦後国際経済関係再編成の構想と原理」（2），北海道大学『経済学研究』35 巻 3 号

―――［2010］『国際公共財の政治経済学』岩波書店
島崎久彌［1983］『金と国際通貨』外国為替貿易研究会
新庄博［1956］「スターリング諸国および国際通貨基金との関係」大蔵省銀行局・金融制度調査会『欧米諸国の金融制度』大蔵財務協会
菅原歩［2007］「対外金融政策――資本流入の持続可能性」河音琢郎編『G・W・ブッシュ政権の経済政策――アメリカ保守主義の理念と現実』ミネルヴァ書房
鈴木武雄［1962］「EPU の八年半――戦後西欧通貨史の一断面」中村常次郎・大塚久雄・鈴木鴻一郎編『世界経済分析　脇村義太郎教授還暦記念論文集 1』岩波書店
須田美矢子［1992］「カナダの継続的経常収支赤字――過去と現在」須田美矢子編『対外不均衡の経済学』日本経済新聞社
須藤功［2008］『戦後アメリカ通貨金融政策の形成――ニューディールから「アコード」へ』名古屋大学出版会
高石末吉［1974］『敵産・外貨債始末』上，財務出版
滝沢健三［1975］『国際金融機構』文雅堂銀行研究社
竹森俊平［2008］『資本主義は嫌いですか――それでもマネーは世界を動かす』日本経済新聞社
田中綾一［2000］「西欧通貨の交換性回復――ドイツの経済成長と EPU メカニズムの「限界」の観点から」『立命館国際研究』13 巻 2 号
玉井龍象［1999］『ケインズ政策の史的展開』東洋経済新報社
津島寿一［1966］『外債処理の旅』（芳塘随想第十六集）芳塘刊行会
中村隆英［1982］「日米「経済協力」関係の形成」近代日本研究会『年報・近代日本研究 4　太平洋戦争――開戦から講和まで』山川出版社
中山洋平［2002］『戦後フランス政治の実験――第四共和制と「組織政党」1944-1952 年』東京大学出版会
西川輝［2011］「イギリスの IMF8 条国移行を巡るマクロ政策調整，1952-1961 年――IMF14 条コンサルテーションの分析を通して」『歴史と経済』212 号
―――［2013］「戦後国際通貨システムの形成と IMF」平成 24 年度東京大学大学院経済学研究科博士学位論文
西牟田祐二［2007］「1953 年ロンドン債務協定に関する最近の研究動向」『社会経済史学』73 巻 1 号
日本銀行金融研究所編［1983］『日本金融史資料　昭和続編』第 14 巻，大蔵省印刷局
野下保利［2012］「世界金融危機と国際協調体制――金融安定化フォーラムの改組問題を中心として」国士舘大学政経学部政治経済研究所『政治研究』3 号
則武保夫［1990］「ケインズの国際通貨論」立正大学『経済学季報』39 巻 4 号
深町郁彌編［1993］『ドル本位制の研究』日本経済評論社
藤瀬浩司・吉岡昭彦編［1988］『国際金本位制と中央銀行政策』名古屋大学出版会
古内博行［2007］『現代ドイツ経済の歴史』東京大学出版会
堀江薫雄［1962］『国際通貨基金の研究』岩波書店
本間雅美［1991］『世界銀行の成立とブレトン・ウッズ体制』同文舘

前田啓一［1977］「一九四五年『英米金融協定』の研究──イギリスにおける借款の消尽経路についての考察を中心として」『世界経済評論』21
牧野裕［1993］『冷戦の起源とアメリカの覇権』御茶ノ水書房
皆村武一［1985］『イタリアの戦後改革──戦後経済序説』晃洋書房
三和良一［2002］『日本占領の経済政策史的研究』日本経済評論社
矢後和彦［2001］「戦後再建期の国際決済銀行──ペール・ヤコブソンの軌跡から」秋元英一編『グローバリゼーションと国民経済の選択』東京大学出版会
── ［2007］「国際金融機関史」上川孝夫・矢後和彦編『国際金融史』有斐閣
── ［2010］『国際決済銀行の20世紀』蒼天社出版
── ［2011］「世界経済の編成原理はどう変わってきたか──国際金融機関の論争史」伊藤正直・藤井史朗編『グローバル化・金融危機・地域再生』日本経済評論社
── ［2012］「世界銀行の対仏借款──ブレトンウッズ秩序におけるフランス」『早稲田商学』432号
山本栄治［1988］『基軸通貨の交替とドル』有斐閣
米倉茂［2005］「IMF協定第8条の怪──同条項のジグソーパズルを解けなかったケインズ」『国際金融』1157，外国為替貿易研究会
── ［2005-06］「ブレトン・ウッズでケインズに消された男──キー・カレンシー・アプローチを唱えたウィリアムズ教授の先見の明（上・中・下）」『佐賀大学経済論集』38巻3号，38巻4号，38巻5号
── ［2006］『落日の肖像　ケインズ』イプシロン出版

【欧文文献】

Alexander, Sydney [1952], "Effects of a Devaluation on Trade Balance," *IMF Staff Papers*, Vol. 2, No. 2
Andrews, David M. [2008], *Orderly Change: International Monetary Relations since Bretton Woods*, Cornell University Press
Asso, Pier Francesco [2011], "Guido Carli Economista internazionale 1945-60," Working Paper Res 01/2011, Fondazione Res
Axilod, Stephan H. [2009], *Inside the Fed: Monetary Policy and Its Management, Martin through Greenspan to Bernanke*, The MIT Press
Balough, Thomas [1976], *Keynes and the International Monetary Fund*, in A. P. Thirlwall, ed., *Keynes and the International Monetary Relations Work*, Macmillan
Bank for International Settlements (BIS), Monetary and Economic Department, C. B. 213 [1949], *Economic and Financial Problems in Italy in the summer of 1949*
Barucci, Piero, a cura di [2008], *Luigi Einaudi Considerazioni finali della Banca d'Italia*, Treves Editore
Battilani, P. e F. Fauri [2008], *Mezzo secolo di economia italiana 1945-2008*, Il Mulino
Battilossi, Stefano [1996], *L'Italia nel sistema economico internazionale*, Franco Angeli

Becker, William H. and William M. McClenahan [2003], *The Market, the State, and the Export-Import Bank of the United States, 1934-2000*, Cambridge University Press

Bergsten, Fred [1975], *The Dilemma of the Dollar : The Economics and Politics of United States International Monetary Policy*, Council on Foreign Relations and New York University Press

Bernstein, E. M. [1958], "Wage-Price Links in a Prolonged Inflation," *IMF Staff Papers*, Vol. 6, No. 3

Black, Stanley W. [1991], *A Levite Among the Priests : Edward Bernstein and the Origins of the Bretton Woods System*, Westview Press

Bloomfield, Arthur I. [1954], *Speculative and Flight Movements of Capital in Post war International Finance*, Princeton University Press

Bobay, Frédéric [1994], "La France, les institutions monétaires européennes et le FMI, 1944-1994," in Comité pour l'Histoire Economique et Financière de la France, *La France et les institutions de Bretton Woods, Colloque tenu à Bercy les 30 juin et 1er juillet*, Comité pour l'Histoire Economique et Financière de la France

Bordo, Michael D. [1993], "The Bretton Woods International System : A Historical Overview," in Bordo and Eichengreen, ed. [1993]

Bordo, Michael D. and Barry Eichengreen, ed. [1993], *A Retrospective on the Bretton Woods System : Lessons for International Monetary Reform*, University of Chicago Press

Bordo, Michael, Dominique Simiard and Eugene White [1994], "France and the Breakdown of the Bretton Woods International Monetary System," IMF Working Paper, 94/128

―― [1995], "France and the Bretton Woods International Monetary System, 1960 to 1968," in Jaime Reis, ed., *International Monetary Systems in Historical Perspective*, Macmillan Press/St. Martin's Press

Bordo, M. and A. Schwartz [2001], From the Exchange Stabilization Fund to the International Monetary Fund, NBER Working Paper 8100, National Bureau of Economic Research

Bordo, Michael, Tamara Games and Lawrence Schembri [2009], "Canada and the IMF : Trailblazer or Prodigal Son?," Bank of Canada Discussion Paper

Bordo, Michael, Ali Dib and Lawrence Schembri [2010], "Canada's Pioneering Experience with a Flexible Exchange Rate in the 1950s : (Hard) Lessons Learned for Monetary Policy in a Small Open Economy," *International Journal of Central Banking*

Borio, Claudio, Gianni Toniolo and Piet Clement [2008], *Past and Future of Central Bank Cooperation*, Cambridge University Press

Bossuat, Gérard [1992], La France, l'aide américaine et la construction européenne, 1944-1954, 2 tomes, Comité pour l'Histoire Economique et Financière de la France

―― [1994], "La France et le FMI au lendemain de la Seconde Guerre Mondiale : les raisons de la tension," in Comité pour l'Histoire Economique et Financière de la France, *La France et les institutions de Bretton Woods, Colloque tenu à Bercy les 30 juin et 1er juillet*, Comité pour l'Histoire Economique et Financière de la France

Boughton, James M. [1998], "Harry Dexter White and the International Monetary Fund," *Finance*

and Development, Vol. 35
—— [2000], "From Suez to Tequila : The IMF as Crisis Manager," *The Economic Journal*, 110
—— [2001a], *Silent Revolution : The International Monetary Fund, 1979-89*, IMF
—— [2001b], "Northwest of Suez : The 1956 Crisis and the IMF," *IMF Staff Papers* Vol. 48, No. 3
—— [2002], "On the Origins of the Fleming-Mundell Model," IMF Working Paper, 02/107
—— [2006], *American in the Shadows : Harry Dexter White and the Design of the International Monetary Fund*, IMF Working Paper 06/6
—— [2012], *Tearing Down Walls : The International Monetary Fund, 1990-1999*, IMF
Buchheim, Christoph [1990], *Die Wiedereingliederung Westdeutschlands in die Weltwirtschaft 1945-1958*, R. Oldenbourg Verlag
Bührer, Werner [1997], *Westdeutschland in der OEEC, Eingliederung, Krise, Bewährung 1947-1961*, R. Oldenbourg Verlag
Bulmer-Thomas, V. [1994], *The Economic History of Latin America since Independence*, Cambridge University Press（田中高・榎股一索・鶴田利恵訳『ラテンアメリカ経済史』名古屋大学出版会，2001年）
Carli, Guido [1993], *Cinquant'anni di vita italiana*, Laterza
Caron, François [1982], "Le Plan Mayer : un retour aux réalités," *Histoire, Economie et Société*, no. 3
Casey, Kevin M. [2001], *Saving International Capitalism during the Early Truman Presidency : The National Advisory Council on International Monetary and Financial Problems*, Routledge
Chwieroth, Jeffrey M. [2010], *Capital Ideas : IMF and the Rise of Financial Liberalization*, Princeton University Press
Cohen, Benjamin J. [2008], *Global Monetary Governance*, Rutledge
Cohen, Jon and Giovanni Federico [2001], *The Growth of the Italian Economy 1820-1960*, Cambridge University Press
Cohen, Stephen [1970], *International Monetary Reform 1964-69 : The Political Dimension*, Preager
Coombs, Charles A. [1976], *The Arena of International Finance*, John Wiley & Sons（荒木信義訳『国際通貨外交の内幕』日本経済新聞社，1977年）
Cotula, Franco, C. O. Gelsomino e A. Gigliobianco, a cura di [1997], *Donato Menichella : Stabilità e sviluppo dell'economia italiana 1946-60, I. Documenti e discorsi*, Laterza
Cotula, Franco, a cura di [1998], *Stabilità e sviluppo negli anni cinquanta, 2. Problemi strutturali e politiche economiche*, Laterza
—— [1999], *Stabilità e sviluppo negli anni cinquanta, 3. Politiche bancaria e struttura del sistema finanziario*, Laterza
—— [2001], *Stabilità e sviluppo negli anni cinquanta, 1. L'Italia nel contesto internazionale*, Laterza
Cotula, F., M. De Cecco e G. Toniolo, a cura di [2003], *La Banca d'Italia : Sintesi della ricerca storica 1893-1960*, Laterza
Dell, Sidney [1981], *On Being Grandmotherly : Evolution of IMF Conditionality*, Princeton University Press

de Lattre, André [1999] *Servir aux finances, mémoire*, Comité pour l'Histoire Economique et Financière de la France

de Vries, Margaret Garritsen [1969], "Fluctuating Exchange Rates," in de Vries and Horsefield, ed. [1969]

—— [1976], *The International Monetary System 1966-71 : The System Under Stress, Vol. 1, Narrative ; Vol. 2, Documents*, IMF

de Vries, Margaret G. and J. Keith Horsefield, ed. [1969], *The International Monetary Fund 1945-1965 : Twenty Years of International Monetary Cooperation, Vol. II, Analysis*, International Monetary Fund

Dickhaus, Monika [1996], *Die Bundesbank im westeuropäischen Wiederaufbau : Die internationale Währungspolitik der Bundesrepublik Deutschland 1948 bis 1958*, R. Oldenbourg Verlag

Di Taranto, Giuseppe [2007], "Italy and the International Monetary Fund. From Multiple Exchange Rate System to Convertibility," *Journal of European Economic History*, Vol. 35, No. 2

Di Taranto, Giuseppe, a cura di [2009], *Guido Carli e le istituzioni economiche internazionali*, Bollati Boringhieri editore

Eichengreen, Barry [1994], *Reconstructing Europe's Trade and Payments : The European Payments Union*, University of Michigan Press

—— [1996], *Globalizing Capital*, Princeton University Press

Einzig, Paul [1950], "European Payments Union Versus Sterling Area," *Commercial and Financial Chronicle*, April 6

Emminger, Otmar [1957], "Internationaler Währungsfonds und Wechselkurspolitik," in *Zeitschrift für das gesamte Kreditwesen*, 10. Jg. Heft 18

—— [1976], "Deutsche Geld- und Währungspolitik im Spannungsfeld zwischen innerem und äußerem Gleichgewicht : 1948-1975," in Deutsche Bundesbank, Hrsg., *Währung und Wirtschaft in Deutschland 1876-1975*, Fritz Knapp Verlag（呉文二・由良玄太郎監訳，日本銀行金融史研究会訳『ドイツの通貨と経済——1876～1975年』下，東洋経済新報社，1984年）

—— [1986], *D-Mark, Dollar, Währungskrisen : Erinnerungen eines ehemaligen Bundesbankpräsidenten*, Deutsche Verlags-Anstalt

Endres, Anthony M. [2005], *Great Architects of International Finance : The Bretton Woods Era*, Routledge

Esposito, Chiarella [1997], *America's Feeble Weapon*, Greenwood Press

Feiertag, Olivier [1995], "La Banque de France et son gouverneur face à la sanction des finances extérieures sous la IVᵉ République," in *Matériaux pour l'histoire de notre temps*, no. 37-38

—— [2006], *Wilfrid Baumgartner, un grand commis des finances à la croisée des pouvoirs (1902-1978)*, Comité pour l'Histoire Economique et Financière de la France

Fford, John [1992], *The Bank of England and Public Policy 1941-1958*, Cambridge University Press

Flandreau, Marc [1997], "Central bank cooperation in historical perspective : a sceptical view," *Economic History Review*, L, 4

Fleming, Donald [1985], *So Very Near ; The Political Memoirs of the Honourable Donald M.*

Fleming, Vol. 2, the Summit Years, McClelland and Stewart

Frank, Robert [1994], "Bretton Woods, un esprit plus qu'un système," in Comité pour l'Histoire Economique et Financière de la France, *La France et les institutions de Bretton Woods, Colloque tenu à Bercy les 30 juin et 1ᵉʳ juillet*, Comité pour l'Histoire Economique et Financière de la France

Fratianni, Michele and Franco Spinelli [1997], *A Monetary History of Italy*, Cambridge University Press

Friedman, Milton [1953], "The Case for Flexible Exchange Rates," in M. Friedman, *Essays in Positive Economics*, University of Chicago Press

Gardner, Richard N. [1956], *Sterling-dollar Diplomacy : Anglo-American Collaboration in the Reconstruction of Multilateral Trade*, Clarendon Press

── [1969], *Sterling-Dollar Diplomacy : The Origins and the Prospects of Our International Economic Order*, McGraw-Hill（村野孝・加瀬正一訳『国際通貨体制成立史──英米の抗争と協力』上・下，東洋経済新報社，1973 年）

Gilbert, Milton [1980], *Quest for World Monetary Order : The Gold-Dollar System and Its Aftermath*, John Wiley and Sons（緒方四十郎・溝江義郎訳『国際通貨体制の軌跡』東洋経済新報社，1982 年）

Gold, Joseph [1970], *The Stand-by Arrangements of the International Monetary Fund : A Commentary on the Formal, Legal, and Financial Aspects*, International Monetary Fund

Gorski, R. S. [1945], "Summary Report on Bretton Woods Monetary Conference," William McChesney Martin Jr. Collection, Federal Reserve Bank of St. Louis, FRASER website.

Gould, Erica R. [2006], *Money Talks : The International Monetary Fund, Conditionality, and Supplementary Finance*, Stanford University Press

Gowa, Joanne [1983], *Closing the Gold Window : Domestic Politics and the End of Breton Woods*, Cornell University Press

Grantstein, J. L. [1986], *Canada 1957-1967 : The Years of Uncertainty and Innovation*, McClelland and Stewart

Group of Ten [1964], Ministerial Statement of the Group of Ten and Annex Prepared by Their Deputies (Paris : G-10)

Guth, Wilfried [1964], "Per Jacobsson in memoriam (1894-1963)," in *Zeitschrift für die gesamte Staatswissenschaft*, 119 Bd., Heft 4

Harries, Heinrich [1998], *Wiederaufbau, Welt und Wende, Die KfW- eine Bank mit öffentlichem Auftrag*, Fritz Knapp Verlag

Harrod, Roy [1951], *The Life of John Maynard Keynes*, New York : W. W. Norton

Haynes, John E. and Harvey Klehr [1999], *Venona : Decoding Soviet Espionage in America*, Yale University Press

Helleiner, Eric [1994], *State and the Reemergence of Global Finance : From Bretton Woods to the 1990s*, Cornell University Press

── [2003], *The Making of National Money*, Cornell University Press

―― [2006a], "Reinterpreting Bretton Woods : International Development and the Neglected Orinines of Embedded Liberalism," *Development and Change*, Vol. 37, No. 5
―― [2006b], *Towards North American Monetary Union? : The Politics and History of Canada's Exchange Rate Regime*, McGill-Queen's University Press
―― [2008], "Ambiguous Aspects of Bretton Woods : Canadian Exchange-Rate Policy in the Marshall System, 1950-1962," in D. M. Andrews, ed., *Orderly Change : International Monetary Relations since Bretton Woods*, Cornell University Press
Hirschman, Albert O. [1951], "The European Payments Union : Negotiations and the Issues," *Review of Economics and Statistics*, Vol. 33
Holtfrerich, Carl-Ludwig [1998], "Geldpolitik bei festen Wechselkursen (1948-1970)", in Deutsche Bundesbank, Hrsg., *Fünfzig Jahre Deutsche Mark : Notenbank und Währung in Deutschland seit 1948*, Verlag C. H. Beck
Horsefield, John Keith [1969], *The International Monetary Fund 1945-1965 : Twenty Years of International Monetary Cooperation, Vol. I, Chronicle*, International Monetary Fund
Horsefield, John Keith, ed. [1969], *The International Monetary Fund 1945-1965 : Twenty Years of International Monetary Cooperation, Vol. III, Documents*, International Monetary Fund
Humphreys, Norman K. [1999], *Historical Dictionary of the International Monetary Fund*, 2nd Edition, The Scarecrow Press
International Monetary Fund (IMF) [1946], *Selected Documents : Board of Governors Inaugural Meeting, Savannah, Ga., March 8 to 18, 1946*, IMF
―― [1947], *Annual Report of the Executive Directors for 1947*, IMF
―― [1952a], *Third Annual Report on Exchange Restrictions*
―― [1952b], *Summary Proceedings of the Seventh Annual Meeting of the Board of Governors*
―― [1953], *Fourth Annual Report on Exchange Restrictions*
―― [1954], *Summary Proceedings of the Ninth Annual Meeting of the Board of Governors*
―― [1955], *Sixth Annual Report on Exchange Restrictions*
―― [1957], *Summary Proceedings of the Twelfth Annual Meeting of the Board of Governors*
―― [1958], *Summary Proceedings of the Thirteenth Annual Meeting of the Board of Governors*
―― [1961], *Summary Proceedings of the Sixteenth Annual Meeting of the Board of Governors*
―― [1963], "Opening Address by the Managing Director," Summary Proceeding of the Eighteenth Annual Meeting of the Board of Governors, International Monetary Fund
―― [1964a], "Closing Address by the Managing Director," Summary Proceeding of the Ninieteenth Annual Meeting of the Board of Governors, International Monetary Fund
―― [1964b], *Annual Report of the Executive Directors for the First Fiscal Year Ended April 30, 1963*, International Monetary Fund
―― [1965], "Opening Address by the Managing Director," Summary Proceeding of the Twentieth Annual Meeting of the Board of Governors, International Monetary Fund
Ishizaka, Ayako [2009], "IMF and the Federal Republic of Germany in the 1950s, 'Richesse Oblige' as a Creditor Country," *Bulletin of Aichi Shukutoku University*, Faculty of Business, No. 5

Jacobsson, Erin E. [1979], *A Life for Sound Money : Per Jacobsson, His Biography*, Oxford University Press（吉國眞一・矢後和彦監訳『サウンドマネー——BIS と IMF を築いた男，ペール・ヤコブソン』蒼天社出版，2010 年）

Jacobsson, Per [1958], *Some Monetary Problems : International and National*, Clarendon Press（吉野俊彦訳『通貨政策の諸問題』東洋経済新報社，1960 年）

James, Harold [1994], "La France et la crise du système de Bretton Woods, 1969–1973", in Comité pour l'Histoire Economique et Financière de la France, *La France et les institutions de Bretton Woods, Colloque tenu à Bercy les 30 juin et 1er juillet*, Comité pour l'Histoire Economique et Financière de la France

—— [1996], *International Monetary Cooperation since Bretton Woods*, IMF/Oxford University Press

Johnson, Arthur M. [1968], *Winthrop W. Aldrich : Lawyer, Banker, Diplomat*, Graduate School of Business Administration Harvard University

Kaher, Miles [2001], *Leadership Selection in the Major Multinationals*, Institute for International Economics

Kahn, R. [1976], *The Historical Origin of the International Monetary Fund*, in A. P. Thirlwall, ed., *Keynes and International Monetary Relations Work*, Macmillan

Kaplan, Jacob J. and Günther Schleiminger [1989], *The European Payments Union : Financial Diplomacy in the 1950s*, Clarendon Press

Kaufman, Burton I. [1982], *Trade and Aid : Eisenhower's Foreign Economic Policy 1953–1961*, The Johns Hopkins University Press

Keohane, Robert and Joseph Nye [1977], *Power and Independence : World Politics in Transition*, Little Brown and Company

Keohane, Robert O. [1989], *International Relations and State Power : Essays in International Relation Theory*, Westview Press

Kessler, Geldolph [1980], "The Need to Control International Bank Lending," *BNL Quarterly Review*, March

Kindleberger, Charles P. [1955], "Economists in International Organizations," *International Organization*, Vol. 9, No. 3

—— [1986], "International Public Goods without International Government," *American Economic Review*, Vol. 76, No. 1

Klug, Adam and Gregor W. Smith [1999], "Suez and Sterling, 1956," *Queen's Economic Department Working Paper*, No. 1256

Kuisel, Richard [1993], *Seducing the French, the Dilemma of Americanization*, University of California Press

Kunz, Diane B. [1991], *The Economic Diplomacy of the Suez Crisis*, The University of North Carolina Press

Lavelle, Kathryn C. [2011], *Legislating International Organization : The US Congress, The IMF and The World Bank*, Oxford University Press

Leacy, F. H., ed. [1983], *The Historical Statistics of Canada*, 2nd Edition, Statistics Canada

Lees, Graham L. [1963], *Britain and the Postwar European Payments System*, University of Wales Press

Lepage, Solenne [1994], "Chroniques d'un malentendu : la direction des Finances extérieures et le Fonds monétaire international, 1944-1958," in Comité pour l'Histoire Economique et Financière de la France, *La France et les institutions de Bretton Woods, Colloque tenu à Bercy les 30 juin et 1er juillet*, Comité pour l'Histoire Economique et Financière de la France

Lindenlaub, Dieter [2008], "Karl Blessing (1900-1971)," in Hans Pohl, Hrsg., *Deutsche Bankiers des 20. Jahrhunderts*, Franz Steiner Verlag

Luxembourg Institute for European and International Studies, Executive Summary ; *J. M. Keynes and Europe : Memories and Prospects*, University of Trier, 2009.

Machlup, Fritz [1964], *Plans for the Reform of the International Monetary System, Princeton Essays in International Economics*. Princeton University, International Finance Section, Princeton

—— [1982], *Remarking The International Monetary System : The Rio Agreement and Beyond*, Johns Hopkins Press

Maddison, Augus [1994], *Monitoring the World Economy, 1820-1992*, OECD (金森久雄監訳『世界経済の成長史 1820〜1992——199 カ国を対象とする分析と推計』東洋経済新報社, 2000 年)

Margairaz, Michel [1991], *L'Etat, les finances et l'économie, histoire d'une conversion, 1932-1952*, 2 tomes, Comité pour l'Histoire Economique et Financière de la France

Martinez Oliva, Juan Carlos [2003], *Italy and the Political Economy of Cooperations : The Marshall Plan and the European Payments Union*, Banca d'Italia, Quaderni dell'Ufficio Ricerche Storiche, no. 6

Meier, Gerald M. [1984], The Formative Period, Gerald M. Meir and Dudley Seers, eds., *Pioneers in Development*, Oxford University Press

Meltzer, Allan H. [2009], *A History of the Federal Reserve, Vol. 2, Book One, 1951-1969*, University of Chicago Press

Mikesell, R. F. [1994], *The Bretton Woods Debates : A Memoir*, Essays in International Finance, No. 192, Princeton University

Mioche, Phillipe [1987], *Le Plan Monnet, genèse et élaboration, 1941-1947*, Publications de la Sorbonne

Moggridge, Donald E., ed. [1980], *The Collected Writings of John Maynard Keynes*, Vol. XXV, Cambridge University Press (村野孝訳『ケインズ全集』第 25 巻, 東洋経済新報社, 1992 年)

—— [1980], *The Collected Writings of John Maynard Keynes*, Vol. XXVI, Cambridge University Press (石川健一・島村高嘉訳『ケインズ全集』第 26 巻, 東洋経済新報社, 1988 年)

Moggridge, Donald E. [1986], *Keynes and the International Monetary System, 1909-1946*, in J. Cohen and G. C. Harcourt, eds., *International Monetary Problem and Supply-side Economics*, Macmillan

—— [1992], *Maynard Keynes : An Economist's Biography*, Routledge

Muirhead, Bruce [1999], *Against the Odds : the Public Life and Times of Louis Rasminsky*, University of Toronto Press

Mundell, Robert A. [1961], "A Theory of Optimal Currency Areas," *American Economic Review*, Vol. 51, No. 4

―― [1969], "The International Monetary Fund," *Journal of World Trade Law*, Vol. 3

Nau, Henry, R. [1990], *The Myth of America's Decline : Leading the World Economy into the 1990s*, Oxford University Press

Neebe, Reinhard [2004], *Weichenstellung für die Globalisierung : Deutsche Weltmarktpolitik, Europa und Amerika in der Ära Ludwig Erhard*, Böhlau Verlag

Neufeld, E. P. [1955], *Bank of Canada Operations 1935-54*, University of Toronto Press

Odell, John [1982], *US International Monetary Policy : Markets, Power, and Ideas as Sources of Change*, Princeton University Press

Oliver, Robert W. [1975], *International Economic Co-operation and the World Bank*, Macmillan

Peden, G. C. [2004], *Keynes and his Critics : Treasury Responses to the Keynesian Revolution 1925-1946*, Oxford University Press

Plumptre, Arthur F. W. [1977], *Three Decades of Decision : Canada and the World Monetary System 1944-75*, McClelland and Stewart

Polak, Jacques J. [1967], "Special Drawing Rights : The Outline of a New Facility in the Fund," *Finance and Development*, Vol. 4, No. 4

Powell, James [2005], *A History of the Canadian Dollar*, Bank of Canada

―― [2009], *The Bank of Canada of James Coyne : Challenges, Confrontation, and Change*, McGill-Queen's University Press

Pressnell, L. S. [1986], *External Economic Policy since the War*, HMSO

Price, Harry B. [1955], *The Marshall Plan and Its Meaning*, Cornell University Press

Remmer, Karen N. [1986], "The Politics of Economic Stabilization : IMF Standby Programs in Latin America, 1954-1984," *Comparative Politics*, Vol. 19, No. 1

Reserve Bank of India [2005], *The Reserve Bank of India, 1967-1981*, Central Office, Reserve Bank of India, National government publication

Rhomberg, Rudolf R. [1964], "A Model of the Canadian Economy under the Fixed and Fluctuating Exchange Rates," *Journal of Political Economy*, Vol. 72, No. 1

Rimbaud, Christiane [1990], *Pinay*, Perrin

Rosenberg, Emily [2003], *Financial Missionaries to the World : Politics and Culture of Dollar Diplomacy*, Duke University Press

Rosenberg, Samuel [2003], *American Economic Development Since 1945*, Palgrave

Ruggie, John Gerard [1982], "International Regimes, Transactions, and Change : Embedded Liberalism in the Postwar Economic Order," *International Organization*, Vol. 36, No. 2

―― [1996], *Winning the Peace : America and World Order in the New Era*, Columbia University Press（小野塚佳光・前田幸男訳『平和を勝ち取る――アメリカはどのように戦後秩序を築いたか』岩波書店，2009年）

Ruttan, Vernon W. [1996], *United States Development Assistance Policy : The Domestic Politics of Foreign Economic Aid*, Johns Hopkins University Press

Sanger, David E. [1998], "A Fund of Trouble : A Special Report," *New York Times*, October 2

Schenk, Catherine [1994], *Britain and the Sterling Area : From Devaluation to Convertibility in the 1950s*, Routledge

—— [2010], *The Decline of Sterling : Managing the Retreat of an International Currency, 1945-1992*, Cambridge University Press

Schlesinger, Helmut [1976], "Geldpolitik in der Phase des Wiederaufbaus : 1950-1958," in Deutsche Bundesbank, Hrsg., *Währung und Wirtschaft in Deutschland 1876-1975*, Fritz Knapp Verlag (呉文二・由良玄太郎監訳, 日本銀行金融史研究会訳『ドイツの通貨と経済——1876～1975年』下, 東洋経済新報社, 1984年)

Schmidt, Heide-Irene [2003], "The Embarassment of Strength : Die deutsche Position im International Monetary System 1958-1968," in Ursula Lehmkuhl, Clemens A. Wurm and Hubert Zimmermann, Hrsg., *Deutschland, Großbritannien, Amerika : Politik, Gesellschaft und Internationale Geschichte im 20. Jahrhundert*, Franz Steiner Verlag

Segreto, Luciano [2000], "Finanza, industria e relazioni internazionali nella ricostruzione. Il prestito dell'Eximbank all'Italia (1947-1955) in *Passato e Presente*, n. 51

Siklos, Pierre L. [2009], "Not Quite as Advertised : Canada's Managed Float in the 1950s and Bank of Canada Intervention," *European Review of Economic History*, Vol. 3, Special Issue 3

—— [2010], "Revisiting the Coyne Affairs : A Singular Event that Challenged the Course of Canadian Monetary History," *Canadian Journal of Economics*, Vol. 43, No. 3

Skidelsky, Robert [2001], *John Maynard Keynes : Fighting for Freedom, 1937-1946*, Viking Penguin

Smith, Denis [1995], *Rogue Tory : The Life and Legend of John G. Diefenbaker*, MacFarlane, Walker and Ross

Solomon, Robert [1982], *The International Monetary System, 1945-1981*, Harper & Row

Solomon, Robert and Frank M. Tamagna [1955], "Bankers' Acceptance Financing in the United States," *Federal Reserve Bulletin*, May

Southard, Frank A., Jr. [1979], *The Evolution of the International Monetary Fund*, Princeton University Press

Steil B. [2013], *The Battle of Bretton Woods, John Maynard Keynes, Harry Dexter White and the Making of a New World Order*, Princeton University Press

Strange, Susan [1976], *International Economic Relations of the Western World, 1959-71, Vol. 2, International Monetary Relations*, Oxford University Press

Tamagna, Frank M. and Stephen H. Axilrod [1955], "United States Banks and Foreign Trade Financing," *Federal Reserve Bulletin*, April

Thirlwall, Anthony P. [1987], *Nicholas Kaldor*, Wheatsheaf Books

Tietmeyer, Hans [2005], *Herausforderung EURO : Wie es zum Euro kam und was er für Deutschlands zukunft bedeutet*, Carl Hanser Verlag (国際通貨研究所・村瀬哲司監訳『ユーロへの挑

戦』京都大学学術出版会, 2007 年)
Toye, John and Richard Toye [2004], *The UN and Global Political Economy*, Indiana University Press
Triffin, Robert [1960], *Gold and Dollar Crisis*, Yale University Press (村野孝・小島清監訳『金とドルの危機』勁草書房, 1961 年)
―― [1966], *The World Money Maze*, Yale University Press
―― [1968], *Our International Monetary System : Yesterday, Today and Future*, Random House (柴田裕・松永嘉夫訳『国際通貨制度入門』ダイヤモンド社, 1968 年)
―― [1964], "The Evolution of the International Monetary System : Historical Reappraisal and Future Perspectives," *Princeton Studies in International Finance 12*. International Finance Section
Tüngeler, Johannes [1982], *Die D-Mark im internationaen Währungsgefüge : Rückschau auf Leben und Arbeit*, Teil I
Turnell, Sean and Leanne J. Ussher [2009], "A 'New Bretton Woods' : Kaldor and the Antipodean Quest for Global Full Employment," *Review of Political Economy*, Vol. 21, No. 3
Ufficio Italiano dei Cambi (UIC) [1995], *Cinquant'anni di storia*, Laterza
United Nations [1949], *National International Measures for Full Employment, Report by a Group of Experts appointed by the Secretary-General*, UN
―― [1953], *Yearbook of International Trade Statistics 1952*, The Statistical Office of the United Nations
U. S. Comission on Foreign Economic Policy (The Randall Comission) [1954], *Report to the president and the Congress*, January 23, 1954
U. S. Department of State [1945], "Statement by President Truman and Prime Minister Attlee," Released on December 6, 1945, *Department of State Bulletin*, Vol. XII, No. 337, December 9
U.S. National Advisory Council on International Monetary and Financial Problems (NAC) [1948], [1950], [1952a] ; *Special Report of the National Advisory Council*, in *Federal Reserve Bulletin*, July 1948, June 1950, in U.S. Treasury Department, *Annual Report for 1952*, GPO
―― [1951], [1952b], Report of Activities, in U.S. Treasury Department, *Annual Report for 1951, 1952*, GPO
Van Dormael, Armand [1978], *Bretton Woods : Birth of a Monetary System*, Macmillan
Weatherford, M. Stephen [1988], "The International Economy as a Constraint on US Macroeconomic Policy Making," *International Organization*, Vol. 42, No. 4, Autumn
Weiss, Martin A. [2013], *International Monetary Fund : Background and Issues for Congress*, U.S. CRS Report, R42019 *Department of Economics*, Princeton University Press
Widmaier, Wesley W. [2008], "Incomes Policies and the U.S. Commitment to Fixed Exchange Rates, 1969-73," in Andrews [2008]
Wilki, Christopher M. D. [2012], *Special Drawing Rights (SDRs) : The First International Money*, Oxford University Press
Williams, John [1949], *Post-War Monetary Plans and Other Essays*, Oxford Basil Blackwell

Williamson, John [1973], "'International Liquidity', fifth surveys in applied economics for the Social Science Research Councile and Royal Economic Society," *Economic Journal*, September.

—— [1977], *The Failure of World Monetary Reform, 1971-74*, University Press

—— [1990], "What Washington Means by Policy Reform," in John Williamson, ed., *Latin American Adjustment : How Much Has Happened?* Institute for International Economics

Woods, Ngaire [2003], "The United States and the International Financial Institutions : Power and Influence within the World Bank and the IMF," in Rosemary Foot, S. Neil MacFarlane and Michael Mastanduno, eds., *US Hegemony and International Organizations*, Oxford University Press

Zamagni, Vera [1993], *The Economic History of Italy 1860-1990*, Clarendon Press

Zimmermann, Hubert [2002], *Money and Security : Troops, Monetary Policy and West Germany's Relations with the United States and Britain, 1950-1971*, Cambridge University Press

—— [2008], "West German Monetary Policy and the Transition to Flexible Exchange Rates, 1969-1973," in D. M. Andrews, ed., *Orderly Change : International Monetary Relations since Bretton Woods*, Cornell University Press

あとがき

　金融の世界は，市場から見るか，制度・組織から見るか，政策から見るかによって，景色はずいぶん違ったものとなる。1980年代以降，国際的な金融不安定が次々に発生した際に打ち出されたワシントン・コンセンサスやIMFコンディショナリティ，構造改革などは，いずれも市場志向的（market oriented）なものであり，市場を基礎において発想すべきとするものであった。市場が重要なことは誰も否定しないものの，すべてを市場からの視点で割り切ろうとするこうした考え方に対して，我々の現代金融研究会のメンバーの何人かはいくばくかの疑念ないし違和感を持っていた。そこで，本当にこのような考え方がどの程度適切なものであるかを検討してみようということで，この問題に関心を持つメンバーを軸に，2005年に研究会の中に国際金融史部会を立ち上げた。

　メンバーの多くは経済史家であったから，研究は，何よりも歴史的エビデンスに基づいてなされるべきであるということになり，翌2006年には，IMFやニューヨーク連銀のアーカイブを訪問して，一次史料の発掘作業を開始した。これと並行して，いくつかの学会でシンポジウムや個別研究報告を行い，我々の見方がどの程度国内の金融論や金融史の研究者に通用するかの打診を試みた。幸い，反応はそれほど悪いものではなかったので，研究を本格化しようと，日本学術振興会科学研究費への応募を行い，2009年度から11年度にかけて，共同研究「戦後国際金融秩序の形成と各国経済」（基盤研究（B））の科研費交付を受けることができた。

　2008年9月に勃発したリーマン・ショックとその後の推移は，我々の見方を強化することになった。リーマン・ショック後の事態は，それまでのワシントン・コンセンサスやIMF型構造改革への疑念や再検討を呼び起こし，国際金融システムの再建のために何が必要であるか，国際機関や国際機関の提起する政策への信認をどのようにして回復するのかを改めて提示したからである。その際，比較基準としてしばしば言及されてきたのが，「調整可能な固定相場

制（adjustable peg system）」としての IMF 体制の時代，いわゆるブレトンウッズ体制の時代であった。リーマン・ショック後の G20 で議論されている事柄，例えば，新しい準備通貨・媒介通貨の創設の是非，資本移動規制のあり方，資金不足国への資金提供の方策，市中金融機関の監督と規制等は，ブレトンウッズ体制期に議論されていたことそのものであったから，比較基準としてブレトンウッズ期が登場することはある意味当然だった。

　科研費の交付を受けたことによって，海外各地での資料収集，現地調査も加速した。現地調査とくにワシントンでの現地調査は，毎夏，日程を調整してグループで実施した。IMF，世銀，国立公文書館（NA），議会図書館にそれぞれが通い，毎夜集まって，その成果を皆に知らせ，また，そこで考えた事柄を議論した。1週間以上，一緒に生活しているので，まるで，学生時代のゼミ合宿のような雰囲気となったし，議論も遠慮ないものとなった。こうした現地調査と現場での議論を通して，数多くの新事実や新しい見方を見出すことができた。この結果，既存の IMF 史像のとくにブレトンウッズ期のそれについて，かなりの書き換えが必要であることが確認できた。詳しくは本書各章にあたってほしいが，いくつかの章で，IMF 史像のかなり大胆な書き換えが行われている。

　本書の研究全体を通じ得られた共通の理解の1つは，現実の IMF は決して設計主義的な構築物ではなかったということである。ブレトンウッズ協定の準備段階から，すでにケインズの「理想主義」とイギリス大蔵省・イングランド銀行との食い違いは起きていた。また，1950年代の IMF の政策は，ポンドや欧州決済同盟との妥協の中で紆余曲折の挙句に形作られたものであり，強大なアメリカの覇権という従来のイメージからはかなりかけ離れている。一方で，公的金融機関である IMF は，為替規制が網の目のごとく張り巡らされていた1950年代においてすら，日々行われる貿易取引や資本取引の広範な領域の一部を押えていたに過ぎなかった。固定相場制時代には，IMF が国際金融を仕切っていたというイメージもまた誤りであり，市場の巨大な力を念頭に置いて，市場と制度との緊張関係を読み解いていかなければならないこともわかって来た。経済学者は，政治や制度を硬直的で設計主義的なものとして捉えがち

であり，政治学者は，市場をモノリスティックでスタティックに描きがちである。歴史家の視点に立った本書が，国際金融システム・国際金融秩序についての読者の理解を深める一助となることができればまことに幸いである。

　我々の共同研究のグループが，学会報告を準備し，原稿を執筆する際には，現代金融研究会の場で「予行演習」を行い，忌憚のない批判・意見を仰ぐのが常であった。同研究会は，1986年に，当時まだ若手であった金融史研究者を中心に創設された研究会であり，30年近くも続いている。まずは，同研究会のメンバーのみなさんの協力に対してお礼を申し上げなければならない。また，共同研究に当たっては，James Boughton（IMF），Catherine Schenk（グラスゴー大学），Piet Clement（BIS），李明輝（梨花女子大学）の各氏をはじめとする海外の研究者，権上康男氏（横浜国立大学），金井雄一氏（名古屋大学）等の国内の研究者から，御教示を受けることができた。これらの方々の御支援のお蔭で，我々の共同研究が実りあるものとなったことに，感謝の意を表する次第である。

　共同研究では，アーカイブの一次史料に基づく歴史実証を心掛けた。共同研究のメンバーによるワシントン史料調査は計5回実施され，そのほか，それぞれのメンバーが各国に赴いて史料調査を行った。ちょうどIMFアーカイブの史料が，一般に開放され，自由にアクセスが許された時期に遭遇したことはとても幸いであった。各アーカイブのアーキビストの皆さんには大変にお世話になったが，とりわけ，ワシントンへ行くたびに，われわれがリクエストした膨大な史料を準備して迎えてくださったIMFアーカイブのPremela Isaacさんには，厚く御礼申し上げたい。

　共同研究の成果の出版計画は，2012年7月に編者から示され，2014年7月までに完成稿が出来上がった。共同研究の参加者全員に執筆していただけたことは，編者としては何より喜ばしく思う次第である。また，本書の上梓は，名古屋大学出版会の三木信吾氏が，本書刊行の意義を認めて下さったおかげで可能となった。できるだけ統一性のある，読みやすい本にしたいという我々執筆者の希望を叶えるために，三木氏は数多くの有益な建設的アドバイスを与えて下さった。また，同出版会の長畑節子氏は，校正の際に，隅々まで神経を行き

届かせて，誤りや不統一を指摘して下さった。両氏には，厚く御礼申し上げたい。なお，刊行に際しては，日本学術振興会 2014 年度科学研究費補助金研究成果公開促進費・学術図書の出版助成を受けたことを最後に付記しておきたい。

2014 年 6 月

　　　　　　　　　　　　　　　　　　　　　　　　　　編　　者

図表一覧

図 4-1　1950 年代後半におけるアメリカの経常収支の推移 ……………109
図 4-2　1950 年代後半以降における主要国の金および外貨準備の推移 ……………109
図 7-1　フランの法定・実勢平価（1928〜58 年）対ドルレート ……………167
図 8-1　ドイツの金・外貨準備（1957 年）……………200
図 10-1　カナダ・ドルの為替レート（1913〜77 年）……………237
図 10-2　カナダの経常収支と資本収支（1946〜62 年）……………239
図 10-3　カナダの主要経済指標（1946〜69 年）……………245
図 10-4　カナダの財政収支（1946〜62 年）……………247
図 10-5　カナダとアメリカの実質 3 カ月金利（1950〜62 年）……………248

表 1-1　ケインズ案とホワイト案 ……………21
表 3-1　国別引出額（1947〜65 年）……………81
表 7-1　フランス経済関連諸指標（1950〜60 年）……………175
表 11-1　戦前期外債の未償還額・未払い累積利子 ……………261

資料 1-1　「国際通貨基金の設立に関する専門家共同声明」（1944 年 4 月 22 日）抄録 ……24
資料 4-1　対英スタンドバイ協定計画の草案 ……………102

索　引

ア　行

IMF 一般借入協定（GAB）　84, 86, 87, 111, 138, 143, 144, 146, 150, 154-158, 160, 186, 281, 284-286
IMF 特別引出権（SDR）　12, 87, 138, 154-158, 160, 186, 281, 284, 285
IMF8 条国　9, 10, 12, 13, 62, 88, 90, 101, 110, 111, 164, 190, 206, 207, 209, 250, 278, 284
IMF 補償融資制度（CFF）　78
アイケングリーン，バリー（Barry Eichengreen）　284
アイスランド　205
アイゼンハワー，ドワイト（Dwight D. Eisenhower）　11, 74, 79, 88, 118-120, 125, 131, 140
アイルランド　156
赤字国責任論　27
アコード　125-127
アジア通貨危機　253
アダルカル，B. N.（B. N. Adarkar）　205
アデナウアー，コンラッド（Konrad Adenauer）　59
アフター・ヘゲモニー論　136
アブソープション・アプローチ　96
アボット，ダグラス（Douglas Abbott）　240
アメリカ　6-8, 11-13, 17-19, 25, 27, 29-31, 33-37, 41-65, 67-71, 74, 76, 77, 79, 80, 82-87, 89-94, 97, 99, 108, 109, 115, 118, 119, 121, 122, 132, 136, 138-140, 142, 143, 146-149, 154, 157-159, 163, 164, 166, 169, 173, 178, 179, 185-187, 191, 192, 194, 205, 212-214, 218, 220, 221, 223, 224, 226, 228, 234, 236, 237, 239, 243, 254, 259, 261, 265, 267, 270-274, 277, 278, 281, 283, 285
アメリカ外債所有者保護協会　267, 274
アメリカ銀行協会（ABA）　72
アメリカ対外経済政策委員会　101
新木栄吉　259
アラブ連合共和国（UAR）　58, 144, 150, 153
アルジェリア戦争　177-179, 183
アルゼンチン　78, 225
アンシオ，ユベール（Hubert Ansiaux）　243
アンジャリア，J. J.（J. J. Anjaria）　144, 146, 150, 152, 153
アンダーソン，ロバート（Robert B. Anderson）　79
アンドリューズ，デヴィッド（David M. Andrews）　3-5
UNRRA（アンラ，連合国救済復興機関）　213
イギリス　7, 11, 13, 19, 20, 22, 25, 26, 35, 37, 44, 45, 49-51, 53-55, 58, 60, 63, 67, 71, 79-83, 85, 87, 90-113, 115, 116, 118, 119, 121, 123, 124, 131-133, 138, 146, 147, 149, 191, 192, 194, 197-200, 202, 205-208, 212, 220, 225, 235, 236, 243, 244, 254, 261, 265, 267, 269-275, 277, 278, 283
イギリス外債所有者協会　266
池田勇人　258, 265, 266
イタリア　13, 59, 63, 87, 139, 147, 149, 171, 211-234, 282
イタリア為替局（UIC）　217, 230
イタリア銀行　212-214, 216, 217, 219, 229, 232, 234
イタリア貿易振興機構（ICE）　217
一万田尚登　265
イーディ，ウィルフリド（Sir Wilfrid Eady）　37, 38, 51
イーデン，アンソニー（Sir Anthony Eden）　121, 130
イングランド銀行（BOE）　18, 20, 25, 27, 28-30, 35, 37, 38, 55, 116, 124, 139, 252, 262
インド　22, 44, 47, 58, 63, 144, 146, 147, 150-153, 165, 205
ヴァノーニ・プラン（piano Vanoni）　229
ウィリアムズ，ジョン（John H. Williams）　20, 25, 34, 35, 93, 121
ヴィンソン，フレッド（Fred M. Vinson）　45, 46
ヴェネズエラ　147
ウォー，サミュエル（Samuel Waugh）　185

316

ウォーカー, ロナルド (Ronald Walker)　71
エアハルト, ルードヴィッヒ (Ludwig Erhard)
　194, 195, 227
エイナウディ, ルイジ (Luigi Einaudi)
　214, 215, 232
英米金融協定　25, 26, 30, 40, 41, 50, 54, 93
英米相互援助協定　19, 20
エクルズ, マリナー (Marriner S. Eccles)
　45, 48, 171, 172
エジプト　130, 131, 154, 157, 225
エスコバル, ルイス (Louis Escobar)　145,
　151
エステヴァ委員会　146
エミンガー, オトマール (Otmar Emminger)
　146, 153, 154, 189, 198, 199, 201-203, 208
オイル・マネー　286
欧州共同体 (EC)　285
欧州経済共同体 (EEC)　147, 180, 205, 207,
　208, 210, 231
欧州経済協力機構 (OEEC)　13, 52, 55-57,
　64, 93, 94, 176, 178, 188, 189, 191-194, 196,
　197, 200-204, 208, 209, 222, 226, 227, 232,
　233
欧州決済同盟 (EPU)　7, 11, 43, 51-57, 62-
　65, 87, 94, 101, 105, 176, 181, 184, 188, 189,
　192, 196, 200, 202, 205, 206, 222, 225-231,
　233
欧州通貨協定 (EMA)　105
欧州復興計画 (ERP, マーシャル・プラン)
　6, 25, 43, 51-54, 56, 57, 65, 67, 68, 93, 94,
　170, 174, 192, 221, 222, 235
岡次郎　265
オーストラリア　60, 71, 75, 145, 146, 192,
　259, 285
オーストリア　58, 139, 285
オッソラ, リナルド (Rinald Ossola)　230
オッソラ・グループ　146, 148
オーバビー, アンドリュー (Andrew Overby)
　48, 52, 73, 171-173, 220
オランダ　51, 63, 85, 87, 111, 139, 145, 149,
　152, 158, 195, 243
オリバー, ロバート (Robert W. Oliver)　18
オルドリッチ, ウィンスロープ (Winthrop
　Aldrich)　67

カ　行

外貨債処理法　260, 263, 275

加藤武男　265
過渡期条項　9, 94
GATT11条国　10
ガードナー, リチャード (Richard N. Gardner)
　17, 25
ガーナ　150, 152
カナダ　13, 22, 63, 83, 86, 87, 109, 146, 149,
　197, 205, 223, 227, 235-253, 282
カナダ銀行　240, 241, 243, 244, 247, 249
ガーランド, ジョン (John M. Garland)
　145, 146
ガリオア (GARIOA)　266, 271, 272, 277
カルヴェ, ピエール (Pierre Calvet)　175,
　178, 207
カルドア, ニコラス (Nicholas Kaldor)　71,
　72
カルリ, グイド (Guido Carli)　218-221,
　229, 234
為替平衡勘定　166, 172, 282
関税及び貿易に関する一般協定　4, 10, 117,
　118, 121
完全雇用　27, 70, 71, 76, 82, 93, 97
木内信胤　265
キー・カレンシー・アプローチ　25, 40, 49,
　51, 64, 115, 134, 280
稀少通貨条項　9, 26, 36
北大西洋条約機構 (NATO)　181
北朝鮮　57, 58
ギニア　150
キャラハン, B. B. (B. B. Callaghan)　75
ギュット, カミーユ (Camille Gutt)　8, 11,
　56, 57, 61, 70, 95, 97, 98, 110, 173, 215, 219,
　220, 243, 244
キューバ　33, 58
共同アプローチ　100, 101, 103, 105, 115, 116,
　118, 119, 121, 130, 132, 134
ギリシャ　171, 205, 212
ギルバート, ミルトン (Milton Gilbert)　87
金為替本位制　3, 32, 33, 39, 78, 82, 163, 282,
　285
キングストン合意　186
銀行引受手形 (BA)　12, 115, 125-130, 134,
　135
ギンディ, ギヨーム (Guillaume Guindey)
　175, 176, 178
金ドル交換停止　4, 89, 143, 158, 284, 287
キンドルバーガー, チャールズ (Charles P.

索引 317

Kindleberger) 5, 71, 136, 186, 282
金二重価格制 66, 284
金平価 144, 156, 283
金プール 86, 139, 144, 156, 284
金本位制 1-3, 17, 21, 23, 28, 30, 32, 33, 35, 39, 78, 82, 163, 186, 236, 237, 254, 282, 285
金約款 263, 265
グアテマラ 149
クオータ 8, 45-47, 52, 60, 61, 68, 77, 79, 98, 105, 108, 164-166, 169, 191, 192, 212, 225, 259
グース, ウィルフリッド (Wilfried Guth) 208, 209
グラッサー, ハロルド (Harold Glasser) 47
グラニャーニ, カルロ (Carlo Gragnani) 227, 228
クリストロー, アラン (Allan Christelow) 271
クリップス, スタッフォード (R. Stafford Cripps) 54
クレジット・トランシュ 9, 79, 80
黒字国責任論 27, 100
クロス・レート 53, 54, 64, 236
クローマー, ジョージ (George Cromer) 207
経済安定9原則 257
経済安定本部 256, 258
経済協力開発機構 (OECD) 89, 285
経済協力開発機構経済政策委員会 85
経済協力開発機構第3作業部会 (WP3) 85, 87, 89, 146, 280, 285
経済協力局 (ECA) 42, 52-54, 56, 57, 176
ゲイツケル, ヒュー (Hugh Gaitskell) 71
ケインズ, ジョン・メーナード (John Maynard Keynes) 18, 19, 25, 27-31, 33-39, 44, 73, 74, 76, 82, 83, 92, 142, 160, 163, 280, 283
ケインズ案 →国際清算同盟案
ケーシー, ケーヴィン (Kevin M. Casey) 41
ケネディ, ジョン・F (John F. Kennedy) 11, 84, 86, 140
ケネディ・ラウンド 10
ケープハート, ホーマー (Homer E. Capehart) 120
ケラー, ハーヴェイ (Harvey Klehr) 18
ケンメラー, エドウィン (Edwin Kemmerer) 78

コイン, ジェームズ (James Coyne) 247-249
公開市場委員会 125-127, 129
交換性回復 9, 26, 40, 42, 49-51, 56, 64, 72, 93, 94, 99-101, 104-106, 110, 112, 114, 117, 118, 120, 121, 123, 125, 126, 128, 134, 138, 162, 185, 190, 230, 279
五月危機 186
国際開発協会 (IDA) 77, 79
国際為替安定基金案 (ホワイト案) 10, 17-22, 25, 31-37, 39
国際決済銀行 (BIS) 6, 14, 52, 56, 66, 73-75, 87, 88, 111, 139, 176, 192, 213
国際公共財 1, 5, 280
国際清算同盟案 (ケインズ案) 10, 17, 19-22, 27-31, 35-37, 39
国際通貨金融問題に関する国家諮問委員会 (NAC) 11, 42-48, 50-53, 55-57, 59, 60, 62, 64, 65, 67, 73, 119, 120, 122, 164-166, 169, 174, 176, 177, 180, 181, 184-186, 192, 257
国際復興開発銀行 (IBRD, 世界銀行) 1, 5, 8, 10, 13, 32, 41-43, 45, 46, 59, 66, 67, 69, 70-73, 77, 79, 85, 86, 115, 118, 119, 128, 170, 204-206, 212, 230, 256, 258, 259, 277, 279
国際貿易機構 (ITO) 32
国際流動性 84, 86, 87, 89, 134, 141, 142, 144, 155, 159
国際連合 70, 73, 77-79
国際連合経済開発特別基金 (SUNFED) 77
国際連合経済社会理事会 (ECOSOC) 70-73, 75, 77
国際連合国際商品貿易委員会 (CITI) 78
国際連合貿易開発会議 (UNCTAD) 87
国際連合ラテンアメリカ経済委員会 (ECLA) 77
国立外国為替機構 (INCE) 217
国家安全保障会議 (NSC) 257
ゴッシュ, A. K. (A. K. Ghosh) 147, 151
コッボルド, キャメロン (Cameron F. Cobbold) 30
固定相場制 5, 12, 13, 19, 21, 66, 101, 121, 144, 146, 160, 208, 230, 236, 241, 245, 246, 250, 252, 282, 286
コフラン, トム (Tom Coughran) 184
コーベット, ジャック (Jack C. Corbett) 271

ゴールド, ジョゼフ（Joseph Gold） 73, 111
ゴールド・トランシュ 9, 98, 123, 131, 133
コンディショナリティ 9, 16, 34, 68, 82, 88, 132

サ 行

サード, アハメッド（Ahmed Zaki Saad） 144, 150, 153, 154
サドラン, ジャン（Jean Sadrin） 178
サール, L. P.（L. P. Salle） 150, 153
再建金本位制 4, 30
サヴァンナ会議 43-46, 70
サザード, フランク（Frank Southard Jr.） 48, 52, 55, 57, 62, 63, 70, 75, 79, 132, 171, 174, 205, 241, 243
サブプライム危機 253
差別的通貨措置 9, 57
サーペル, D. W.（D. W. Serpell） 261
三国通貨協定 2, 33, 114, 163
サンフランシスコ平和条約 61, 254, 259, 261, 264
GM 76
ジェームズ, ハロルド（Harold James） 6, 91, 190
自動性論争 67, 68, 97
資本規制 13, 17, 22, 34, 35, 82, 83, 145, 149, 242, 252, 283
社会的市場経済 186
シャハト, ヤルマル（Hjalmar Schacht） 38
シャレンダー, アンドレ（Andre de Chalender） 267
趣意書 9
シュヴァイツァー（シュヴェッツェル）, ピエール＝ポール（Pierre-Paul Schweitzer） 8, 89, 143, 178, 181
14条コンサルテーション 6, 9, 11, 62, 65, 69, 92, 99, 104, 106, 109, 164, 174-176, 178-185, 191, 193, 196, 197, 203, 204, 207, 211, 223, 227, 228, 250, 251
シュテットフェルト, フリッツ（Fritz Stedtfeld） 207
自由外貨割当制 195
自由レート 218-220
ジョーンズ, J. C.（J. C. Jones） 149
ジョンソン, リンドン（Lyndon Johnson） 148, 156
白洲次郎 265

シリエンティ, セルジオ（Sergio Siglienti） 147
新自由主義 164, 176, 186
スイス 50, 82, 139, 195, 198, 230
スイス銀行 139
スウェーデン 87
スエズ危機 79-81, 106, 115, 130, 133, 178, 202
スカヤーベラン, カール（Karl Skjaevelan） 144
スキデルスキー, ロバート（Robert Skidelsky） 17
スコット, C. P.（C. P. Scott） 261
スタイル, B.（B. Steil） 18
スタグフレーション 17
スーダン 205
スタンドバイ信用 11, 62, 65, 80, 82, 85, 88, 101, 104-107, 110, 117, 122-125, 128, 131, 133, 179, 181, 184-185, 201, 278
スタンプ, アーサー（Arthur M. Stamp） 63, 244
スティーヴンズ, J. M.（J. M. Stevens） 147, 149
ストレンジ, スーザン（Susan Strange） 136
スナイダー, ジョン（John W. Snyder） 72, 122, 165, 241, 243
スプラウル, アラン（Allan Sproul） 84, 129, 130
スワップ協定 12, 86, 87, 139, 156
先進10カ国蔵相・中央銀行総裁会議（G10） 6, 11, 12, 87, 89, 111, 138, 143-146, 148-150, 153-155, 157-159, 280, 285
先進7カ国蔵相・中央銀行総裁会議（G7） 12, 235, 281
相互安全保障庁（MSA） 57
相互安全保障法（MSA） 43, 57, 68
双務的清算協定 17, 28, 194
ソープ, ウィラード（Willard L. Thorp） 171
ソーニークロフト, ピーター（Peter Thorneycroft） 202
ソ連 35
ソロモン, ロバート（Robert Solomon） 127, 128
ソロルド, ギー（Guy Frederick Thorold） 205, 206

索引 319

タ行

大西洋憲章　4, 19, 20, 39, 73
兌換銀行券条例　2
ダレス，ジョン・フォスター（John Foster Dulles）　118, 120, 132, 258
タワーズ，グラハム（Graham Towers）　241, 243
タン，B.（Beue Tann）　149
ダンバートン・オークス会議　70
弾力性アプローチ　96
チャーウェル卿（Lord Cherwell）　38
チャーチル，ウィンストン（Winston Churchill）　118, 121, 130
チュイロース，ジェフリー（Jeffrey M. Chwieroth）　112
チェコスロヴァキア　61, 176
中華人民共和国　57, 58, 61
中華民国　35, 44, 47, 49, 50, 58, 149, 165
中期信用　180, 182-184
中東戦争（第二次）　178
中東戦争（第三次）　156
チュニジア　181
調整可能な固定相場制　3, 17, 33, 96, 281, 282, 285
朝鮮戦争　57, 58, 240
チリ　145, 151
チリアーナ，ジョルジオ（Giorgio Cigliana）　219
ツィンマーマン，フーベルト（Hubert Zimmermann）　189
津島寿一　255, 264-266, 268, 270, 273-275
ティッセン（August-Thyssen-Hütte）　206
ディーフェンベーカー，ジョン（John G. Diefenbaker）　246
ディール，W. W.（W. W. Diehl）　258
ディロン，ダグラス（Dougas Dillon）　145
デ・ガスペリ，アルチデ（Alcide De Gasperi）　212
敵産管理法　260
デニング，E.（Sir E. Denning）　272
テヘラ＝パリス，エンリケ（Enrique Tejera-Paris）　147
デール，ウィリアム（William B. Dale）　147, 154, 155, 158
デル・ヴァーレ，ホルヘ・ゴンザレス（Jorge Gonzalez del Valle）　149
デル・ヴェッキオ，グスタヴォ（Gustavo Del Vecchio）　214
デンマーク　156, 197, 198
ドイツ　12, 59, 60, 83, 85, 87, 105, 107, 111, 139, 144-147, 157, 166, 167, 181, 188-210, 237, 270, 281, 283
ドイツ工業連盟（BDI）　193
ドイツ復興金融公庫（KfW）　205
ドイツ・レンダーバンク　189, 192, 193, 195, 199
ドイツ連邦銀行　200, 201, 209
東京銀行　268, 274
ドゥ・コック，G. P. C.（G. P. C. de Kock）　158
ドゴール，シャルル（Charles de Gaulle）　162-164, 183, 186
ド・セリエー，エルネスト（Ernest de Selliers）　58, 64, 216
ドッジ，ジョゼフ（Joseph Dodge）　257
ドッジ・ライン　257, 258, 277
ドフリース，トム（Tom De Vries）　150
ドフリース，マーガレット（Margaret De Vries）　91
トムソン，M. C.（M. C. Thompson）　20, 29
ド・ラルジャンタイ，ジャン（Jean De Largentaye）　145, 168, 169
トリフィン，ロバート（Robert Triffin）　53, 78, 84, 87, 141, 167, 168
トリフィンのジレンマ　142, 280, 284
ドル差別　101
ドル不足　67, 68, 119
ドル防衛　84, 146, 156
ドル本位制　3, 285
トルーマン，ハリー（Harry S. Truman）　51, 257

ナ行

ナチス　17
ニクソン，リチャード（Richard Nixon）　89, 158, 160, 285
ニクソン・ショック　27, 283, 284, 286
ニコイ，アモン（Amon Nikoi）　150
20ヵ国委員会　286
20ヵ国財務大臣・中央銀行総裁会議（G20）　16, 17
日米経済協力　254, 258, 259
日本　59, 87, 192, 254-278, 282

日本銀行　2, 139, 255, 256
ニューディール　75
ニューヨーク外債会議　255
ニューヨーク連邦準備銀行（FRBNY）　12, 20, 25, 34, 72, 126, 127, 129, 130, 252, 263
ネオリベラリズム　41
ノーマン，モンタギュー（Montagu Norman）　29
ノルウェー　144

ハ 行

ハーグ会議　60
バージェス，ランドルフ（Randolph Burgess）　72, 180, 181
バーゼル委員会　137, 160
バーゼル協定　111, 139
バーゼル・クラブ　87
ハーター，クリスチャン（Christian Herter）　180
バトラー，リチャード（Richard Butler）　103, 116, 118
ハリマン，ウィリアム（William A. Harriman）　56
バール・プラン　186
バロー，トーマス（Thomas Balough）　17, 40
ハロッド，ロイ（Roy Harrod）　17, 18, 36, 140
バンコール（Bancor）　21, 22, 142
バーンスタイン，エドワード（Edward M. Bernstein）　18, 53, 73-76, 84, 96, 101, 123, 124, 128-130, 219, 241, 242
ハンセン，アルヴィン（Alvin Hansen）　76
バンドミール，アーマンド（Armand Van Dormael）　17
ハンフリー，ジョージ（George Humpherey）　80, 120, 131, 132
ビッカーロ，マウリチオ（Mauricio Bicalho）　149
ピットブラード，デヴィッド（David B. Pitblado）　207
ピーデン，G. C.（G. C. Peden）　18
ピネー，アントワーヌ（Antoine Pinay）　176, 183, 185
ピネーの実験　176-178, 183
ビーリッツ，ウルリッヒ（Urrich Beelitz）　145-147
ビルズオンリー政策　125, 132

ピルチャー，J. A.（J. A. Pilcher）　273
ファウラー，ヘンリー（Henry Fowler）　148, 157
ファシズム　211
ファーバー，ポール（Paul M. Faber）　150, 152
ファン・デル・ファルク，H. M. H. A.（H. M. H. A. van der Valk）　145
フィリップス，フレデリック（Sir Frederick Phillips）　36
フィンランド　205
フォッケ，ウィルヘルム（Wilhelm Vocke）　192
フォン・マンゴルド，ハンス＝カール（Hans-Karl von Mangoldt-Rreiboldt）　202
福祉国家　5
複数為替制度　9, 12, 53, 65, 218, 232, 257
プラザ合意　27, 253
ブラジル　33, 63, 82, 149, 225
フランクス，O.（Sir O. Franks）　271, 272
プランプトリ，アーサー（Arthur. F. W. Plumptre）　146, 251
ブラック，スタンレー（Stanley W. Black）　18
フランス　12, 44, 47, 49, 51, 53, 58, 59, 82, 85-87, 105, 107, 131, 133, 145-149, 152, 155, 157, 162-187, 189, 191, 194, 195, 197-200, 205-208, 228, 235, 236, 243, 265, 281
フランス銀行　178, 180-183, 207
フリードマン，アーヴィング（Irving Friedman）　73, 106, 208
フリードマン，ミルトン（Milton Friedman）　87
フレーザー，トーマス（Sir Thomas Frazer）　267, 269, 270, 273, 275
ブレッシング，カール（Karl Blessing）　209
ブレトンウッズ会議　2, 7, 11, 77, 82, 140, 159, 164, 188
ブレトンウッズ機関　41, 212
ブレトンウッズ協定　2-4, 10-12, 27, 30, 42, 49, 67, 72, 83, 92, 165, 166, 170, 219, 240, 256
ブレトンウッズ体制　1, 10, 17, 86, 135, 141, 143, 159, 162, 163, 186, 189, 190, 211, 255, 256, 259, 277, 278, 280, 282, 284, 285
ブレトンウッズ秩序　3-5, 186
プレビシュ，ラウル（Raul Prebisch）　78, 87
プレビシュ＝シンガー理論　77

索引　321

フレミング，ジョン・マーカス（John Marcus Fleming）　247
フレミング，ドナルド（Donald Fleming）　249, 251, 252
ベアード，ジュリアン（Julian Baird）　184
平価切下げ　54, 184
平価設定　42, 46-49, 170, 237
米為替安定基金（ESF）　33, 34
米州機構（OAS）　78
ヘインズ，ジョン（John E. Haynes）　18
ヘクスター＝ヤングダール報告（Hexter-Youngdahl Report）　127
ヘラー，ウォルター（Walter W. Heller）　85
ヘライナー，エリック（Eric Helleiner）　239
ペルー　270
ベルギー　58, 62-64, 87, 192, 198, 201, 216, 241
ベルギー銀行　243
ヘンダーソン，ヒューバート（Sir Hubert Henderson）　38
変動相場制　4, 12, 13, 48, 53, 65, 83, 101, 117, 130, 171-174, 187, 224, 233, 235, 236, 238, 241, 243, 244, 246, 248, 250-252, 286
ホースフィールド，ジョン・キース（John Keith Horsefield）　91
ポツダム協定　60
ホットマネー　82, 83
ボード，マイケル（Michael Bordo）　3, 90, 162, 163, 284
ボートン，ジェームズ（James M. Boughton）　18, 32, 34
ホプキンズ，リチャード（Richard Hopkins）　29, 30
ポラック，ジャック（Jacques J. Polak）　73, 145, 148, 151-153, 200, 201
ポラニー，カール（Karl Polanyi）　5
ポーランド　48
ボルトン，ジョージ（Sir George Bolton）　29, 55, 220
ホワイト，ハリー（Harry Dexter White）　18, 20, 23, 31, 33, 34, 36, 39, 46, 47, 74, 77, 92, 166, 169, 280, 283
ホワイト案　→国際為替安定基金案
ボーンガルトネル，ウィルフリド（Wilfrid Baumgartner）　181
本多次郎　265

マ 行

マイクセル，レイモンド（Raymond F. Mikesell）　17
マクレラン，H.（H. McClellan）　180
マクミラン，ハロルド（Harold Macmillan）　130, 131, 133
マーゲット，アーサー（Arthur Marget）　185
マーチン，ウィリアム（William McChesney Martin）　125, 127, 129, 130, 156
マックロイ，ジョン（John McCloy）　70
マネタリズム　17
マルグラズ，ミカエル（Michael Margairaz）　172
マンスール，ナディーム（Nadeem Mansour）　154, 157
マンデス＝フランス，ピエール（Pierre Mendès-France）　164, 173
マンデル，ロバート（Robert A. Mundell）　235, 247
マンデル＝フレミング・モデル　247
マントレ，ポール（Paul Mentré）　155
南アフリカ　22, 158
ムラデク，ジャン（Jan Muladek）　176
メイエル・プラン（Plan Mayer）　172, 174, 183, 185
メキシカン・ダラー　2
メキシコ　33, 44, 62, 63, 241
メディオクレディト（Mediocredito）　229
メニケッラ，ドナート（Donato Menichella）　212-215, 219, 226, 230, 232, 234
モグリッジ，ドナルド（Donald E. Moggridge）　17
モーゲンソー，ヘンリー（Henry Morgenthau）　18, 31, 35, 36, 67, 73
モネ・プラン（Plan Monnet）　168
モロッコ　181

ヤ 行

矢後和彦　6
ヤコブソン，ペール（Per Jacobsson）　8, 11, 66, 70, 72-76, 79, 81, 84-86, 88, 89, 91, 107, 108, 111, 112, 143, 182-185, 190, 203, 207-209, 213-215, 249, 282
ヤング報告書　257
UAW（統一自動車労働組合）　76
有価証券フランス人保有者全国協会　267

ユーゴスラヴィア　212
ユニタス　21-23, 37
ユニバーサル・アプローチ　25, 40
輸入権制度　195
輸入ライセンス制度　194
ユーロカレンシー　82
ユーロ市場　135, 149, 159
ユーロダラー　12, 83, 160, 284
横浜正金銀行　2, 255, 260, 268, 274, 276
吉田茂　13, 258, 262, 264, 277
米倉茂　18
ヨーロッパ開発基金（EDF）　205
ヨーロッパ投資銀行（EIB）　205

ラ 行

ラギー，ジョン（John Gerald Ruggie）　4, 5
ラズミンスキー，ルイス（Louis Rasminsky）　197, 240-244, 246, 249, 251
ラスリンガー，ジョージ（George F. Luthringer）　47
ラ・マルファ，ウーゴ（Ugo La Malfa）　222, 227
ラール，ルネ（René Larre）　146, 147, 149, 152
ランドール委員会　115, 118-122, 125, 126, 130, 134
ランブイエ合意　186
リーズ・アンド・ラグズ　131
リテンションクオータ制度　194
リーフティンク，ピーテル（Pieter Lieftinck）　149, 152
リーマン・ショック　16, 17
流動性ジレンマ論　111, 141
リュエフ，ジャック（Jacques Rueff）　182-184

リュエフ・プラン　183, 184
累積ポンド　17, 26, 30, 37, 50
ルクセンブルク　62, 63
ルース，イヴァール（Ivar Rooth）　8, 11, 68, 70, 73, 97-99, 101, 104, 107, 110, 123-125
ルース，R. G.（R. G. Rooth）　125-127
ルールケーラー製鉄所　205
連合国軍最高司令官（SCAP）　60, 256-258
連邦準備制度理事会（FRB）　42, 45, 48, 56, 77, 78, 115, 120, 121, 124-130, 132, 134, 139, 156, 171, 257
ローザ，ロバート（Robert V. Roosa）　146, 249
ローザ・ボンド　86, 139
ロジャーズ，ジェームズ（James Rogers）　267-269, 272, 274
ローズヴェルト，フランクリン（Franklin D. Roosevelt）　76
ロバートソン，D. H.（D. H. Robertson）　26
ロバートソン，J. L.（J. L. Robertson）　127, 129
ロビンソン，ハムリン（Hamlin Robinson）　270
ロボット（ROBOT）　100
ローマ条約　180, 231
ロンドン金市場　139, 156
ロンドン債務協定　204
ロンドン通貨経済会議　33

ワ 行

ワシントン・コンセンサス　16, 41
ワシントン輸出入銀行（EXIM）　12, 42, 80, 115, 119-121, 131-134, 169, 177, 185, 186, 205, 212

IMF History : Foundation and Evolution

Introduction The IMF and the Post-war International Monetary System 1
    Yoshio Asai
  1 The Bretton Woods system and the Bretton Woods order 1
  2 The function of the IMF in the adjustable peg system 7
  3 The IMF, national economies and the market 10

Section 1 Foundation and Development

Chapter 1 Disputes During the Pre-Bretton Woods Period 16
    Masanao Ito
  Introduction 16
  1 What were the disputes? 19
  2 The Keynes Plan and the White Plan : evolution and elaboration 27
  Conclusion 39

Chapter 2 U. S. International Monetary Policy for the IMF 41
    Isao Suto
  Introduction : the NAC and the Bretton Woods institutions 41
  1 Creation of the governance structure 43
  2 Impacts of the Marshall Plan 51
  3 Policy change in the early stages of the Cold War 57
  Conclusion 64

Chapter 3 Institutionalization of the IMF in the International Context in the 1950s 66
    Yoshio Asai
  Introduction 66
  1 Progress of institutionalization : 1950–55 66
  2 Establishment of the IMF system : the Jacobsson era 72
  3 Limitations of the IMF in the "heydays" of the Bretton Woods system 82
  Conclusion 88

Chapter 4 IMF Policy on the Convertible Currency System : Toward Sterling
Convertibility 90
Teru Nishikawa

Introduction 90
1 Shaping of policy toward sterling convertibility 92
2 IMF Policy in the early 1950s 99
3 IMF Policy in the late 1950s 105
4 Establishment of convertibility and emerging instabilities of the Bretton Woods system 108
Conclusion 112

Chapter 5 Restoration of European Currency Convertibility in 1958 : The IMF and Key
Currencies 114
Masayoshi Tsurumi

Introduction 114
1 Collective approach of the U. K. 116
2 Randall Committee of the U. S. 118
3 IMF policy toward currency convertibility 122
4 FRB policy for bankers' acceptance 125
5 The Suez Crisis and the sterling crisis 130
Conclusion 134

Chapter 6 The International Liquidity Problem in 1960s : Discussions of the IMF
Executive Board 136
Yasutoshi Noshita

Introduction 136
1 Controversy over international monetary reform and the international liquidity problem 138
2 Development of the international liquidity problem : evidence from minutes of the IMF Executive Board 143
Conclusion 158

Section 2 The IMF and National Economies

Chapter 7 The IMF and France : Multilateral Character of the Bretton Woods Order 162
Kazuhiko Yago

Introduction 162
1 Bretton Woods Agreement and France : quota and the initial par value 164
2 Franc devaluation : an unique strategy of France facing the IMF/NAC 170
3 Article XIV Consultations for France : antagonism and compromise 174

Conclusion 185

Chapter 8 IMF and the Federal Republic of Germany : Currency Crisis and Exchange
Rate Policy 188
Ayako Ishizaka

Introduction 188
1 Germany as a new IMF member country 191
2 The IMF and revaluation of the Deutschmark 196
3 The IMF and currency convertibility of the Deutschmark 203
Conclusion 208

Chapter 9 The IMF and Italy : The Road to Trade Liberalization and External
Convertibility of the Lira 211
Kanna Ito

Introduction 211
1 Italy's membership in the IMF (1944-47) 211
2 The 1947 stabilization 213
3 Debate in the IMF on the Italian floating system 216
4 Reconstruction of foreign reserves and the move toward trade liberalization 221
5 The IMF Consultation and Italian economic policy 223
Conclusion 232

Chapter 10 IMF and Canada : from Floating to Fixed Exchange Rate Systems 235
Ayumu Sugawara

Introduction 235
1 Canada's exchange rate systems : 1854-1962 236
2 To a floating exchange rate system in 1950 238
3 Responses of the IMF 241
4 Deteriorations in economic growth and employment : 1957-60 246
5 Return to fixed rate system : 1961-62 249
Conclusion 252

Chapter 11 Japan's Participation in the IMF and Settlement of its Pre-War Foreign Debt 254
Makoto Kishida

Introduction 254
1 Japan's participation in the IMF and the plan for the introduction of foreign capital 255
2 Post-war defaulted external debt 260
3 New York Debt Conference and the settlement of pre-war foreign debt 266

Conclusion 277

Epilogue Some Findings 279
Masanao Ito
  1 Where should we place IMF in the Bretton Woods system? 279
  2 What was the role of the IMF during the Bretton Woods Era? 282
  3 Why did the Bretton Woods system collapse in the early 1970s? 283

執筆者紹介〈執筆順〉

浅井良夫〈序章・第3章〉
→奥付参照

伊藤正直〈第1章・終章〉
→奥付参照

須藤　功〈第2章〉
明治大学政治経済学部教授。主著に『戦後アメリカ通貨金融政策の形成』（名古屋大学出版会，2008年）。

西川　輝〈第4章〉
横浜国立大学大学院国際社会科学研究院准教授。主著に『IMF自由主義政策の形成』（名古屋大学出版会，2014年近刊）。

靎見誠良〈第5章〉
法政大学経済学部教授。主著に『日本信用機構の確立』（有斐閣，1991年）。

野下保利〈第6章〉
国士舘大学政経学部教授。主著に『貨幣的経済分析の現代的展開』（日本経済評論社，2001年）。

矢後和彦〈第7章〉
早稲田大学商学部教授。主著に『国際決済銀行の20世紀』（蒼天社出版，2010年）。

石坂綾子〈第8章〉
愛知淑徳大学ビジネス学部教授。共著に『新自由主義と戦後資本主義』（日本経済評論社，2006年）。

伊藤カンナ〈第9章〉
桃山学院大学経済学部准教授。共著に『現代ヨーロッパの社会経済政策』（日本経済評論社，2006年）。

菅原　歩〈第10章〉
　東北大学大学院経済学研究科准教授。主要論文に「イギリス対外投資におけるカナダの位置」『社会経済史学』66巻5号，2001年。

岸田　真〈第11章〉
　日本大学経済学部専任講師。主要論文に「東京市外債発行交渉と憲政会内閣期の金本位復帰政策，1924〜1927年」『社会経済史学』68巻4号，2002年。

《編者紹介》

伊藤正直
　1948 年生
　1976 年　東京大学大学院経済学研究科博士課程単位取得退学
　現　在　大妻女子大学社会情報学部教授，東京大学名誉教授
　主　著　『戦後日本の対外金融』（名古屋大学出版会，2009 年）ほか

浅井良夫
　1949 年生
　1976 年　一橋大学大学院経済学研究科博士課程単位取得退学
　現　在　成城大学経済学部教授
　主　著　『戦後改革と民主主義』（吉川弘文館，2001 年）ほか

戦後 IMF 史

2014 年 7 月 20 日　初版第 1 刷発行

定価はカバーに表示しています

編　者　　伊藤正直
　　　　　浅井良夫

発行者　　石井三記

発行所　　一般財団法人　名古屋大学出版会
　　　　　〒464-0814　名古屋市千種区不老町1名古屋大学構内
　　　　　電話(052)781-5027 / FAX(052)781-0697

ⓒ Masanao ITO et al., 2014　　　　　Printed in Japan
印刷・製本　㈱クイックス　　　　　ISBN978-4-8158-0776-4
乱丁・落丁はお取替えいたします。

Ⓡ〈日本複製権センター委託出版物〉
本書の全部または一部を無断で複写複製（コピー）することは，著作権法上の例外を除き，禁じられています。本書からの複写を希望される場合は，必ず事前に日本複製権センター（03-3401-2382）の許諾を受けてください。

伊藤正直著
戦後日本の対外金融
―360円レートの成立と終焉―

A5・424頁
本体6,600円

伊藤正直著
日本の対外金融と金融政策
―1914～1936―

A5・372頁
本体6,000円

須藤　功著
戦後アメリカ通貨金融政策の形成
―ニューディールから「アコード」へ―

菊判・358頁
本体5,700円

金井雄一著
ポンドの譲位
―ユーロダラーの発展とシティの復活―

A5・336頁
本体5,500円

金井雄一著
ポンドの苦闘
―金本位制とは何だったのか―

A5・232頁
本体4,800円

藤瀬浩司著
20世紀資本主義の歴史Ⅰ
―出　現―

A5・220頁
本体3,600円

梶谷　懐著
現代中国の財政金融システム
―グローバル化と中央-地方関係の経済学―

A5・256頁
本体4,800円